Le temple de Ptah à Karnak III

La *favissa*

TRAVAUX DU CENTRE FRANCO-ÉGYPTIEN D'ÉTUDE DES TEMPLES DE KARNAK

Le temple de Ptah à Karnak III
La *favissa*

par
Guillaume Charloux et Christophe Thiers

avec la collaboration de
Mona Ali Abady Mahmoud, Stéphanie Boulet, Kévin Guadagnini,
Juliette Laroye, Ahmed Mohamed Sayyed Elnasseh

Institut français d'archéologie orientale

BiGen 55 - 2019

Dans la même collection :

Nessim Henry Henein, *Mārī Girgis. Village de Haute-Égypte*, 3e édition, 2018

Pascale Ballet, Séverine Lemaître, Isabelle Bertrand (éd.), *De La Gaule à l'Orient Méditerranéen. Fonctions et statuts des mobiliers archéologiques dans leur contexte*, 2018.

Delphine Driaux, Marie-Lys Arnette, *Instantanés d'Égypte. Trésors photographiques de l'Institut français d'archéologie orientale*, 2016.

Claudine Piaton (éd.), *L'isthme et l'Égypte au temps de la Compagnie universelle du canal maritime de Suez (1858-1956)*, 2016.

Sébastien Biston-Moulin, Christophe Thiers, *Le temple de Ptah à Karnak* I-II. *Relevé épigraphique (Ptah, nos 1-191)*, 2016.

Jean-Philippe Lauer, *Les Pyramides de Sakkara – The Pyramids of Sakkara*, 2015.

Ruey-Lin Chang, *Un dossier fiscal hermopolitain d'époque romaine*, 2014.

Nathalie Beaux, Nicolas Grimal (éd.), *Soleb* VI. *Hommages à Michela Schiff Giorgini*, 2013.

Nadine Cherpion avec la collaboration de Martin Christian, *Le dessinateur Cherubini et la Grammaire de Champollion*, 2012.

Mercedes Volait, *Maisons de France au Caire. Le remploi de grands décors mamelouks et ottomans dans une architecture moderne*, 2012.

Travaux du centre franco-égyptien d'étude des temples de Karnak
Directeur de la publication : Christophe Thiers

Ouvrage publié avec le soutien du LabEx Archimede, dans le cadre du programme « Investissements d'Avenir » : IA-ANR-11-LABX-0032-01

ISBN 978-2-7247-0744-1 ISSN 1110-2470

Mise en page : Véronique Puelle
Couverture : Jessie Maucor

Sommaire

Remerciements

Au sein du Centre franco-égyptien d'étude des temples de Karnak (CFEETK), la fouille de la *favissa* menée en 2014-2015 ainsi que la restauration des objets et leur étude n'auraient pu se faire sans le soutien de nos collègues du ministère des Antiquités d'Égypte (MAE). Il nous est un devoir de remercier Sultan Eid et Mohamed Abd el-Aziz, successivement directeurs des antiquités de Louqsor et de la Haute Égypte et anciens codirecteurs du CFEETK, Moustafa Waziri, directeur des antiquités de Louqsor, Amin Ammar et Moustafa es-Saghir, respectivement ancien et actuel, directeur général des temples de Karnak, Badri Abd al-Satar, codirecteur du CFEETK, Khazafi Abder Raheem, directeur des temples de Karnak, Mona Fathi et Fawzy Helmi, directeurs des temples de Karnak, Ghada Ibrahim, directrice des missions scientifiques, Abd al-Nasser Ahmed, responsable des programmes de restauration, le raïs Mahmoud Farouk ainsi que le raïs Awad Abdel Radi Mohammed et son équipe.

C'est pour nous un agréable devoir d'adresser nos plus sincères remerciements à celles et ceux qui ont rendu cette étude possible par leurs interventions dès les premiers moments de la découverte de la *favissa*. La présence de Kevin Guadagnini (VI MEAE) a ainsi été primordiale dans la mise en place du procédé de relevés photogrammétriques et de modélisation 3D de la *favissa*; la documentation et l'analyse de la constitution du dépôt sont redevables à l'extrême qualité de son travail. Nous remercions Camille Bourse (VI MEAE), Ashraf Moustafa Ali, Mahmoud Said Ahmed (MAE-CFEETK) et Claudine Miserez (stagiaire CNRS) qui ont assuré la consolidation *in situ* des objets découverts dans la *favissa* et leur restauration complète, améliorant de façon significative leur lisibilité et leur étude. Les photographies qui accompagnent les notices des objets ont été réalisées par Jessie Maucor (USR 3172-CFEETK), Karima Dowi Abd al-Radi, Ahmed Ruby (MAE-CFEETK) et Émilie Saubestre (stagiaire CNRS), ce dont nous les remercions vivement. Enfin, Stéphanie Boulet et Juliette Laroye ont pris en charge l'analyse céramologique, apportant un précieux jalon chronologique pour la discussion de la date de comblement de la *favissa*. Pour son soutien constant, nous adressons nos remerciements à Véronique Puelle, administratrice de l'USR 3172-CFEETK (2010-2017), à qui nous devons également la mise en page de ce volume.

Que les collègues et amis qui ont répondu à nos sollicitations et qui nous ont fait part de leurs remarques trouvent ici l'expression de notre profonde gratitude: Sébastien Biston-Moulin (UMR 5140-ASM), Ralph Birk (univ. Munich), Alain Charron (musée de l'Arles antique), Laurent Coulon (EPHE), Catherine Defernez (UMR 8167-OM), Didier Devauchelle (univ. Lille 3), Jérôme Gonzalez (univ. Montpellier 3), Ivan Guermeur (UMR 5140-ASM), Sandra Lippert (UMR 5140-ASM), Olivier Perdu (Collège de France), Joachim Friedrich Quack (univ. Heidelberg) et Gunter Vittmann (univ. Würzburg).

Plusieurs institutions ont répondu favorablement à nos demandes et ont autorisé la reproduction de photographies illustrant ce volume. Nos remerciements s'adressent tout particulièrement à Alice Stevenson (Petrie Museum of Egyptian Archaeology, UCL), Rüdiger Splitter (Museumslandschaft Hessen, Kassel), Lara Weiss (National Museum of Antiquities, Leyde), Joanna Thompson (Östergötlands Museum, Linköping), Katja Elisabeth Vinther (département des antiquités, Ny Carlsberg Glyptotek, Copenhague), Isabella Mulhall (Irish Antiquities Division, National Museum of Ireland), Federica Facchetti (Fondazione Museo delle Antichità Egizie di Torino), Cédric Larcher (IFAO), ainsi que les autorités du British Museum (Londres) et du Metropolitan Museum of Fine Arts (New York).

Depuis 2015, ce projet bénéficie du soutien du LabEx Archimede IA-ANR-11-LABX-0032-01 dans le cadre du programme « Expressions du pouvoir royal à Karnak : entre édification de l'espace sacré et construction du territoire urbain, le temple de Ptah à l'étude », et nous adressons nos remerciements les plus sincères à son directeur, David Lefèvre (univ. Montpellier 3). Ce volume bénéficie en outre d'une aide à la publication apportée par le LabEx Archimede.

Il nous est agréable de remercier Burt Kasparian, adjoint aux publications de l'IFAO, pour l'acribie de sa relecture, ainsi que l'ensemble des personnels de l'imprimerie de l'Institut pour le soin apporté à la réalisation de cet ouvrage.

Pour le soutien constant apporté aux projets du CFEETK et plus particulièrement au programme d'étude du temple de Ptah, que le ministère des Antiquités d'Égypte et ses ministres successifs, Mamdouh Eldamaty et Khaled El-Enany, le ministère de l'Europe et des Affaires étrangères, les membres de la Commission consultative des recherches archéologiques à l'étranger, l'Ambassade de France au Caire et l'Institut d'Égypte, ainsi que la direction des Sciences humaines et sociales du CNRS, à laquelle nous associons l'ensemble des personnels administratifs de la Délégation Paris Michel-Ange, trouvent ici l'expression de notre profonde gratitude.

Guillaume Charloux (CNRS, UMR 8167-OM),
Christophe Thiers (CNRS, USR 3172-CFEETK)
Louqsor, septembre 2017

Avant-propos

INITIÉ À L'AUTOMNE 2008, le programme d'étude du temple de Ptah avait plusieurs objectifs qu'il convient de rappeler : relevés épigraphiques, architecturaux et photographiques, conservation-restauration du monument, investigations archéologiques du temple lui-même et de ses abords. L'avancement de ce programme a fait l'objet de plusieurs articles intermédiaires [1] et deux premiers volumes ont livré en 2016 les relevés épigraphiques du temple assortis de la couverture photographique [2]. Achevés sur le terrain, les relevés architecturaux du temple de Thoutmosis III et des extensions kouchites et ptolémaïques sont en cours d'étude par les soins de P. Zignani. Le volume de traduction et de commentaire des inscriptions, comprenant la présentation des blocs épars et du mobilier inscrit (stèles en particulier), est également en préparation. Depuis mars 2017, l'ensemble des inscriptions hiéroglyphiques du temple (KIU 246), avec translittération et photographies, a également été rendu accessible dans le cadre du Projet Karnak (http://sith.huma-num.fr/karnak) dirigé par S. Biston-Moulin. Entretemps, le programme de restauration et de mise en valeur du temple a été achevé et le monument a été officiellement ouvert au public en juin 2013. À la fin du programme, sont également envisagés plusieurs volumes synthétisant l'ensemble des résultats archéologiques acquis.

À partir de 2009-2010, les fouilles se sont intensifiées [3] ; elles ont planté les premiers jalons de l'histoire du temple et de ses abords sans, immanquablement, que des découvertes éclairent des points inattendus de l'histoire égyptienne : tel fut le cas des éléments d'une porte de grenier consacrée par Senakht-en-Rê Ahmès I, document qui a renouvelé nos connaissances de la fin de la XVIIe dynastie et du début de la XVIIIe dynastie [4].

1. Chr. THIERS, P. ZIGNANI, « The Temple of Ptah at Karnak », *EgArch* 38, 2011, p. 20-24 ; R. DAVID, « La céramique d'un habitat du Ve siècle à Karnak », *Karnak* 14, 2013, p. 287-297 ; Chr. THIERS, « Le temple de Ptah à Karnak. Remarques préliminaires » *in* H. Beinlich (éd), *9. Ägyptologische Tempeltagung*, KSGH 3,4, Wiesbaden, 2013, p. 319-342 ; Chr. THIERS, P. ZIGNANI, « Le domaine de Ptah à Karnak. Premières données de terrain », *Karnak* 14, 2013, p. 493-513 ; N. LICITRA, Chr. THIERS, P. ZIGNANI, « A Major Development Project of the Northern Area of the Amun-Re Precinct at Karnak during the Reign of Shabaqo » *in* E. Pischikova, J. Budka, K. Griffin (éd.), *Thebes in the First Millenium B.C.*, Cambridge, 2014, p. 549-563 ; G. CHARLOUX *et al.*, « Le domaine du temple de Ptah à Karnak. Nouvelles données de terrain », *Karnak* 16, 2017, p. 93-119 ; voir également les rapports d'activité annuels disponibles sur le site internet du CFEETK (http://www.cfeetk.cnrs.fr/).
2. S. BISTON-MOULIN, Chr. THIERS, *Le temple de Ptah à Karnak* I. *Relevé épigraphique (Ptah, n°s 1-191),* II. *Relevé photographique* (J.-Fr. Gout), TravCFEETK, BiGén 49, Le Caire, 2016.
3. Les fouilles récentes du temple de Ptah ont débuté en 2009 sous la responsabilité de Christophe Thiers et de Pierre Zignani et se sont poursuivies de 2014 à 2016 sous celle de Guillaume Charloux.
4. S. BISTON-MOULIN, « Le roi Sénakht-en-Rê Ahmès de la XVIIe dynastie », *ENiM* 5, 2012, p. 61-71.

À partir de septembre 2014, les fouilles se sont concentrées sur les abords méridionaux et orientaux du temple. Les deux problématiques majeures visaient la poursuite des recherches sur l'emprise du monument à travers l'identification des différentes enceintes et sur la présence d'un édifice antérieur en briques crues, dont quelques vestiges avaient été repérés à proximité des fondations de Thoutmosis III[5]. C'est sur ces bases que les travaux ont été inscrits en janvier 2015 dans le projet « Expressions du pouvoir royal à Karnak: entre édification de l'espace sacré et construction du territoire urbain, le temple de Ptah à l'étude » soutenu par le Labex Archimede[6].

Les investigations archéologiques ont depuis apporté des résultats significatifs, tant sur les périodes les plus anciennes du site (du Moyen Empire au Nouvel Empire)[7] que sur les dernières occupations ptolémaïques[8] et romano-byzantines[9]. Les aléas de la fouille ont réservé une autre surprise fin décembre 2014, aussi inattendue que la découverte de la porte de Senakht-en-Rê. La *favissa* qui a été mise au jour à l'arrière du temple a livré près d'une quarantaine d'objets, de natures et de matériaux divers, et a monopolisé pendant plusieurs mois une grande partie de l'équipe du CFEETK. Les moyens technologiques utilisés lors de la fouille (photogrammétrie et modélisation 3D) ont permis une documentation très précise de la découverte, indispensable à l'analyse fine de la constitution du dépôt qui sera proposée.

Ce troisième volume réservé aux travaux menés au temple de Ptah à Karnak s'écarte donc du programme de publication initialement prévu. On comprendra aisément que la nature et le contexte de découverte de cette *favissa* nécessitent une présentation à part, hors de celles prévues pour exposer les résultats archéologiques. Pris individuellement, les objets mis au jour ont un intérêt relatif, mais collectivement ils prennent une tout autre dimension, témoins d'un événement particulier de la vie du temple mais également de son fonctionnement avant leur enfouissement.

5. G. Charloux, Chr. Thiers, « The Early Temple of Ptah at Karnak », *EgArch* 50, 2017, p. 11-15 ; G. Charloux *et al.*, « Le "temple primitif" de Ptah à Karnak », *BIFAO* 117, 2017, p. 125-159.
6. Dans le cadre de ce projet, le soutien du Labex Archimede a permis le recrutement de B. Durand, archéologue, pour une durée de deux ans. Un premier programme (2013-2014) est soutenu par le Labex Archimede intitulé « Céramiques tardives d'Égypte (IVe s. av. J.-C.-VIIe s.), entre tradition et acculturation. L'exemple des sites de Karnak et d'Ermant » a permis à R. David de développer les études céramologiques des périodes ptolémaïque à romano-byzantine, en particulier à partir de la documentation issue des fouilles du temple de Ptah ; R. David (éd.), *Céramiques ptolémaïques de la région thébaine*, CCE 10, Le Caire, 2016. Enfin, St. Boulet a également obtenu un contrat post-doctoral (2015-2016) du Labex Archimede pour son projet intitulé « Contribution des études céramologiques à l'histoire politique et économique de la 25e dynastie à Thèbes (Égypte) ».
7. G. Charloux *et al.*, *BIFAO* 117, 2017, p. 125-159 ; G. Charloux *et al.*, « Recherches sur les origines des temples de Karnak, à la lumière d'un nouveau sondage stratigraphique », en préparation.
8. R. David, « La céramique ptolémaïque d'une zone annexe du temple de Ptah à Karnak » *in* R. David (éd.), *Céramiques ptolémaïques de la région thébaine*, p. 49-76 ; B. Durand, « Un four métallurgique d'époque ptolémaïque dans les annexes du temple de Ptah à Karnak », *Karnak* 15, 2015, p. 181-188.
9. R. David, « Karnak au début de la période byzantine : caractérisation d'une production locale » *in* D. Dixneuf (éd.), *LRCW 5 - 2 Late Roman Coarse Wares, Cooking Wares and Amphorae in the Mediterranean Archaeology and Archaeometry*, ÉtudAlex 43, Alexandrie, 2017, p. 963-974. La fouille se concentre depuis 2016 sur un secteur d'habitations à l'est du temple ; G. Charloux *et al.*, *Karnak* 16, 2017, p. 93-119.

Introduction

Les « caches » – dépôts d'artefacts intentionnellement mis à l'abri des regards – figurent parmi les découvertes stimulant tout particulièrement l'imagination collective [10]. Cette pratique est attestée en Égypte et au Levant depuis des temps lointains [11]. Des caches de types très divers, dans des contextes très variés, ont été mis au jour, allant de la cache de momies et de sarcophages [12], à celle de statues [13], de papyri [14], de bijoux [15], aux dépôts plus modestes, parfois mixtes : pièces de monnaie [16], instruments d'embaumement [17], etc. Ces caches, trouvées en grand nombre, ne possèdent pas toutes la ou les même(s) fonction(s). Dans la littérature, on distingue quantité de catégories : caches funéraires, cultuelles, votives, de stockage (*storage cache*), de préservation, d'exécration, de consécration, mais aussi dépôts de fondation, trésors, etc., dont la définition et l'identification ne sont ni clairement établies ni universelles.

10. P. Vernus, « Caches au trésor dans l'Égypte pharaonique », *Hathor* 1, 1989, p. 35-40 ; *id.*, *Dictionnaire amoureux de l'Égypte ancienne*, Paris, 2009, p. 176-188.

11. Par ex., B. Williams, « Notes on Prehistoric Cache Fields of Lower Egyptian Tradition at Sedment », *JNES* 41, 1982, p. 213-221 ; M. Freikman, Y. Garfinkel, « The Zoomorphic Figurines from Sha'ar Hagolan: Hunting Magic Practices in the Neolithic Near East », *Levant* 41, 2009, p. 5-17.

12. G. Maspero, *La trouvaille de Deir-el-Bahari*, Le Caire, 1881.

13. Dont la plus célèbre est celle de la cour du VIIe pylône à Karnak. Outre les quelques 700 statues de pierre, 17 000 bronzes (qui n'ont toujours pas été localisés) ont été extraits de la *favissa* ; E. Jambon, « Les fouilles de Georges Legrain dans la Cachette de Karnak (1903-1907) : nouvelles données sur la chronologie des découvertes et le destin des objets », *BIFAO* 109, 2009, p. 239-279 ; *id.*, « La Cachette de Karnak. Étude analytique et essais d'interprétation » in L. Coulon (éd.), *La Cachette de Karnak. Nouvelles perspectives sur les découvertes de G. Legrain*, BiÉtud 161, Le Caire, 2016, p. 131-175.

14. K. Donker van Heel, H. van den Berg, « A Scribe's Cache from the Valley of Queens? The Palaeography of Documents from Deir el-Medina: Some Remarks » *in* R.J. Demarée, E. Egberts (éd.), *Deir el-Medina in the Third Millennium AD: A Tribute to Jac J. Janssen*, Leyde, 2000, p. 9-49.

15. M. Reddé, *Douch* IV. *Le trésor. Inventaire des objets et essai d'interprétation*, DFIFAO 28, Le Caire, 1992 ; E.-S. Hegazy, C.C. Van Siclen, « A Cache of Jewelry from the Edifice of Amenhotep II at Karnak », *VA* 5, 1989, p. 227-238 ; E. Pusch, « 'Pi-Ramesse-geliebt-von-Amun, Hauptquartier Deiner Streitwagentruppen'. Ägypter und Hetither in der Delta Residenz » *in* A. Eggebrecht (éd.), *Pelizaeus-Museum Hildesheim. Die ägyptische Sammlung*, Mayence, 1993, p. 141, fig. 141 ; M.I. Bakr, H. Brandl, *Egyptian Antiquities from Kufur Nigm and Bubastis*, Museums in the Nile Delta 1, Berlin, 2010, p. 45-47.

16. Par ex., J.E. Quibell, S. Clarke, J.J. Tylor, *El Kab*, ERA 3, Londres, 1898, p. 13-14 ; A. Ragheb, « Bronze Hoard From Heracleion », *BSAA* 48, 2009, p. 13-24 ; en dernier lieu, Th. Faucher, A. Meadows, C. Lorber, *Egyptian Hoards* I. *The Ptolemies*, BiÉtud 168, Le Caire, 2017.

17. M. Eaton-Kraus, « Embalming caches », *JEA* 94, 2008, p. 288-293 ; Chr. Knoblauch, « A New Group of Middle Kingdom Embalming Deposits? Another Look at Pottery Dumps and Repositories for Building Materials in Middle Kingdom Cemeteries », *ÄgLev* 26, 2016, p. 329-356.

De nombreuses caches d'objets sacrés, cultuels et votifs[18], ont été mises au jour dans ou à proximité des temples égyptiens et cette pratique a fait l'objet de plusieurs études récentes qui seront discutées ci-après[19]. Rendues définitivement inaccessibles aux hommes, ces caches concernent différents types d'objets et de matériaux, en contexte primaire ou secondaire, mais on constate une large proportion d'artefacts en alliage cuivreux, le plus souvent au caractère osirien marqué[20].

Bien que figurant parmi les découvertes les plus spectaculaires, ces caches demeurent souvent mal documentées. Très peu de données sont ainsi disponibles sur le contexte initial des dépôts, une large partie d'entre eux provenant de pillages ou de fouilles anciennes[21]. La découverte d'une cache dans le cadre d'une fouille programmée ou préventive, et malgré le caractère fortuit de la découverte, constitue donc une formidable opportunité d'étude. Outre la documentation brute, l'objectif reste en effet l'interprétation souvent mal étayée du dépôt, à savoir la nature des objets ensevelis, l'origine et la date de l'enfouissement, la logique de mise en place des artefacts et de leurs relations intrinsèques, le lien avec les édifices alentours, les raisons de l'enfouissement et l'éventuelle mise en évidence de pratiques cultuelles associées.

Lors de la saison 2014-2015, la fouille des abords du temple de Ptah à Karnak (Fig. I.1) a fourni l'occasion d'étudier, de manière aussi précise que possible, le contexte archéologique d'une *favissa*[22]. Remplie de divers objets abîmés mis au rebut, la fosse est associée à l'installation d'un dallage autour du temple. L'examen de ce dépôt, réalisé avec des techniques de pointe en photogrammétrie et en restitution 3D, a permis d'approcher certaines pratiques rituelles réalisées lors de l'enfouissement du mobilier. À travers les données comparatives, l'un des buts de la présente contribution est de clarifier les questions de terminologie, d'établir des critères précis d'identification des types de caches d'objets connues, mais aussi d'aborder la question de la ritualisation et de la fonction des dépôts en fosse et, *in fine*, d'étudier les objets (type, fonction, datation) et tenter de définir leur usage initial, avant enfouissement.

Dans une première partie de ce volume seront présentés le contexte archéologique de la découverte de la *favissa* ainsi que la méthode employée lors de sa documentation. Afin de proposer un cadre interprétatif, un examen des différents dépôts signalés dans les publications permettra de dresser un cadre typologique préalable à l'analyse de la constitution, de l'organisation et de la fonction de la *favissa* (Chapitre 1). La céramique associée fera l'objet d'une analyse, décisive quant à la datation de l'enfouissement (Chapitre 2), suivie de la présentation des objets et de leur apport à l'étude des divinités vénérées dans le domaine de Ptah (Chapitre 3).

18. On emploiera le terme « votif » dans une acception large de don d'un objet par un particulier à une divinité, quelle qu'en soit la raison, ne se limitant donc pas à la seule volonté d'acquitter un vœu (*votum*).

19. E. Jambon, in L. Coulon (éd.), *La Cachette de Karnak*, p. 163 ; A. Masson, « Bronze Votive Offerings » *in* A. Villing *et al.*, *Naukratis: Greeks in Egypt*, Londres, 2013-2015, p. 3-4 (http://www.britishmuseum.org/naukratis) ; K. Weiss, *Ägyptische Tier- und Götterbronzen aus Unterägypten: Untersuchungen zu Typus, Ikonographie und Funktion sowie der Bedeutung innerhalb der Kulturkontakte zur Griechenland*, ÄAT 81, Wiesbaden, 2012, p. 465-468 ; M. Fitzenreiter, « Funktion und Kontext ägyptischer Kleinbronzen » *in* M. Fitzenreiter *et al.* (éd.), *Gegossene Götter. Metallhandwerk und Massenproduktion im Alten Ägypten*, Rahden, 2014, p. 169-176 ; plus généralement, R. Osborne, « Hoards, Votives, Offerings: the Archaeology of the Dedicated Object », *WorldArch* 36, 2004, p. 1-10.

20. Voir, par ex., les dépôts de Saqqara-Nord, S. Davies, H.S. Smith, *The Sacred Animal Necropolis at North Saqqara. The Falcon Complex and Catacomb. The Archaeological Report*, EES ExcMem 73, Londres, 2005, p. 133 ; A. Masson, « Cult and Trade. A Reflexion on Egyptian Metal Offerings from Naukratis » *in* D. Robinson, Fr. Goddio (éd.), *Thonis-Heracleion in Context: The Maritime Economy of the Egyptian Late Period, Proceedings of the Conference in the University of Oxford, 15-17 March 2013*, OCMA Monograph 8, Oxford, 2015, p. 77 ; S. Heinz, E. van der Wilt, « Buried Bronzes: Caches of the Sacred Animal Necropolis », *EgArch* 49, 2016, p. 43-46 ; E. Jambon, « La Cachette de Karnak. Étude analytique et essais d'interprétation", *in* L. Coulon (éd.), *La Cachette de Karnak*, p. 163.

21. Voir, par ex., les milliers d'effigies trouvées par Mariette au Sérapéum de Memphis, Chr. Ziegler, « Une découverte inédite de Mariette, les bronzes du Sérapéum », *BSFE* 90, 1981, p. 29-45.

22. G. Charloux *et al.*, « The Afterlife of Egyptian Statues: a Cache of Religious Objects in the Temple of Ptah at Karnak », *Antiquity* 359, 2017, p. 1189-1204.

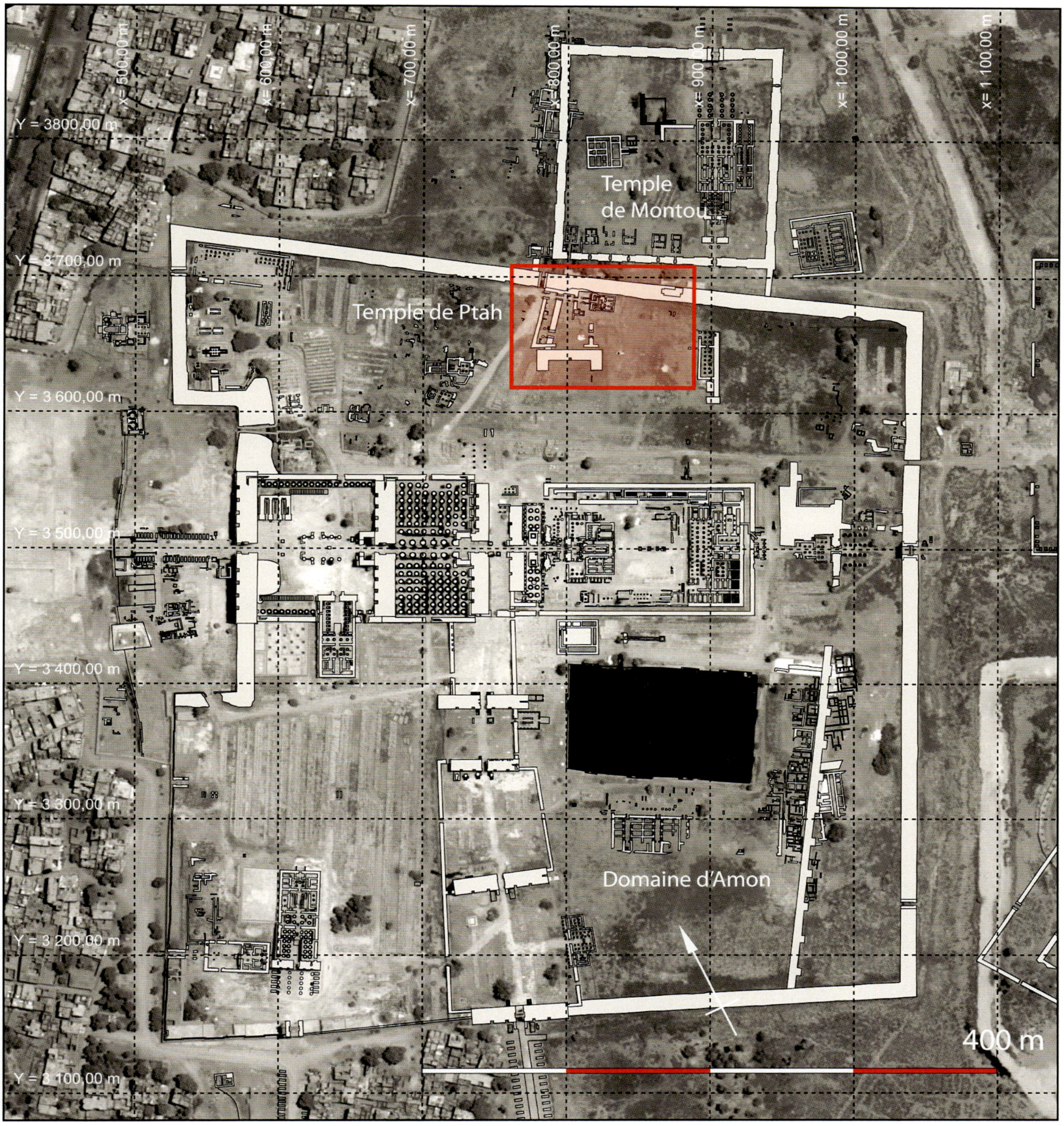

Fig. I.1. Plan général du temple d'Amon à Karnak et localisation du secteur à l'étude. © CNRS-CFEETK.

1

La *favissa* du temple de Ptah

Une sépulture de statue divine ?

Guillaume Charloux, Mona Ali Abady Mahmoud
et Ahmed Mohamed Sayyed Elnasseh [23]

Le petit dépôt statuaire découvert en décembre 2014 à proximité du temple de Ptah (Fig. 1) [24] n'est pas tant remarquable par la quantité ou même la qualité des œuvres exhumées que par son homogénéité, sa localisation et son organisation intrinsèque. Contrairement à une opinion trop tranchée [25], et en l'absence d'attestation textuelle, l'étude du contexte archéologique – l'archéologie du rite – peut apporter des éléments de réflexion sur la fonction de ce dépôt et livrer un éclairage sur cette pratique [26]. Publiée dans son intégralité, la *favissa* du temple de Ptah est ainsi en mesure d'apporter une contribution notable dans la tentative d'identification, de définition, de classification et d'interprétation fonctionnelle des caches d'artefacts religieux dans l'Égypte ancienne.

Pour cette raison, nous avons choisi de débuter par l'analyse de l'évènement archéologique, en exposant les données récoltées sur le terrain et la documentation post-fouille de manière exhaustive. La seconde étape vise à élargir la discussion en comparant les informations obtenues avec notre connaissance des caches d'artefacts religieux. L'établissement d'une définition stricte et la création d'une typologie détaillée permettent de repenser ces dépôts dans des catégories archéologiques aussi objectives que possible et de tenter d'y percevoir des logiques fonctionnelle, géographique et/ou chronologique. Cet examen analytique conduit à l'établissement de critères isolant les caches sacrées du type de celle de la *favissa* du temple de Ptah au sein du plus vaste ensemble des caches d'artefacts religieux. On s'intéresse donc à cette pratique rituelle de dissimulation, de mise en dépôt secondaire – dans un espace définitivement clos (*favissa*, dépôt aménagé...) – de matériaux sacrés (statuaire, mobilier...) qui n'ont plus vocation à être utilisés dans le temple en fonction primaire.

23. Centre franco-égyptien d'étude des temples de Karnak (CFEETK, ministère des Antiquités d'Égypte, USR 3172 du CNRS).

24. G. Charloux *et al.*, *Antiquity* 359, 2017, p. 1189-1204.

25. R.S. Bianchi, « Œuvres d'art en bronze de l'Égypte ancienne » in *Les bronzes égyptiens. Fondation Gandur pour l'Art*, Genève, 2014, p. 22 : « (...) les trésors qui, même s'ils ont été fouillés de manière scientifique, sont généralement dépourvus d'indices de datation, ce qui nous pousse à remettre en question le point de vue hostile au prélèvement qui voudrait qu'en archéologie, c'est le contexte qui fait tout. Pour les cachettes, il y a bien des contextes archéologiques, mais ceux-ci fournissent très peu d'informations chronologiques, et ne nous éclairent pas beaucoup sur la fonction originale des objets. »

26. À condition qu'elle se nourrisse de l'anthropologie et de l'histoire des religions, comme le rappelle John Scheid, « Pour une archéologie du rite », *Annales* 55/3, 2000, p. 615-622.

Les conclusions auxquelles nous sommes arrivés à la suite de cet examen semblent montrer qu'une statue du dieu Ptah fut enterrée à l'arrière de son lieu de dévotion dans le cadre de pratiques osiriennes ostensiblement marquées. Plus largement, si l'on accepte les critères typologiques établis ci-après, nous pouvons envisager que la phase d'intensification et le stade le plus avancé de cette longue pratique des caches sacrées datent des périodes ptolémaïque et romaine[27].

1.1. Le contexte archéologique

Le temple de Ptah est situé à la limite septentrionale du domaine d'Amon, tel qu'il a été fixé sous Nectanébo Ier (voir introduction, Fig. I.1)[28]. Édifié au Nouvel Empire par Thoutmosis III, le monument a été implanté *extra muros* à l'emplacement d'un édifice « primitif » en briques crues[29], peut-être non loin d'un grenier consacré au dieu Amon à la fin de la XVIIe dynastie[30] (Fig. 1.2). Aÿ/Horemheb, Séthi Ier, Ramsès III effectuèrent diverses restaurations du sanctuaire, avant que de plus amples réaménagements modifient l'espace sacré au cours du premier millénaire av. J.-C.[31]. Durant la XXVe dynastie, le temple est doté de deux nouvelles enceintes, parallèlement au réaménagement du secteur nord de Karnak marqué par l'installation du « Trésor » de Chabaka[32]. Durant la XXXe dynastie, Nectanébo Ier réaménage en profondeur la zone par l'implantation de l'enceinte du complexe religieux de Karnak. À l'époque ptolémaïque, le règne de Ptolémée III Évergète Ier inaugure une phase de modifications du temple thoutmoside : réaménagement de la partie occidentale de la cour d'entrée (décorée par Ptolémée IV Philopator) ; implantation d'une porte d'enceinte à l'ouest (Ptolémée VI Philométor) et d'une porte intermédiaire dans l'axe du temple (Ptolémée XII Néos Dionysos). Les derniers textes hiéroglyphiques sont inscrits au nom de l'empereur Tibère[33]. L'espace à l'intérieur des enceintes est finalement occupé par des installations civiles de l'époque ptolémaïque[34] et romano-byzantine[35].

27. Les auteurs sont très reconnaissants à Christophe Thiers pour ses commentaires et ses ajouts utiles à leur réflexion. Les observations et conclusions ici développées restent toutefois de leur entière responsabilité.
28. La zone septentrionale du temple de Karnak a fait l'objet de multiples études depuis plus d'un siècle. Nous renvoyons par exemple à M. Azim, G. Reveillac, *Karnak dans l'objectif de Georges Legrain : catalogue raisonné des archives photographiques du premier directeur des travaux de Karnak de 1895 à 1917* 1, Paris, 2004, p. 345-347, 359-360 ; Cl. Robichon, L.-A. Christophe, *Karnak-Nord* III, FIFAO 23, Le Caire, 1951 ; P. Barguet, J. Leclant, *Karnak-Nord* IV, FIFAO 25, Le Caire, 1954 ; P. Béout *et al.*, « Fouilles dans le secteur nord-ouest du temple d'Amon-Rê », *Karnak* 9, 1993, p. 161-204 ; J. Jacquet, *Karnak-Nord* VII. *Installations antérieures ou postérieures au monument*, FIFAO 36/1-2, Le Caire, 1994 ; *id.*, *Karnak-Nord* IX. *Le trésor de Thoutmosis Ier. Fouilles à l'est du monument*, FIFAO 44, Le Caire, 2001 ; J.-Fr. Jet, « Sondage dans le secteur oriental du musée en plein air de Karnak : constructions d'époque saïto-perse », *Karnak* 12, 2007, p. 335-354 ; L. Coulon, C. Defernez, « La chapelle d'Osiris Ounnefer Neb-Djefaou à Karnak. Rapport préliminaire des fouilles et travaux 2000-2004 », *BIFAO* 104, 2004, p. 135-190 ; L. Coulon, D. Laisney, « Les édifices des divines adoratrices Nitocris et Ânkhnesnéferibrê au nord-ouest des temples de Karnak (secteur de Naga Malgata) », *Karnak* 15, 2015, p. 81-171 ; N. Licitra, « Gérer les richesses du temple à l'époque koushito-saïte. Les découvertes récentes dans le Trésor de Shabaqo à Karnak », *ÉA&O* 81, 2016, p. 53-58.
29. G. Charloux, Chr. Thiers, *EgArch* 50, 2017, p. 11-15 ; G. Charloux *et al.*, *BIFAO* 117, 2017, p. 125-159.
30. S. Biston-Moulin, « Le roi Sénakht-en-Rê Ahmès de la XVIIe dynastie », *ENiM* 5, 2012, p. 61-71.
31. S. Biston-Moulin, Chr. Thiers, *Le temple de Ptah à Karnak* I, p. xii.
32. N. Licitra, Chr. Thiers, P. Zignani, « A Major Development Project of the Northern Area of the Amun-Ra Precinct at Karnak during the Reign of Shabaqo » *in* E. Pischikova, J. Budka, K. Griffin (éd.), *Thebes in the First Millennium BC*, Cambridge, 2014, p. 549-563.
33. *Ptah* I, nos 77 et 79.
34. B. Durand, « Un four métallurgique d'époque ptolémaïque dans les annexes du temple de Ptah à Karnak », *Karnak*, 15, 2015, p. 181-188 ; G. Charloux *et al.*, « Le domaine du temple de Ptah à Karnak. Nouvelles données de terrain », *Karnak* 16, 2017, p. 93-119.
35. Chr. Thiers, P. Zignani, *Karnak* 14, 2013, p. 498-502 ; R. David, « La céramique d'un habitat du ve siècle à Karnak », *Karnak*, 14, 2013, p. 287-297 ; *id.*, « Karnak au début de la période byzantine. Caractérisation d'une production locale » *in* D. Dixneuf (éd.), *LRCW* 5 - 2 *Late Roman Coarse Wares, Cooking Wares and Amphorae in the Mediterranean Archaeology and Archaeometry*, ÉtudAlex 43, Alexandrie, 2017, p. 963-974 ; S. Biston-Moulin, Chr. Thiers, *op. cit.*, p. xiii ; G. Charloux *et al.*, *Karnak* 16, 2017, p. 93-119.

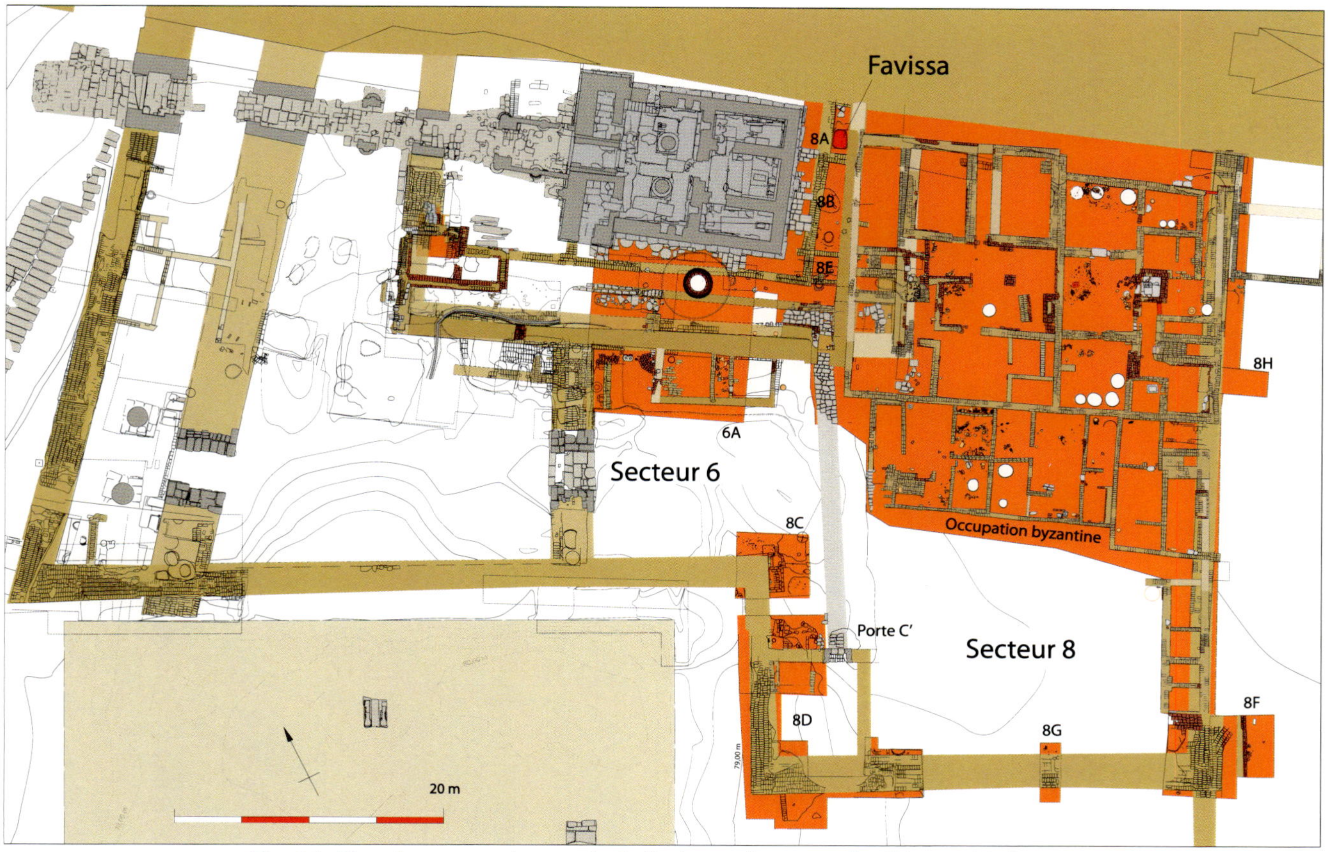

Fig. 1.1. Plan du secteur du temple de Ptah avec les zones fouillées en 2014-2017.
© CNRS-CFEETK, G. Charloux, B. Durand, K. Guadagnini, P. Mégard, P. Zignani *et al.*

Fig. 1.2. Vue d'ensemble de la fouille au sud du temple de Ptah. © CNRS-CFEETK/J.-Fr. Gout.

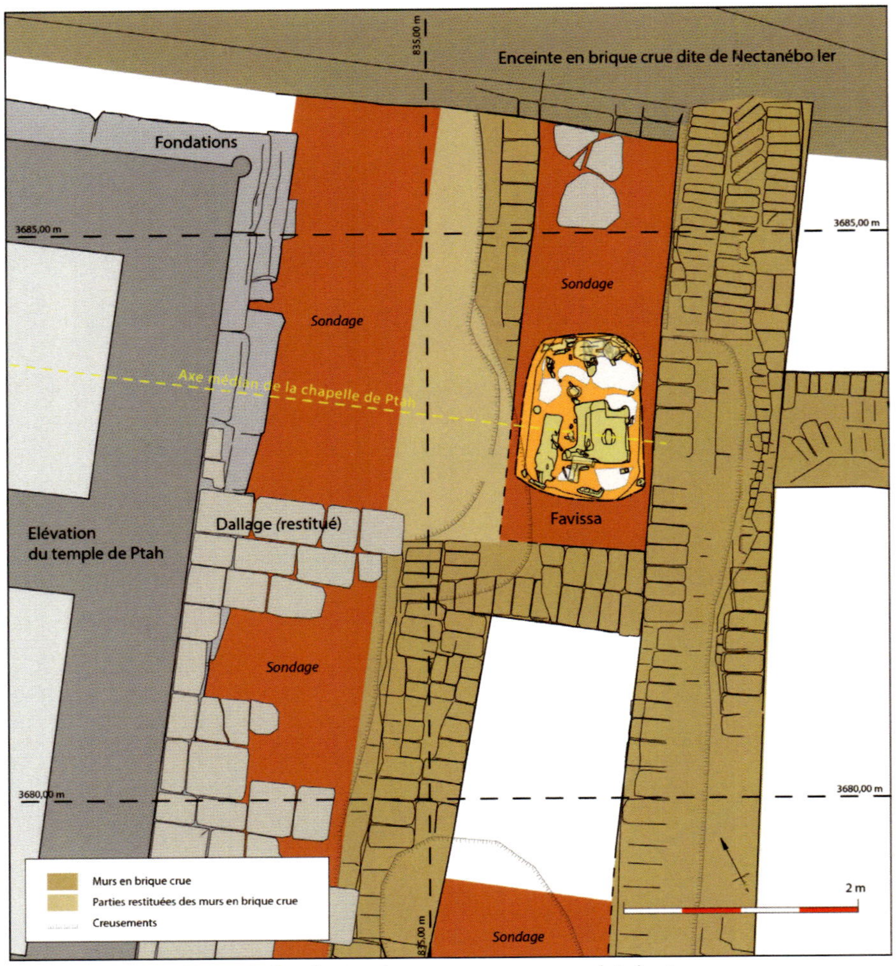

Fig. 1.3. La *favissa* dans son contexte archéologique. © CNRS-CFEETK/G. Charloux, K. Guadagnini.

Fig. 1.4. L'arrière du temple de Ptah en fin de campagne 2015. © CNRS-CFEETK/G. Charloux.

L'état du secteur avant la fouille

Des dégagements ayant profondément remodelé les alentours du temple de Ptah ont été menés au cours des XIXe et XXe s. par J.-J. Rifaud[36], A. Mariette[37], G. Legrain[38] puis H. Chevrier[39]. Avant même le commencement des fouilles, il est apparu qu'une succession d'interventions avait perturbé le secteur à l'arrière du monument, en particulier celles entreprises par H. Chevrier, peut-être autour de 1946-1947[40]. C'est durant cette opération que furent détruits des vestiges en briques à l'est de l'édifice ainsi que le dallage antique installé sur le pourtour du temple[41]. Seules demeurent quelques dalles en grès positionnées contre la porte sud du « pseudo-pylône » ptolémaïque et des traces de concrétions horizontales visibles une vingtaine de centimètres au-dessus des blocs de la première assise (notamment sur le mur oriental) et marquant l'emplacement du dallage ancien. Les

36. M. Azim, *Karnak et sa topographie 2. Les relevés anciens du temple d'Amon-Rê de 1589 aux années 1820*, CRA Monographies 31, Paris, 2012, p. 294, 297-298.

37. A. Mariette, *Karnak. Étude topographique et archéologique*, Leipzig, 1875, p. 10, pl. 8c.

38. G. Maspero, « La consécration du nouveau temple de Phtah Thébain par Thoutmosis III ; communication lue à la séance du 26 janvier », *CRAI*, 1900 ; G. Legrain, « Le temple de Ptah Rîs-anbou-f dans Thèbes », *ASAE* 3, 1902, p. 112-113.

39. H. Chevrier, « Rapport sur les travaux de Karnak (1932-1933) », *ASAE*, 33, 1933, p. 181, 1934, p. 168-169.

40. S. Biston-Moulin, « Documentation ancienne et archives [Le temple de Ptah] » *in* M. Boraik, Chr. Thiers, *Centre franco-égyptien d'étude des temples de Karnak. Rapport d'activité 2010*, Louqsor, 2011, p. 27-29 ; Chr. Thiers, P. Zignani, « The Temple of Ptah » *in* M. Boraik, Chr. Thiers, *French-Egyptian Center for the Study of the Temples of Karnak. Activity Report 2011*, Louqsor, 2012, p. 20 (http://www.cfeetk.cnrs.fr/).

41. S. Biston-moulin, Chr. Thiers, *Ptah* I, p. XXI.

photographies de H. Chevrier et les schémas de P. Lacau ont néanmoins permis un recalage planimétrique et altimétrique approximatif des dalles aujourd'hui perdues [42], qui se prolongeaient à l'origine au-dessus de la *favissa* et des murs adjacents (Fig. 1.3).

La méthode employée

La *favissa* a été découverte début décembre 2014, à moins de 3 m de l'arrière de l'édifice de Thoutmosis III, 1,75 m au sud de l'enceinte en briques crues de Nectanébo Ier (Fig. 1.4). Elle a été fouillée en deux temps pour des contraintes de calendrier ; la partie sud [43] a été ôtée en janvier 2015. Un seul archéologue ou ouvrier (exceptionnellement deux archéologues) a procédé au dégagement en raison de l'exigüité de la fosse et de la fragilité de l'assemblage mis au jour. Un tamisage systématique avec une maille de 0,7 cm a permis de récupérer quelques éléments d'incrustation. Huit échantillons d'enduit ont été prélevés au cours du dégagement.

Le protocole d'enregistrement a consisté en la réalisation de restitutions 3D en photogrammétrie par corrélation dense d'images à chaque étape du dégagement et/ou de l'enlèvement d'un artefact, afin d'en obtenir la position exacte (Fig. 1.5, 1.6, 1.7, 1.8). Les photographies de terrain ont ainsi été assemblées et recalées dans le logiciel Photoscan par K. Guadagnini, ingénieur géomètre du CFEETK, avec une précision ≤1 cm grâce à la prise de points topographiques sur le terrain (3 à 5 points par état) à l'aide d'une station totale Leica robotisée TPS1200+. Un modèle 3D a ensuite été réalisé sur les logiciels 3DSMax (puis Adobe Première) regroupant les données de terrain et les objets eux-mêmes restitués (après restauration) par cette méthode de photogrammétrie.

Ce protocole était d'autant plus nécessaire qu'il était impossible de conserver les artefacts sur place une fois mis au jour, les autorités locales souhaitant les transporter dans les réserves en fin de journée pour des raisons de sécurité. Leur conservation préventive a été assurée par une équipe placée sous la responsabilité de la restauratrice du CFEETK, C. Bourse.

Fig. 1.5. Réalisation de photographies au cours du dégagement. © CNRS-CFEETK/J. Maucor.

42. Chr. Thiers, P. Zignani, *loc. cit.* Ce travail a été repris en 2014 par K. Guadagnini, en utilisant comme repères topographiques les relevés des sondages récents.
43. Située à l'emplacement de la coupe A (Fig. 1.11).

État 0

État 4

État 7

État 9

Fig. 1.6. N°s 1-4, états orthophotogrammétriques 0, 4, 7, 9 du dégagement de la *favissa*. © CNRS-CFEETK/K. Guadagnini.

État 11

État 14

État 16

État 17

Fig. 1.7. N°s 5-8, états orthophotogrammétriques 11, 14, 16, 17 du dégagement de la *favissa*. © CNRS-CFEETK/K. Guadagnini.

État 20

État 21

État 22

Fig. 1.8. N°s 9-11, états orthophotogrammétriques 20, 21, 22 du dégagement de la *favissa*. © CNRS-CFEETK/K. Guadagnini.

La structure et son comblement

Comme l'ont montré les dégagements, la *favissa* fut creusée de manière intentionnelle entre deux longs murs en briques nord-sud régulièrement rejoints par des murs de refend (Fig. 1.3). Cet aménagement se poursuit au sud de l'édifice mais ne s'étend pas au-delà d'une enceinte de partition restaurée à plusieurs reprises depuis sa création à la fin de la XVIIe dynastie ou au début de la XVIIIe dynastie. Selon toute vraisemblance, il fut implanté dans le but d'aménager une structure préparatoire au dallage aujourd'hui disparu à cet endroit. Des dalles recouvraient donc primitivement la *favissa* (Fig. 1.9).

La fosse mesure 1,46 m du nord au sud et 1,05 m d'est en ouest, et présente une forme ovale (Fig. 1.10, 1.11, 1.12). Ces limites bien verticales ont été observées sur près d'un mètre de hauteur de l'altitude 75,28 m jusqu'à sa base à 74,38 m. La partie haute a été partiellement restituée en raison des perturbations récentes, notamment sur son flanc sud-ouest.

Fig. 1.9. Vestiges de dalles en surface. État en début de campagne 2014-2015. © CNRS-CFEETK/G. Charloux.

Fig. 1.10. Apparition de la tête du sphinx O.179.8043-1 au cours de la fouille. © CNRS-CFEETK/G. Charloux.

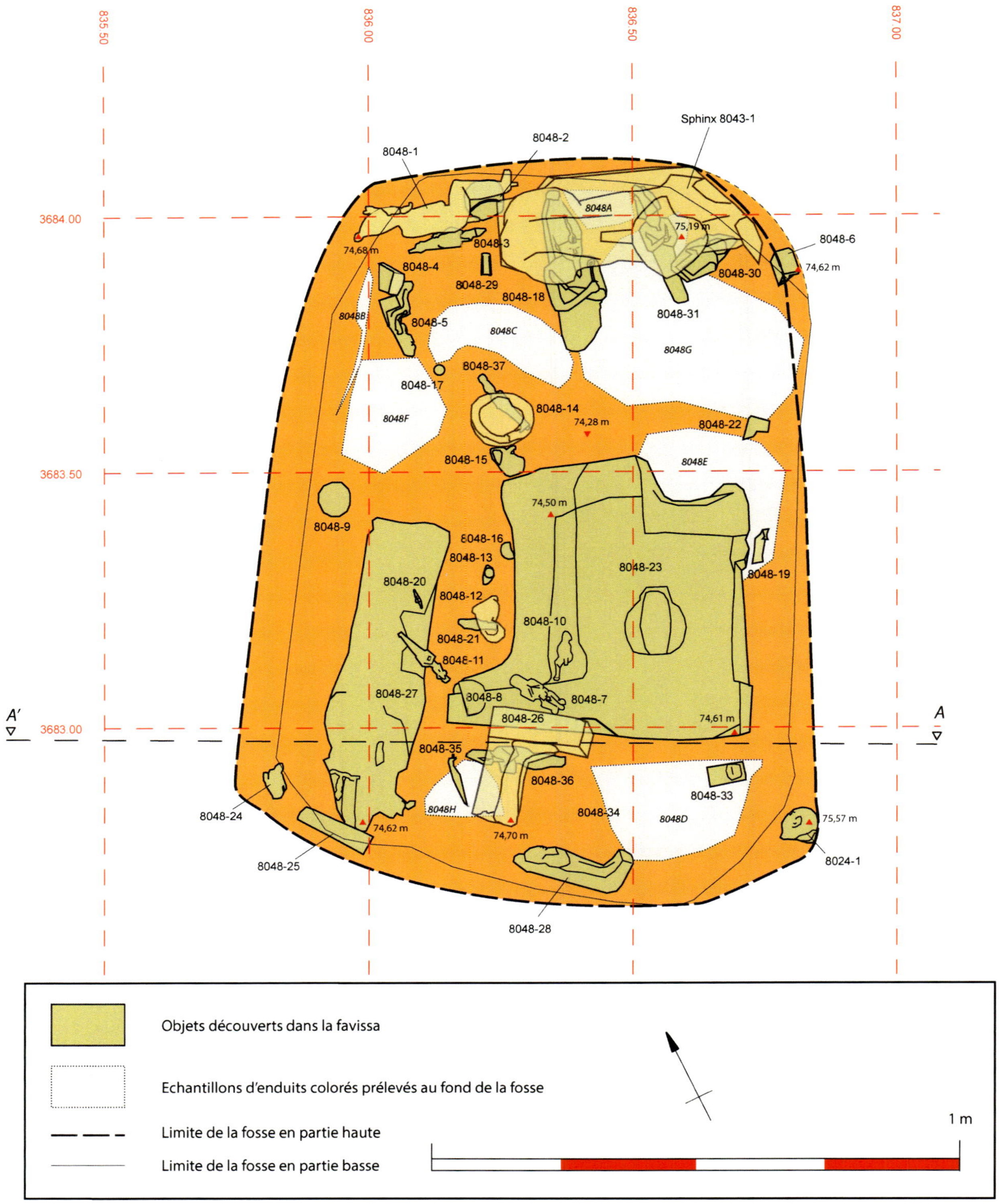

Fig. 1.11. Plan de la *favissa*. © CNRS-CFEETK/K. Guadagnini, G. Charloux.

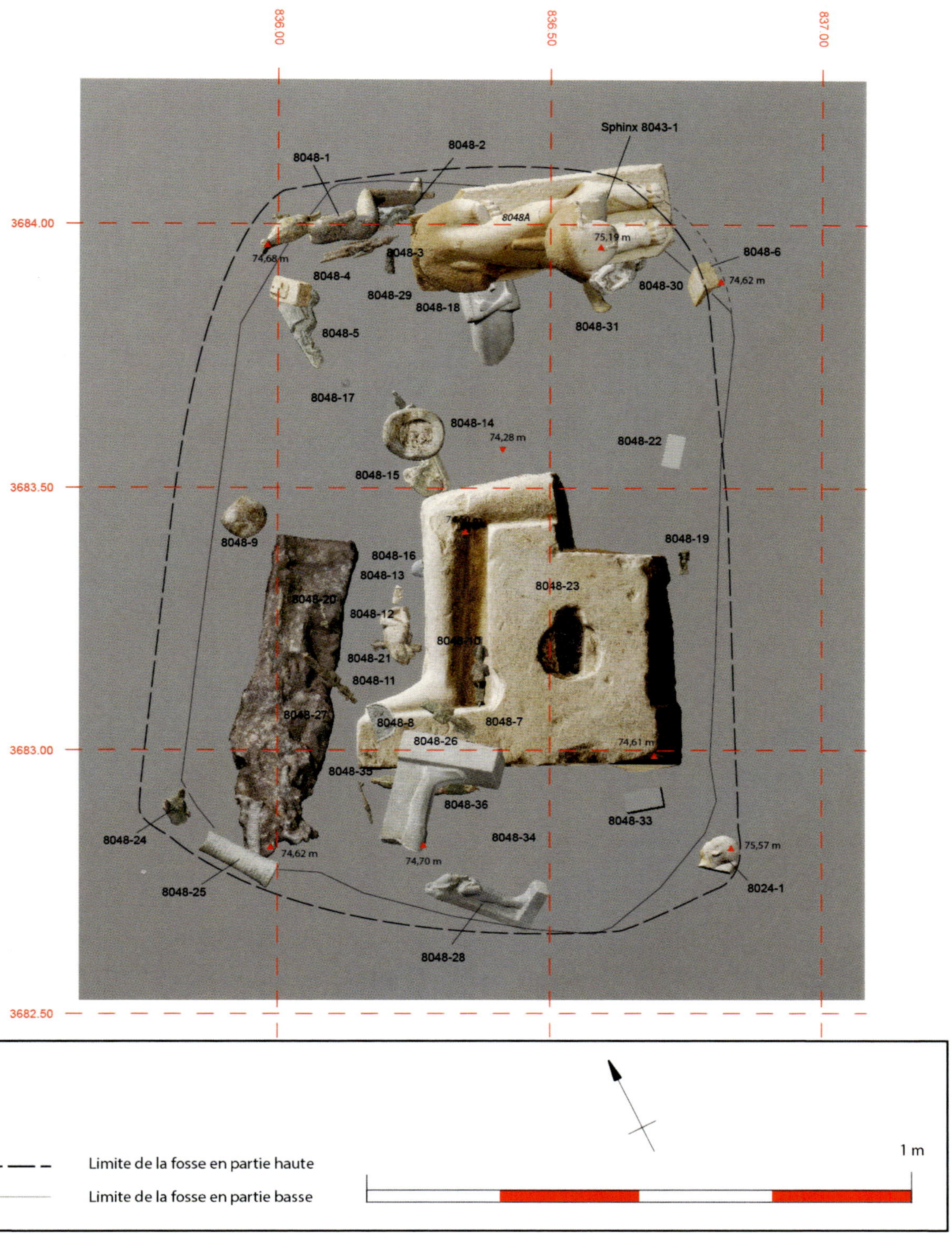

Fig. 1.12. Image restituée en plan de la *favissa* (après modélisation 3D des objets restaurés). © CNRS-CFEETK/K. Guadagnini, G. Charloux.

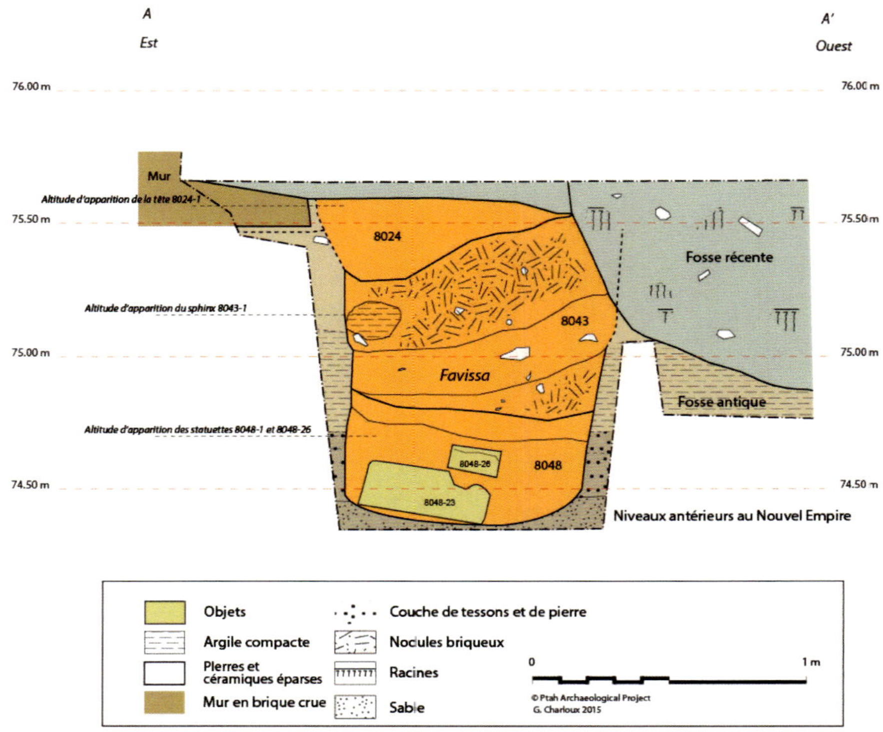

Fig. 1.13. Coupe A (vue vers le sud) au centre de la *favissa*. © CNRS-CFEETK/G. Charloux.

Trois couches de limon (8024, 8043, 8048), elles-mêmes subdivisées en trois sous-couches (a-c), forment le comblement de la *favissa* (Fig. 1.13). La distinction entre les couches provient de la texture (8024b est par exemple assez aérée et composée de nodules limono-argileux), de l'homogénéité du comblement (par exemple 8048a), de la présence plus ou moins prononcée d'artefacts et de tessons céramiques (par exemple 8043b), de la densité argileuse (différence assez nette entre 8024a et 8048a-b) ou de la teinte (beige pour 8024 à beige-brun foncé pour 8048). Le fond de la fosse, sur laquelle reposait la statue de Ptah (8048-23) était constitué par une couche de sable jaune du désert d'un niveau inférieur.

Le mobilier et les étapes du comblement

Le mobilier, numéroté en fonction des trois couches principales, comprend 38 pièces, et se répartit selon les types présentés dans le tableau 1.

S'ajoutent les tessons de céramique étudiés par St. Boulet et J. Laroye et trois petits éléments en terre crue intrusifs, dont une empreinte de sceau (voir *infra*, Chapitre 2).

A. L'état de conservation

Constat avéré, la totalité des artefacts découverts dans la *favissa* sont fragmentaires, à l'exception d'une statuette en grauwacke d'Osiris, et ont été brisés dans l'Antiquité (voir *infra*, Chapitre 3). C'est notamment le cas de la statue de sphinx dont la patte avant gauche était positionnée contre son avant-corps dans le virage nord-est de la fosse (*supra*, Fig. 6, état 0).

Lorsque cela était possible, les fragments des artefacts ont été rassemblés et restaurés, par exemple la statue d'Osiris en grauwacke de belle facture (O.179.8048-26/29) dont la partie inférieure était jetée au sud de la *favissa* et la partie supérieure au nord. La statuette de Mout assise (O.179.8048-5) est intéressante à cet égard puisqu'elle a été restaurée dans l'Antiquité, comme l'indique un léger décalage entre les parties supérieure et inférieure assemblées par un liant gypseux blanchâtre (voir *infra*, Chapitre 3.3.).

Type	Nombre	Identification	Numéro	Matière	Haut. (cm)	Larg. (cm)	Prof. (cm)
Figures du dieu Osiris	14	Statuette d'Osiris assis	O.179.8048-1	Alliage cuivreux	35	10,5	12
		Dyade d'Osiris assis	O.179.8048-6	Calcaire	10,2	5,4	3,5
		Statuette d'Osiris debout	O.179.8048-7	Alliage cuivreux	11,5	3,7	2,1
		Statuette d'Osiris assis	O.179.8048-10	Alliage cuivreux	13,5	3,5	3,9
		Statuette d'Osiris debout	O.179.8048-11	Alliage cuivreux	13,5	3,6	1,4
		Amulette d'une dyade d'Osiris	O.179.8048-20	Alliage cuivreux	5,4	2,3	1,3
		Statuette d'Osiris debout	O.179.8048-21	Alliage cuivreux	9,3	3	1,8
		Statue d'Osiris debout trouvée en deux morceaux	O.179.8048-26/29	Grauwacke	21,5	9,5	18
		Statue d'Osiris debout en bois (perdu) avec parure en alliage cuivreux	O.179.8048-27	Enduit peint et doré (noyau organique disparu) ; alliage cuivreux (barbe et coiffe)	65	13	16 /18 /15
		Statuette d'Osiris debout	O.179.8048-28	Grauwacke	21	5	8,8
		Statuette d'Osiris debout	O.179.8048-31	Alliage cuivreux	25,2	6	2,9
		Statuette d'Osiris debout	O.179.8048-35	Alliage cuivreux	8,8	2	1,2
		Statuette d'Osiris assis	O.179.8048-36	Alliage cuivreux	20,5	5,2	5,5
		Statuette d'Osiris debout	O.179.8048-37	Alliage cuivreux	14,2	3,6	2
Éléments d'appliques statuaires	11	Calotte	O.179.8048-2	Faïence	6,1	7,4	7,7
		Calotte	O.179.8048-9	Faïence	6,8	8,8	8,9
		Sclère	O.179.8048-13	Calcaire	1,7	3,9	2
		Calotte	O.179.8048-14	Faïence	7,5	10,4	13,4
		Calotte	O.179.8048-16	Faïence	2,6	3,1	3,6
		Mèche de cheveux	O.179.8048-17	Alliage cuivreux	6,3	3	1,4
		Plaquette	O.179.8048-22	Faïence	3,9	2,1	0,3
		Barbe postiche	O.179.8048-25	Faïence	14,5	5,4	3,3
		Iris	O.179.8048-32	Pierre noire brillante (jais ?)	1,9	1,9	0,6
		Restes d'yeux	O.179.8048-34	Alliage cuivreux	0,9	1,6	0,8
		Objet indéterminé	O.179.8048-18	Alliage cuivreux	4,6	2	1,1
Figures de babouin (dieu Thot)	3	Statuette de babouin assis	O.179.8048-12	Faïence	11,5	6,6	5,7
		Statuette de cercopithèque debout	O.179.8048-19	Alliage cuivreux	8,2	2,1	3,6
		Statuette de babouin assis	O.179.8048-30	Faïence	11,2	6,5	6
Images de la déesse Mout	2	Statuette de Mout debout	O.179.8048-3	Alliage cuivreux	15,2	3,1	2,1
		Statuette de Mout assise, inscrite	O.179.8048-5	Grauwacke	16	3,6	7,6
Figures de chatte (déesse Bastet)	2	Statuette de chatte	O.179.8048-15	Faïence	8,7	4,2	9,5
		Tête de chat(te)	O.179.8048-24	Alliage cuivreux	6,5	5,4	5,7
Figures non identifiées	2	Base de statuette	O.179.8048-4	Calcaire	4,1	4,6	7,6
		Base de statuette	O.179.8048-33	Calcaire	3	3,8	7,2
Figure du dieu Ptah	1	Partie inférieure de la statue de Ptah assis, sciée et restaurée	O.179.8048-23	Calcaire	55,5	23,3	55,3
Sphinx	1	Petit sphinx couché	O.179.8043-1	Calcaire	31,5	17,2	48
Figure masculine	1	Tête de statuette masculine	O.179.8024-1	Calcaire doré	8,4	5,1	7,5
Petite stèle	1	Stèle miniature fragmentaire portant le nom du dieu Ptah	O.179.8048-8	Faïence	4,8	7,8	0,9

Tableau 1. Liste du mobilier découvert dans la *favissa*.

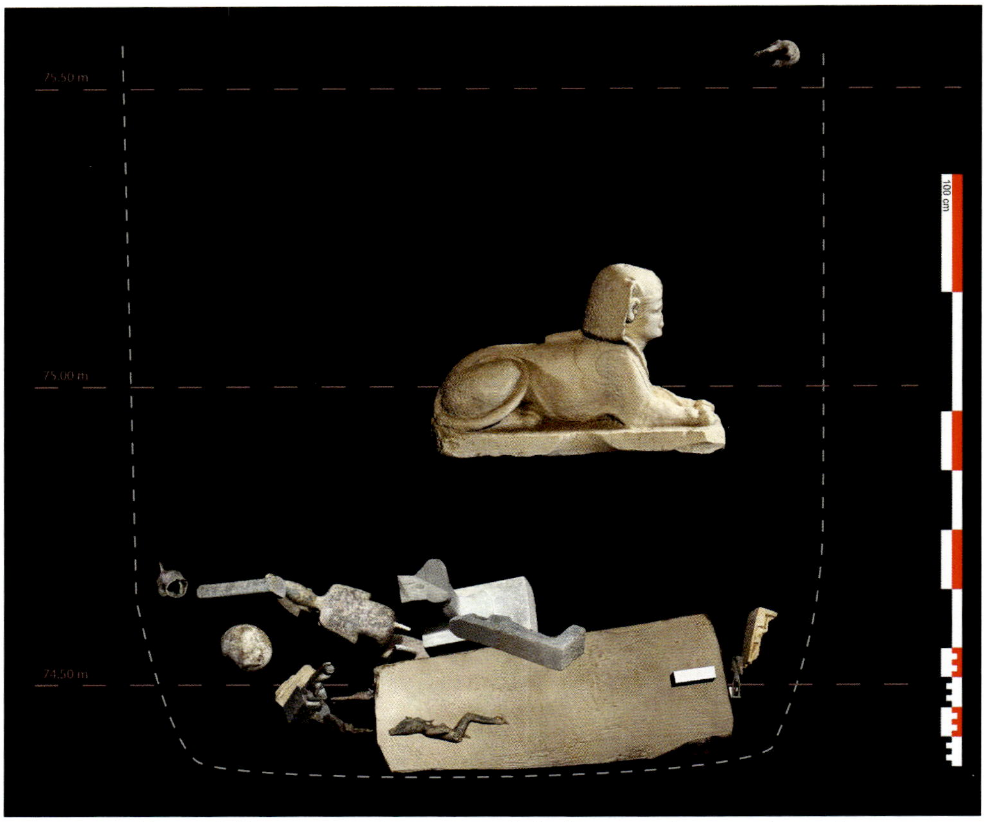

Fig. 1.14. Image restituée en coupe de la *favissa* en direction du nord (après modélisation 3D des objets restaurés). © CNRS-CFEETK/K. Guadagnini, G. Charloux.

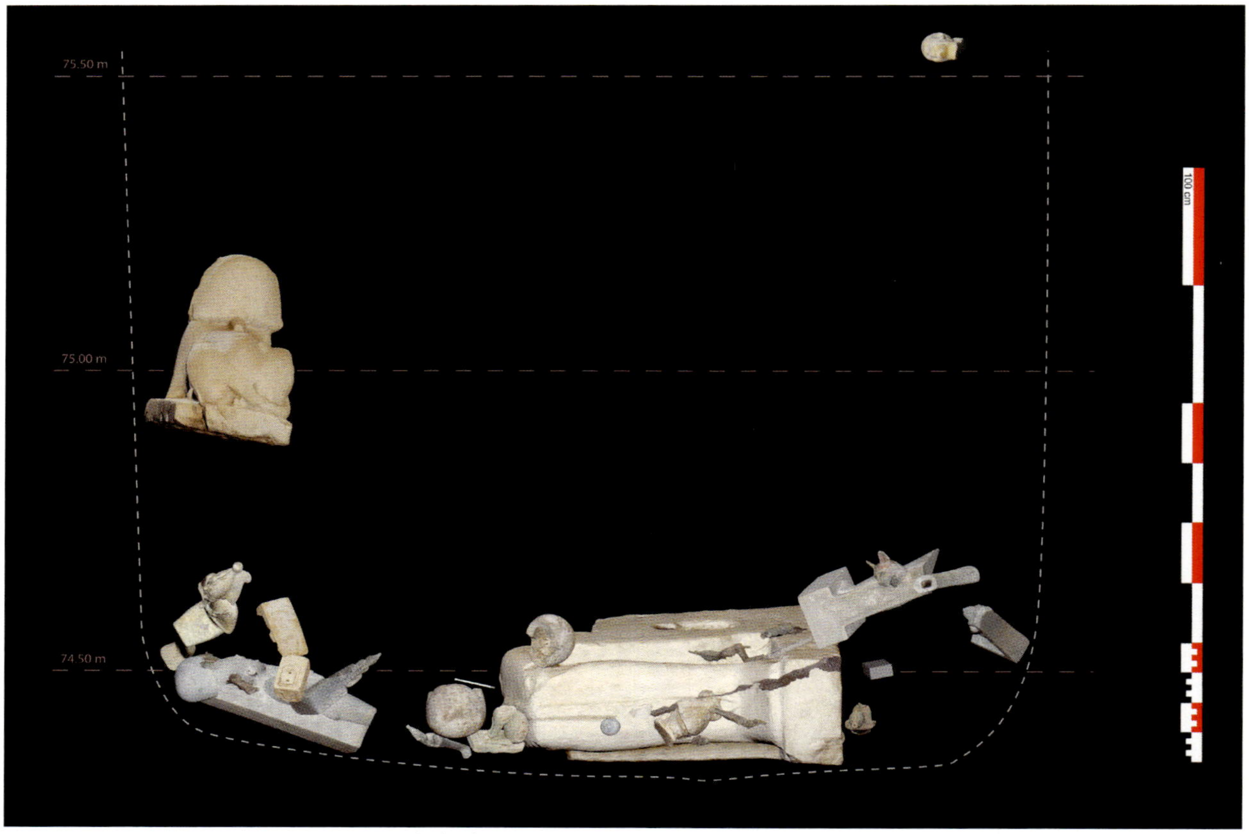

Fig. 1.15. Image restituée en coupe de la *favissa* en direction de l'est (après modélisation 3D des objets restaurés). © CNRS-CFEETK/K. Guadagnini, G. Charloux.

B. L'enfouissement des objets

Quatre étapes dans la création de la *favissa* ont été identifiées :

1. Tout d'abord, le creusement de la fosse a entaillé trois niveaux plus anciens, dont une fosse antérieure. Le creusement est très vertical, à l'exception d'un petit débord à hauteur du sphinx, et assez profond compte tenu de son emprise (Fig. 1.14-16). Le creusement de la fosse a été contraint, selon toute évidence, par les murs en briques crues adjacents. La *favissa* a été excavée pour y placer des objets de petites et moyennes dimensions ;
2. L'étape suivante a consisté en la pose des artefacts au fond de la *favissa*. Le premier objet installé est la partie inférieure de la statue en calcaire du dieu Ptah assis (O.179.8048-23). Celle-ci, de plus grandes dimensions, est couchée sur son flanc droit sur le sable jaune du désert du niveau inférieur, pieds en direction de l'ouest (Fig. 1.11). Compte tenu de la hauteur de la fosse et du poids de la statue, il ne fait aucun doute qu'elle a été positionnée manuellement par au moins deux voire trois individus. La statue était d'ailleurs intentionnellement décalée vers le sud-est de la fosse libérant la place afin de déposer une effigie du dieu Osiris en bois dans un second temps. De cette dernière (O.179.8048-27), seuls l'enduit de surface (préparation blanche et grasse recouverte de pigments bleus et de dorure formant un large collier pectoral) et les éléments d'appliques en métal (barbe et deux plumes de la couronne-*atef*) ont été préservés. La statue d'Osiris était placée face vers le ciel, légèrement penchée vers le nord, donc la tête surélevée au sud (Fig. 1.17). Plusieurs concentrations d'enduits peints et dorés (O.179.8048A-H) suggèrent la présence d'autres statu(ett)es en matière organique, désormais disparues (Fig. 1.18). Les autres artefacts ont ensuite été parsemés dans la fosse, afin d'obtenir une répartition aussi régulière que possible autour et sur la statue de Ptah, tandis que les premiers remblaiements de terre étaient opérés ;

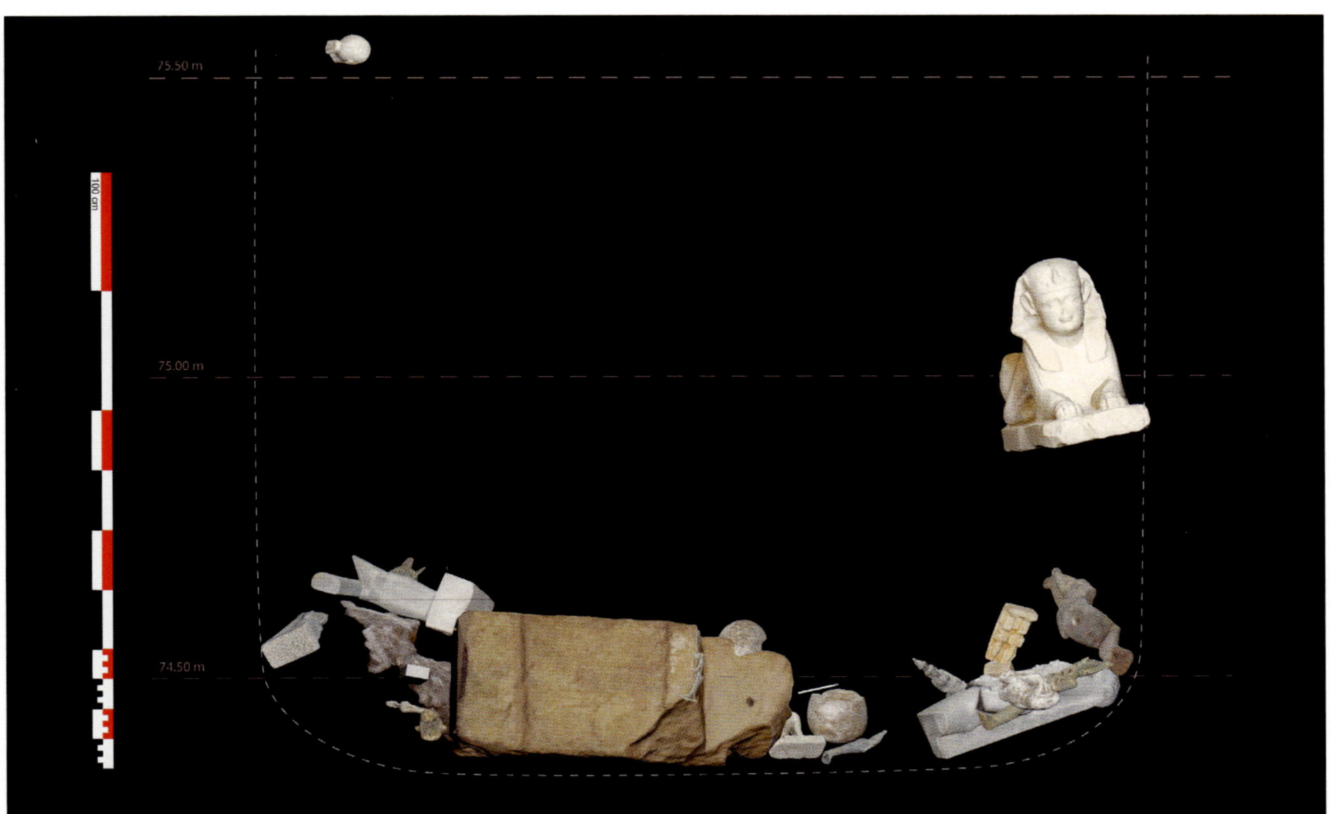

Fig. 1.16. Image restituée en coupe de la *favissa* en direction de l'ouest (après modélisation 3D des objets restaurés). © CNRS-CFEETK/K. Guadagnini, G. Charloux.

Fig. 1.17. Apparition des reliquats de la statue d'Osiris O.179.8048-27 en cours de dégagement. © CNRS-CFEETK/M. Abady.

Fig. 1.18. Concentration d'enduit peint et doré autour de la statue du dieu Ptah. © CNRS-CFEETK/G. Charloux.

3. Dans un troisième temps, un remblaiement plus complet de la fosse sur environ une vingtaine de centimètres a été effectué avant l'installation de la petite statue de sphinx en calcaire (O.179.8043-1) dans le virage nord-est de la fosse ;
4. Deux comblements successifs (O.179.8024a-b) ont enfin été ajoutés (Fig. 1.13). Une petite tête masculine en calcaire doré (O.179.8024-1) fut positionnée dans la couche supérieure (Fig. 1.19). La limite de la fosse à sa hauteur n'a pas été observée en raison des perturbations postérieures, mais sa nature et sa position à l'aplomb de la *favissa* entre les premières assises des murs en briques ne font guère de doute sur son lien avec le dépôt statuaire.

Malgré le caractère étagé du dépôt, l'examen du comblement ne révèle aucune ouverture postérieure à l'enfouissement.

Fig. 1.19. Coupe A-A' au centre de la *favissa* (voir Fig. 1.11). © CNRS-CFEETK/K. Guadagnini.

Discussion

A. La datation

Les *favissae* sont généralement difficiles à dater avec précision : le mobilier de la fosse fournit au mieux un *terminus post quem* à son creusement, tandis que les niveaux archéologiques la recouvrant livrent, lorsqu'ils existent, un *terminus ante quem*. Les artefacts mis au jour dans la *favissa* de Ptah ont été utilisés durant une longue période avant d'être déposés (voir *infra*, Chapitre 3). La statue sciée et restaurée de Ptah remonterait au Nouvel Empire et probablement à l'époque pré-amarnienne, comme l'attestent d'autres exemples[44]. Quant aux statuettes et figurines, une datation de la Troisième Période intermédiaire/Basse Époque, autour des XXVe-XXXe dynasties, est envisagée notamment par comparaison stylistique et paléographique de deux statuettes d'Osiris en grauwacke et de la statuette de Mout. La petite statue de sphinx livre une image quelque peu différente ; l'aspect général, la forme du visage et des yeux et le modelé des muscles soutiennent une datation de la fin de l'époque ptolémaïque, alors que la tête masculine dorée remonterait au début de l'époque ptolémaïque. Cette proposition concorde avec les conclusions de l'étude céramologique (voir *infra*, Chapitre 2) : quelques tessons du début de l'époque ptolémaïque se distinguent au sein de la grande majorité de vaisselles de la Basse Époque, ce que confirme l'analyse stratigraphique : le dallage, en lien avec la porte sud du « pseudo-pylône » du temple, a vraisemblablement été aménagé à l'époque ptolémaïque. On peut raisonnablement en déduire que les artefacts ont été déplacés du sanctuaire puis enfouis par les prêtres dans la seconde partie de l'époque lagide[45]. Cependant, comme souvent en archéologie, il convient de rester prudent sur cette proposition, puisque le *terminus ante quem* est fondé sur la mise en place du dallage. Or, nous pourrions également envisager un aménagement ou des réfections plus récentes de celui-ci.

B. L'image du dieu Ptah et sa protection physique et symbolique

La statue fragmentaire du dieu Ptah, positionnée à la fois au fond et au centre de la fosse, constitue à l'évidence l'objet principal du dépôt. De plus grande taille que les autres figures[46], il s'agit de la seule image de culte divin présente dans la *favissa*, à l'exception peut-être d'un autre élément de statue (barbe en faïence appartenant à une statue de grande taille). On constate aussi que la statue de Ptah était tournée vers l'ouest, c'est-à-dire qu'elle se plaçait dans l'axe médian de la chapelle nord du sanctuaire, où était installée la statue de culte du dieu (Fig. 1.11)[47]. D'autres artefacts appuient cette relation entre la *favissa* et le temple voisin : la présence de quatre calottes en fritte bleue (O.179.8048-2, -9, -14, -16), attributs de Ptah (*infra*, Chapitre 3), et une petite stèle en faïence qui porte le nom et une représentation de la divinité (O.179.8048-8). Compte tenu de ces éléments, il paraît raisonnable de suggérer que la statue du dieu se trouvait à l'origine installée dans le sanctuaire voisin.

44. Chr. Barbotin, « Un cas antique de restauration au musée du Louvre » *in* D. Valbelle, J.-M. Yoyotte (éd.), *Statues égyptiennes et kouchites démembrées et reconstituées. Hommage à Charles Bonnet*, Paris, 2010, p. 65-71.

45. On rappellera que la Cachette de Karnak a été réalisée « dans les deux derniers tiers du Ier s. av. J.-C. » : E. Jambon, « La Cachette de Karnak. Étude analytique et essais d'interprétation » *in* L. Coulon (éd.), *La Cachette de Karnak*, p. 132.

46. Voir à ce sujet Cl. Traunecker, « Dimensions réelles et dimensions imaginaires des dieux d'Égypte : les statues secrètes du temple d'Opet à Karnak », *Ktèma* 29, 2004, p. 52.

47. Il convient à ce propos de signaler le relief *Ptah* I, n° 190 (= KIU 3604) situé au chevet du temple et qui représente Ptah suivi d'Hathor, Imhotep et Amenhotep fils de Hapou. Une forme de piété s'est focalisée à cet endroit à l'époque gréco-romaine comme en témoignent les aménagements secondaires ayant supporté des structures légères en bois (S. Biston-Moulin, Chr. Thiers, *Ptah* I, p. xii-xiii et xx-xxi) mais également la présence d'une épaisse succession de niveaux archéologiques tardifs et d'une structure quadrangulaire en briques cuites, aujourd'hui disparue, positionnée contre le relief et visible sur un plan inédit de G. Legrain ; Chr. Thiers, « " 25.XII.(18)99. La voie ferrée étant prête on commence le déblaiement du temple de Ptah neferher". Les fouilles de Georges Legrain au temple de Ptah à Karnak » *in* L. Coulon, V. Rondot (éd.), *Les cahiers de l'égyptologue. Notes et journaux de Georges Legrain. Actes de la journée d'étude du 9 décembre 2015* (à paraître).

Le souci d’étagement des artefacts et le soin accordé à la disposition relative des œuvres procèdent assurément de gestes rituels précis (Fig. 1.20). Tout d’abord, on observe un soin tout particulier accordé à la figure centrale. Déposée sur une couche de sable jaune en place d’un niveau inférieur, la statue divine de Ptah se trouve « englobée » au sein d’une chape de protection composée de petites images votives abîmées l’entourant sur ses côtés et à sa surface. L’étage intermédiaire de la *favissa* est placé sous la garde d’un sphinx, regardant plein est en direction du lever de soleil. À la condition d’être liée à la *favissa*, la petite tête d’homme pourrait témoigner d’un niveau de protection supplémentaire. Enfin, la présence du dallage scellait le mobilier enseveli.

Dès lors, plusieurs interrogations se posent : comment interpréter ce dépôt statuaire, dont on perçoit l’originalité et la scénographie ? L’examen des caches d’artefacts religieux découvertes en Égypte ancienne peut-il nous aider dans cette entreprise ? Quelles sont les caractéristiques de ces caches ? Comment les définit-on et quelles sont leurs différences ?

Fig. 1.20. Image restituée en coupe vers le sud de la *favissa* (après modélisation 3D des objets restaurés). © CNRS-CFEETK/K. Guadagnini, G. Charloux.

1.2. La fonction du dépôt : essai d'interprétation

À la suite de la présentation du contexte archéologique de découverte, nous nous proposons de faire un premier survol analytique des caches d'artefacts religieux dans l'Égypte ancienne. Précisons à ce propos que ce que nous appelons ici cache sacrée ne forme qu'une part restreinte des caches d'artefacts sacrés [48] dans leur ensemble, et résulte d'une interprétation fondée sur des critères qui seront définis ci-dessous, après un examen de la documentation archéologique [49]. L'idée sous-jacente à cette distinction est de pouvoir isoler une pratique ayant fait l'objet d'une démarche religieuse de la part du clergé du temple au sein d'un ensemble de dépôts de mobiliers religieux en contexte secondaire, dont l'origine et la fonction sont la plupart du temps difficiles à apprécier faute de documentation adéquate.

Il est bien attesté dans la littérature égyptologique que les caches sacrées avaient pour rôle de protéger, dissimulés au regard impie, les instruments et les statues divines consacrés dans les temples [50]. Toujours investi de son caractère et de sa puissance magiques, le mobilier religieux, bien connu par les inventaires réalisés par le clergé tout au long de l'histoire égyptienne [51], devait être préservé de toute intrusion extérieure. Devenus inutilisables ou encombrants, les artefacts étaient regroupés dans un espace clos par les prêtres du temple. L'ensevelissement s'accompagnait probablement de cérémonies liturgiques, dont la nature exacte nous échappe en l'absence de sources textuelles descriptives [52].

Ce type de pratique ne semble en effet pas avoir fait l'objet de textes spécifiques qui permettraient d'en éclairer la/les fonction(s) et la mise en œuvre [53]. L'examen archéologique de ces ensembles pourrait ainsi nous en apprendre davantage sur les gestes des enfouisseurs et les rites associés [54]. À consulter la littérature sur le sujet, il faut bien admettre que cet apport théorique reste insatisfaisant, notamment en raison du manque de données « brutes » des fouilles de terrain. Il est tout autant difficile de caractériser les dépôts [55], que de les dater. L'absence d'informations précises sur le contexte, en particulier l'observation ou non d'une fosse de

48. Nous parlerons indifféremment de cache d'artefacts « sacrés » ou d'artefacts « religieux » dans le corps du texte.

49. La littérature scientifique, principalement anglo-saxonne, sur les difficultés d'identification de l'évènement rituel en archéologie et sur les précautions à tenir dans cet exercice périlleux est vaste. Pour les critères d'identification génériques, voir C. Renfrew, P.G. Bahn, *Archaeology: Theories, Methods and Practice*, Londres, 2008, p. 412-415 ; également la critique constructive de A. Gazin-Schwartz, « Archaeology and Folklore of Material Culture, Ritual, and Everyday Life », *International Journal of Historical Archaeology* 4, 2001, p. 263-280 ; ainsi que R. Osborne, « Hoards, Votives, Offerings: The Archaeology of the Dedicated Object », *WorldArch* 36/1, 2004, p. 1-8 et A.M. Chadwick, « Routine Magic, Mundane Ritual: Towards a Unified Notion of Depositional Practice », *OJA* 31/3, 2012, p. 295-303.

50. Ch. Bonnet, D. Valbelle, *Des pharaons venus d'Afrique : la cachette de Kerma*, Paris, 2005, p. 174-176 ; P.T. Nicholson, « The Saqqara Bronzes Project, 2004 », *JEA* 91, 2005, p. 12.

51. S. Cauville, « Les statues cultuelles de Dendera d'après les inscriptions pariétales », *BIFAO* 87, 1987, p. 73-117 ; P. Vernus, « Cachettes dans la civilisation pharaonique : de la trouvaille d'un trésor à Deir el-Médina à la mobilisation de la crypte oubliée dans l'idéologie monarchique » *in* L. Coulon (éd.), *La Cachette de Karnak*, p. 12-13 ; *id.*, « L'écrit et la canonicité dans la civilisation pharaonique » *in* K. Ryholt, G. Barjamovic (éd.), *Problems of Canonicity and Identity Formation in Ancient Egypt and Mesopotamia*, CNIP 43, Copenhague, 2016, p. 320 et n. 247.

52. Ch. Bonnet, D. Valbelle, *op. cit.*, p. 176. Le Livre du Temple n'en fait pas état ; communication personnelle de J.Fr. Quack.

53. Rappelons toutefois la découverte d'un dépôt votif à Hiérakonpolis, daté du Nouvel Empire (R.F. Friedman *et al.*, « Preliminary Report on Field Work at Hierakonpolis: 1996-1998 », *JARCE* 36, 1999, p. 20-23 et fig. 18-19 ; voir K. Goebs, « "Receive the Henu – that you may shine forth in it like Akhty". Feathers, Horns and the Cosmic Symbolism if Egyptian Composite Crowns » *in* F. Coppens, J. Janák, H. Vymazalova [éd.], *Royal versus Divine Authority: Acquisition, Legitimization and Renewal of Power. Prague, June 26-28, 2013. 7. Symposium zur Königsideologie / 7th Symposium on Egyptian Royal Ideology*, KSG 4,4, Wiesbaden, 2015, p. 154) : un trou de 50 cm de diamètre et de 20 cm de profondeur contenait une pierre inscrite entourée de plumes d'autruche. La lecture *nbw ḫꜥ=s* « La Dorée, elle apparaît » (J.C. Darnell, *in* R.F. Friedman *et al.*, *op. cit.*, p. 27-29) et la présence de plumes d'autruche permet d'associer la nature de ce dépôt avec Hathor la Dorée et le mythe de la Lointaine (Nubiens et Libyens offrent des plumes d'autruche à la déesse). En outre, le papyrus Salt 825 (pBM 10051 + 10090) fait état d'un rituel d'exécration en faveur d'Osiris, protégé par une jarre contenant les figures des ennemis du dieu ; fait rare, ce type de rituel pourrait avoir été reconnu archéologiquement à proximité de la chapelle d'Osiris Ounnefer Neb-djefaou à Karnak ; L. Coulon, « Les chapelles osiriennes de Karnak. Aperçu des travaux récents », *BSFE* 195-196, 2016, p. 30-35 (références Chr. Thiers) ; voir *infra*.

54. E. Jambon, *in* L. Coulon (éd.), *La Cachette de Karnak*, p. 159.

55. H.S. Smith, *A Visit to Ancient Egypt. Life at Memphis & Saqqara (c. 500-30 BC)*, Warminster, 1974, p. 55-57 ; R.S. Bianchi (in *Les bronzes égyptiens*, p. 21) envisage très schématiquement deux grands cas : les dépôts dans les enceintes des temples et ceux dans les nécropoles d'animaux. D. Valbelle (« Statues enterrées, dépôts liturgiques et différentes catégories de favissae » *in* L. Coulon [éd.], *La Cachette de Karnak*, p. 21-33) propose pour sa part de classifier les cachettes en fonction du lieu et du type d'enfouissement conjointement : 1. Statues royales ou privées, enterrées

creusement, mais aussi la difficulté d'analyse de l'organisation interne du dépôt, font souvent défaut à une meilleure délimitation de cette pratique. Pour cette raison, nous pensons que l'établissement d'une typologie permettra de mieux cerner et appréhender ces caches et de contribuer à l'interprétation de la *favissa* du temple de Ptah (Fig. 1.21).

Les caches d'artefacts sacrés

Les publications égyptologiques fourmillent de découvertes de caches d'artefacts sacrés, et seul un inventaire réellement complet permettrait de cerner précisément les contours de cette pratique.

Avant de proposer un examen typologique détaillé, il convient de rappeler à nouveau que les caches abritant un ou plusieurs artefacts – mobilier et figures votifs et/ou de culte en provenance d'un espace religieux[56] – sont des dépôts en contexte secondaire. Le mobilier et les statues en position primaire dans l'espace religieux officiel[57], dans un sanctuaire domestique[58] ou dans la tombe[59] sont exclus de la présente contribution. Par souci de clarté, et dans la tentative d'identification des caches sacrées, il convient ici d'écarter de l'examen typologique plusieurs catégories de caches souvent évoquées, même si elles peuvent être en lien avec le sanctuaire ou contenir des artefacts religieux :

- le « trésor » ici assimilé au « dépôt de sauvegarde[60] » qui regroupe – souvent dans un récipient – un ensemble d'objets ayant une valeur plus économique que cultuelle (lingots, pièces de monnaie[61], bijoux) destinés à être retrouvés par les enfouisseurs. Également désigné par les termes *hoard* ou *treasure*, il n'a aucun arrière-plan religieux. La frontière peut parfois être ténue avec la cache sacrée, notamment lorsque le trésor comprend des statuettes divines, comme c'est le cas du trésor d'Athribis[62], ou des objets consacrés, comme à Toukh el-Qaramous[63] et à Douch[64]. L'identification de l'intention de l'enfouisseur

à l'intérieur des domaines divins ; 2. Dépôts liturgiques de statues ; 3. Différentes catégories de *favissae*, qualifiées de « véritables cachettes ». Voir aussi K. Weiss, *Ägyptische Tier- und Götterbronzen aus Unterägypten: Untersuchungen zu Typus, Ikonographie und Funktion sowie der Bedeutung innerhalb der Kulturkontakte zur Griechenland*, ÄAT 81, Wiesbaden, 2012, p. 465-468.

56. Les caches sacrées ne se rencontrent pas seulement dans des contextes religieux officiels (bien qu'ils soient bien mieux connus dans ce cas) mais également dans des sanctuaires privés, voir par exemple W.A. El-Ghannam, « A Study of a Bronze Statue of Venus at Tanta Museum » *in Alessandria e il mondo ellenistico-romano. Alessandria, 23-27 Novembre 1992*, Rome, 1995, p. 305–307 ; J.E. Bennett, « A Troupe of Six Terracotta Acrobat Figurines found in a Votive Pit at Thmuis », *ZÄS* 96/2, 2014, p. 105-111 ; D. Valbelle, « Les niveaux hellénistiques de Tell el Herr », *BSFE* 132, 1995, p. 35.

57. Par ex., M. Wuttmann, L. Coulon, Fl. Gombert, « An Assemblage of Bronze Statuettes in a Cult Context: The Temple of 'Ayn Manâwir » *in* M. Hill, D. Schorsch (éd.), *Gifts for the Gods: Images from Egyptian Temples*, New York, 2007, p. 167-173 ; P. Davoli, « Amheida 2007-2009: New Results from the Excavations » *in* R.S. Bagnall, P. Davoli, C. Hope (éd.), *The Oasis Papers* 6. *Proceedings of the Sixth International Conference of the Dakhleh Oasis Project*, Oxford, 2012, p. 267 ; R. Bagnall *et al.*, *An Oasis City*, New York, 2015, p. 58-60 (45 bronzes osiriens associés à de la vaisselle miniature dans la nécropole d'ibis et de rapaces). Les cryptes des sanctuaires, constituant des espaces spécifiques au sein de l'espace religieux, sont écartées de l'étude, le mobilier étant considéré dans un état primaire. Comme nous le verrons en conclusion, les cryptes possèdent assurément des liens étroits avec les caches sacrées.

58. Par ex., M. Benson, J.A. Gourlay, *The Temple of Mut in Asher: an Account of the Excavation of the Temple and of the Religious Representations and Objects Found Therein, as Illustrating the History of Egypt and the Main Religious Ideas of the Egyptians*, Londres, 1899 ; M.-Fr. Boussac, S. El-Din, « Le trésor de Tanta » in *La gloire d'Alexandrie*, Paris, 1998, p. 166-169 ; voir Ch. Bonnet, D. Valbelle, *Des pharaons venus d'Afrique*, p. 197 (Sérabit al-Khadim).

59. Bien qu'il faille admettre que certaines figurines n'aient pas nécessairement été produites pour l'enterrement et aient pu accompagner le défunt au cours de son existence.

60. P. Vernus, « Caches au trésor dans l'Égypte pharaonique », *Hathor* 1, 1989, p. 33-40 ; voir aussi plus récemment *id.*, *in* L. Coulon (éd.), *La Cachette de Karnak*, p. 7-11.

61. Pour une étude récente, voir Th. Faucher, A. Meadows, C.C. Lorber, *Egyptian Hoards* I. *The Ptolemies*, BiÉtud 168, Le Caire, 2017.

62. R. Engelbach, « The Treasure of Athribis (Benha) », *ASAE*, 24, 1924, p. 181-185.

63. M.C.C. Edgar, « Report on an Excavation at Toukh el-Qaramous », *ASAE*, 7, 1906, p. 207, 209.

64. M. Reddé, « Le trésor de Douch (information) », *CRAIBL* 133/2, 1989, p. 427-445 ; M. Reddé, J.-Fr. Gout, A. Lecler, *Douch* IV. *Inventaire des objets et essai d'interprétation*, DFIFAO 28, Le Caire, 1992.

Fig. 1.21. Dégagement en cours du sphinx en calcaire. © CNRS-CFEETK/J. Maucor.

– démarche hautement périlleuse – est ici fonction du dépôt et de son organisation. Parmi les trésors les plus célèbres figurent ceux de Boubastis [65], de Dahshour [66], de Mendès (Thmaï al Amdid) [67], de Menshah [68], ou de Toukh el-Qaramus, de Sa el-Hagar et de Tell el-Amarna [69], de Tanta El-Sagha [70] ;

- le « dépôt d'exécration ». Ce type de dépôts en fosse (pour lequel le terme de *favissa* est impropre), attesté de l'Ancien au Nouvel Empire, était composé de petites plaques inscrites ou d'*ostraca* mais aussi de substituts animaliers ou humains, notamment des figurines de prisonniers [71]. Les objets étaient utilisés lors de rituels visant à annihiler la puissance des ennemis par la magie [72]. Les figurines constituaient un support aux textes d'envoûtement qui les recouvraient parfois [73] ;
- les dépôts d'« embaumements » (*embalming deposits*) regroupant, dans des fosses ou des espaces réservés, des ustensiles, des textiles et des vaisselles utilisés pour la préparation des corps avant la mise en terre et lors des cérémonies funéraires [74] ;
- le « dépôt de fondation » a pour vocation de commémorer et de protéger les constructions sous lesquelles il est positionné [75]. Il se reconnaît aisément par l'enfouissement d'artefacts produits à cette seule fin, souvent de petites dimensions voire miniatures, de la vaisselle et généralement la présence de cartouches

65. M.I. Bakr, H. Brandl, *Egyptian Antiquities from Kufur Nigm and Bubastis*, Museums in the Nile Delta 1, Berlin, 2010, p. 45-47.
66. G. Bénédite, « Un trésor d'orfèvrerie provenant en partie de Dahschoûr (Égypte) », *CRAIBL* 41e année, N. 2, 1897, p. 239.
67. G.A. Wainwright, « Hoard of Silver from Menshah Girga Mudiriah », *ASAE* 25, 1925, p. 134, n. 4.
68. *Ibid.*, p. 120-134.
69. Mentions dans P. Vernus, « Cachettes et cachettes fabuleuses », *Dictionnaire amoureux de l'Égypte pharaonique*, Paris, 2009, p. 177, 183.
70. M.-Fr. Boussac, S. El-Din, *op. cit.*, p. 166 ; W.A. El-Ghannam, *op. cit.*, p. 305.
71. Voir, par ex., A. Vila, « Un dépôt de textes d'envoûtement au Moyen Empire », *JournSav* 3/1, 1963, p. 146-147.
72. K. Muhlestein, « Execration Ritual » *in* W. Wendrich (éd.), *UCLA Encyclopedia of Egyptology*, Los Angeles, 2008 (http://escholarship.org/uc/item/3f6268zf).
73. E. Jambon, « Les mots et les gestes. Réflexions autour de la place de l'écriture dans un rituel d'envoûtement de l'Égypte pharaonique », *Cahiers « Mondes anciens ». Histoire et anthropologie des mondes* anciens, https://mondesanciens.revues.org/158?lang=fr, 2010, § 38. La jarre découverte à proximité de la chapelle d'Osiris Ounnefer Neb-djefaou à Karnak (*supra*), mise en relation avec le papyrus Salt 825, pourrait témoigner archéologiquement d'un tel rituel d'exécration ; L. Coulon, *BSFE* 195-196, 2016, p. 30-35.
74. M. Eaton-Krauss, « Embalming Caches », *JEA* 94, 2008, p. 288-293 ; C. Knoblauch, « A New Group of Middle Kingdom Embalming Deposits? Another Look at Pottery Dumps and Repositories for Buildings Materials in Middle Kingdom Cemeteries », *ÄgLev* 26, 2016, p. 329-356.
75. J.N. Weinstein, *Foundation Deposits in Ancient Egypt*, UMI, Ann Arbor, 1973 ; voir aussi parmi de nombreuses autres références : A. Masson, « Foundation Deposits » *in* A. Villing *et al.* (éd.), *Naukratis: Greeks in Egypt*, Londres, 2013-2005 (http://www.britishmuseum.org/naukratis) ; S. Marchand, « Histoire parallèle. La céramique et les dépôts de fondation de l'Égypte ancienne », *ÉA&O* 36, 2004, p. 7-20 ; Fr. Schmitt, *La semence*

royaux, à des emplacements stratégiques de l'édifice : angles des murs et seuil des portes. Bien qu'il s'agisse d'un dépôt d'objets consacrés, nous écartons ce type de cache de notre étude, puisque les artefacts sont semble-t-il en position primaire ;

– la « fosse de chaufournier », qui est également un « dépôt de sauvegarde », mais à des fins agricoles ou architecturales, peut regrouper des éléments de statuaire religieuse dans une fosse creusée à proximité de fours à chaux, dans lesquels ils ont occasionnellement été découverts [76]. Bien connue dans le monde méditerranéen [77], elle n'est pourtant que rarement évoquée en Égypte avec des arguments archéologiques significatifs [78]. Elle ne présente, bien évidemment, aucun aspect religieux.

La typologie des caches

Parmi les 97 caches répertoriées (Tableau 2), nous pouvons reconnaître plusieurs critères archéologiques communs, touchant à la fois à la forme, la nature, la localisation du dépôt, mais aussi aux logiques d'enfouissement des artefacts (Fig. 1.22).

A. La forme du dépôt

Nous avons choisi de considérer en priorité le contexte archéologique du dépôt et en particulier sa forme et sa relation avec l'environnement architectural comme critère déterminant à cette typologie, ce qui se traduit par la distinction de trois catégories :

1. Le dépôt en fosse ou favissa (F)

La *favissa* est, par essence, une fosse creusée spécifiquement pour enfouir des objets consacrés dans le temple. Cette catégorie est la plus représentée avec près des 2/3 des caches enregistrées.

Dans leur grande majorité, l'emplacement de ces *favissae* est rarement aléatoire : elles sont aménagées sous des dallages dans des espaces ouverts, en particulier les cours des édifices religieux et sont implantées au sein de l'emprise du temple [79].

La découverte d'une fosse d'artefacts religieux dissimulée à l'extérieur d'un complexe cultuel ou dans des zones plus éloignées a conduit à les interpréter de manière diverse : caches de pilleurs [80], fosses d'ateliers [81] et peut-être fosses de chaufourniers [82]. Toutefois, l'absence de preuves ne constitue pas un argument en soi, aussi l'interprétation d'un lien éventuel avec le lieu de culte reste souvent délicate sans argument complémentaire.

des pierres : le dépôt de fondation dans l'Égypte ancienne, thèse inédite, Paris, EPHE, 2013 ; *id.*, « La semence des pierres : le dépôt de fondation dans l'Égypte ancienne » *in* P. Kousoulis, N. Lazaridis (éd.), *Proceedings of the Tenth International Congress of Egyptologists* 2, OLA 241, Louvain, 2015, p. 443-458 ; *id.*, « Les dépôts de fondation à Karnak, actes rituels de piété et de pouvoir », *Karnak* 16, 2017, p. 351-371.

76. B. Munro, « Sculptural Deposition and Lime Kilns at Roman Villas in Italy and the Western Provinces in Late Antiquity » *in* T.M. Kristensen, L.M. Stirling (éd.), *The Afterlife of Greek and Roman Sculpture. Late Antique Responses and Practices*, Ann Arbor, 2016, p. 49 et n. 8.

77. *Ibid.*, p. 47-67.

78. P. Montet, *Tanis : douze années de fouilles dans une capitale oubliée du Delta égyptien*, Bibliothèque historique, Paris, 1942, p. 71-74.

79. E. Jambon, *in* L. Coulon (éd.), *La Cachette de Karnak*, p. 156-157.

80. Par ex. W.M.Fl. Petrie, *Dendereh 1898*, EEF 17, Londres, 1900, p. 34 ; D. Randall-Maciver, L. Woolley, *Buhen*, University of Pennsylvania 7-8, Philadelphie, 1911, p. 109.

81. H. Abou Seif, « Petite trouvaille à Karnak de modèles de sculpture », *ASAE* 21, 1921, p. 214-222.

82. P. Vernus, *Athribis : textes et documents relatifs à la géographie, aux cultes, et à l'histoire d'une ville du Delta égyptien à l'époque pharaonique*, BiÉtud 74, Le Caire, 1978, p. 114, n. 2. La destruction de statues par les chaufourniers est bien connue grâce notamment à la découverte de fragments de statues dans des fours ; P. Montet, *op. cit.*, p. 71-74 ; *id.*, « Inscriptions de Basse époque trouvées à Tanis », *Kêmi* 8, 1946, p. 33-34, fig. 2.

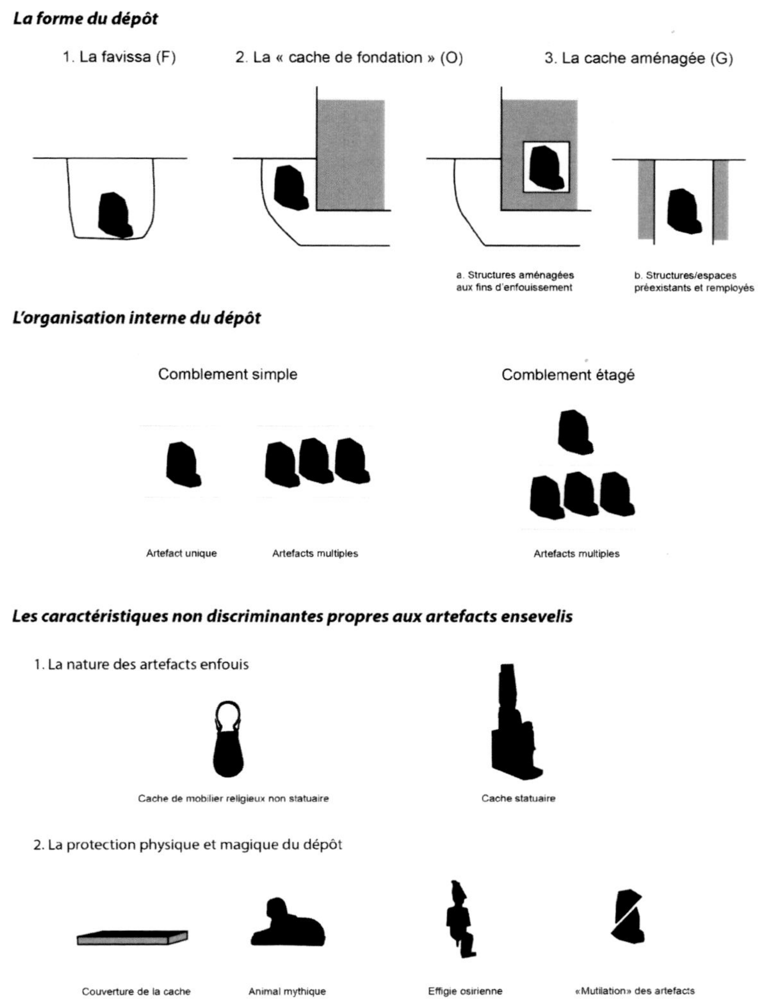

Fig. 1.22. Essai de représentation schématique et typologique des caches sacrées dans l'Égypte ancienne. © CNRS-CFEETK/G. Charloux.

2. *La « cache de fondation » (O)*

C'est sous le terme de « cache de fondation », parfois nommée « dépôt de consécration [83] », que l'on désigne les dépôts correspondant à l'enfouissement de statues et d'éléments statuaires dans les fosses de fondation d'édifices, qu'il convient de distinguer des célèbres « dépôts de fondation » (voir *supra*). Les artefacts n'ont pas de rôle architectonique spécifique, hormis celui de combler la fosse de fondation du monument, ou les couches de préparation aux dallages [84]. La fosse n'est donc pas creusée spécialement pour recevoir les objets enfouis, contrairement aux *favissae* ou aux dépôts de fondation (Fig. 1.23). Ils peuvent néanmoins présenter des agencements originaux [85] au même titre que les autres catégories de caches, indiquant un soin spécifique de la part des prêtres du temple au moment de l'ensevelissement (Fig. 1.24). Les « caches de fondation » survenaient dans le cadre de cérémonies en lien avec la consécration du monument.

On en connaît environ une dizaine, mais les données sont souvent trop lacunaires pour pouvoir attester du contexte spécifique, rarement étudié avec précision.

83. Par ex., Fr. Leclère, « Le temple d'Osiris Coptite » *in* Chr. Thiers, M. Boraik (éd.), *Centre franco-égyptien d'étude des temples de Karnak. Rapport d'activité 2009*, Louqsor, 2009, p. 25 ; L. Coulon, *BSFE* 195-196, 2016, p. 32, n. 30.
84. Par ex., Chr. Ziegler, « Une découverte inédite de Mariette, les bronzes du Sérapéum », *BSFE* 90, 1981, p. 29-45.
85. G. Charloux (éd.), *Le parvis du temple d'Opet à Karnak. Exploration archéologique (2006-2007)*, TravCFEETK, BiGén 41, Le Caire, 2012, p. 276-280.

Fig. 1.23. La dyade de Neferhotep découverte contre la fondation de l'obélisque nord de la reine Hatchepsout à Karnak. © CNRS-CFEETK 77918/K. Dowi Abd al-Radi, G. Pollin.

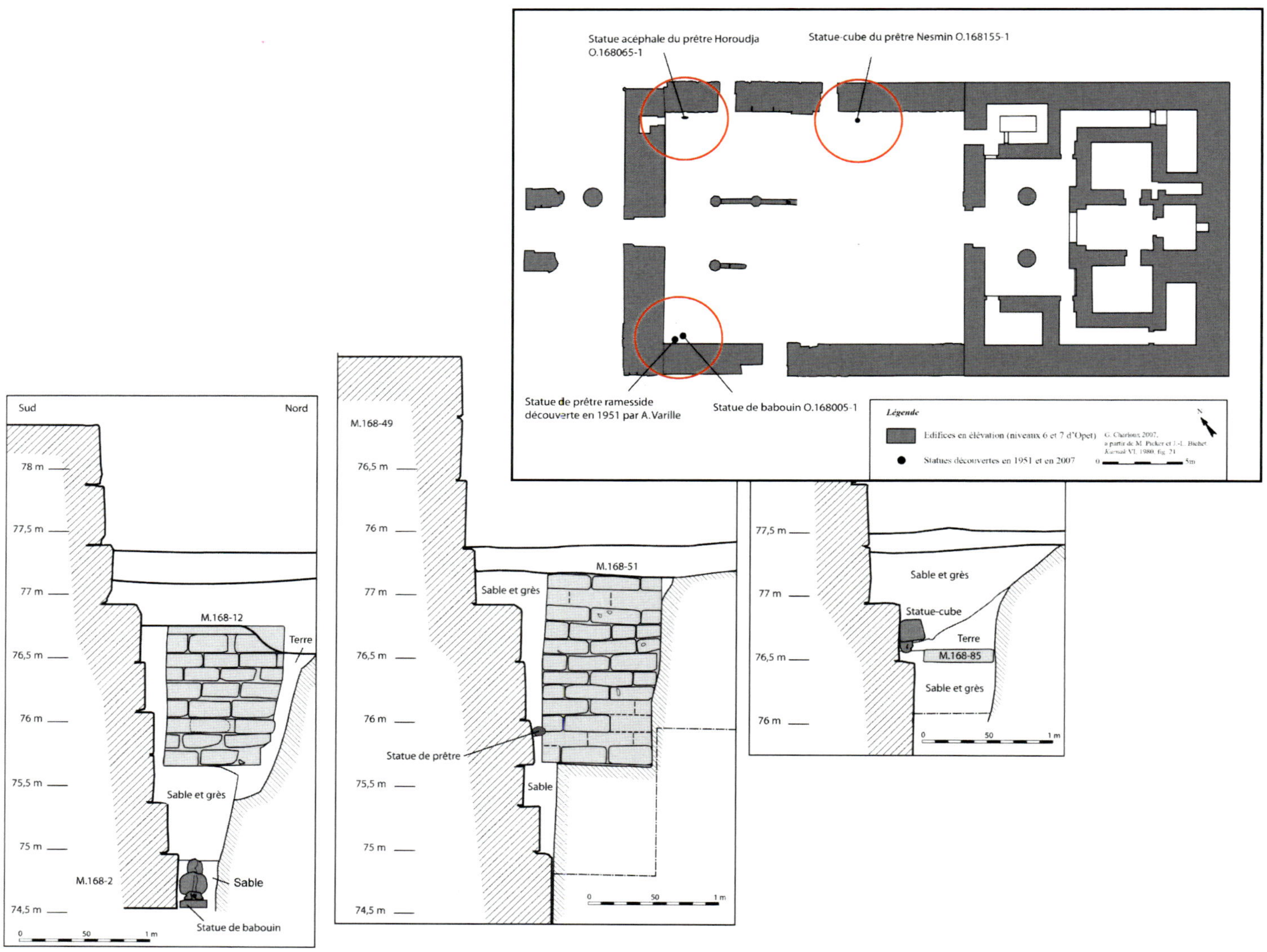

Fig. 1.24. Localisation et position des statues dans la fosse de fondation du temple d'Opet à Karnak. © CNRS-CFETK/G. Charloux.

3. *La cache aménagée (G)*

Cette catégorie regroupe les dépressions/cuvettes/renfoncements/niches servant à dissimuler une statue en contexte secondaire et possédant des fonctions vraisemblablement analogues à celles des *favissae*. On peut en effet suggérer qu'il existe une étroite relation entre une fosse intentionnellement creusée et un renfoncement naturel ou artificiel créé par enlèvement de matière ou réutilisant un espace vacant sous la surface[86]. Le rôle de cette cache demeurait l'enfouissement d'une ou plusieurs statues, pour la protéger et la dissimuler.

À ce stade de la recherche, nous serions enclins à différencier deux ensembles principaux :

a. Les caches aménagées dans des structures bâties aux fins d'enfouissement (du type réduit maçonné, fosse aux parois aménagées ou renfoncement créé pour une statue, etc.) ;
b. Les caches aménagées dans des structures/espaces préexistants et remployés (du type bassin, puits, etc.). Cette catégorie est évidemment plus difficile à interpréter puisqu'elle peut être le simple résultat d'un comblement postérieur à une destruction aux motifs variés. Avec justesse, P. Kiernan suggère un rapprochement entre la fonction religieuse de certains dépôts en puits et les *favissae*, sur la base d'exemples éloquents du pourtour méditerranéen[87]. Par précaution, nous avons écarté de la discussion la plupart de ces dépôts en puits/bassin, faute de certitude et après vérification des données, à l'exception des caches de Bouto (n° 8), Licht (n° 52) et Méroé (n° 64).

Nous connaissons plusieurs variantes de caches aménagées : par exemple, un espace réservé dans les fondations du temple à Ermant rassemblant des têtes de colosses, celles d'un prêtre et une stèle[88], ou un autre dans un seuil de porte à Karnak-Nord[89]. À Tôd, les figurines en bronze et le petit mobilier sont dissimulés dans des espaces étroits situés entre les assises de la plate-forme de fondation de l'édifice, « au niveau -0,98 m au-dessus du trésor d'Amenemhat II[90] ». À Tabo, Ch. Bonnet décrit un réduit creusé en sous-sol – dont les parois étaient revêtues par des blocs de remploi et quelques briques cuites – ayant permis la sauvegarde de mobilier du temple[91]. Le *Water Sanctuary* de Méroé[92], constitué d'un vaste bassin maçonné, peut également faire office de cache statuaire où sera installée ou jetée la statue. On comprend aisément que cette catégorie des caches « aménagées », étroitement liée à l'édifice religieux, peut aussi embrasser le remploi de structures enterrées préexistantes du type puits, citerne, etc.

Cette catégorie regroupe enfin les remplois de statues ou de fragments statuaires dans la maçonnerie d'édifice[93], comblant des espaces vides à l'instar des caches aménagées précédentes. Possédant *a priori* un rôle architectonique, la statue ainsi dissimulée dans les entrailles du sanctuaire conservait possiblement aussi une fonction magique ou apotropaïque.

86. Il ne s'agit donc pas d'un remploi en maçonnerie lors de la construction de l'édifice, catégorie exclue de l'examen, même s'il est possible que certaines statues aient eu un rôle analogue ; voir *infra*.
87. P. Kiernan, « Germans, Christians and Rituals of Closure. The Agents of Cult Image Destruction in Roman Germany » *in* T.M. Kristensen, L.M. Stirling (éd.), *The Afterlife of Greek and Roman Sculpture*, p. 210-211.
88. Chr. Thiers, « Armant: Recent Discoveries at the Temple of Montu-Re », *EgArch* 44, 2014, p. 32-35 ; *id.*, « Ermant » in *Rapport d'activité 2014-2015*, Suppl. au *BIFAO* 115, 2015, p. 109-111 et fig. 73-75.
89. Cl. Robichon, P. Barguet, J. Leclant, *Karnak-Nord* IV, pl. XXXV.
90. F. Bisson de la Roque, *Tôd (1934 à 1936)*, FIFAO 17, Le Caire, 1937, p. 143.
91. Ch. Bonnet, « La découverte de la statue » *in* Ch. Maystre (éd.), *Tabo* I, Genève, 1986, p. 19.
92. L. Török, *Meroe City, an Ancient African Capital. John Garstang's Excavations in the Sudan*, EES OccPub 12, Londres, 1997.
93. Par exemple, A. Varille, *Karnak* I, FIFAO 19, Le Caire, 1943, p. 23 ; A. Ben-Tor, « The Sad Fate of Statues and the Mutilated Statues of Hazor » *in* S. Gitin, J.E. Wright, J.P. Dessel (éd.), *Confronting the Past: Archaeological and Historical Essays on Ancient Israel in Honor of William G. Dever*, Winona Lake, 2006, p. 6, n° 9 ; H. Sourouzian, « Les statues colossales de Ramsès II à Tanis » *in* Ph. Brissaud, Chr. Zivie-Coche (éd.), *Tanis. Travaux récents sur le tell Sân el-Hagar 1987-1997*, Paris, 1998, p. 391-419.

Fig. 1.25. La *favissa* de Doukki-Gel / Kerma (n° 51), d'après Ch. Bonnet, D. Valbelle, *Des pharaons venus d'Afrique*, p. 76.

B. L'organisation interne du dépôt

L'étude de l'organisation interne des caches d'artefacts sacrés permet d'envisager une subdivision supplémentaire aux ensembles structurels précédents.

1. *Les caches à comblement unique*

Le dépôt est créé en une seule fois et ne présente aucun étagement : le comblement homogène a été opéré sans discontinuité ni interruption dans l'installation des artefacts. Son étude peut toutefois montrer une mise en scène élaborée, par exemple à Deir el-Bahari (n° 15) ou à Licht (n° 53), au même titre que la catégorie suivante (2).

Ces caches comprennent soit un seul artefact : il s'agit de la catégorie la plus simple de cache, telles les *favissae* rencontrées à Tabo (n° 81) ou au temple de Montouhotep II à Deir el-Bahari (n° 16) ; soit plusieurs artefacts, par ex., à Licht (n° 53), Kerma (n° 51), etc. (Fig. 1.25).

Il existe un sous-groupe spécifique à ce second ensemble : il s'agit de *favissae* (surtout) comprenant des dizaines voire des centaines de statuettes osiriennes, souvent en métal, non associées à d'autre mobilier ou élément statuaire et pour lesquelles nous n'avons que peu d'informations contextuelles détaillées [94].

94. M. Benson, J.A. Gourlay, *The Temple of Mut in Asher*, p. 72. À Médinet Habou : U. Hölscher, *The Excavation of Medinet Habu* II, p. 40 ; *id.*, *The Excavation of Medinet Habu* V, pl. 19g ; N. Thomas (éd.), *The American Discovery of Ancient Egypt*, Los Angeles, 1995, p. 205.

2. *Les caches à comblement étagé*

Ce second groupe rassemble les plus célèbres caches égyptiennes : la Cachette de Karnak, certaines caches de Saqqara-Nord et de Méroé, les *favissae* de Louqsor et de Ptah à Karnak notamment.

Les observations des fouilleurs et les photographies anciennes permettent en effet de reconnaître voire de dénombrer des « étages », des niveaux distincts au sein du comblement de certaines caches. L'étude de ces dépôts met en évidence un agencement interne élaboré dont l'examen révèle une pratique d'enfouissement complexe et aboutie.

La *favissa* du temple de Ptah est l'un des exemples les plus évocateurs de cette catégorie mais ce n'est pas le seul. Lors de la fouille de la cachette de Karnak, G. Legrain avait observé des « filons intacts d'objets[95] » et mentionne des pauses et des reprises lors de la mise au jour des artefacts : « Quand, en mai et juin, nous parvîmes à neuf et dix mètres de profondeur, nous rencontrâmes dans la partie nord de la cachette un véritable banc de meubles et de statues en bois, une dizaine de mètres cubes environ[96]. » Il évoque également des « coins [...ayant] leur spécialité. Un endroit, au sud de l'égout, nous fournissait les plus jolies statuettes de la trouvaille et aussi quelques bronzes, mais, où ceux-ci abondaient, c'était un peu plus au nord ; un jour nous y remplîmes vingt-et-une corbeilles de statuettes, barbes de grandes statues, plumes de coiffures osiriaques, dorées et incrustées[97] ».

Les observations de M. el-Saghir portant sur la cache de Louqsor sont similaires, mentionnant des séries de statues apparues en quantité et par étapes, parfois après plusieurs jours de creusement sans nouvelle découverte[98]. Les renseignements fournis par l'auteur permettent de restituer l'étagement des artefacts sur au moins quatre, peut-être même cinq étages (Fig. 1.26)[99].

À Méroé, les photographies de la fouille du *Water Sanctuary* par J. Garstang ont permis à L. Török d'identifier une logique d'organisation, possiblement à étages : « On the bottom of the basin, column drums were placed in a regular row and the bigger statues were either laid down in clusters with apparent care or were put on the tank bottom in a standing position[100]. »

Il en est de même pour le « *statue pit* » de Saqqara-Nord qui livra 111 objets organisés en 4 niveaux selon le fouilleur[101], bien que l'argument fût contredit par la suite[102]. Il n'est pas exclu que d'autres *favissae* à étages aient été découvertes, mais nos données sont trop lacunaires pour le démontrer.

3. *La question de la réouverture des caches*

L'existence de comblements ou d'étages multiples a parfois conduit à suggérer que le remplissage avait été opéré en plusieurs fois, à la suite de réouvertures successives, en se fondant notamment sur une pratique « bien attestée dans le monde gréco-romain[103] ». Cependant, à l'évidence, l'examen de plusieurs fosses, dont celle de Ptah, ne révèle aucune ouverture postérieure à l'enfouissement et met clairement en lumière le caractère éphémère de l'opération d'ensevelissement des objets. Par le passé, plusieurs savants en étaient

95. G. Legrain, « Nouveaux renseignements sur les dernières découvertes faites à Karnak (15 novembre 1904 - 25 juillet 1905) », *RecTrav* 28, 1906, p. 144.
96. *Ibid.*, p. 145.
97. *Id.*, « Renseignements sur les dernières découvertes faites à Karnak », *RecTrav* 27, 1905, p. 65.
98. M. el-Saghir, *La découverte de la cachette des statues du temple de Louxor*, Mayence, 1992, p. 15.
99. J.B. Heidel, W.R. Johnson, « The Tetrarchic Architecture Renovation of Luxor Temple. Context, Significance, and the Cult of Amun » *in* M. Jones, S. McFadden (éd.), *Art of Empire: The Roman Frescoes and Imperial Cult Chamber in Luxor Temple*, Le Caire, 2015, p. 49-50 et 52, fig. 3.15.
100. L. Török, *Meroe City, an Ancient African Capital*, p. 77.
101. H.S. Smith, *A Visit to Ancient Egypt*, p. 51-52.
102. H.S. Smith *et al.*, *The Sacred Animal Necropolis at North Saqqara. The Main Temple Complex. The Archaeological Report*, EES ExcavMem 75, Londres, 2006, p. 114, n. 22.
103. Ch. Bonnet, D. Valbelle, *Des pharaons venus d'Afrique*, p. 181.

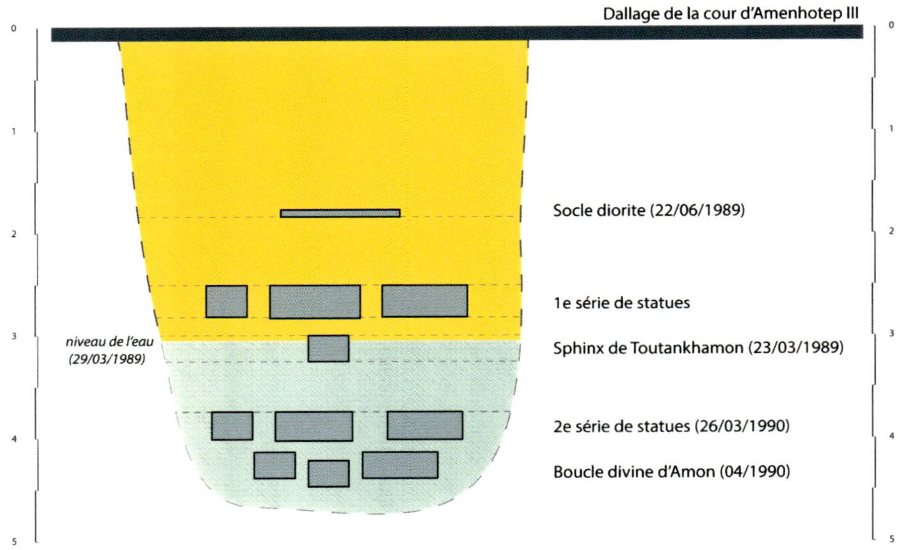

Fig. 1.26. Schéma synthétisant les différents étages du comblement de la *favissa* du temple de Louqsor. © CNRS-CFEETK/G. Charloux.

arrivés à cette conclusion[104]. L'un des meilleurs arguments repose d'ailleurs sur le morcellement de certaines statues réparties dans toute la cache : « Ainsi nous avons rencontré la partie supérieure d'une belle image de Toutankhamon à l'orifice de la cachette : les fragments incomplets des reins et des jambes se rencontrèrent partout, à tous les niveaux, tandis que les pieds et le socle furent tirés du fond même, à 20 mètres de là, à 8 mètres plus bas. Nous pensons que ce fait et d'autres semblables méritent d'être retenus, car ils me semblent démontrer que le dépôt fut fait en *une seule fois*[105]. »

Un autre indice réside dans l'agencement du dépôt : un sphinx peut ainsi être positionné seul à un étage, comme on a pu le voir dans la *favissa* de Ptah, tandis qu'un autre étage regroupe des dizaines de figurines. La distinction entre étages paraît donc plus fonctionnelle que diachronique, ce qui rejoint les propos de G. Legrain évoqués plus haut. Plusieurs ouvertures auraient en outre conduit à un enchevêtrement désordonné de statues sans caractère spécifique, séparées par des couches distinctes, outre le fait qu'il aurait fallu conserver une trace de l'emplacement de la cache durant des décennies voire des siècles, et que des surcreusements de la même fosse ou cache auraient ainsi été observés, ce qui n'est pas le cas[106]. L'étagement du mobilier observé de bas en haut ne semble d'ailleurs pas suivre une chronologie liée à l'ancienneté des statues. Comme l'a démontré E. Jambon dans le cas de la Cachette de Karnak, les statues sont réparties de manière anachronique, pièces récentes et anciennes placées aussi bien à la base qu'au sommet du dépôt[107]. La *favissa* de Ptah pourrait toutefois constituer un cas singulier, dans la mesure où la figure centrale de la divinité, la plus ancienne, était positionnée au fond de la fosse. Elle était entourée et couverte de statuettes de la XXVe-XXXe dynastie et surmontée par un sphinx et une tête de prêtre ptolémaïques. Il nous semble cependant que cette superposition diachronique du dépôt évoque plus ici un schéma en lien avec une hiérarchisation fonctionnelle des éléments statuaires (de bas en haut : statue de dieu / statuette ; image cultuelle / image votive / image protectrice) qu'avec une logique de creusements et d'ensevelissements successifs.

104. Par ex., J.E. Quibell, J. Green, *Hierakonpolis* II, Londres, 1902, p. 34-35.

105. G. Legrain, *RecTrav* 27, 1905, p. 66.

106. Certaines caches, à l'instar de celle du *Water Sanctuary* de Méroé, furent d'ailleurs enfouies sous des édifices (certes postérieurs), rendant toute réouverture impossible.

107. E. Jambon, *in* L. Coulon (éd.), *La Cachette de Karnak*, p. 165-167, fig. 6-7.

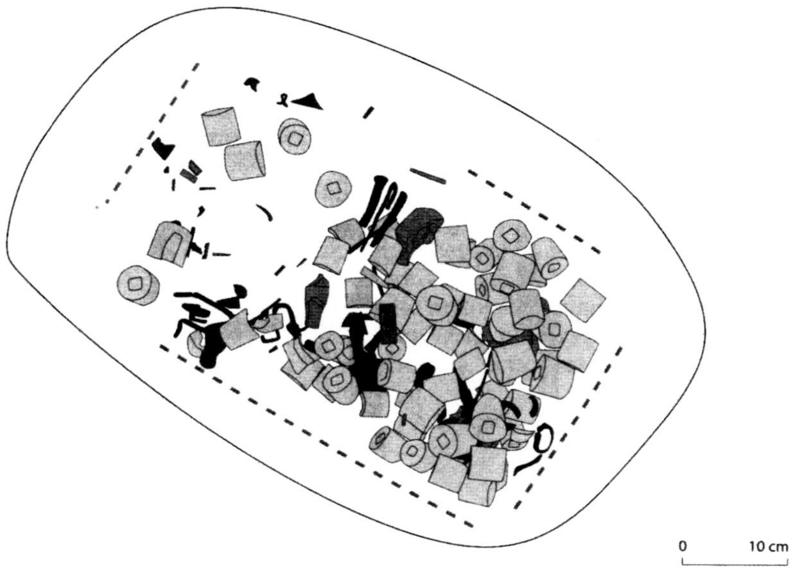

Fig. 1.27. Cache de mobilier religieux à Tell el-Herr, d'après D. Valbelle, S. Marchi, *in* Chr. Zivie-Coche, I. Guermeur (éd.), « *Parcourir l'éternité* ». *Hommages à Jean Yoyotte*, p. 1034, fig. 5.

C. La nature des artefacts enfouis

L'identification de la nature des objets sacrés enfouis dans la cache (mobilier de culte *vs* statuaire) semble permettre une subdivision des ensembles précédents. Plusieurs études ont en effet montré l'absence récurrente de mixité du matériel au sein des assemblages considérés, mobilier et statuaire n'ayant pas la même portée symbolique [108]. Cependant, cette dichotomie quelque peu radicale doit aussi être nuancée, comme nous allons le voir.

1. La cache de mobilier sacré

Les caches de mobilier sont composées de dépôts d'objets cultuels/votifs provenant du temple, autres que statuaires : colonnettes architecturales, situles, équipement religieux divers, éléments d'appliques (naos, coffres), etc. (Fig. 1.27). Les plus notables ont été mises au jour à Saqqara-Nord, mais d'autres sont attestées à Ashqelon [109], Tell el-Herr [110], Kawa [111], Dendara [112], Douch [113].

108. S. Davies, « Bronzes from the Sacred Animal Necropolis at North Saqqara » *in* M. Hill, D. Schorsch (éd.), *Gifts for the Gods*, p. 178.
109. L. Bell, « A Collection of Egyptian Bronzes » *in* L.E. Stager, J.D. Schloen, D.M. Master (éd.), *Ashkelon* 3. *The Seventh Century B.C*, Winona Lake, 2011, p. 397-420.
110. D. Valbelle, S. Marchi, « Un dépôt votif de la forteresse de Tell el-Herr » *in* Chr. Zivie-Coche, I. Guermeur (éd.), « *Parcourir l'éternité* ». *Hommages à Jean Yoyotte*, BEHE-SR 156, Turnhout, 2012, p. 1031-1043 ; D. Valbelle, *BSFE* 132, 1995, p. 30-42.
111. M.F.L. Macadam, F.L. Griffith, L.P. Kirwan, *The Temples of Kawa*, Oxford University Excavations in Nubia, Londres, 1955, p. 92-93, 125 [33/5], 158-59 et pl. 58c.
112. A.F. Shore, « Votive Objects from Dendera of the Graeco-Roman Period » *in* J. Ruffle, G.A. Gaballa, K.A. Kitchen (éd.), *Glimpses of Ancient Egypt*, Warminster, 1979, p. 158 ; W.M.Fl. Petrie, *Dendereh 1898*, EEF 17, Londres, 1900, p. 28-29, 34, 63-64, pl. 24, 36.
113. M. Wuttmann *et al.*, « Premier rapport préliminaire des travaux sur le site de 'Ayn Manawir (oasis de Kharga) », *BIFAO* 96, 1996, p. 438, fig. 71.

2. *La cache statuaire*

Les caches statuaires rassemblent une ou plusieurs statues, mais aussi (ou seulement) des figurines et des statuettes[114]. C'est le cas des *favissae* de Louqsor ou du temple de Ptah à Karnak[115], par exemple.

Au sein du dépôt, l'association des statues privées, royales et divines n'est ni rare ni systématique. Elle ne semble pas non plus régir l'emplacement du dépôt statuaire, par exemple sous une enceinte ou dans une cour[116]. La statuaire privée déposée dans le temple est sacralisée au même titre que les autres statues, même s'il est vraisemblable qu'une forme de hiérarchie détermine la position et l'ordre du dépôt.

Ainsi, l'analyse des caches statuaires permet parfois d'envisager une forme de hiérarchisation des effigies enterrées et l'émergence d'une figure centrale au sein de l'espace creusé ou aménagé. Dans la *favissa* du temple de Ptah, il ne fait aucun doute que la statue de la divinité tutélaire, entourée par de nombreuses figurines et déposée à plat au fond de la fosse, constitue la raison d'être du dépôt. L'agencement interne procède de l'emplacement de la statue divine autour et au-dessus de laquelle sont réparties les autres figures animales et divines. Rappelons que la *favissa* est creusée à l'arrière du naos de la divinité, au sein de son propre domaine cultuel.

Prenons un deuxième exemple : au deuxième niveau de la *favissa* du temple de Louqsor, la figure d'Amenhotep III, couchée et tournée vers l'ouest, est entourée de trois statues dans une mise en scène visant à mettre l'accent sur la statue centrale[117]. De la plus belle facture, cette statue d'Amenhotep III matérialise sans aucun doute le cœur de la cache.

Troisième exemple, dans la cache du sanctuaire D de Saqqara-Nord, la grande statue en bois d'Osiris a été placée debout contre le flanc maçonné, encerclée de figurines et d'un naos miniature en bois. À nouveau, la statue d'Osiris est l'élément principal du dépôt[118].

Bien que cette pratique soit loin d'être systématique, il est probable que d'autres caches présentent ce même type d'agencement centré sur une statue particulière. On constate en outre dans les trois cas précédents un respect du principe d'isocéphalie, la figure centrale étant à la fois plus grande et plus importante que les autres images. Cette discrimination par la taille semble courante dans les caches ou les cryptes[119].

114. Dans certains cas, on note que la statue est recouverte de tissu qui permettait la conservation et la protection des effigies dans la cache. L'étude macroscopique de la statue mise au jour dans le temple de Tabo a révélé la présence de mailles d'un tissu imprimé aujourd'hui disparu qui devait couvrir l'effigie royale dans sa cache ainsi que des éléments en métal recouvert de stuc d'une autre cachette ; Ch. Bonnet, *in* Ch. Maystre (éd.), *Tabo* I, p. 19. D'autres statues ou statuettes furent également découvertes enfouies et enveloppées dans un tissu : par ex., H.E. Winlock, *The Temple of Hibis in el Khargeh Oasis* I. *The Excavations*, PMMAEE 13, New York, 1941, p. 42. À Deir el-Bahari, la statue d'Amenhotep Ier était recouverte d'un vêtement en lin (Z.E. Szafranski, « Buried Statues of Mentuhotep II Nebhepetre and Amenophis I at Deir el-Bahari », *MDAIK* 41, 1985, p. 257) tandis que celle de Montouhotep II découverte dans le sanctuaire du temple funéraire du souverain était revêtue de son costume de fête-*Sed* (D. Arnold *et al.*, *The Temple of Mentuhotep at Deir El-Bahari*, PMMAEE 21, New York, 1979). Dans le récit de deux simulacres de Behbeit qui mettent en scène des fabrications de statuettes, le *simulacre permettant à Horus de voir son père* et celui *du jour de « Nouer les amulettes »*, Osiris qui ressuscite en tant que roi vivant est représenté en costume de vivant (Chr. Favard-Meeks, D. Meeks, « Les corps osiriens : du Papyrus du Delta au temple de Behbeit » *in* L. Coulon [éd.], *Le culte d'Osiris au Ier millénaire av. J.-C.*, p. 43), ce qui pourrait s'appliquer à l'image de Montouhotep II découverte à Deir el-Bahari.

115. À l'exception de deux petits éléments non statuaires (plaquette en fritte émaillée et un objet non identifié en alliage cuivreux).

116. Voir, par ex., D. Valbelle, *in* L. Coulon (éd.), *La Cachette de Karnak*, p. 21-34.

117. M.E. el-Saghir, *La découverte de la cachette des statues du temple de Louxor*, Mayence, 1992, p. 8, fig. 13-14.

118. W.B. Emery, « Preliminary Report on the Excavations at North Saqqâra 1968-9 », *JEA* 56, 1970, pl. IV.

119. Voir Cl. Traunecker, *Ktèma* 29, 2004, p. 52.

3. *La mixité des artefacts*

Si la singularité des catégories de matériel au sein des caches est bien attestée, de nombreuses exceptions contrebalancent cette observation. La Cachette de Karnak a ainsi livré une quantité significative de mobilier cultuel en bois, associé à des centaines de statues en pierre et des milliers de bronzes[120], mais aussi, plus rare, à des ossements et à de nombreux restes de momies animales[121].

Malgré ce constat, et lorsqu'une mixité avec des statues apparaît, on remarque généralement un ou deux éléments d'équipement rituel dominant, par exemple un naos, comme pour la cache D à Saqqara[122] ou des situles[123]. Toutefois, la cache conserve le plus souvent sa nature spécifiquement « statuaire » ; ainsi, des statuettes d'Osiris en bronze se rencontrent fréquemment dans les caches de mobilier. Selon nous, la présence de ces statuettes ne modifie par le caractère spécifique du dépôt, mais tient à la prépondérance du culte d'Osiris en particulier au Ier millénaire av. J.-C. Lorsque le dépôt est véritablement mixte, la primauté semble porter sur les statues, qui paraissent être au cœur de l'intention du dépôt et qui possèdent probablement une portée symbolique supérieure.

D. La protection physique du dépôt

La partie sommitale du comblement des caches se caractérise parfois par la présence d'un élément de couverture, par exemple le socle des statues d'Horemheb et d'Atoum à Louqsor, des fragments de naos à Saqqara-Nord (cache 1), la stèle de Séthi Ier dans la Cachette de Karnak[124] ou des socles de statues à Kerma. Cet élément compact et plan forme un niveau de protection symbolique et physique qui scelle le dépôt ; c'est également partiellement le cas dans la *favissa* de la tribune du quai de Karnak[125] (Fig. 1.28). Lorsque cet élément de « scellement » est installé dans une cour ou un espace ouvert du temple, il s'ajoute à la présence d'un dallage qui clôt définitivement le creusement. À l'instar d'une tranchée/fosse de fondation, ce dispositif peut être complété par l'adjonction d'une couche de séparation/purification de sable de rivière (Karnak) ou de gypse (Louqsor)[126].

La cache aménagée du sanctuaire D à Saqqara-Nord se démarque par un plafond dallé et des côtés flanqués de dix stèles et de briques crues posées de chant[127] (Fig. 1.29). Dans certains cas, la protection est donc plus globale et entoure physiquement les flancs de la fosse. À Licht (n° 53), l'unique étage du comblement se composait de dix statues de Sésostris Ier couchées sur le flanc dans la même direction, entourées par une limite lâche de blocs placés à la hâte et sans appareillage dans le sable[128] (Fig. 1.30). C'est également le cas de la cachette de Hiérakonpolis (n° 27) ayant livré la fameuse tête de faucon en or, formant un petit puits quadrangulaire

120. E. Jambon, « Les fouilles de Georges Legrain dans la Cachette de Karnak (1903-1907) : nouvelles données sur la chronologie des découvertes et le destin des objets », *BIFAO* 109, 2009, p. 272.
121. G. Legrain, *RecTrav* 28, 1906, p. 146.
122. H.S. Smith *et al.*, *The Sacred Animal Necropolis at North Saqqara: the Main Temple Complex, the Archaeological Report*, EES ExcavMem 75, Londres, 2006.
123. Chr. Insley Green *The Temple Furniture from the Sacred Animal Necropolis at North Saqqâra 1964-1976*, MEES 53, Londres, 1987, p. 66.
124. G. Legrain, *RecTrav* 27, 1905, p. 63.
125. J. Lauffray, « La tribune du quai de Karnak et sa *favissa* », *Karnak* 5, 1975, p. 47 et pl. XV.
126. E. Jambon, *in* L. Coulon (éd.), *La Cachette de Karnak*, p. 156-157.
127. W.B. Emery, « Preliminary Report on the Excavations at North Saqqâra 1968-9 », *JEA* 56, 1970, p. 6, pl. IV.
128. J.-E. Gautier, G. Jéquier, *Mémoire sur les fouilles de Licht*, MIFAO 6, Le Caire, 1902, fig. 23.

en briques[129]. Cette « protection » tout à la fois physique et symbolique[130] peut parfois s'accommoder d'une maçonnerie préexistante, comme c'est le cas du *Water sanctuary* de Méroé où les limites du dépôt sont matérialisées par les bords du bassin. Cette observation confirme bien le lien plus qu'étroit entretenu par les catégories de *favissa* (1) et de cache « aménagée » (3).

Fig. 1.28. Partie supérieure de la *favissa* du débarcadère de Karnak. © CNRS-CFEETK 5899/A. Bellod.

Fig. 1.29. Cache D découverte à Saqqara-Nord, d'après W.B. Emery, *JEA* 56, 1970, p. 6, pl. IV. © EES.

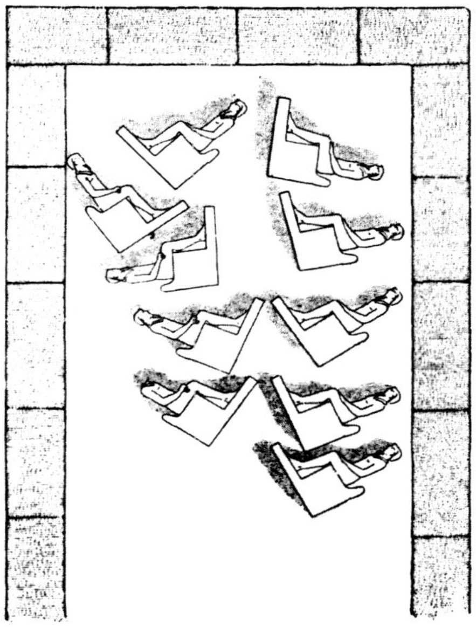

Fig. 1.30. Croquis de la disposition des statues de Sésostris Ier dans la *favissa* de Licht, d'après J.-E. Gautier, G. Jéquier, *Mémoire sur les fouilles de Licht*, fig. 23.

129. J.E. Quibell, *Hierakonpolis* I, BSAE 4, Londres, 1900, pl. 42 ; J.E. Quibell, J. Green, *Hierakonpolis* II, p. 27.
130. L'aspect symbolique est également supporté par la connaissance de rituels ayant pour objectif de protéger les tombes, notamment le Rituel des quatre briques magiques du chapitre 151 du *Livre des Morts*, qui étaient positionnées aux quatre côtés de la tombe ; voir L. Coulon, « Les statues d'Osiris en pierre provenant de la Cachette de Karnak et leur contribution à l'étude des cultes et des formes locales » *in* L. Coulon (éd.), *La Cachette de Karnak*, p. 524 ; I. Régen, « When the Book of the Dead Does Not Match Archaeology: The Case of the Protective Magical Bricks (BD 151) », *BMSAES* 15, 2010, p. 267-278 ; voir aussi la discussion à propos des briques trouvées dans des caches d'embaumement dans C. Knoblauch, *ÄgLev* 26, 2016, p. 329-356.

E. Les effigies divines récurrentes

Après examen de l'ensemble (non exhaustif) des caches, il apparaît que plusieurs figures (animal gardien et figurines votives d'Osiris en particulier) y sont courantes.

1. *L'animal gardien*

On observe la présence d'un gardien, sphinx, lion, mais aussi chacal (Anubis) (Fig. 1.31) au sein de certaines caches d'artefacts religieux (Tabl. 2) [131]. Ce rôle du chacal/chien sauvage Anubis est bien connu, protégeant les restes de ses ripailles enfouis en terre, et devenant ainsi mythologiquement le protecteur des viscères osiriens au point de s'afficher sur le sceau de la nécropole thébaine [132].

Ces figures ont la particularité d'être de petite dimension (moins de 70 cm) et généralement taillées dans des pierres assez fines, calcaire, quartz, calcite/travertin, etc. Elles contrastent radicalement, à la fois par leur taille et leur qualité, avec les images des voies processionnelles et des dromos. On les rencontre scellant la *favissa* du temple de Ptah, mais aussi dans d'autres caches à comblement étagé : un sphinx est isolé au troisième niveau de la *favissa* de Louqsor et on en retrouve un autre au fond de la fosse : chaque étage (supérieur, central et inférieur) se trouve ainsi sous surveillance. La Cachette de Karnak a également livré plusieurs sphinx mais malheureusement sans que leur position ne soit parfaitement établie.

a. b. c.

Fig. 1.31. Sphinx découverts dans des caches sacrées.
a. Statue de chacal couché (Anubis), d'après W.B. Emery, *JEA* 53, 1967, p. 141-145, pl. XXI, n° 2. © EES.
b. Sphinx de la Cachette de Karnak CGC 42090 = CK 509. © CNRS-CFEETK 54744/G. Legrain.
c. Sphinge découverte dans le *Water Sanctuary* de Méroé, d'après L. Török, *Hellenizing Art in Ancient Nubia*, pl. 52.

131. Dans au moins trois cas (Louqsor, Saqqara-Nord et Ptah) l'animal gardien a été trouvé debout, ce qui démontre probablement un geste intentionnel ; W.B. Emery, *JEA* 56, 1970, pl. IV (Anubis).

132. P. Vernus, J. Yoyotte, *Bestiaire*, p. 127 ; P. Vernus, *Dictionnaire amoureux de l'Égypte pharaonique*, p. 188-192. Voir également T. Duquesne, *Jackal at the Shaman's Gate: A Study of Anubis Lord of Ro-Setawe with the Conjuration to Chthonic Deities (PGM XXIII; pOxy 412)*, OCE 3, Londres, 1991, p. 9-26.

Les « caches de fondation » recèlent parfois ce type de figure, que ce soit dans le temple d'Osiris Coptite (sphinge)[133] ou dans la fondation de la colonnade ptolémaïque de Karnak-Nord[134], fournissant un nouvel argument pour rapprocher ces catégories de dépôts[135].

Cette figure du gardien semble récurrente dans les caches complexes, ce qui suggère un critère commun.

2. *La figure osirienne*

La figure osirienne est omniprésente dans les caches d'objets sacrés, où elle est évoquée dans près d'un tiers des cas. Dans la *favissa* de Ptah, quatorze figures de la divinité ont été répertoriées, ce qui en fait, et de loin, le groupe principal. Outre la fonction osirienne de certaines caches (voir *infra*), cette prépondérance est intimement liée à l'essor du culte d'Osiris au Ier millénaire av. J.-C. (*infra*, Chapitre 3).

La question de la mutilation des objets

La « mutilation » des objets présents dans la *favissa* – ou, du moins, le fait qu'ils soient invariablement fragmentaires ou abîmés – constitue un principe récurrent des caches d'artefacts sacrés, constaté par la quasi-totalité des fouilleurs[136].

Pour comprendre le phénomène de mutilation, il faudrait, dans l'idéal, être en mesure d'établir un inventaire précis et complet des cassures rencontrées et des procédés employés pour ce type de destruction[137]. La démarche de caractérisation des cassures permettrait peut-être de différencier ce qui ressort du rite d'enfouissement de la dégradation qui le précède. Malheureusement, cet objectif rencontre de multiples contraintes. À ce jour, les critères d'identification de la mutilation des statues demeurent souvent ambigus : comment distinguer une mutilation d'une cassure accidentelle ou même d'un démembrement intentionnel ? Les pratiques de mutilation des statues et reliefs (yeux, visages, insignes et inscriptions, etc.) sont bien connues dans les mondes antique et médiéval et renvoient généralement à une volonté de détérioration autant physique que symbolique de l'intégrité de l'image divine. Or, le principe de mutilation peut être différemment perçu selon les époques, les régions et les chercheurs[138]. Dans la *favissa* de Licht (no 53), J.-E. Gautier et G. Jéquier ont remarqué qu'il n'y avait « aucune mutilation », pourtant « les morceaux étaient facilement assemblés[139] », tandis que les colosses osiriaques jetés dans un accès en puits d'une tombe étaient brisés « à la hauteur des genoux ou un peu plus bas » et la partie inférieure avait disparu[140].

133. Fr. Leclère, « Le temple d'Osiris Coptite » *in* Chr. Thiers, M. Boraik (éd.), *Centre franco-égyptien d'étude des temples de Karnak. Rapport d'activité 2010*, Louqsor, 2010, p. 43.

134. P. Barguet, J. Leclant, *Karnak-Nord* IV, p. 34, fig. 65.

135. Un vase utilisé dans un rituel d'exécration, mentionné et représenté dans le papyrus Salt 825 déjà évoqué, est surmonté par une figure protectrice de lionne couchée, coiffée de l'*atef* et crachant le souffle brûlant : Ph. Derchain, *Le papyrus Salt 825 (B.M. 10051), rituel pour la conservation de la vie en Égypte* 2, Bruxelles, 1965, fig. XX ; L. Coulon, *BSFE* 195-196, 2016, p. 33-34, fig. 12 (omission de la représentation du souffle sortant de la gueule). Il s'agit vraisemblablement de Sekhmet (ou Menty, *LGG* III, 286c-287a) représentée assise face à Osiris, et crachant également le souffle brûlant : « Sekhmet qui préside à l'abattoir, qui lance la flamme contre tes (= Osiris) ennemis » (Ph. Derchain, *op. cit.*, fig. XIX ; *HPBM* 2, pl. XL). La forme quadrangulaire encadrant la jarre et surmontée par la lionne n'est peut-être rien d'autre que la figuration de la fosse dans laquelle la jarre était enfouie (références Chr. Thiers).

136. Par ex., É. Chassinat, « À propos d'une tête en grès rouge du roi Didoufrî », *MonPiot* 25, 1921, p. 56-57 ; R.L. Mond, O.H. Myers, *Temples of Armant. A Preliminary Survey*, Londres, 1940, p. 49 ; G. Charloux (éd.), *Le parvis du temple d'Opet à Karnak*, p. 276-278 ; pour les statues royales de la Cachette de Karnak, voir en dernier lieu l'analyse d'E. Jambon, *in* L. Coulon (éd.), *La Cachette de Karnak*, p. 147-155.

137. B. Croxford, « Metal Sculpture from Roman Britain. Scraps but Not Always Scrap » *in* T.M. Kristensen, L.M. Stirling (éd.), *The Afterlife of Greek and Roman Sculpture*, p. 36-46.

138. Voir, par ex., B. Lurson, « Symétrie égyptienne et dissymétrie mésopotamienne. Remarques sur les mutilations de statues royales », *BSEG* 21, 1997, p. 39-42.

139. J.-E. Gautier, G. Jéquier, *Mémoire sur les fouilles de Licht*, p. 30.

140. *Ibid.*, p. 38-42.

L'interprétation des cassures subies par les statues est la plupart du temps subjective, d'autant que de nombreux phénomènes naturels ou anthropiques – tels des accidents naturels, des destructions militaires, divers procédés de dénaturation (démembrement, malaxation[141], etc.) ou phénomènes d'érosion (oxydation, etc.), mais aussi les opérations de fouille – ont pu interférer durant les étapes pré- à post-enfouissement[142].

Les tentatives pour expliquer ces cassures restent ainsi très incertaines, si tant est qu'elles soient toujours volontaires (voir *infra*). Visaient-elles à « canaliser » l'énergie des statues[143], à « désactiver » leur puissance, à moins que le seul fait d'être brisé suffît à être éligible au rituel ?

Plusieurs cas de « mutilations » aisément reconnaissables dans la littérature scientifique sont ici succinctement évoqués afin d'illustrer la variété des situations rencontrées.

A. L'émiettement

Les statues sont parfois entièrement brisées[144]. Ce phénomène peut occasionnellement s'accompagner d'un émiettement intentionnel de l'effigie, comme c'est le cas des statues d'Amenhotep III à Karnak-Nord[145]. G. Legrain mentionne également un cas de « statues [dont celle de Toutânkhamon] et d'une stèle de Thoutmosis III [qui] furent trouvées en très nombreux morceaux éparpillés dans toute la cachette[146] ».

B. Le démembrement

Parmi les différents types de cassures, le démembrement est une pratique largement répandue, comme par exemple dans les *favissae* de Hiérakonpolis[147], de Licht (voir *supra*) ou de Kerma[148]. Elle concerne aussi bien les mains, les bras, les pieds, les jambes que les têtes[149].

La décollation paraît être le critère le plus manifeste et le plus récurrent, qui peut parfois retenir notre attention par son originalité[150] :

À Deir el-Bahari, les corps des statues de Montouhotep II et d'Amenhotep Ier furent enterrés dans des fosses éparses, éloignés de celles des têtes[151]. À Méroé, J. Garstang mit au jour une série de têtes isolées dans le *Water Sanctuary*[152], tandis qu'en 2014, Chr. Thiers découvrit plusieurs têtes de colosses et une tête de prêtre rassemblées dans un aménagement préparé dans les assises de fondation du temple à Ermant[153] (Fig. 1.32).

141. Par ex., F. Bisson de La Roque observa que les clous éparpillés sur le trésor de Tôd avaient été intentionnellement tordus, certainement pour des raisons magiques (F. Bisson de La Roque, *Tôd (1934 à 1936)*, FIFAO 17, Le Caire, 1937, p. 115).
142. Il est souvent complexe de reconnaître les traces en question sans examen macroscopique approfondi.
143. R.S. Bianchi, in *Les bronzes égyptiens*, p. 22.
144. E. Jambon, *in* L. Coulon (éd.), *La Cachette de Karnak*, p. 152-153. À Doukki-Gel : D. Valbelle, *in* L. Coulon (éd.), *La Cachette de Karnak*, p. 24-25, fig. 5.
145. Cl. Robichon, P. Barguet, J. Leclant, *Karnak-Nord* IV, p. 47 ; D. Valbelle, *op. cit.*, p. 22-23.
146. G. Legrain, *RecTrav* 27, 1905, p. 66.
147. J.E. Quibell, J. Green, *Hierakonpolis* II, p. 28.
148. Ch. Bonnet, D. Valbelle, *Des pharaons venus d'Afrique*, p. 70-138.
149. E. Jambon, *op. cit.*, p. 150-152.
150. Noter que la décollation des têtes de statues est une pratique répandue dans l'Antiquité, par exemple, en Grande-Bretagne durant l'époque romaine : B. Croxford, *in* T.M. Kristensen, L.M. Stirling (éd.), *The Afterlife of Greek and Roman Sculpture*, p. 36.
151. D. Arnold *et al.*, *The Temple of Mentuhotep at Deir El-Bahari* ; E. Szafranski, *MDAIK* 41, 1985, p. 259-262 ; E. Jambon, *op. cit.*, p. 158-159.
152. L. Török, *Meroe City, an Ancient African Capital*, p. 404, pl. 54-55 ; *id.*, *Hellenizing Art in Ancient Nubia*, pl. 54.
153. Chr. Thiers, *EgArch* 44, 2014, p. 32-35.

Cette dichotomie entre tête et corps est confirmée par les sources textuelles égyptiennes, notamment un passage du papyrus Jumilhac se rapportant au mythe osirien qui souligne une forme de hiérarchie entre ces deux parties anatomiques : « Thot et Anubis avaient associé à la tête, relique locale, un corps synthétique de manière à ce que le chef d'Osiris, revenu à la vie, puisse révéler l'emplacement de ses autres membres dispersés par Seth[154]. » L'importance toute particulière de la tête dès les anciens temps est manifeste dans la pratique des « têtes de remplacement » rencontrées dans les tombes de la région memphite durant la IVe dynastie, puis de celle plus récente des masques en plâtre[155].

Fig. 1.32. Têtes de cinq colosses, tête de statue de prêtre et stèle, retrouvées dans un aménagement à l'intérieur des fondations du temple d'Ermant. © CNRS-CFEETK/J. Maucor.

154. L. Coulon, « Du périssable au cyclique : les effigies annuelles d'Osiris » *in* S. Estienne, V. Huet, F. Lissarague, F. Prost (éd.), *Figures de Dieux : construire le divin en images*, Rennes, 2014, p. 299.
155. R. Tefnin, *Art et magie au temps des Pyramides : l'énigme des têtes dites « de remplacement »*, MonAeg 5, Bruxelles, 1991, p. 55-62 notamment.

C. Les traces de combustion

Quelques rares statues découvertes dans les caches présentent les signes d'une destruction à la suite d'un incendie. C'est par exemple le cas des colosses d'Amenhotep III « éclatés » par le feu selon Cl. Robichon [156]. Or, le feu restait un châtiment suprême synonyme de destruction totale dans l'Égypte antique [157]. Il était d'ailleurs employé dans les rites magiques d'exécration [158] puis, plus tard, par les prêtres chrétiens iconoclastes pour annihiler la puissance de la statue et sa possibilité de résurrection [159]. Pour autant, il convient aussi de rappeler le caractère potentiellement accidentel d'un incendie qui aurait affecté les statues, et qui serait à l'origine de la mise au rebut, comme tout autre type de dégradation involontaire.

D. Remarques générales

S'il n'est guère aisé d'identifier l'évènement ayant conduit aux cassures, il est indéniable qu'une majeure partie d'entre elles survenait bien avant le dépôt dans la cache ; c'est par exemple le cas de la statuette de Mout (O.179.8048-5) ou des statues d'Amon de la *favissa* de Louqsor [160], qui présentent des stigmates de restauration antique, visibles notamment par des fissures bouchées avec du mortier (*infra*, Chapitre 3). De même, nous savons que les destructions « politiques » de statues sont supportées de la façon la plus concrète par de nombreuses attestations textuelles en Égypte [161], mais aussi dans le reste du Proche-Orient [162].

À l'inverse, on peut supposer que certaines mutilations procèdent peut-être de l'opération de déposition, même s'il est parfois malaisé d'en déduire une quelconque motivation rituelle ou religieuse. C'est le cas notamment de la petite statue de sphinx dans la *favissa*. Sa patte avant gauche était positionnée contre son avant-corps dans le virage nord-est de la fosse. L'objet aurait pu être brisé au moment de sa mise en place mais sans que l'intentionnalité ne puisse prévaloir. Toutefois, ce phénomène reste si secondaire que l'on peut affirmer sans ambiguïté que les cassures survenaient dans leur très grande majorité avant l'enfouissement de l'objet, et ne devaient par conséquent pas être le résultat d'un quelconque rituel.

La variété des situations rencontrées suggère que ce ne sont pas tant les raisons des cassures qui sont ici déterminantes que le systématisme de cette pratique. Prenons l'exemple d'une *favissa* de Tanis : P. Montet évoque une fosse de plus de 200 objets presque tous cassés : « Quelques pièces cependant étaient intactes, ce qui nous interdit de penser que les objets ont été systématiquement brisés avant d'être déposés en cet endroit [163]. » Or, il semble que c'est précisément l'argument contraire qui devrait ici s'appliquer : une très faible proportion de l'ensemble du dépôt et de la totalité des caches connues est intacte. Les dépôts d'objets neufs n'existent tout simplement pas. C'est donc bien ce critère qui doit être pris en considération. La dégradation, volontaire ou pas, la « mort » préalable de la statue était un élément indispensable à la constitution du dépôt.

156. P. Barguet, J. Leclant, *Karnak-Nord* IV, p. 47 ; D. Valbelle, *in* L. Coulon (éd.), *La Cachette de Karnak*, p. 23.
157. D. Meeks, « Pureté et impureté en Egypte », *Dictionnaire de la Bible, Supplément* IX, Paris, 1976, col. 436-437.
158. R.K. Ritner, *The Mechanics of Ancient Egyptian Magical Practice*, SAOC 54, Chicago, 1993, p. 158.
159. T.M. Kristensen, « Embodied Images: Christian Response and Destruction in Late Antique Egypt », *JLA* 2/2, 2009, p. 238-240.
160. M. el-Saghir, *La découverte de la cachette des statues du temple de Louxor*, Mayence, 1992, p. 16.
161. M. Boraik, « Stela of Bakenkhonsu, High Priest of Amun-Re », *Memnonia* 18, 2007, p. 119-126.
162. A. Ben-Tor, *in* S. Gitin, J.E. Wright, J.P. Dessel (éd.), *Confronting the Past*, p. 4-16.
163. P. Montet, *Les nouvelles fouilles de Tanis (1929-1932)*, Publications de la faculté des lettres de l'université de Strasbourg, 2e série, vol. 10, Paris, 1933, p. 113-114.

1.3. Synthèse

Dans ce chapitre consacré au contexte archéologique de la *favissa* du temple de Ptah, nous avons souhaité faire le point sur les connaissances en lien avec la pratique des caches d'artefacts religieux dans l'Égypte antique et tenter de mieux définir leurs caractéristiques intrinsèques.

Comme le rappelaient récemment T. M. Kristensen et L. Stirling, la plupart des statues antiques qui nous sont parvenues ne proviennent pas d'un contexte original et primaire[164]. L'enfouissement ritualisé d'un mobilier religieux ou sacré ne correspond, dans tous les cas, qu'à une part indéterminable de l'ensemble des caches d'artefacts religieux. Une grande partie des caches d'artefacts religieux n'ont tout simplement aucun rôle votif et/ou cultuel ; indubitablement, elles sont la simple résultante d'un rejet de mobilier cultuel et/ou votif. L'identification d'une intention religieuse ou rituelle reste souvent indémontrable par les seules données de terrain, plus encore lorsque celles-ci sont absentes ou lacunaires.

Avec la plus grande précaution, il semble toutefois que l'on puisse confirmer l'existence de caches véritablement sacrées, opérées sous le contrôle du clergé du temple. Quatre critères discriminants doivent être considérés pour ce faire :

1. Un investissement (temps, effort et volonté) important, nécessaire à l'installation du mobilier cultuel et votif dans des emplacements réservés et préparés, protégés au sein du complexe religieux, et rendus inaccessibles ;
2. Une mise en scène des objets, révélant une recherche dans l'organisation intrinsèque du dépôt. Sans ce critère, qui rejoint le précédent, la nature « sacrée » du dépôt reste difficile à établir ;
3. L'état des figures, dont une majeure partie est abîmée. Les statues devaient être, d'une manière ou d'une autre, en fin de « vie » ou d'utilisation ;
4. La présence d'images protectrices dans le dépôt. Bien que non discriminantes, ces figures sont une marque indubitable de rituels prophylactiques et confirment l'identification du dépôt à partir du moment où les trois premiers critères sont présents.

Ces critères ne signifient pas que les caches qui en sont dépourvues n'ont pas fait l'objet de ritualisation, mais que seules celles ainsi identifiées peuvent être qualifiée de « sacrées » sur une base objective.

En conséquence, les caches d'artefacts religieux répondant à ces critères et pouvant être qualifiées de sacrées sont peu nombreuses :

- les caches à comblement étagé, dont les différents niveaux sont préparés dans un souci de mise en scène qui vise à créer un univers propre ;
- les caches de fondation, par exemple celle du temple d'Opet à Karnak (n° 46) ou du temple de Montou à Karnak-Nord (n° 41), qui mettent en évidence le lien entre le monument religieux et le comblement de sa fosse de fondation ;
- la plupart des caches aménagées, ayant nécessité un investissement important en lien avec l'édifice cultuel : par exemple celles d'Ermant (n° 23) ou de Tabo (n° 80) ;
- certaines fosses à comblement unique, originales, par exemple celles de Deir el-Bahari (n°s 15-16), de Kerma (n° 50), de Licht (53) ou du temple d'Ermant (n° 22).

164. T.M. Kristensen, L.M. Stirling, « The Lives and Afterlives of Greek and Roman Sculpture: From Use to Reuse » *in* T.M. Kristensen, L.M. Stirling (éd.), *The Afterlife of Greek and Roman Sculpture*, p. 3-4.

La distribution géographique et chronologique des caches

L'examen de la localisation des caches d'artefacts sacrés – caches sacrées comprises – ne semble pas mettre en lumière de régionalisme significatif (Fig. 1.33, Tabl. 2). La pratique est présente sur quasiment tous les grands sites, ce qui témoigne de son caractère universel dans le monde égyptien.

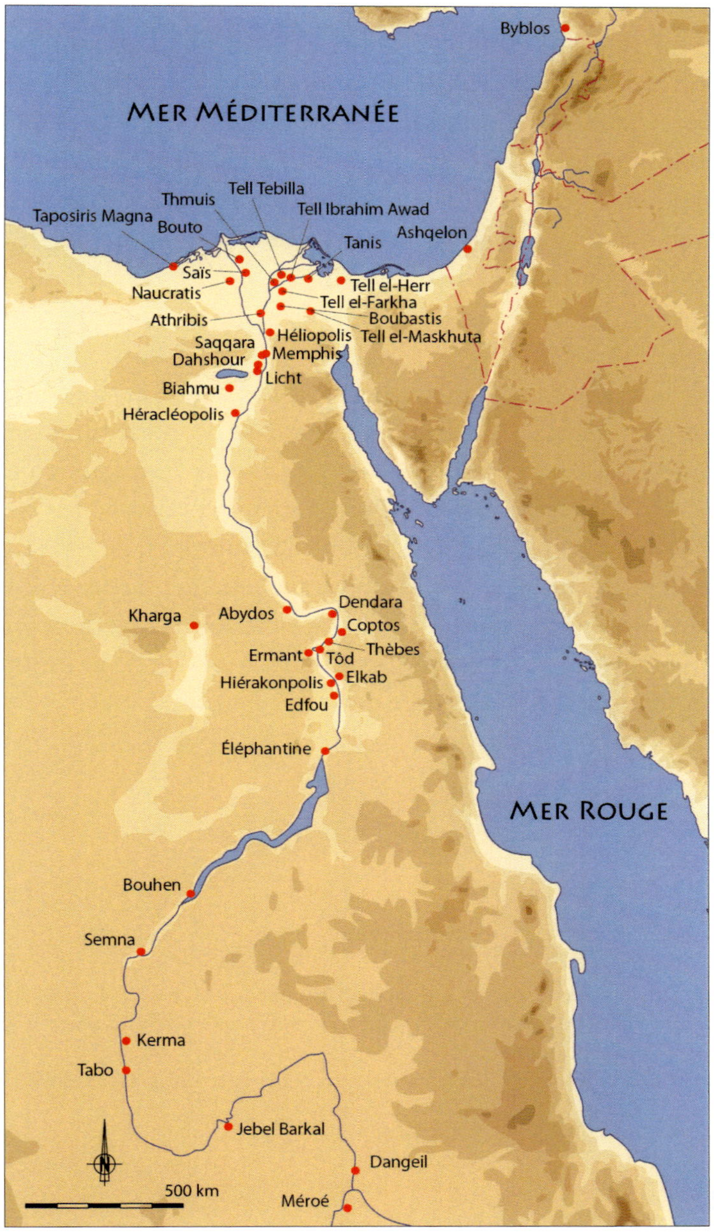

Fig. 1.33. Carte de distribution des caches d'artefacts sacrés répertoriées. © G. Charloux, fonds H. David.

Les caches « nubiennes » ont parfois été distinguées de l'ensemble, considérant qu'il s'agissait de dépôts de statues royales en fosses, non accompagnées de mobilier votif, qui auraient été aménagées dans l'urgence à la suite de campagnes militaires étrangères[165] et à la période romaine[166]. La cache du *Water Sanctuary* ou l'enfouissement d'une tête d'Auguste à Méroé montrent néanmoins des traits connus plus au Nord. Les caches à comblement étagé sont d'ailleurs réparties du nord au sud, avec une concentration qui paraît certes plus forte à Thèbes.

En revanche, on ne peut nier des disparités d'ordre chronologique. La plupart des caches identifiées sont postérieures à la XVIIIe dynastie et la grande majorité d'entre elles possèdent un *terminus post quem* (fondé à la fois sur la datation des statues et sur le contexte de découverte) de la XXVe-XXVIe dynastie ou postérieur, donc à une phase d'intensification du culte osirien[167]. Près d'un quart sont contemporaines ou postérieures à l'époque ptolémaïque. Seule une part infime des caches possède un *terminus post quem* d'enfouissement postérieur au Ier s. avant l'ère chrétienne, ce qui trouve toutefois une explication – certes partielle – dans le fait que ce *terminus* soit établi par datation du mobilier exhumé, donc souvent d'époque pharaonique en Égypte...

L'établissement d'un *terminus ante quem* reste plus difficile à établir sans documentation stratigraphique fiable. Quelques caches égyptiennes sont assurément antérieures (ou contemporaines) à l'époque ptolémaïque, par exemple la cache de Tell Tebila couverte par une enceinte en briques crues de la XXXe dynastie. Mais la plupart d'entre elles sont surtout antérieures (ou contemporaines) à l'époque copte-byzantine, lorsque l'information est donnée. C'est le cas de la cache de Méroé (no 65), qui était couverte par une chapelle d'époque méroïtique récente[168].

Si l'on devait prendre le phénomène égyptien dans son ensemble, en le considérant comme un corpus homogène et en ne tenant compte que des *terminus* envisagés, on obtiendrait une fourchette de datation relativement étroite des trois siècles ayant précédé et suivi le début de l'ère chrétienne. Une telle solution serait, évidemment, réductrice et simpliste, et il convient de privilégier un phénomène s'étendant sur la longue durée, au plus tard de la XXVe-XXVIe dynastie à l'époque byzantine, dont le stade le plus avancé remonterait à l'ère lagide et au début de l'époque romaine. C'est en effet durant cette période que furent implantées les *favissae* les plus complexes et les caches de « fondation » : la Cachette de Karnak[169], du temple d'Opet à Karnak[170], la *favissa* du temple de Louqsor[171], celle de Coptos[172], peut-être la *favissa* de la tribune de Karnak[173], la *favissa* double du temple de Montou[174], et celle du temple de Ptah à l'étude.

165. Ch. Bonnet, « Les destructions perpétrées durant la campagne de Psammétique II en Nubie et les dépôts consécutifs » *in* D. Valbelle, J.- M. Yoyotte (éd.), *Statues égyptiennes et kouchites démembrées et reconstituées : hommage à Charles Bonnet*, Paris, 2010, p. 21-31.

166. Ch. Bonnet, *in* Ch. Maystre (éd.), *Tabo* I, p. 20, 61.

167. L. Coulon, « Le culte osirien au Ier millénaire av. J.-C. Une mise en perspective » *in* L. Coulon (éd.), *Le culte d'Osiris au Ier millénaire av. J.-C.*, p. 1-19.

168. L. Török, *Meroe City, an Ancient African Capital*, p. 77, pl. 18.

169. G. Legrain, *RecTrav* 27, 1905, p. 61-82 ; *id.*, *RecTrav* 28, 1906, p. 137-161 ; E. Jambon, *BIFAO* 109, 2009, p. 239-279 ; L. Coulon, *in* L. Coulon (éd.), *La Cachette de Karnak*, p. 505-583.

170. G. Charloux (éd.), *Le parvis du temple d'Opet à Karnak*, p. 276-280.

171. M. el-Saghir, *La découverte de la cachette des statues du temple de Louxor*, Mayence, 1992.

172. W.M.Fl. Petrie, *Koptos*, Londres, 1896, p. 17 ; voir B.J. Kemp, *Ancient Egypt: Anatomy of a Civilization*, Londres, 2006, p. 128-129 ; L. Baqué-Manzano, « Further Arguments on the Coptos Colossi », *BIFAO* 102, 2002, p. 40.

173. J. Lauffray, *Karnak* 5, 1975, p. 43-76. Il s'agit vraisemblablement d'une fosse creusée à l'intérieur du bâti (p. 47 : « L'assise inférieure, entièrement en grès, est placée dans une cuve garnie de sable, creusée dans les vestiges d'une construction en briques de terre crue »). L'hypothèse du dépôt de consécration n'est pas totalement exclue néanmoins. Il est certain, en tout cas, que les statues n'ont pas, dans le cas présent, de fonction architectonique.

174. P. Barguet, J. Leclant, *Karnak-Nord* IV, p. 46-47, fig. 78.

Dans le reste du monde méditerranéen, cette pratique d'enfouissement de statues de culte s'accompagnant parfois d'une attention voire de gestes rituels, est courante à la même époque, à l'âge du Fer[175], mais surtout à l'époque hellénistique[176] et romaine[177], et perdure peut-être à l'époque byzantine[178].

Les premiers siècles de l'ère chrétienne sont tout particulièrement sujets à de nombreuses tensions, crises et bouleversements mystiques, conduisant à d'innombrables destructions d'édifices et de mobiliers sacrés[179], aux motivations iconoclastes aussi bien religieuses[180] que propres au rejet de certains thèmes et types de représentation du corps[181]. Une attaque à l'intégrité des statues répandue durant l'Antiquité tardive consistait à graver une croix sur leur visage, outre le fait de les décapiter et de briser toute partie protubérante[182]. T.M. Kristensen argue que les violentes destructions chrétiennes en Égypte sont tout particulièrement liées à la persistance de la puissance des images divines de l'ancienne religion qu'il convenait d'annihiler[183]. Lors de la destruction du Sérapéum d'Alexandrie en 392, les fragments de la statue principale de Sérapis furent ainsi éparpillés dans la ville puis brûlés, afin d'éviter toute recomposition du corps selon le mythe osirien[184]. Les actes du moine Shenoute sont également évocateurs ; celui-ci, après une visite chez un notable du nom de Gesios, brisa en morceaux les statues et autels de ce dernier et les lança dans la rivière[185]. Une autre source copte (datée du VIe s.) révèlerait le cas de rejets de sculptures dans des puits et des citernes, à la suite d'une virulente conversion de populations païennes au christianisme[186]. La pratique d'enfouissement de statues, pour certaines osiriennes, continue donc assurément jusqu'au IVe siècle[187] voire au Ve siècle, mais ne se place plus dans la permanence du culte osirien dont la fin remonterait aux premières décennies du IIIe siècle à Thèbes, selon M. Smith[188]. Cette pratique tardive a pour conséquence de compliquer l'identification et la datation des caches en archéologie (caches sacrées *vs* caches iconoclastes), d'autant que d'autres destructions et pratiques superstitieuses postérieures sont envisageables[189]. Se pose ici la question de la différenciation entre une pratique rituelle opérée par un personnage religieux dédié, et une intervention effectuée dans une logique de destruction et/ou de superstition[190]. Ce sont alors, peut-être, seuls les critères établis précédemment – la mise en scène et les types d'effigies dans le dépôt, son lien avec l'édifice cultuel et la possibilité d'établir un *terminus ante quem* précis – qui doivent être considérés en priorité et permettent d'isoler les caches sacrées officielles des simples « caches » d'artefacts, aux fonctions non identifiées avec certitude.

175. Par ex., S. Ben-Arieh, « Temple Furniture From a Favissa at 'En Hazeva », *'Atiqot* 68, 2011, p. 107-175.

176. Voir A. Rosenberg-Dimitracopoulou, « Funerals for Statues? The Case of Phrasikleia and Her "Brother" » *in* M.M. Miles (éd.), *Autopsy in Athens. Recent Archaeological Research on Athens and Attica*, Oxford, 2015, p. 91-92, notamment n. 72 ; pour le Levant Sud, par exemple D.T. Ariel, N. Messika, « Finds from the Hellenistic "Favissa" at 'Akko-Ptolemais », *'Atiqot* 57, 2007, p. 11-20.

177. P. Kiernan, *in* T.M. Kristensen, L.M. Stirling (éd.), *The Afterlife of Greek and Roman Sculpture*, p. 210-217.

178. I. Jacobs, « Old Habits Die Hard. A Group of Mythological Statuettes from Sagalassos and the Afterlife of Sculpture in Asia Minor » *in* T.M. Kristensen, L.M. Stirling (éd.), *op. cit.*, p. 112-117.

179. N. Icard-Gianolio, A.-V. Szabados, « Cult Images/Statues de culte/Kultbilder/Immagini di culto, § XIII. Destructions, transformations » in *Thesaurus Cultus et Rituum Antiquorum* II, Los Angeles, 2004, p. 503-506 ; voir aussi T.M. Kristensen, L.M. Stirling, *in* T.M. Kristensen, L.M. Stirling (éd.), *op. cit.*, p. 11-23.

180. Sur cette question, voir, par exemple, à P. Kiernan, *op. cit.*, p. 206-210.

181. I. Jacobs, *op. cit.*, p. 116-117.

182. Voir, par ex., A.R. Brown, « Crosses, Noses, Walls, and Wells. Christianity and the Fate of Sculpture in Late antique Corinth » *in* T.M. Kristensen, L.M. Stirling (éd.), *op. cit.*, p. 150-176.

183. T.M. Kristensen, *JLA* 2/2, 2009, p. 220-250.

184. *Id.*, « Religious Conflict in Late Antique Alexandria: Christian Responses to "Pagan" Statues in the Fourth and Fifth Centuries CE » *in* G. Hinge, J.A. Krasilnikoff (éd.), *Alexandria: a Cultural and Religious Melting Pot*, Aarhus, 2009, p. 162-167.

185. Mention et bibliographie dans T.M. Kristensen, *op. cit.*, p. 236-237.

186. D.W. Johnson, *A Panegyric on Macarius, Bishop of Tkôw*, CSCO 416, Louvain, 1980, p. 29-30.

187. L'édit de Thessalonique décrété par l'empereur Théodose Ier interdit les cultes païens en 380 de l'ère chrétienne.

188. M. Smith, *Following Osiris. Perspectives on the Osirian Afterlife from Four Millennia*, Oxford, 2017, p. 527.

189. Voir les exemples dans N. Icard-Gianolio, A.-V. Szabados, *op. cit.*, p. 503-504.

190. Par ex., le dépôt des fragments de statues du Kôm el-Dikka à Alexandrie, vraisemblablement consumés par le feu et enfouis à la suite d'une destruction iconoclaste ; E. Rodziewicz, « Remains of a Chryselephantine Statue in Alexandria », *BSAA* 44, 1991, p. 119-124.

Ces considérations sur les caches les plus récentes ne doivent pas éluder l'existence d'un groupe plus ancien des IVe et IIIe millénaires en Égypte, dont certaines seraient contemporaines des *favissae* religieuses mésopotamiennes de l'époque des dynasties archaïques[191], les caches statuaires les plus anciennes au Proche-Orient remontent au VIIe millénaire[192]. Au IIe millénaire en Égypte, cette pratique paraît en effet moins visible : les caches sont relativement rares pour cette période, notamment au Moyen Empire, tandis qu'elles sont souvent chronologiquement mal définies pour le Nouvel Empire (Tabl. 2).

Les dépôts de l'époque prédynastique et de l'Ancien Empire, notamment composés de petites statuettes animales et anthropomorphes, ont été découverts dans les fondations des sanctuaires d'Éléphantine (Satet)[193], de Tell Ibrahim Awad[194], de Tell el-Farkha[195], et de Hiérakonpolis[196]. Interprétés comme les prototypes des dépôts de fondation[197], ces dépôts confirment l'existence de rituels d'enfouissements de figurines anciens sous des édifices religieux. L'évolution d'une telle pratique, peut-être votive, pourrait avoir conduit à une réflexion plus approfondie sur l'enterrement d'une statue et son lien avec le mythe osirien, en particulier dans un contexte favorable, tel que fut le Ier millénaire avant notre ère.

Un simulacre de tombeau osirien

Par le passé, il a été rappelé, avec raison, que les caches statuaires pouvaient survenir à la suite de multiples évènements : un cataclysme (incendie, séisme[198], etc.), une invasion ou un conflit, un changement de culte, un nettoyage du sanctuaire en raison de l'encombrement des lieux, ou tout simplement à la suite d'une dégradation du mobilier cultuel pour les conserver comme reliques[199]. Or, la distinction de ces évènements et phénomènes à partir des seuls indices archéologiques reste souvent insatisfaisante. Rappelons que nous n'avons aucune idée des critères déterminant la mise au rebut d'une statue dans l'Égypte ancienne, d'autant que ces critères ont assurément varié selon les époques.

Certaines atteintes à l'intégrité physique des statues sont pourtant remarquables. Par exemple, à Deir el-Bahari, les figures de Montouhotep II et Amenhotep Ier étaient décapitées quand elles furent découvertes, et les corps enterrés dans des fosses éloignées de celles des têtes[200]. Soixante-dix ans plus tôt, R.L. Mond et O.H. Myers avaient rencontré deux cas connexes à Ermant : cette fois les têtes et les corps des colosses étaient réunis pour recomposer une statue complète. Or, fait notable, les parties réunies appartenaient à des statues

191. Par ex., P. Butterlin, C. Lecompte, « Mari, ni est, ni ouest, et les statuettes de la cachette du temple "Seigneur du pays" », *Syria* Suppl. 2, 2014, p. 605-628.
192. Les statues d'Aïn Ghazal, en Jordanie, modelées en plâtre et chaux sur une âme en bois, étaient enfouies dans une fosse sous le sol d'une habitation ; O.G. Rollefson, « Ritual and Ceremony at Neolithic Ain Ghazal (Jordan) », *Paléorient* 9/2, 1983, p. 29-38.
193. G. Dreyer, *Elephantine* VIII. *Der Tempel der Satet: Die Funde der Frühzeit und des Alten Reiches*, ArchVer 39, Mayence, 1986, p. 19, pl. 5-8 ; 22-23, pl. 10.
194. Voir B.J. Kemp, *Ancient Egypt: Anatomy of a Civilization*, p. 122-128 ; voir aussi D. Eigner, « A Temple of the Early Middle Kingdom at Tell Ibrahim Awad » *in* E.C.M. Van Den Brink (éd.), *The Nile Delta in Transition, 4th-3rd Millenium B.C.*, Tel Aviv, 1992, p. 69-77 ; *id.*, « Tell Ibrahim Awad: A Sequence of Temple Buildings from Dynasty 0 to the Middle Kingdom » *in* Z. Hawass, L.P. Brock (éd.), *Egyptology at the Dawn of the Twenty-First Century. Proceedings of the Eighth International Congress of Egyptologists, Cairo, 2000* 1, Le Caire, 2002, p. 162-170.
195. M. Chłodnicki, K.M. Cialowicz, « Tell el-Farkha – Preliminary Report 2006 » in *PAM* XVIII. *Reports 2006*, Varsovie, 2008, p. 127-147.
196. J.E. Quibell, J. Green, *Hierakonpolis* II, p. 13.
197. D. Eigner, *in* Z. Hawass, L.P. Brock (éd.), *op. cit.* 1, p. 165 ; G. Dreyer, *Der Tempel der Satet: die Funde der Frühzeit und des Alten Reiches*, Mayence, 1986, p. 59.
198. Sur cette question spécifique, voir T.M. Kristensen, « "Christ-Loving Antioch Became Desolate". Sculpture, Earthquakes, and Late Antique Urban Life » *in* T.M. Kristensen, L.M. Stirling (éd.), *The Afterlife of Greek and Roman Sculpture*, p. 68-89.
199. N. Icard-Gianolio, in *Thesaurus Cultus et Rituum Antiquorum* II, p. 499-501.
200. D. Arnold *et al.*, *The temple of Mentuhotep at Deir El-Bahari* ; Z.E. Szafranski, *MDAIK* 41, 1985, p. 259-262.

différentes[201] (Fig. 1.34). Ces deux exemples illustrent un phénomène original de regroupement intentionnel des membres épars de statues au cours de l'enfouissement, qui trouve une explication dans l'essence même des statues égyptiennes pharaoniques[202].

La statue de culte[203] avait son « existence » propre : confectionnée pour les temples par des artisans au fait des choses secrètes, elle était « enfantée » dans le « Château-de-l'or » avant d'être investie par l'âme de la divinité au cours de la cérémonie de l'« ouverture de la bouche ». Puis, au cours de sa « vie », la statue était entretenue selon « le rituel du culte divin journalier » : elle était lavée, enduite, parfumée, habillée, nourrie, etc. À ces rituels quotidiens s'ajoutaient diverses pratiques, par exemple de régénération de la puissance divine par les rayons du soleil. En tant que réceptacle de la divinité, la statue participait aussi aux processions liturgiques et célébrations religieuses annuelles de la cité. Ce qu'il advenait de l'image divine en fin d'utilisation est plus difficile à appréhender.

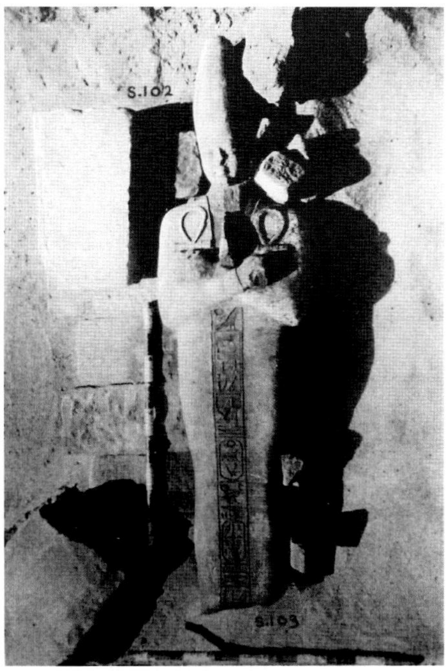

Fig. 1.34. Colosse en calcaire avec une tête en grès dans les fondations du temple d'Ermant, d'après R.L. Mond, O.H. Myers, *Temples of Armant*, pl. XI. © EES.

Selon S. Cauville, les effigies les plus anciennes du temple de Dendara étaient déposées dans les cryptes du complexe religieux[204]. Un passage du Manuel du Temple explique le rôle d'une crypte : « Quand des troubles se produisent sur terre, alors on y met les images cultuelles de tous les dieux pour les en éloigner[205]. » Le naos de Nectanébo Ier à Saft el-Henneh (Caire CG 70021) évoque également des « places secrètes », ou « cachettes » (*s.t štꜣ.t*), accueillant les inventaires du mobilier du temple et les statues de culte, que P. Vernus reconnaît comme étant les cryptes du temple[206]. À travers ce rôle de protection et de dissimulation, il apparaît que cryptes et caches d'objets possédaient donc certaines fonctions communes[207].

Mais cette dichotomie semble néanmoins être le résultat de deux étapes successives dans la « vie » des statues divines ou du mobilier cultuel : les cryptes, simulacres du tombeau osirien[208], conservaient des figures en contexte primaire d'utilisation qui continuaient à jouer un rôle dans le fonctionnement cultuel du sanctuaire[209], tandis que les caches sacrées regroupaient des éléments statuaires ou mobiliers qui n'avaient plus d'usage dans le temple et qui étaient ainsi remisés dans un contexte secondaire définitivement clos et inaccessible.

201. R.L. Mond, O.H. Myers, *Temples of Armant*, p. 16 ; pl. XI, fig. 1 and pl. L. fig. 2.
202. On connaît d'autres cas intéressants dans des temps beaucoup plus lointains. Dans le mastaba n° 9 de Meïdoum, le corps momifié de Ranofer fut ainsi « reconstruit » au moyen de paquets d'étoffe imprégnés de résine et modelés, peut-être à la suite d'un pillage ; W.M.Fl. Petrie, *Medum*, Londres, 1892, p. 17-18 ; R. Tefnin, *Art et magie au temps des Pyramides*, p. 54.
203. Considérer ici le terme de façon générale, dans la mesure où toute représentation divine accueillant le potentiel divin pouvait être le support d'un culte ; voir les remarques de M. Hill, *in* M. Hill, D. Schorsch (éd.), *Gifts for Gods*, p. 153-155.
204. S. Cauville, *BIFAO* 87, 1987, p. 111-112.
205. J.Fr. Quack, « Organiser le culte idéal. Le Manuel du temple », *BSFE* 160, 2004, p. 14.
206. P. Vernus, *in* L. Coulon (éd.), *La Cachette de Karnak*, p. 18-20 : « … caché depuis le temps des ancêtres quand la guerre vint à arriver en Égypte » (*ibid.*, p. 19, n. 74).
207. W. Waitkus, *Die Texte in den unteren Krypten des Hathortempels von Dendera: ihre Aussagen zur Funktion und Bedeutung dieser Räume*, Mayence, 1997, p. 233-234 ; voir aussi P. Vernus, *op. cit.*, p. 17-19.
208. Cl. Traunecker, *Ktèma* 29, 2004, p. 51-65.
209. Qu'elles soient utilisées pour des besoins liturgiques ou conservées dans la crypte en raison de leur ancienneté.

Si l'on s'en tient aux seules pratiques des caches sacrées, la statue en fin de « vie » était mise à l'écart du fonctionnement normal du culte et rituellement enterrée[210]. L'inhumation était réalisée par les prêtres du temple, peut-être le « ritualiste en chef » ou le « purificateur du dieu[211] » dans le cadre d'une mise en scène visant à dissimuler, protéger et hiérarchiser le dépôt. La *favissa* – mais aussi peut-être la cache de fondation ou la cache aménagée – constituait de fait la sépulture de la statue, au sens propre comme au sens figuré. On suggère ici que l'assimilation entre le défunt et Osiris concernait également la statue divine qui, en fin de vie, était inhumée dans la cache, simulacre d'un tombeau osirien.

Dans une étude récente sur la Cachette de Karnak, E. Jambon envisageait déjà un rôle funéraire pour les *favissae* de la région de Louqsor, et l'accomplissement de cérémonies au cours de l'enterrement des statues[212]. Z.E. Szafranski suspectait également un destin analogue pour une statue d'Amenhotep Ier[213], tandis que T.M. Kristensen associait certaines destructions de statues païennes à l'époque chrétienne en Égypte avec la longue tradition de démembrement et de dispersion des images effectuées selon les principes du mythe osirien[214]. Ce n'est donc nullement surprenant si la statue du dieu Ptah, fragmentaire et hors d'usage, fut inhumée au fond d'une fosse à l'arrière de son temple : Ptah était ici assimilé à Osiris en phase de régénération et sa tombe à un abaton, un territoire interdit à tous, dont l'ouverture constituait « le viol d'un interdit[215] ». L'omniprésence de la figure d'Osiris dans ce type de contexte permettait un accompagnement adéquat de la figure du dieu dans l'au-delà, présage d'un bon regroupement de ses membres épars et donc de sa renaissance future[216].

Dans la favissa de Ptah, quatorze figures osiriennes ont été répertoriées, ce qui en fait, et de loin, le groupe principal. La plus remarquable est un Osiris en bois placé à la base de la fosse, malheureusement aujourd'hui désintégré malgré les efforts des restaurateurs. Or, les statuettes enfouies dans les caches avaient très vraisemblablement un rôle magique[217]. On rencontre d'ailleurs ces images à la fonction initiale « votive », en particulier des petits Osiris en bronze, de manière quasi systématique dans une grande majorité des caches sacrées.

Toutefois, une simple utilisation funéraire, une fois les statuettes brisées, ne peut pas non plus être totalement exclue. Nous savons que cette coutume funéraire d'accompagnement du défunt par des statuettes était monnaie courante dans l'Antiquité égyptienne ; les figurines d'Osiris ou de Ptah-Sokar-Osiris semblent d'ailleurs avoir été privilégiées dans les sépultures du Ier millénaire avant l'ère chrétienne[218]. À ces statuettes à vocation « funéraire » s'ajoutaient les figures protectrices (sphinx, etc.) dont on a discuté précédemment. Les caches d'objets – surtout les plus complexes – révèlent ainsi de nombreuses caractéristiques de l'enterrement osirien.

La pratique de la *favissa* pour les statues est indissociable d'autres types d'inhumations pour des momies, des substituts corporels ou des figurines osiriennes, dont font par exemple partie les fameux « Osiris végétant » (*corn-mummies*)[219]. Cette grande variété dans les procédés d'inhumations constitue les multiples facettes de pratiques funéraires et votives liées au culte osirien. D. Meeks rappelle que « [...] les simulacres "osiriens" non seulement avaient selon les lieux des caractéristiques physiques différentes, mais aussi qu'un même lieu pouvait en posséder plusieurs[220] ». La dévotion à Osiris prenant des formes multiples[221], les simulacres présentaient

210. M. Hill, *in* M. Hill, D. Schorsch (éd.), *Gifts for the Gods*, p. 157-158.
211. J.Fr. Quack, « Les normes pour le culte d'Osiris. Les indications du Manuel du Temple sur les lieux et les prêtres osiriens » *in* L. Coulon (éd.), *Le culte d'Osiris au Ier millénaire av. J.-C.*, p. 25.
212. E. Jambon, *in* L. Coulon (éd.), *La Cachette de Karnak*, p. 131-175.
213. Z.E. Szafranski, *MDAIK* 41, 1985, p. 261-263.
214. T.M. Kristensen, *JLA* 2/2, 2009, p. 220-250.
215. P. Vernus, *Hathor* 1, 1989, p. 38.
216. Cl. Traunecker, *Ktèma* 29, 2004, p. 52 ; pour les liens entre Ptah et Osiris, voir *infra*, Chapitre 3.
217. G. Pinch, E.A. Waraksa, *in* W. Wendrich (éd.), *UCLA Encyclopedia of Egyptology*, p. 5.
218. W. Grajetzki, *Burial Customs in Ancient Egypt. Life in Death for Rich and Poor*, Oxford, 2003, p. 95.
219. L. Coulon, *in* S. Estienne, V. Huet, F. Lissarague, F. Prost (éd.), *Figures de Dieux*, p. 295-318.
220. Chr. Favard-Meeks, D. Meeks, *in* L. Coulon (éd.), *Le culte d'Osiris au Ier millénaire av. J.-C.*, p. 48.
221. L. Coulon, *in* L. Coulon (éd.), *op. cit.*, p. 12.

en toute logique une grande variation dans les mises en scène. Sur la base des arguments évoqués plus haut, il nous semble que l'enfouissement d'objets qui n'étaient plus utilisés dans les temples autour d'une statue divine entrait dans ce vaste ensemble à la fois cohérent et multiple de pratiques d'enterrement osirien.

L'étude de l'organisation des caches d'objets sacrés et de leur protection symbolique permet ainsi de suggérer que ces dépôts étaient, au moins pour partie, des simulacres de tombeaux osiriens. En l'occurrence, nous pensons que la *favissa* du temple de Ptah constitue le témoignage rare d'une sépulture d'une statue divine à proximité de son lieu de dévotion principal.

N°	Lieu	Référence bibliographique	Statuaire	Mobilier non statuaire	Couverte mentionnée (dallage, etc.)	Image osirienne mentionnée	Figure animale mythique	Cassure mentionnée	Comblement étagé observé	*Terminus post quem* de la cache (objets et/ou contexte)	*Terminus ante quem quem*	Type
1	Abydos (terrace temple)	E.R. Ayrton, C.T. Currelly, A.E.P. Weigall, *Abydos* III, p. 34, 53-54, pl. XLVI-XLVIII ; LIII, n° K		x						18e dyn.		?
2	Abydos (early temple area)	W.M.Fl. Petrie, *Abydos* II, p.23-26 ; pl. V-VIII, LXI	x	x			x			Ancien Empire		F? (dans une chambre ?)
3	Athribis	I. Kamel, *ASAE* 60, 1968, p. 65-71, pl. I-XV ; P. Vernus, *Athribis*, p. 113-114 ; K. Weiss, *Ägyptische Tier- und Götterbronzen*, p. 381-385	x			x				25e dyn.		F
4	Ashqelon (1)	L. Bell, *in* L.E. Stager, J.D. Schloen, D.M. Master (éd.), *Ashkelon* 3, p. 397-420	x	x		x				26e dyn.		F
5	Ashqelon (2)	Stager, L.E., Schloen, J.D., Master, D.M., *Ashkelon* , p. 10	x			x				26e dyn.		F
6	Biahmu	W.M.Fl. Petrie, *Hawara, Biahmu, and Arsinoe*, p. 56	x	x				x		/		F
7	Bouhen	D. Randall-Maciver, L. Woolley, *Buhen*, p. 109, pl. 36.	x							18e dyn.		F
8	Bouto	R. Engelbach, *ASAE*, 24, 1924, p. 172-177 ; K. Weiss, *Ägyptische Tier- und Götterbronzen*, p. 391-392	x				x	x		2e moitié du 1er mill. av. J.-C.		G
9	Byblos	P. Montet, *MonPiot* 25, 1921, p. 237-272.	x	x	x		x	x		Basse Époque		F
10	Coptos	W.M.Fl. Petrie, *Koptos*, p. 17 ; B.J. Kemp, *Ancient Egypt*, p. 128-129 ; L. Baqué-Manzano, *BIFAO* 102, 2002, p. 40.	x	x	x			x		Ancien Empire	Époque ptolémaïque ?	F
11	Dangeil	J.R. Anderson, S.E.M. Ahmed, *SudNub* 13, 2009, p. 78-86 ; J.R. Anderson, S.E.M. Ahmed, *Excavations in the Temple Precinct of Dangeil, Sudan*	x							1er s.		F
12	Dahshour	F. Arnold, *The Necropolis of Dahshur. Thirteenth Excavation Report*	x	x (céramique)				x		6e dynastie		F
13	Dendéra (catacombe)	W.M.Fl. Petrie, *Dendereh 1898*, p. 28-29, 34, 63-64, pl. 24		x						22e-23e dyn.		F
14	Dendéra	S. Cauville, *BIFAO* 87, p. 116 ; A.F. Shore, *in* J. Ruffle, G.A. Gaballa, K.A. Kitchen (éd.), *Glimpses of Ancient Egypt*, p. 138-160		x						Période gréco-romaine		N
15	Deir el-Bahari (1), Thèbes	Z.E. Szafranski, *MDAIK* 41, 1985, p. 257-263	x	x		x		x		18e dyn.		F
16	Deir el-Bahari (2 ; plusieurs caches), Thèbes	D. Arnold *et al.*, *The Temple of Mentuhotep at Deir El-Bahari*, p. 46-47, 49	x			x		x		18e dyn.		F
17	Edfou	M. Alliot, *Rapport sur les fouilles de Tell Edfou (1932)*, p. 24, pl. XXI	x			x				Période gréco-romaine		?
18	Edfou	H. Henne, *Rapport sur les fouilles de Tell Edfou (1921-1922)*, p. 24-25, pl. II, fig. 1	x	x		x	x	x		Ier mill. av. J.-C.	Époque byzantine	?G
19	Ehnasya (Héracléopolis Magna)	W.M.F. Petrie, *Ehnasya 1904*, EEF 26, Londres, 1905, p. 18-19	x							25e dyn.		F
20	Éléphantine (Satet, plusieurs dépôts)	G. Dreyer, *Der Tempel der Sate*, p. 19, pl. 5-8 ; 22-23, pl. 10	x	x						Ancien Empire Moyen Empire	5e dynastie 12e dynastie	?O
21	Éléphantine (Heqaib)	C. von Pilgrim, *in* E. Czerny *et al.* (éd.), *Timelines: Studies in Honour of Manfred Bietak*, p. 403-418.	x	x						Première Période intermédiaire	Première Période intermédiaire	G
22	Ermant (1)	R.L. Mond, O.H. Myers, *Temples of Armant*, p. 16, 49, pl. XI	x		x	x		x		Époque ptolémaïque ?		F
23	Ermant (2)	Chr. Thiers, *EgArch* 44, 2014, p. 32-35	x	x		x		x		Troisième Période intermédiaire		G
24	Tell el-Farkha (1 & 2)	M. Chłodnicki, K.M. Cialowicz, *in* M. Chłodnicki (éd.), *PAM* Reports XVIII, p. 127-147	x	x						Époque prédynastique et dynastique ancien		F
25	Al-Hassa	V. Rondot, http://www.sfdas.com/fouilles-et-prospections/fouilles-programmees-de-la-sfdas/article/el-hassa?lang=en, 2011	x	x		x				Époque méroïtique		?
26	Hiérakonpolis (temple) (1, *Main deposit*)	J.E. Quibell, J. Green, *Hierakonpolis* II, p. 13, 30, 33-34		x						Ancien Empire et scarabée plus récent	Époque romano-byzantine ?	F
27	Hiérakonpolis (temple) (2)	J.E. Quibell, *Hierakonpolis I*, pl. 42 ; J.E. Quibell, J. Green, *Hierakonpolis* II, p. 27	x	x				x		Ancien Empire	Époque romano-byzantine ?	F

N°	Lieu	Référence bibliographique	Statuaire	Mobilier non statuaire	Couverte mentionnée (dallage, etc.)	Image osirienne mentionnée	Figure animale mythique	Cassure mentionnée	Comblement étagé observé	*Terminus post quem* de la cache (objets et/ou contexte)	*Terminus ante quem quem*	Type
28	Hiérakonpolis (temple) (3)	J.E. Quibell, J. Green, *Hierakonpolis* II, Londres, 1902, p. 27-28, pl. 47	x	x	x		x	x		Ancien Empire	Époque romano-byzantine ?	G
29	Héliopolis (Ayn Shams)	W.M.Fl. Petrie, E.J.H. Mackay, *Heliopolis, Kafr Ammar and Shurafa*, p. 6, pl. VI, n^{os}1-3	x					x		26e dyn.		?F
30	Jebel Barkal (*Amun temple*) (1)	G.A. Reisner, *JEA* 4, 1917, p. 216 ; D. Dunham, *The Barkal Temples*, p. 41, pl. V	x					x		25e dyn.	1er s.	F
31	Jebel Barkal (*Amun temple*) (2)	G.A. Reisner, *JEA* 6, 1920, p. 251-252	x					x		25e dyn.	1er s.	F
32	Elkab (*great temple*)	J.E. Quibell, S. Clarke, J.J. Tylor, *El Kab*, p. 17-18, pl. V, n° 3	x			x				Ier mill. av. J.-C.		?F
33	Karnak (temple Khonsou), Thèbes est	H. Abou Seif, *ASAE* 21, 1921, p. 214-222	x				x	x		26e-30e dyn.	Époque romano-byzantine ?	?
34	Karnak (salle hypostyle), Thèbes est	H. Chevrier, *ASAE* 29, 1929, p. 145 ; PM II, p. 53	x	x						/		?
35	Karnak (cour VIe pylône), Thèbes est	E. Lanoë, *Karnak* 12, 2007, p. 380-381 ; G. Charloux, J.-Fr. Jet, E. Lanoë, *Archéologia* 411, 2004, p. 47-48	x					x		18e dyn.		G
36	Karnak (Cachette, cour VIIe pylône), Thèbes est	G. Legrain, *RecTrav* 28, 1906, p. 137-161 ; E. Jambon, *BIFAO* 109, 2009, p. 239-279 ; L. Coulon *in* L. Coulon (éd.), *La Cachette de Karnak*, p. 1-3	x	x	x	x	x	x	x	1er s. av. J.-C.		F
37	Karnak (cour VIIIe pylône), Thèbes est	G. Legrain, *ASAE* 7, 1906, p. 33-34	x			x		x		Nouvel Empire		F
38	Karnak (cour IXe pylône), Thèbes est	Archives Cfeetk, n°s 12966-12969	x				x	x		Nouvel Empire		?F
39	Karnak (cour X^e pylône), Thèbes est	G. Legrain, *ASAE* 14, 1914, pl. I	x					x		Nouvel Empire		?F
40	Karnak (obélisque) d'Hatchepsout) _ Thèbes est	N. Grimal, Fr. Larché, *Karnak* 12, 2007, p. 17, pl. II	x					x		18e dynastie	18e dynastie ?	O
41	Karnak (tribune), Thèbes est	J. Lauffray, *Karnak* 5, 1975, p. 43-76	x	x	x	x	x	x		30e dyn.		F
42	Karnak-Nord (temple de Montou, 1, plusieurs caches), Thèbes est	Cl. Robichon, P. Barguet, J. Leclant, *Karnak-Nord* IV, p. 31-34, 46-47, fig. 60, 61, 64, 65, 78-79, pl. XXX-XXXV, XLVI-XLVIII	x		x		x	x		Époque ptolémaïque		O G
43	Karnak-Nord (temple de Montou, 2), Thèbes est	Cl. Robichon, P. Barguet, J. Leclant, *Karnak-Nord* IV, p. 46-47, fig. 78	x					x		18e dyn.	30e dyn. – Époque Ptolémaïque	F
44	Karnak (temple de Ptah), Thèbes est	G. Charloux *et al.*, *Antiquity* 359, 2017, p. 1189-1204 ; présent ouvrage	x		x	x	x	x	x	Époque ptolémaïque	Époque ptolémaïque	F
45	Karnak (temple de Mout), Thèbes est	R. Fazzini, *in* L. Coulon (éd.), *La Cachette de Karnak*, p. 53-68 ; M. Benson, J.A. Gourlay, *The Temple of Mut in Asher*, p. 36, 54-55.	x				x			26e dynastie / époque romaine		F
46	Karnak (temple de Mout), Thèbes est	M. Benson, J.A. Gourlay, *The Temple of Mut in Asher*, p. 72	x			x		x		Nouvel Empire		?F
47	Karnak (temple d'Opet), Thèbes	G. Charloux (éd.), *Le parvis du temple d'Opet à Karnak*, p. 276-280	x		x			x		Époque ptolémaïque	Époque ptolémaïque	O
48	Karnak (temple d'Osiris Coptite) (1), Thèbes est	Fr. Leclère, *in* Chr. Thiers, M. Boraik (éd.), *Centre franco-égyptien d'étude des temples de Karnak. Rapport d'activité 2010*, p. 43	x		x		x	x		Époque ptolémaïque		O
49	Karnak (temple d'Osiris Coptite) (2), Thèbes est	Fr. Leclère, *in* Chr. Thiers, M. Boraik (éd.), *Franco-Egyptian Center for the Study of the Temples of Karnak. Activity Report 2009*, p. 22-23	x			x		x		25e dyn.		O
50	Kerma-Doukki Gel (1)	D. Valbelle, *in* L. Coulon (éd.), *La Cachette de Karnak*, fig. 5	x					x		18e dyn.		?O
51	Kerma-Doukki Gel (2)	Ch. Bonnet, D. Valbelle, *Des pharaons venus d'Afrique: la cachette de Kerma*	x		x			x		6e s. av. J.-C.		F
52	Kharga	H.E. Winlock, H.G.E. White, J.H. Oliver, *The Temple of Hibis* I, p. 42, pl. XXVII, XXX	x		x	x		x		Époque romaine	4e s.	?F
53	Licht (1)	J.E. Gautier, G. Jéquier, *Mémoire sur les fouilles de Licht*, p. 28, 30-38	x		x			x		12e dyn.		G
54	Licht (2)	J.E. Gautier, G. Jéquier, *Mémoire sur les fouilles de Licht*, p. 29-30 ; 38	x					x		12e dyn.		G

N°	Lieu	Référence bibliographique	Statuaire	Mobilier non statuaire	Couverte mentionnée (dallage, etc.)	Image osirienne mentionnée	Figure animale mythique	Cassure mentionnée	Comblement étagé observé	*Terminus post quem* de la cache (objets et/ou contexte)	*Terminus ante quem quem*	Type
55	Louqsor, Thèbes est	M.E. el-Saghir, *La découverte de la cachette des statues du temple de Louxor*	x		x	x	x	x	x	25e dyn.(Époque romaine ?)	Époque romaine ?	F
56	Médamoud (1), Thèbes est	F. Bisson de La Roque, *Rapport sur les fouilles de Médamoud (1926)*, p. 102-103, 118-119	x	x	x	x	x	x		Époque ptolémaïque	Époque byzantine	?F
57	Médamoud (2), Thèbes est	F. Bisson de La Roque, *Rapport sur les fouilles de Médamoud (1926)*, p. 103, 118	x				x	x		Époque ptolémaïque		?F
58	Médamoud (3), Thèbes est	F. Bisson de La Roque, *Rapport sur les fouilles de Médamoud (1926)*, p. 102-103, 119	x	x	x	x				1er mill. av. J.-C. ?	Époque ptolémaïque ?	F
59	Médamoud (4), Thèbes est	F. Bisson de La Roque, *Rapport sur les fouilles de Médamoud (1926)*, p. 120	x					x		?		?F
60	Médinet Habou (grand temple), Thèbes ouest	G. Daressy, *Notice explicative des ruines de Médinet Habou*, p. 169-170 ; U. Hölscher, *The Excavation of Medinet Habu* V, p. 33 ; PM II², 480 ; E. Teeter, *in* N. Thomas, G.D. Scott, B.G. Trigger (éd.), *The American Discovery of Ancient Egypt*, p. 205.	x		x	x		x		Époque ptolémaïque		G F
61	Memphis (Mit Rahineh)	L. Gabolde, *in* L. Coulon (éd.), *La Cachette de Karnak*, p. 35-52 ; G. Daressy, *ASAE* 3, 1902, p. 25.	x							Ancien Empire		?
62	Memphis (Mit Rahineh)	R. Anthes (éd.), *Mit Rahineh 1956*, p. 30		x								?
63	Memphis (Palace of Apries)	W.M.Fl. Petrie, *The Palace of Apries* (*Memphis* II), p. 12, pl. XV ; K. Weiss, *Ägyptische Tier- und Götterbronzen*, p. 408	x	x				x		26e dynastie		?
64	Memphis (Sérapéum)	Chr. Ziegler, *BSFE* 90, 1981, p. 29-45	x		x	x	x	?x		26e dynastie	30e dynastie ?	O
65	Méroé (« Water Sanctuary » - M195)	L. Török, *Meroe City, an Ancient African Capital*, p. 77-91 ; pl. 19-26 ; L. Török, *Hellenizing Art in Ancient Nubia*, p. 141-155	x	x			x	x	x	1er s. av.-ap. J.-C.	Époque méroïtique récente	G
66	Méroé (under palace M294)	L. Török, *Meroe City, an Ancient African Capital*, p. 154	x	x	x		x	x		5e s. av. J.-C.	Époque byzantine	F
67	Naucratis	A. Masson, *in* A. Villing *et al.* (éd.), *Naukratis: Greeks in Egypt*, Londres, 2013, http://www.britishmuseum.org/naukratis ; W.M.Fl. Petrie, *Naukratis. Part* I, p. 41-42 ; K. Weiss, *Ägyptische Tier- und Götterbronzen*, p. 442-446	x	x		x				5e-4e s. av. J.-C.		N
68	Ramesseum, Thèbes	E. Quibell, J. Green, *Hierakonpolis* II, p. 28	x			x				/		?F
69	Saqqara (Sérapéum)	Chr. Ziegler, *BSFE* 90, 1981, p. 29-45 ; K. Weiss, *Ägyptische Tier- und Götterbronzen*, p. 415	x			x				/		O
70	Saqqara Nord (1, *Statue Pit sector* 1)	W.B. Emery, *JEA* 53, 1967, p. 143, pl. XXI-XXIII ; E.A. Hastings, *The Sculpture from the Sacred Animal Necropolis at North Saqqara 1964-76*, p. 68-73 ; H.S. Smith, *et al. The Sacred Animal Necropolis at North Saqqara: the Main Temple Complex*, § 8.6.i, p. 114, n. 21-22, pl. XVIIa, LIVa-f, fig. 5	x	x	x	x	x	x	x	5e-6e s. av. J.-C.		F
71	Saqqara Nord (2, *sector* 4)	W.B. Emery, *JEA* 55, 1969, p. 31-33, pl. VI-VII	x	x		x		x				?F
72	Saqqara Nord (3, *sector* 3, *Shrine* D)	W.B. Emery, *JEA* 56, 1970, p. 6, pl. IV, V-sq	x	x	x	x	?x	x	?x	30e dyn.		F
73	Saqqara Nord (4, *sector* 3, près du *Shrine D*)	W.B. Emery, *JEA* 56, 1970, p. 7		x								F
74	Saqqara Nord (5, *sector* 3)	W.B. Emery, *JEA* 56, 1970, p. 6, 10, pl. XVI	x	x				x		Époque ptolémaïque		F
75	Saqqara Nord (6, *sector* 3, quatre caches)	W.B. Emery, *JEA* 57, 1971, p. 4	x	x		x						F
76	Saqqara Nord (7_ cache 1 saison 1968-69)	H.S. Smith *et al.*, *The Sacred Animal Necropolis at North Saqqara: the Main Temple Complex*, § 4.4.i, fig. 3						x		4e s. av. J.-C.		?
77	Saqqara Nord (8_ cache 1 saison 1974-75)	H.S. Smith, *JEA* 62, 1976, p. 16, pl. V.2 ; H.S. Smith *et al.*, *The Sacred Animal Necropolis at North Saqqara: the Main Temple Complex*, § 5.4.ii, 4.4.ii, fig. 2, 23-24, pl. XIXa et b	x	x		x		x		4e s. av. J.-C.		O

N°	Lieu	Référence bibliographique	Statuaire	Mobilier non statuaire	Couverte mentionnée (dallage, etc.)	Image osirienne mentionnée	Figure animale mythique	Cassure mentionnée	Comblement étagé observé	*Terminus post quem* de la cache (objets et/ou contexte)	*Terminus ante quem quem*	Type
78	Saqqara Nord (9_ cache 2 saison 1974-75_ Sanctuary A)	H.S. Smith, *JEA* 62, 1976, p. 16-17, pl. V.4 ; H.S. Smith, *et al.*, *The Sacred Animal Necropolis at North Saqqara: the Main Temple Complex*, § 3.1, §4.4.iii, pl. Va et b, fig. 16	x			x				4e s. av. J.-C.	Époque byzantine ?	G
79	Saqqara Nord (10)	P.T. Nicholson, *JEA* 91, p. 12-15 ; *id.*, *JEA* 92, 2006, p. 19-21.	x	x								?F
80	Semna	PM II, p. 149-150	x	x						Basse Époque		
81	Tabo	Ch. Bonnet, *in* C. Maystre (éd.), *Tabo* I, Genève, 1986, p. 11-61	x	x						1er s. av. J.-C.		F
82	Tabo	Ch. Bonnet, *in* C. Maystre (éd.), *Tabo* I, Genève, 1986, p. 19	x?	x	x			x		1er s. av. J.-C. ?		G
83	Tanis (Anta)	P. Montet, *Kêmi*, 8, p. 30 ; *id.*, *Les nouvelles fouilles de Tanis (1929-1932)*, pl. LXI-LXV	x	x		x	x	x		Époque ptolémaïque		F
84	Tanis (bâtiment du temple : « Ecole des Beaux-Arts)	P. Montet, *Tanis*, p. 104-105	x	x			x	x		Basse Époque		?
85	Tanis (temple)	P. Montet, *Tanis*, p. 71-74 ; *id.*, *Kêmi*, 8, p. 33-34, fig. 2	x	x		?x				26e dyn.		?F
86	Tanis (Tell San el-Hagar)	V. Chauvet, S. Marchand, *in* Ph. Brissaud, Chr. Zivie-Coche (éd.), *Tanis. Travaux récents* 1997, p. 335-350	x	x		x		x		30e dyn.		F
87	Taposiris Magna	G. Vörös, *Taposiris Magna 1998-2004*, p. 128-139	x							?	Époque chrétienne	G
88	Tell el-Herr	D. Valbelle, *BSFE* 132, 1995, p. 35-38, fig. 2-5	x					x		4e s. av. J.-C.		F
89	Tell el-Herr	D. Valbelle, S. Marchi, *in* Chr. Zivie-Coche, I. Guermeur (éd.), *« Parcourir l'éternité » : hommages à Jean Yoyotte*, p. 1031-1043	x	x		x	x	x		30e dyn.		F
90	Tell Ibrahim Awad (plusieurs caches)	D. Eigner, *in* Z. Hawass, L.P. Brock (éd.), *Egyptology at the Dawn of the Twenty-First Century*, p. 162-170 ; W.M. Van Haarlem, *GM* 148, 1995, p. 45-47 ; *id.*, *GöttMisz* 154, 1996, p. 31-32	x	x						Époque prédynastique et Ancien Empire	Fin de l'Ancien Empire, début de la Première Période intermédiaire	O + ?G
91	Tell el-Maskhuta (cemetery et house)	J.S. Holladay, *in* E.D. Oren (éd.), *The Hyksos*, p. 196, 249, pl. 7.20, p. C-D	x	x						Période Hyksos		F
92	Tell Suelin_Tanis	Chr. Favard-Meeks, D. Meeks, *in* L. Coulon (éd.), *Le culte d'Osiris au Ier millénaire av. J.-C.*, p. 39-48.	x	x		x				1er mill. av. J.-C.		?O
93	Tell Tebilla	G. Mumford, *Journal of Ancient Egyptian Interconnections* 5/1, 2013, p. 44-45.	x	x		x		x		25e-26e dynastie	30e dynastie	?O
94	Thèbes Ouest (Merenptah temple)	W.M.Fl. Petrie, *Six Temples at Thebes*, p. 10	x				x	x		?		F
95	Thèbes Ouest (Merenptah temple)	W.M.Fl. Petrie, *Six Temples at Thebes*, p. 10	x				x	x		?		F
96	Thmuis	J.E. Bennett, *ZÄS* 96/2, 2014, p. 105-111	x	x			x?	x		1er s. J.-C.		F (dépôt funéraire) incertain)
97	Tôd	F. Bisson de La Roque, *Tôd (1934 à 1936)*, p. 9, 113-120, 9 et 143 ; F. Bisson de La Roque, G. Contenau, F. Chapouthier, *Le trésor de Tôd* ; G. Pierrat, *BSFE* 130, 1994, p. 1828 ; M. Casanova *et al.*, *in* P. Kousoulis, N. Lazaridis (éd.), *Proceedings of the Tenth International Congress of Egyptologists* 2, p. 1619-1640	x	x		x	x	x		1er mill. av. J.-C.		G

Tableau 2. Liste non exhaustive des caches d'artefacts religieux égyptiens, mises au jour en Égypte, au Soudan et au Levant Sud (F : *favissa* / O : cache de fondation / G : cache aménagée / ? : sans information précise / ? et initiale : probable).

2

Analyse céramologique

Stéphanie Boulet et Juliette Laroye[222]

Les éléments céramiques extraits de la *favissa* sont très fragmentaires et de petites dimensions[223]. Néanmoins, tous les tessons ont été analysés – aussi bien les éléments diagnostiques (bords, fonds, anses) que les fragments de panses – dans le but d'obtenir un *terminus post quem* à l'enfouissement des objets. Cet assemblage est relativement perturbé et se compose de témoignages datables de l'époque ptolémaïque, de la Basse Époque, du Nouvel Empire, de la Deuxième Période intermédiaire et du Moyen Empire. Toutes ces périodes sont présentes dans le secteur étudié.

US 8024

Comme l'atteste l'analyse statistique (Fig. 2.1), les éléments mis en évidence dans la strate supérieure de la fosse, correspondant à l'US 8024, sont majoritairement composés de tessons de céramique en fabriques marneuses et alluviales indéterminables (77 %)[224]. Des fragments en fabrique de type *Nile B2, Nile C, Nile D* ont été documentés mais ne peuvent être rattachés à une période particulière. Les témoignages appartenant aux périodes plus anciennes, attribuables à un intervalle chronologique large allant du Moyen Empire à la Deuxième Période intermédiaire, ont également été observés mais ne sont représentés que par des fragments de panses en fabrique marneuse de type *Marl B* et *Marl C*[225]. Ces derniers ne représentent qu'une partie infime des données récoltées et identifiables (2 %).

Les éléments attribuables au Nouvel Empire sont également peu nombreux et ne représentent que 3 % des tessons analysés. Ont toutefois été documentés des fragments de jarres à bière[226] et de panses de conteneurs en fabrique *Marl D*[227].

222. ULB/FNRS, CNRS USR 3172 - CFEETK.
223. L'étude céramologique a été menée du 8 au 25 juin 2015. Chaque tesson céramique a fait l'objet d'un examen rigoureux à la loupe à grossissement 20X et a été comptabilisé dans une fiche prévue à cet effet.
224. Les études statistiques ont été réalisées sur base du nombre total de tessons (NTT) et du nombre minimum d'individu (NMI).
225. H.-Ä. Nordström, J. Bourriau, « Ceramic Technology: Clays and Fabrics » *in* Do. Arnold, J. Bourriau (éd.), *An Introduction to Ancient Egyptian Pottery*, SDAIK 17, Mayence, 1993, p. 178-181.
226. Pour quelques témoignages de jarres à bière du Nouvel Empire, se référer à : D.A. Aston, *Pottery from the Late New Kingdom to the Early Ptolemaic Period*, ArchVer 95, Mayence, 1999, p. 15-16, pl. 1, n°s 4-12 ; G. Lecuyot, « La céramique provenant du secteur du sanctuaire du Ramesseum », *Memnonia* 23, 2012, p. 113, fig. 3, n° 7 (TP. 32) ; G. Schreiber, *The Mortuary Monument of Djehutymes* II. *Finds from the New Kingdom to the Twenty-Sixth Dynasty*, Studia Aegyptiaca. Series maior 2, Budapest, 2008, p. 31, pl. 15, fig. 1.1.3, n°s 12-13.
227. D.A. Aston, *op. cit.*, p. 5 ; H.-Ä. Nordström, J. Bourriau, *op. cit.*, p. 181-182.

Les tessons de céramiques datables de la Basse Époque (8 %) correspondent majoritairement à des fragments de panses en fabrique marneuse de type *Marl A4 variante 2*[228], spécifique de la Basse Époque[229]. Ces artéfacts se caractérisent généralement par une surface externe recouverte d'un réseau de stries plates régulières, spécificité technique de cette période. On note également la présence d'une coupe à base plate saillante, typique des XXVᵉ et XXVIᵉ dynasties, des fragments de panses originaires des oasis de Bahariya[230] et de Dakhleh[231] ainsi que quelques éléments d'amphores phéniciennes de type *torpedo*[232].

Enfin, les tessons plus récents observés dans cette unité stratigraphique sont largement attribuables à la première partie de la période ptolémaïque (9 %). Parmi les éléments diagnostiques ont été retrouvés un fragment de jarre à lèvre de section triangulaire (Fig. 2.4a)[233] et deux fragments de *caccabé* ou pot de cuisson (Fig. 2.4b)[234].

En complément à ces données ont été récoltés des éléments de panses appartenant majoritairement à des formes fermées, à surface externe striée et en fabriques marneuses spécifiques de cette période. Elles correspondent vraisemblablement à l'évolution de la fabrique *Marl A4 variante 2*. Deux variantes ont été identifiées :

- la première, proche de la *Marl A5 variante 2*[235], se caractérise par une texture moyennement grossière, dense et dure (Fig. 2.5). Elle présente une cassure zonée, caractérisée par un large cœur gris bleuté, des tranches brun clair et de fines franges rouge orangé[236]. La texture sableuse se compose de quartz sableux en quantité notable, de fin calibre (≤ 0,1 mm) dont quelques éléments épars de taille plus importante (0,1-0,3 mm), de nodules de calcaire blanc de très faible calibre en quantité notable (≤ 0,1 mm), de rares particules noires et rouges (ferromagnétiques ?) de fine granulométrie (0,1 mm) et de micas. On note une présence occasionnelle de fibres végétales blanches. La surface externe est généralement lissée, sans engobe, et peut présenter un réseau de stries ondulées[237] ;
- la seconde se distingue de la précédente par une texture plus sableuse et plus grossière (Fig. 2.6). Elle se rapproche plus aisément de la fabrique *Marl A4 variante 2*, spécifique de la Basse Époque. Elle arbore une cassure zonée formée par une large frange interne beige et une frange externe variant du beige au rouge orangé[238]. La texture se compose de nombreux nodules de calcaire de fin à moyen calibre (0,1-0,5 mm) dont des particules jaunâtres en décomposition de fin calibre (0,1 mm), de quartz sableux de petite granulométrie en quantité faible (0,1 mm), de rares nodules rouges (ferromagnétiques ?) épars de petites dimensions (0,1 mm) et de micas. La surface externe est généralement lissée, sans engobe, et peut également présenter un réseau de stries convexes.

228. D'après le système de classification établi pour le site d'Eléphantine (D.A. Aston, *Elephantine* XIX, p. 4).

229. Correspondant à la *BE 1* sur le site de la chapelle d'Osiris Ounnefer Neb-djefaou (L. Coulon, C. Defernez, « La chapelle d'Osiris Ounnefer Neb-Djefaou à Karnak. Rapport préliminaire des fouilles et travaux 2000-2004 », *BIFAO* 104, 2004, p. 171) et à la *Marl A5 variante 1* de Karnak-Nord (H. Jacquet-Gordon, *Karnak-Nord* X. *Le trésor de Thoutmosis Iᵉʳ : La céramique*, FIFAO 65, Le Caire, 2012, p. 6).

230. Correspond à la fabrique Oasis Clay 1 du site d'Eléphantine (D.A. Aston, *op. cit.*, p. 7).

231. Correspond à la fabrique Oasis Clay 2 du site d'Eléphantine (*ibid.*, p. 7).

232. Pour quelques témoignages des amphores *torpedo* en région thébaine, se référer à : *id.*, *The Pottery. Untersuchungen im Totentempel des Merenptah in Theben* 4, BÄBA 17, Mayence, 2008, p. 358, 362, pl. 145, nᵒˢ 2984-2987 ; P. Béout *et al.*, « Fouilles dans le secteur nord-ouest du temple d'Amon-Rê », *Karnak* 9, 1993, p. 174, 199, fig. 23, nᵒ 50, 536 (forme 49) ; J. Budka, *Bestattungsbrauchtum und Friedhofsstruktur im Asasif. Eine Untersuchung der spätzeitlichen Befunde anhand der Ergebnisse der Österreichischen Ausgrabungen in den Jahren 1969-1977*, DÖAWW 59, Vienne, 2010, p. 444, 446, 672-673, fig. 182, 291, Reg.143 (Typ. F) ; H. Jacquet-Gordon, *op. cit.*, p. 117, 285, fig. 117g (P.1207) ; G. Lecuyot, *Memnonia* 23, 2012, p. 105, 125, fig. 16, nᵒ 12 (TP. 213).

233. D.A. Aston, *op. cit.*, p. 262, pl. 84, fig. 2283 ; p. 277, pl. 90, fig. 2396 ; p. 310, pl. 103, fig. 2721 ; H. Jacquet-Gordon, *op. cit.*, p. 102, 258, fig. 102c (P. 278) ; A. Masson, « Persian and Ptolemaic Ceramics from Karnak: Change and Continuity », *CCE* 9, 2011, p. 301, fig. 66.

234. *Ibid.*, p. 303, fig. 76.

235. Similaire à la *Marl A5 variante 2* de Karnak Nord (H. Jacquet-Gordon, *op. cit.*, p. 227) et la fabrique K200 « *Ptolemaic Marl* » identifiée à Éléphantine (D.A. Aston, *op. cit.*, p. 6). Ces correspondances restent néanmoins approximatives, parce que uniquement établies à partir des descriptions données par les auteurs.

236. Couleur de la cassure : cœur GLEY1 5/N (gris) à GLEY1 4/4 (gris foncé), tranches 10YR5/3 (brun), franges 2.5YR5/8 (rouge) ; couleur de la surface externe : 5YR6/6 (jaune rougeâtre) ; couleur de la surface interne : 5YR6/6 (jaune rougeâtre).

237. Celles-ci sont nettement moins marquées que celles des productions XXVᵉ-XXVIᵉ dynasties.

238. Couleur de la cassure : frange interne 5YR6/3 (brun rougeâtre clair), frange externe 5YR6/6 (jaune rougeâtre) à 7.5YR6/6 (jaune rougeâtre) ; couleur de la surface externe : variant du 7.5YR7/4 (rose) à 7.5YR6/4 (brun clair).

Dans un niveau intermédiaire, localisé entre l'US 8024 et l'US 8043, ont également été mis au jour un fragment de jatte en fabrique marneuse dont la lèvre est rehaussée d'un liseré noir (Fig. 2.4c) [239], ainsi que deux fragments de panse de jarre de même fabrique, dont l'un décoré de trois bandes de couleur lie de vin, d'épaisseur variable. Les éléments de décor en liseré sur la lèvre ou en bandes sur la panse sont caractéristiques des productions céramiques du début de la période ptolémaïque (milieu du IVe siècle – début du IIIe siècle av. J.-C.) [240].

US 8043

À l'instar de l'unité précédemment décrite, l'US 8043 (Fig. 2.2) se compose d'une quantité importante de témoignages céramiques indéterminés (47 %). Néanmoins, nous observons une augmentation significative des individus attribuables aux périodes plus anciennes, spécifiques du Moyen Empire et de la Deuxième Période intermédiaire (12 %). Parallèlement à la strate précédemment décrite, le matériel associable à cette période correspond à des fragments de panses en fabrique marneuse de type *Marl B1* et *Marl C*. Quelques éléments résiduels appartenant au Nouvel Empire ont été collectés (7 %), comme des fragments de panses en fabrique *Nile B2* recouverts d'un engobe rouge brunissé, des jattes à lèvre de section triangulaire présentant des empreintes de corde et des fragments de panse en *Marl A4* et *Marl D*. À l'image de l'US 8024, les quelques tessons rattachables à la Basse Époque (7%) correspondent à des fragments de panses de jarres en fabrique marneuse de type *Marl A4 variante 2*. Enfin, les rares témoignages céramiques plus récents associables à la période ptolémaïque correspondent à des fragments de panses en fabrique marneuse *Marl A5 variante 2* et à une anse épaisse de jarre. Ces derniers sont peu nombreux et représentent environ 4% du matériel analysé.

US 8048

La grande majorité des tessons récoltés dans les niveaux inférieurs de la fosse, US 8048 (Fig. 2.3), sont indéterminés en raison de leur état fragmentaire. En effet, il s'agit pour l'essentiel de fragments infimes de panses en fabrique alluviale de type *Nile B2* grossière et *Nile C*, à paroi épaisse, généralement sans traitement de surface visible. Il a donc été impossible de les associer à une période particulière. Néanmoins, la texture relativement grossière des fabriques de la majorité des tessons récoltés pourrait induire une appartenance à des périodes plus anciennes comme le Moyen Empire et la Deuxième Période intermédiaire [241]. Une telle observation entrerait en adéquation avec l'étude stratigraphique de la fosse puisque celle-ci vient véritablement couper des niveaux associables à cet intervalle chronologique.

Quelques éléments diagnostiques sont néanmoins spécifiques de cette période, comme un bol au décor strié en fabrique marneuse de type *Marl B1* (Fig. 2.4d) [242] et une jarre à lèvre en bandeau présentant un élément pastillé (Fig. 2.4e) [243]. Ajoutons à cela des bases coniques raclées (Fig. 2.4f), une cruche à lèvre rentrante

239. D.A. Aston, *Elephantine* XIX, p. 290, pl. 94, fig. 2512 ; p. 328, pl. 110, fig. 2922 ; K. Myśliwiec, *Keramik und Kleifunde aus der Grabung im Tempel Sethos I. in Gurna*, ArchVer 57, Mayence, 1987, p. 77-79, fig. 829 (forme apparentée).

240. D.A. Aston, *op. cit.*, p. 247-329.

241. D'après l'analyse céramologique, les fabriques observées ne semblent pas rattachables à la période ptolémaïque, à la Basse Époque et au Nouvel Empire. Néanmoins, en raison du caractère fragmentaire des tessons, il convient de rester prudent sur de telles observations et il est préférable de ne pas les associer directement à une période spécifique.

242. S. Marchand, D. Laisney, « Le *survey* de Dendara (1996-1997) », *CCE* 6, 2000, p. 267, fig. 19-20 (forme apparentée) ; H. Jacquet-Gordon, *Karnak-Nord* X, p. 6, 20, fig. 6.1 (P. 1024) (forme apparentée).

243. Aucun parallèle exact n'a été identifié en raison du caractère fragmentaire du tesson. Néanmoins, il se rapproche fortement de jarres bien connues au Moyen Empire et à la Deuxième Période intermédiaire, dont de nombreux parallèles ont été documentés à Karnak-Nord : H. Jacquet-Gordon, *op. cit.*, p. 4-5, 17-18, fig. 4-5.

(Fig. 2.4g)[244] et un bol importé de Nubie à décoration incisée (Fig. 2.4h)[245]. En complément des éléments formels, on note également la présence de fragments de panses dans des fabriques spécifiques de cette période, comme la *Marl C* ainsi que les *Marl B1* et *Marl B2*[246].

Parallèlement aux unités précédemment décrites, des artéfacts attribuables au Nouvel Empire comptent parmi les trouvailles, à l'instar de coupelles à lèvre simples, parfois recouvertes d'un liseré rouge ou d'un engobe rouge brunissé, à base plate détachée à la ficelle ou annulaire (Fig. 2.4i)[247] et des jattes à lèvre de section triangulaire dont la surface externe présente des empreintes de corde[248].

Ajoutons également des tessons appartenant à l'industrie céramique locale des XXVe et XXVIe dynasties : une jarre à col court renflé, lèvre soulignée (Fig. 2.4j)[249], une jarre sans col à lèvre convexe (Fig. 2.4k)[250], une coupe évasée profilée en *S* (Fig. 2.4l)[251] et des fragments de panses, présentant des stries plates, en fabrique de type *Marl A4 variante 2*.

L'étude céramologique fine de cette dernière couche a mis en avant la présence de rares éléments plus récents, associables à la période ptolémaïque. Parmi ces données, quatre éléments ont été identifiés comme des panses en fabrique marneuse tardive de type *Marl A5 variante 2*, précédemment décrite (Fig. 2.7). Un cinquième fragment semble attribuable aux productions alluviales de la fin de la Basse Époque et de la période ptolémaïque (Fig. 2.8). Appartenant à une forme fermée, celle-ci se caractérise par une paroi fine. Elle se définit par une texture fine, moyennement tendre et se distingue par une cassure zonée à cœur grisâtre, des tranches rouges et des franges brunes[252]. Elle se compose de fines fibres végétales blanches en quantité peu abondantes (dont des négatifs visibles en surface), de quelques rares particules blanches de calcaire (0,1-0,5 mm) comprenant des nodules jaunâtres en décomposition, de quartz sableux, en quantité assez faible (≤ 0,1 – 0,3 mm), de quelques particules noires éparses de fine granulométrie (0,1 mm). La surface externe est légèrement côtelée et recouverte d'un engobe rouge. Enfin, malgré un état fragmentaire important, un sixième élément a été

244. H. Jacquet-Gordon, *Karnak-Nord* X, p. 22, fig. 22g (P. 2069) (forme apparentée en fabrique marneuse) ; S.T. Smith, « Pots and Politics: Ceramics from Askut and Egyptian Colonialism during the Middle Through New Kingdoms » *in* C.A. Redmount, C.A. Keller (éd.), *Egyptian Pottery. Proceedings of the 1990 Pottery Symposium at the University of California, Berkeley*, University of California Publications in Egyptian Archaeology 8, Berkeley, 2003, p. 44, fig. 3.4.f.

245. Trois autres tessons nubiens ont également été observés : deux présentant également une décoration incisée et un à surface externe soigneusement polie. Concernant les productions nubiennes en Égypte du Moyen Empire à la Deuxième Période intermédiaire, se référer à : Br. Gratien, « Les pots de cuisson nubiens et les bols décorés de la première moitié du IIe millénaire avant J.-C. Problèmes d'identification », *CCE* 6, 2000, p. 113-148 ; S.T. Smith, *op. cit.*, p. 51, 54, 58, fig. 3.10, 3.11.

246. H.-Ä. Nordström, J. Bourriau, *in* Do. Arnold, J. Bourriau (éd.), *An Introduction to Ancient Egyptian Pottery*, p. 179-181.

247. H. Jacquet-Gordon, *op. cit.*, p. 76, 192, fig. 76b (Pw.1998) c ; A. Wodzinska, *A Manual of Egyptian Pottery* 3: *Second Intermediate Period-Late Period*, Boston, 2010, p. 138, fig. 149.

248. Pour exemples, voir : D.A. Aston, *Elephantine* XIX, p. 62-63, pl. 14, n°s 428-429.

249. *Ibid.*, p. 186, 187, pl. 56, n° 1698 ; p. 191, 193, pl. 58, n°s 1737-1742 ; p. 204, 207, pl. 64, n°s 1869, 1871-1872 ; p. 206-207, pl. 64, n° 1885 ; C. Defernez, « Karnak. La chapelle d'Osiris Ounnefer Neb-Djefaou », *BCE* 22, 2004, p. 37, 45, fig. 12 ; P. French, « Late Dynastic Pottery from the Vicinity of the South Tombs » *in* B.J. Kemp *et al.*, *Amarna Reports* 3, EES OccPub 4, Londres, 1986, p. 183, fig. 9.17, MJ2.1.2 (D) ; H. Jacquet-Gordon, *op. cit.*, p. 101, 257, fig. 101e (P.725) ; S. Lupo, M.B. Cremonte, « Upper Egyptian Vessels at Tell el-Ghaba, North Sinai: Luxury Objects of the Local Elite », *BACE* 22, 2011, p. 116, 121, fig. 2a-d ; B. Lurson, J. Moje, N. Richter, « Rapport préliminaire sur les premières campagnes de fouilles du temple contigu au Ramesseum (2010-2012) », *Memnonia* 23, 2012, p. 150, 153, fig. 3a ; E. Sullivan, *A Glimpse into Ancient Thebes. Excavations at South Karnak (2004-2006)*, BAR- IS 2538, Oxford, 2013, p. 236, types 22-5, 22-6, 22-7.

250. Parmi les nombreux parallèles connus, nous mentionnerons : D.A. Aston, *Burial Assemblages of Dynasty 21-25. Chronology - Typology - Developments*, DÖAWW 56, Vienne, 2009, p. 325, 343, fig. 35, n° 153 ; P. Béout *et al.*, *Karnak* 9, 1993, p. 164, 185, fig. 7, n° 1 ; Z. Barahona-Mendieta, « La producción cerámica en Medamud. Estudio preliminar de la cerámica procedente de los hornos del Reino Nuevo, Baja Época y Época Ptolemaica », *BCE* 24, 2014, p. 276, 279, fig. 13 ; G. Lecuyot, *Memnonia* 23, 2012, p. 105, 124, fig. 15, n° 2 (TP.61) ; Ph. Ruffieux, « Ensembles céramiques napatéens découverts durant les campagnes 2005- 2006 et 2006-2007 à Doukki Gel (Kerma) » *in* Ch. Bonnet *et al.*, *Kerma 2005-2006 2006-2007*, Geneva 55, Genève, 2007, p. 225, 234, pl. 2, n° 13 (17-01) ; G. Schreiber, *The Mortuary Monument of Djehutymes* II, p. 74, pl. LXX, fig. 2.2.2.4, n° 65 ; I. Vincentilli, *Hillat El-Arab. The Joint Sudanese-Italian Expedition in the Napatan Region, Sudan*, BAR-IS 1570, Oxford, 2006, p. 139, 153, fig. 2.97, n° 608.

251. R. Hummel, S. Shubert, « Kom el-Ahmar : Ceramic Analysis » *in* D. Redford (éd.), *The Akhenaten Temple Project* III*: The Excavation of Kom el-Ahmar and Environs*, Aegypti Texta Propositaque 3, Toronto, 1994, pl. L, n°s 1, 4 ; J.-Fr. Jet, « Sondage dans le secteur oriental du musée en plein air de Karnak : constructions d'époque saito-perse », *Karnak* 12, 2007, p. 346, pl. VII, n° 6034.2 ; G. Lecuyot, *op. cit.*, p. 105, 121, fig. 12, n°s 1-3 ; A.J. Spencer, *Excavations at El-Ashmunein* III. *The Town*, Londres, 1993, p. 44-45, pl. 51, A4.19.

252. Cœur 2.5YR4/3 (brun rougeâtre), tranches 10R5/8 (rouge), franges 5YR5/6 (rouge jaunâtre).

récolté et appartient à la famille dite des « amphores brunes égyptiennes[253] » (Fig. 2.9). Il se caractérise par une fabrique alluviale de couleur brune uniforme[254], de texture relativement dense et dure. Les inclusions sont peu visibles et correspondent à des quartz sableux en quantité notable de fin à moyen calibre (0,1-0,5 mm), des nodules de calcaire épars de fine granulométrie (0,1 mm), des particules rouges éparses de fin calibre (0,1 mm) et des micas. La surface externe semble lissée et ondulée[255].

Datation du comblement de la *favissa*

En conclusion, si peu d'éléments diagnostiques ont été récoltés, la présence de six panses de jarres d'époque ptolémaïque dans les niveaux inférieurs de la fosse, ainsi que quelques témoignages attestés dans l'ensemble des strates étudiées, associent vraisemblablement le comblement de la fosse à la période ptolémaïque.

Catalogue de formes

8024-07 (Fig. 2.4b)

Description : jarre à lèvre de section triangulaire à extrémité légèrement arrondie.
Dimension : DOE = 14 cm / Hp = 4 cm.
Fabrique : fabrique marneuse, grossière et dense d'aspect sableux avec des nodules de quartz sableux de fin calibre (0,1 mm) en quantité moyenne. On observe également un petit nombre de très fines particules de calcaire blanchâtre ainsi que de fins nodules noirs épars et quelques cavités et micas. La surface externe est recouverte d'un engobe blanc.
Correspondance : *Marl A5 variante 2* et *variante 3* ? / K200 Ptolemaic Marl.

8024-05 (Fig. 2.4b)

Description : *caccabé* à col haut et lèvre évasée à extrémité épaissie convexe. La face interne du col est soulignée par une saillie/ ressaut destiné à supporter un couvercle.
Dimension : DOE = 12 cm / Hp = 3,1 cm.
Fabrique : fabrique alluviale moyennement fine, à cassure zonée à cœur rosé et franges chamois. Elle se compose de fines fibres végétales blanches ainsi que de nodules de calcaire en décomposition de fin calibre (0,1–0,3 mm). On note la présence de quartz sableux de fin calibre (0,1-0,3 mm) en faible quantité ainsi que de plus rares nodules noirs de fin calibre. Les surfaces interne et externe sont simplement lissées.
Correspondance : *Nile B2* .

8024/8043-30 (Fig. 2.4c)

Description : bord de coupe à carène basse à lèvre en bourrelet mise en valeur par un liséré noir visible sur les surfaces interne et externe. Les surfaces interne et externe sont recouvertes d'un badigeon blanchâtre lissé.
Dimension : DOE = 15 cm / Hp = 4,1 cm.

253. Concernant ces productions, voir D. Dixneuf, *Amphores égyptiennes. Production, typologie, contenu et diffusion (IIIe siècle avant J.-C. – IXe siècle après J.-C.)*, ÉtudAlex 22, Alexandrie, 2011.
254. 7.5YR5/4 (brun) et 7.5YR5/6 (brun foncé).
255. Couleur de la surface externe : 7.5YR5/3 (brun) ; couleur de la surface interne : 7.5YR5/3 (brun).

Fabrique : fabrique marneuse, d'aspect très sableux contenant de rares dégraissants végétaux visibles ou sous forme d'empreintes, quelques nodules de quartz sableux de fin à moyen calibre, quelques micas et grains de chamotte.
Correspondance : *Marl A5 variante 1*?

8048-23 (Fig. 2.4d)

Description : bol à paroi relativement fine, lèvre simple, légèrement rentrante, à extrémité convexe. La surface externe est recouverte de fines stries plates et d'une décoration formée par des incisions au peigne de type « *wavy lines* ». On note également la présence d'un épais engobe blanc sur la surface interne.
Dimension : DOE = 16 cm / Hp = 4,4 cm.
Fabrique : fabrique marneuse de couleur rosée uniforme, présentant un aspect feuilleté. Elle se compose de quartz sableux en quantité moyenne, de nodules de calcaire en décomposition, de fines particules noires (ferromagnétiques ?) épars et de micas.
Correspondance : *Marl B1.*

8048-27 (Fig. 2.4e)

Description : bord de jarre à lèvre formant un bandeau externe, profilée en *S* et soulignée. Elle présente une pastille argileuse en guise de décoration. Les surfaces interne et externe sont lissées.
Dimension : DOE = 10 cm / Hp = 2,2 cm.
Fabrique : fabrique marneuse, grossière et assez dense, de couleur grisâtre. Elle se compose de quartz sableux de taille moyenne, de nodules noirs en quantité moyenne, de nodules de calcaire blancs épars et de micas.
Correspondance : *Marl A3.*

8048-13 (Fig. 2.4f)

Description : base conique de vase dont la surface externe est raclée. Les parois sont épaisses et irrégulières.
Dimension : Hp = 4,5 cm.
Fabrique : fabrique alluviale grossière, à cassure zonée présentant un cœur rose grisâtre et des franges chamois. Elle se compose de fibres végétales blanches dont des empreintes formant des cavités, de quartz sableux épars de taille moyenne, de particules rouges de taille moyenne éparses (peut-être de la chamotte) et de micas.
Correspondance : *Nile B2.*

8048-16 (Fig. 2.4g)

Description : bord de cruche à lèvre rentrante.
Dimension : DOE = 8 cm / Hp = 2,2 cm.
Fabrique : fabrique alluviale relativement grossière, à cassure zonée présentant un cœur rosé et des franges chamois. Elle se compose de fines fibres végétales blanches dont de rares empreintes, de nodules de calcaire blanc assez rares, de quelques quartz et de micas.
Correspondance : *Nile B2.*

8048-28

(Fig. 2.4h)

Description : bol nubien à lèvre en bandeau souligné, présentant une décoration incisée à trame losangée. La surface interne présente des résidus d'un polissage ou brunissage.
Dimension : DOE = 19 cm / Hp = 2,5 cm.
Fabrique : fabrique d'importation nubienne de couleur noire uniforme. Les inclusions sont peu visibles mais il est possible d'observer de nombreux quartz sableux.

8048-17

(Fig. 2.4i)

Description : bol à paroi convexe, lèvre simple. La surface interne est recouverte d'un engobe rouge brunissé alors que la surface externe ne présente qu'un simple engobe rouge.
Dimension : DOE = 14 cm / Hp = 2 cm.
Fabrique : fabrique alluviale assez fine, à cassure zonée formée d'un cœur rouge et des franges chamois. Elle se compose de fines fibres végétales blanches, de fins nodules blancs de calcaire et de micas.
Correspondance : *Nile B2.*

8048-20

(Fig. 2.4j)

Description : jarre à col court renflé, lèvre à extrémité convexe, soulignée par une profonde gorge. Les surfaces interne et externe sont soigneusement lissées.
Dimension : DOE = 11,5 cm / Hp = 3,1 cm.
Fabrique : fabrique marneuse, sableuse, à cassure bipartite formée par une frange externe brun grisâtre et une frange interne rouge clair. Elle se compose de fins nodules de calcaire en quantité moyenne, de rares inclusions de quartz sableux de fin à moyen calibre, de micas et de quelques cavités.
Correspondance : *Marl A4 variante 2, Marl A5 variante 1, BE 1.*

8048-22

(Fig. 2.4k)

Description : bord de jarre sans col, au bord convexe.
Dimension : DOE = 11 cm / Hp = 2,6 cm.
Fabrique : fabrique marneuse, sableuse, à cassure bipartite formée par une frange externe gris verdâtre et une frange interne rosée virant sur le verdâtre. Elle se compose de fins nodules de calcaire en quantité moyenne, de rares inclusions quartz sableux de fin à moyen calibre, de micas et de quelques cavités.
Correspondance : *Marl A4 variante 2, Marl A5 variante 1, BE 1.*

8048-21

(Fig. 2.4l)

Description : coupe profilée en *S* présentant un engobe blanchâtre résiduel sur la surface externe.
Dimension : DOE = 17 cm / Hp = 3,2 cm.
Fabrique : fabrique marneuse, sableuse, à cassure de couleur rouge orangé uniforme. Elle se compose de fins nodules de calcaire en quantité moyenne, de rares quartz sableux de fin à moyen calibre, de micas et de quelques cavités.
Correspondance : *Marl A4 variante 2, Marl A5 variante 1, BE 1.*

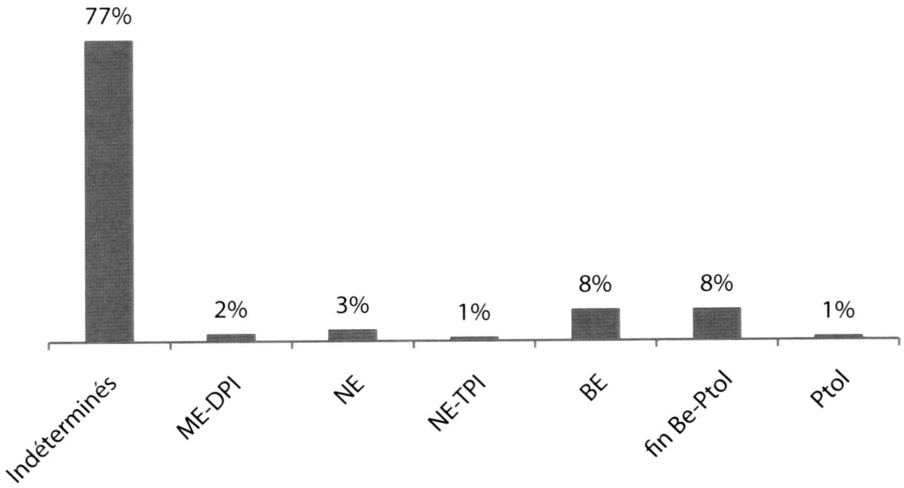

Fig. 2.1. Étude statistique de l'US 8024 (NTT : 439 / NMI : 37).

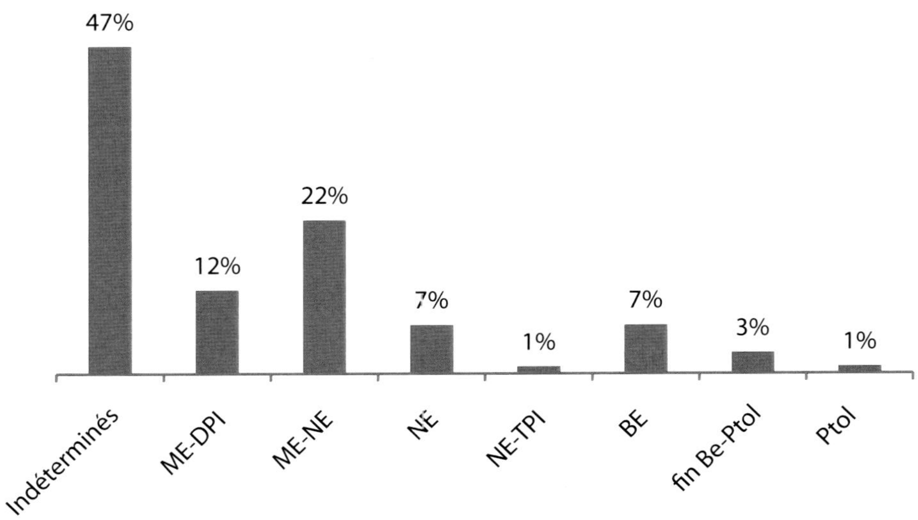

Fig. 2.2. Étude statistique de l'US 8043 (NTT : 240 / NMI : 28).

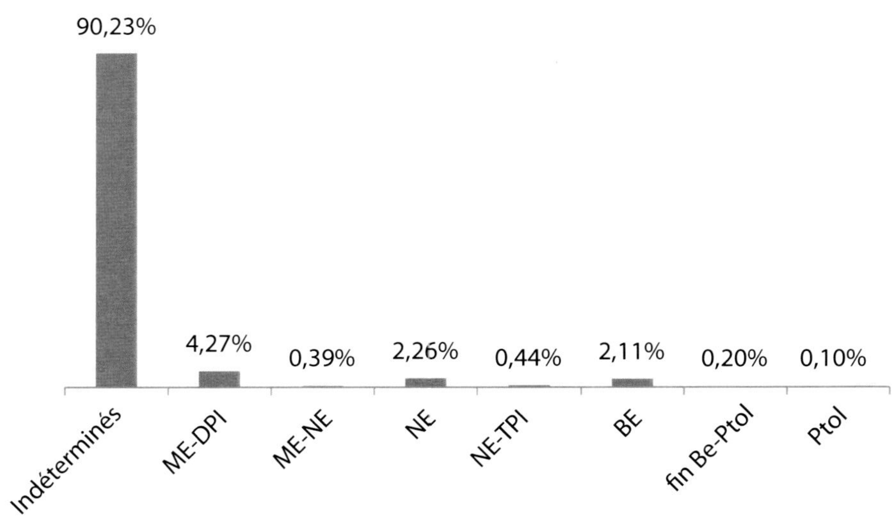

Fig. 2.3. Étude statistique de l'US 8048 (NTT: 2037 / NMI: 106).

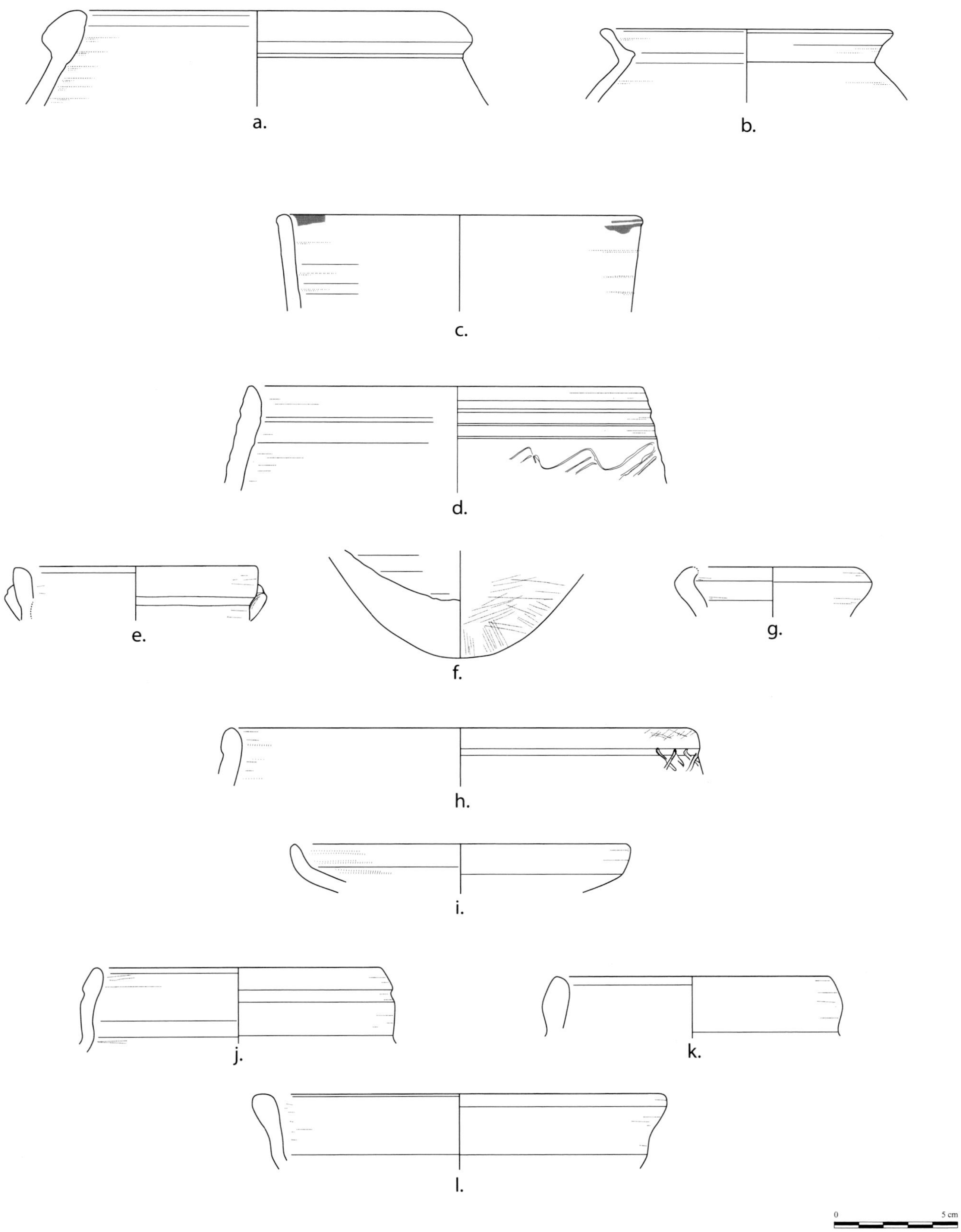

Fig. 2.4. Fragments céramiques issus des US 8024, US 8043, US 8048.
© CNRS-CFEETK/J. Laroye, M. Moustafa Abd el-Hafez, St. Boulet.

Fig. 2.5 Fragment de céramique en fabrique marneuse de la période ptolémaïque (US8024-8043). © CNRS-CFEETK/J. Maucor.

Fig. 2.6. Fragment de céramique en fabrique marneuse de la période ptolémaïque (US8024-8043).© CNRS-CFEETK/J. Maucor.

Fig. 2.7. Fragments de panses en pâte marneuse issus de l'US 8048. © CNRS-CFEETK/J. Maucor.

Fig. 2.8. Fragment de panse en fabrique alluviale fine provenant de l'US 8048.
© CNRS-CFEETK/J. Maucor.

Fig. 2.9. Fragment de panse d'amphore brune égyptienne de l'US 8048.
© CNRS-CFEETK/J. Maucor.

3

Les objets

Christophe Thiers[256]

L'HÉTÉROGÉNÉITÉ de l'assemblage déposé dans la *favissa* est notable[257]. Il se compose en effet d'une grande diversité de matériaux (calcaire, grauwacke/métapélite, alliage cuivreux, fritte émaillée, faïence, bois décomposé), reflet des différents types d'objets enfouis (statue, statuettes, figurines, amulettes...). Les divinités concernées confortent également cette diversité du dépôt (Osiris, Ptah, Mout, Bastet, Thot...). En outre, la majorité des objets présente des marques de détérioration ou de cassure, résultat de leur utilisation/présence dans le temple sur une période relativement longue, et élément sans aucun doute décisif dans le choix des prêtres de les remiser[258]. Dans le cas des bronzes, ce constat renforce l'idée de la non-refonte des objets votifs et cultuels en métal[259]. Même si pour libérer l'accès aux espaces sacrés, des « nettoyages » étaient pratiqués[260], la durée d'utilisation des statues/statuettes/mobiliers dans le temple pouvant être relativement longue[261], on peut dès l'abord envisager qu'ils peuvent appartenir à des périodes différentes, ce que les quelques données stylistiques viendront conforter.

À l'exception de la tête d'un homme (**1**) et du sphinx (**2**) bien distincts stratigraphiquement dans la partie supérieure de la fosse (*supra*, Chapitre 1), le dépôt a été effectué sur une période extrêmement brève, pour ne pas dire en une seule occasion, si l'on considère la densité de l'amoncellement d'objets au fond de la fosse, à proximité de la statue fragmentaire de Ptah. L'analyse céramique date cet enfouissement de la période ptolémaïque (*supra*, Chapitre 2) mais sans qu'il soit possible d'apporter plus de précisions chronologiques. Rappelons que la reprise des travaux dans le temple est initiée au cours du règne de Ptolémée Évergète Ier et qu'elle se poursuit, pour la période ptolémaïque, jusqu'au règne de Ptolémée Néos Dionysos Aulète (porte C)[262].

256. Centre franco-égyptien d'étude des temples de Karnak (CFEETK, ministère des Antiquités d'Égypte, USR 3172 du CNRS).
257. Ce qui est caractéristique de nombreux dépôts, même si un type d'objet ou une divinité peut être sur-représenté, notamment lorsqu'il s'agit de dépôts votifs ; voir également S. DAVIES, *in* M. Hill, D. Schorsch (éd.), *Gifts for the Gods*, p. 178-179. C'est également un constat plus global en termes de découverte sur un site donné ; voir Thônis-Héracléion, S.S. HEINZ, « The Production and Circulation of Metal Statuettes and Amulets in the Late Period at Thonis-Heracleion » *in* D. Robinson, Fr. Goddio (éd.), *Thonis-Heracleion in Contex*, p. 55-69.
258. Pour cette même observation sur les dépôts de bronzes à Saqqara, W.B. EMERY, « Preliminary Report on the Excavation at North Saqqara, 1968-9 », *JEA* 56, 1970, p. 6 ; S. DAVIES, *in* M. Hill, D. Schorsch (éd.), *op. cit.*, p. 179, 182-183 ; pour Naucratis, A. MASSON, « Cult and Trade. A Reflection on Egyptian Metal Offerings from Naukratis » *in* D. Robinson, Fr. Goddio (éd.), *op. cit.*, p. 79 ; pour un « dépôt » (G1) à Thônis-Héracléion, S.S. HEINZ, *op. cit.*, p. 62 ; pour la Cachette de Karnak, E. JAMBON, *in* L. Coulon (dir.), *La Cachette de Karnak*, p. 153-155. *Supra*, Chapitre 1.
259. R.S. BIANCHI, in *Les bronzes égyptiens*, p. 21-22 ; A. MASSON, *op. cit.*, p. 79 (avec bibliographie).
260. Par ex., pour le Sérapéum de Memphis, Chr. ZIEGLER, *BSFE* 90, 1981, p. 43-44.
261. Voir R.S. BIANCHI, *op. cit.*, p. 22 (avec bibliographie).
262. Pour l'influence du contexte historique dans l'enfouissement de ces dépôts, S. DAVIES, *in* M. Hill, D. Schorsch (éd.), *op. cit*, p. 181.

Sur les trente-huit objets, près de la moitié (seize) sont en alliage cuivreux (dont quatorze figurines ou statuettes ou éléments d'appliques de statuettes)[263]. Cette prépondérance du mobilier en alliage cuivreux conforte également une datation dans les périodes les plus récentes de l'histoire de l'Égypte ancienne, à tout le moins dans le courant du premier millénaire avant notre ère[264].

Les parallèles que l'on a pu rassembler au gré de la consultation des rapports de fouilles, catalogues de musées et d'expositions apportent en définitive peu d'éléments de datation, les contextes de découvertes de ce type de « petit mobilier » étant le plus souvent imprécis ou ignorés, les objets se trouvant ainsi assignés à une période chronologique relativement large[265]. Même lorsqu'elles se rencontrent dans des rapports de fouilles, les dates proposées sont souvent très peu indicatives.

En l'absence d'analyse (spectrométrique à la fluorescence X), le matériau des objets en métal est désigné par « alliage cuivreux », le terme « bronze(s) » étant utilisé selon l'usage pour qualifier la catégorie d'objets réalisés en alliages cuivreux[266]. De même, en l'absence de radiographie, il est souvent difficile d'affirmer que les objets ont été réalisés en fonte pleine, creuse ou mixte, si le noyau est pour tout ou partie encore conservé, et quelle en est la matière[267]. Plusieurs objets sont des réalisations en fonte pleine effectuées à la cire perdue, à l'aide d'un moule monovalve, d'autres, technologiquement plus aboutis et souvent de plus grandes dimensions, résultent d'une fonte creuse[268]. Ces analyses technologiques (spectrométrie, thermoluminescence, radiographie)[269] sont susceptibles d'être réalisées à l'avenir mais il n'a pas paru opportun de différer la présentation générale de ce dépôt dans l'attente d'éventuels résultats d'études archéométriques.

3.1. Présentation des notices

Pour chaque objet, une notice présente les données caractéristiques (matière, dimensions, état de conservation...). Les principales indications sur les opérations de conservation et de restauration pratiquées sur les objets sont mentionnées dans la rubrique « État de conservation » ; elles sont tirées du rapport interne rédigé par C. Bourse qui a supervisé ce travail[270].

263. Présentation récente de la production égyptienne d'objets en alliages cuivreux, E. Tiribilli, « An Unusual Iconography of Osiris: The Bronze Statuette Petrie Museum UC 8033 », *EVO* 39, 2016, p. 117-119 ; *ead.*, *The Bronze Figurines of the Petrie Museum from 2000 BC to AD 400*, GHP Egyptology 28, Londres, 2018.

264. K. Weiss, *Ägyptische Tier- und Götterbronzen aus Unterägypten*, p. 487-491 ; M. Hill, « Bronze Statuettes » *in* D.B. Redford (éd.), *Oxford Encyclopedia of Ancient Egypt* 1, New York, 2001, p. 203-208.

265. L'évidence d'un tel constat a déjà été soulignée à plusieurs reprises, par ex., M. Hill, *Royal Bronze Statuary from Ancient Egypt. With Special Attention to the Kneeling Pose*, EMI 3, Leyde, 2004, p. 3 ; S.S. Heinz, « The Lead Statuettes and Amulets of Heracleion-Thonis » *in* M. Bergeron, A. Smith (éd.), *The Gods of Small Things. Proceedings from the Conference Held in Reading, 21-22 September 2009*, Pallas 86, Toulouse, 2011, p. 213 ; E. Tiribilli, *EVO* 39, 2016, p. 119.

266. Pour l'apport des analyses archéométriques, voir, par ex., Q. Wang, H. Huang, Fl. Shearman, « Bronzes from the Sacred Animal Necropolis at Saqqara, Egypt: a Study of the Metals and Corrosion », *The British Museum Technical Research Bulletin* 3, 2009, p. 73-82 ; M. Fitzenreiter *et al.* (éd.), *Gegossene Götter. Metallhandwerk und Massenproduktion im Alten Ägypten*, Rahden, 2014.

267. Sur ces considérations, D. Schorsch, « The Manufacture of Metal Statuary: "Seeing the Workshops of the Temple" » *in* M. Hill, D. Schorsch (éd.), *Gifts for the Gods*, p. 193.

268. Sur les techniques de fonte, S.S. Heinz, « Casting Technologies and Cultural Connections at an Egyptian Harbour Town », *Anatolica* 40, 2014, p. 197-218, en part. p. 198-199 ; J. Taylor, P. Craddock, F. Sherman, « Egyptian Hollow-Cast Bronze Statues of the Early First Millenium BC », *Apollo* 148, 1998, p. 9-14.

269. Des études récentes se penchent sur ces questions ; voir, en particulier, les résultats du programme de recherche sur les bronzes de Qubbet el-Hawa, M. Fitzenreiter *et al.* (éd.), *Gegossene Götter. Metallhandwerk und Massenproduktion im Alten Ägypten*, Rahden, 2014 ; M. Fitzenreiter, Fr. Willer, J. Auenmüller (éd.), *Materialien einer Gusswerkstatt von der Qubbet el-Hawa*, Bonner Aegyptiaca, Berlin, 2016.

270. Camille Bourse (Volontaire internationale du ministère des Affaires étrangères et du Développement international-MAEDI, affectée au CFEETK en 2014-2015), Ashraf Moustafa Ali et Mahmoud Said Ahmed (MAE-CFEETK), Claudine Miserez (stagiaire CNRS).

En fin de notice, la rubrique « Commentaire », présente selon les nécessités, signale notamment les parallèles identifiés dans la littérature égyptologique et les éléments relatifs à la datation de l'objet. Lorsque cela a été jugé utile pour le propos, une ou plusieurs photographies d'objets conservés dans des musées sont présentées ; ces objets sont distingués par un fond gris clair.

Les deux premiers objets étudiés sont la tête d'un homme (**1**) et le sphinx (**2**), clairement isolés en partie supérieure du remplissage de la *favissa*. Pour le reste des objets regroupés au fond de la fosse à proximité de la statue en calcaire de Ptah (**3**), le catalogue reprend un classement thématique réalisé en fonction des divinités attestées (Ptah, Somtous (?), Mout, Osiris…) et s'achève par des objets pour lesquels aucun lien particulier avec une divinité n'a pu être établi. Il s'agira donc dans les pages qui suivent de présenter chaque objet hors du contexte archéologique secondaire de découverte et de tenter de retracer leur rôle primaire, c'est-à-dire avant enfouissement.

3.2. Catalogue

1. Tête d'une statue masculine en calcaire doré

Inv. 179.8024-1
Datation : début de l'époque ptolémaïque.
Matière et dimensions : calcaire et feuilles d'or ; 8,4 × 5,1 × 7,5 cm.
État de conservation : seule la tête de cette statuette est conservée. La dorure qui couvrait le visage et le cou est relativement bien préservée, en particulier du côté droit ; elle a été fixée au Paraloid B72 dilué à 5% dans de l'acétone.

Description : le *gesso* de préparation qui recouvre entièrement le visage, le cou et les oreilles afin d'assurer une meilleure adhérence à la dorure a, comme souvent, largement empâté la finesse des traits originaux réalisés par le sculpteur. On distingue toutefois, bien que très partiellement, le traitement soigné des yeux en amande[271] (dont la pupille de l'œil droit est marquée par un cercle de couleur noire) et la bouche relativement petite

271. Cf. B.V. Bothmer, H. De Meulenaere, « The Brooklyn Statuette of Hor, Son of Pawen (with an Excursus on Eggheads) » *in* L.H. Lesko (éd.), *Egyptological Studies in Honor of Richard A. Parker. Presented on the Occasion of his 78th Birthday December 10, 1983*, Hanovre, Londres, 1986, p. 1-15, pl. IV (Brooklyn 55.1578).

qui dessine un léger sourire, accentué par de profondes commissures des lèvres[272]. Le visage, ovale, aux joues rondes, aux traits adoucis, apparaît comme un compromis d'idéalisation et de réalisme. Le *gesso* (de même que la dorure) est en revanche absent sur le crâne ; la limite est nettement marquée au niveau du bas du front où l'on discerne distinctement l'épaisseur de l'enduit préparatoire qui couvre le visage doré : cette limite basse sur le front semble devoir exclure la marque d'une implantation capillaire. Le crâne a dû recevoir une ornementation (épaisse couche de pigment, feuille de métal ?)[273], afin de notifier la calotte enveloppante. La statuette est dotée d'un appui dorsal à pyramidion tronqué/trapézoïdal (*infra*), particularité qui apparaît dès la fin de la XXVIe dynastie[274] et le début de la XXVIIe dynastie et se développe à l'époque ptolémaïque[275].

Commentaire : malgré l'épaisseur du gesso et la dorure qui oblitèrent la qualité du travail de sculpture[276], les caractéristiques stylistiques orientent vers le début de l'époque ptolémaïque (280-250 av. notre ère)[277], le traitement général n'étant pas éloigné d'œuvres de la XXXe dynastie[278]. La forme arrondie et idéalisée du visage se retrouve dans nombre de représentations de prêtres, de la XXVIIe dynastie à la période ptolémaïque,

272. Cf. O. Perdu, *Le crépuscule des pharaons. Chefs-d'œuvre des dernières dynasties égyptiennes*, Paris, 2012, p. 86-87 (27) (Berlin ÄMP 8805).
273. C'est également cette dernière possibilité qui est envisagée pour d'autres statues par H. Brandl, *Untersuchungen zur steinernen Privatplastik der Dritten Zwischenzeit: Typologie – Ikonographie – Stilistik*, Berlin, 2008, p. 361-362 (statues en pierre et en bronze). On verra également avec intérêt la statue en bois New York MMA 2003.154 originellement entièrement habillée de feuilles de plomb ; A. Heywood, « Lead Cladding on a Wooden Royal Figure: an Unusual Ancient Surface Reconstructed » *in* J. Dawson, C. Rozeik, M.M. Wright (éd.), *Decorated Surfaces on Ancient Egyptian Objects: Technology, Deterioration and Conservation. Proceedings of a Conference held in Cambridge, UK on 7-8 September 2007*, Cambridge, 2010, p. 9-15.
274. Statue naophore du grand intendant Hékatefnakht, Louvre E 25499 (réf. O. Perdu) ; voir J. Vandier, « La Statue de Hekatefnakht », *Revue du Louvre* 1964, p. 57-66 ; A. Roullet, *The Egyptian and Egyptianizing Monuments of Imperial Rome*, EPRO 20, Leyde, 1972, p. 113-114 (avec bibliographie) et fig. 223-224.
275. H. De Meulenaere, « Un général du Delta, gouverneur de Haute Égypte », *CdE* 61, 1986, p. 204.
276. On peut s'étonner de ce procédé masquant totalement le travail de gravure, comme cela est fréquent sur les reliefs de temples ; voir également le même questionnement pour la statue New York MMA 2003.154 en bois recouverte de feuilles de plomb, A. Heywood, *in* J. Dawson, C. Rozeik, M.M. Wright (éd.), *Decorated Surfaces on Ancient Egyptian objects: Technology, Deterioration and Conservation*, p. 10.
277. Références *supra*. Malgré une différence d'échelle notable, voir la tête de Bryn Athyn, Academy of the New Church Museum, B.V. Bothmer, *ESLP*, p. 127-128 (99) et pl. 93 (248-249) : tête calcaire de 32 cm de haut ; datée stylistiquement du règne de Ptolémée Philadelphe. Voir également O. Perdu, *Le crépuscule des pharaons*, p. 86-87 (27) (*supra*) et p. 196-197 (97) (tête Londres BM EA 97 attribuée à Nectanébo Ier) ; voir l'inventaire dressé par S. Albersmeier, « Zu einer Gruppe von Statuetten aus Abydos » *in* M. Eldamaty, M. Trad (éd.), *Egyptian Museum Collections around the World* 1, Le Caire, 2002, p. 13-24 (Basse Époque-période ptolémaïque) ; la datation de cet ensemble est abaissée à la fin de l'époque ptolémaïque-début de l'époque romaine par H. De Meulenaere, « Sculptures dorées d'Abydos », *CdE* 79, 2004, p. 86-87 ; voir *infra*.
278. Statue de Psammétique-séneb Louvre E 17379 ; O. Perdu, « Psammétique-séneb : un vizir d'Héliopolis avant la conquête d'Alexandre », *ÉA&O* 42, 2006, p. 43 (réf. de l'auteur) ; D. Klotz, « The Peculiar Naophorous Statuette of a Heliopolitan Priest Hannover, Kestner-Museum 1935.200.510 », *ZÄS* 139, 2012, p. 137.

communément désignés par le terme de *egg-heads* (crâne rasé, sans caractéristique anatomique de surface)[279]. Pour autant, l'absence de *gesso* et de dorure sur le crâne de la *favissa* assure que le rendu de la tête n'était pas celui d'une *egg-head.*
La limite du *gesso* et de la dorure permet en effet de noter précisément la forme de la calotte qui couvrait le crâne (Fig. 3.1), en particulier au niveau du front (*supra*) et des oreilles. La partie reliant l'oreille à la nuque est bien visible sur le côté gauche, le côté droit signalant distinctement la limite entre le bas du front et l'oreille : il ne s'agit pas d'une patte temporale horizontale marquant une perruque ou la chevelure courte, mais bien la limite d'une calotte, comme les exemplaires présents dans la *favissa* l'attestent (en particulier **6** et 7), même si dans de nombreux cas la calotte de Ptah se signale par la ligne horizontale de la patte temporale des cheveux au niveau des oreilles (*infra*). Avec cet indice, on associera donc cette tête aux autres exemples de particuliers dotés d'une calotte attestés dans la statuaire, en pierre et en bronze[280].

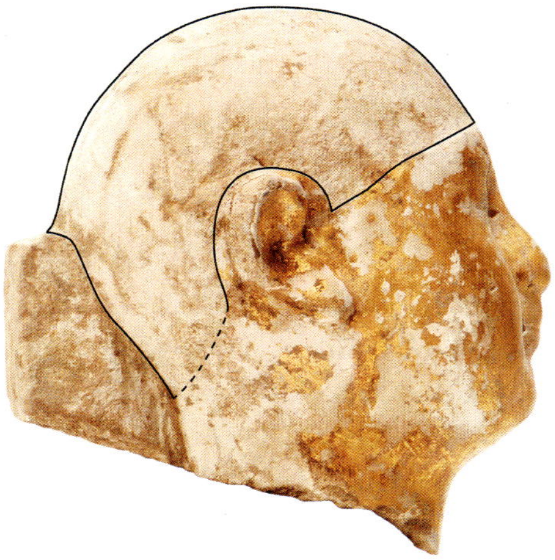

Fig. 3.1. Emprise de la calotte d'après les restes de *gesso* et de dorures.

La réalisation du visage et du corps (cou) rehaussés à la feuille d'or est notable[281]. Avec ce traitement particulier, on pourrait envisager une effigie divine. L'absence de barbe exclut une identification au dieu Ptah coiffé de sa calotte bleue (voir *infra*). On songe au dieu Imhotep, dont les statuettes en alliage cuivreux le figurant assis, un papyrus déroulé sur les genoux, sont bien connues[282], même si l'architecte divinisé peut à l'occasion être représenté debout et porter une barbe sur les reliefs des temples. Sa déification en tant que fils de Ptah remonte à la XXVIe dynastie et la première attestation de son culte à Thèbes est signalée au temple de Ptah, sous le règne de Ptolémée Évergète Ier[283]. Il porte comme son père la calotte enveloppante[284]. Les restes de l'appui dorsal semblent pourtant exclure une représentation divine (*infra*).

279. R.A. Fazzini (éd.), *Cleopatra's Egypt. Age of the Ptolemies*, The Brooklyn Museum, New York, 1988, p. 141-142 ; R. Bianchi, « The Egg-Heads. One Type of Generic Portraits from Egyptian Late Period », *Wissenschaftliche Zeitschrift der Humboldt-Universität zu Berlin* 31, 1983, p. 149-151 ; B.V. Bothmer, H. De Meulenaere, *in* L.H. Lesko (éd.), *Egyptological Studies in Honor of Richard A. Parker*, p. 10-15 ; K. Bosse, *Die menschliche Figur in der Rundplastik des Ägyptischen Spätzeit von der XXII. bis zur XXX. Dynastie*, ÄgForsch 1, Glückstadt, 1936, pl. V ; en dernier lieu, O. Perdu, *Le crépuscule des pharaons*, p. 86-89.

280. Voir H. Brandl, *Untersuchungen zur steinernen Privatplastik der Dritten Zwischenzeit*, p. 360-362.

281. Sur la dorure à la feuille, S.H. Aufrère, *L'Univers minéral dans la pensée égyptienne* 2, BiÉtud 105/2, Le Caire, 1992, p. 377 ; J. Ogden, « Metals » *in* P.T. Nicholson, I. Shaw (éd.), *Ancient Egyptian Materials and Technology*, 5e éd., Cambridge, 2009, p. 160 (pour la feuille d'or sur des objets en métal). Les exemples de statues de divinités, en pierre, recouvertes d'une dorure à la feuille, ne sont pas rares, notamment pour les figurations d'Osiris ; voir, par ex., l'Osiris Caire JE 38056 (= CK 635) en schiste (41 cm de haut) ; L. Coulon, « Les statues d'Osiris en pierre provenant de la Cachette de Karnak et leur contribution à l'étude des cultes et des formes locales du dieu » *in* L. Coulon (dir.), *La Cachette de Karnak. Nouvelles perspectives sur les découvertes de G. Legrain*, BiÉtud 161, Le Caire, 2016, p. 512-513 et 558-559, fig. 40-43 ; http://www.ifao.egnet.net/bases/cachette/?id=635 ; statuettes d'Amon voilé dans sa châsse Caire JE 38171 (= CK 761) en calcaire (11,5 cm de haut) : http://www.ifao.egnet.net/bases/cachette/?id=761 ; Caire JE 36755 (= CK 693) en calcaire (6,2 cm de haut) : http://www.ifao.egnet.net/bases/cachette/?id=693 ; Caire JE 36754 (= CK 692) en calcaire (7 cm de haut) : http://www.ifao.egnet.net/bases/cachette/?id=692.

282. G. Daressy, *Statues de divinités* II, CGC, Le Caire, 1905, pl. IV-V ; G. Steindorff, *Catalogue of the Egyptian Sculpture in the Walters Art Gallery*, Baltimore, 1946, pl. 84 (519-524) et 85 (526) ; G. Roeder, *Staatliche Museen zu Berlin. Mitteilungen aus der ägyptischen Sammlung* VI, *Ägyptische Bronzefiguren*, Berlin, 1956, p. 12-16, § 2-9 et pl. 1 ; J.-Cl. Grenier, *Les bronzes du Museo Gregoriano Egizio*, ÆgGreg 5, Cité du Vatican, 2002, p. 44-46, n°s 60-64 et pl. VI et VII ; K. Weiss, *Ägyptische Tier- und Götterbronzen aus Unterägypten*, pl. 1-2.

283. *Ptah* I, n° 117 ; Chr. Thiers, « Le temple de Ptah à Karnak. Remarques préliminaires » *in* H. Beinlich (éd.), *9. Ägyptologische Tempeltagung. Kultabbildung und Kultrealität*, KSGH 3,4, Wiesbaden, 2013, p. 337 ; D. Klotz, *Caesar in the City of Amun. Egyptian Temple Construction and Theology in Roman Thebes*, MRE 15, Turnhout, 2012, p. 119-121.

284. K. Weiss, *op. cit.*, p. 76-83 et pl. 1-3 ; N. de Garis Davies, *The Temple of Hibis in El Khargeh Oasis* III. *The Decoration*, PMMA Egyptian Expedition 17, New York, 1953, pl. 52 (calotte, uraeus frontal et boucle de l'enfance).

En outre, des exemples de statues de particuliers recouvertes d'une telle dorure, partielle ou totale, ont été signalés par S. Albersmeier[285]; le contexte est principalement funéraire (Abydos), à l'imitation d'Osiris (attributs habituels: sceptre-*heqa*, fléau; avec ou sans barbe postiche; perruques « en bourse »/« bag wig » ou tripartites bleues). H. De Meulenaere a repris le dossier réuni par S. Albermeier et l'a complété de plusieurs références[286]. Il a en outre bien distingué les statues divines (Osiris et Isis) des figurations de particuliers, souvent naophores, plus rares; certaines sont des œuvres de la XXVIe dynastie mais qui ont été usurpées à l'époque ptolémaïque et romaine[287].

D'autres statues dorées provenant de contextes non funéraires peuvent être versées au dossier[288]. On verra ainsi une statue d'homme découverte dans la Cachette de Karnak, présentant toutefois, encore, une attitude osirienne (oushebti)[289]. Toujours à Karnak, l'état de conservation d'un buste de statuette féminine en calcaire doré ne permet pas de savoir s'il s'agit d'une représentation privée ou divine[290].

Plus probante, la représentation de Chepenoupet II, provenant de Médinet Habou, était entièrement recouverte de dorure, comme l'attestent les nombreux restes qui parsèment son visage, son corps et ses attributs[291]. Contrairement aux exemples provenant d'Abydos et à la statue masculine de Karnak, elle ne présente aucune caractéristique funéraire, en atteste la fin de l'inscription gravée sur son appui dorsal, dans laquelle elle est dite « aimée d'Amon-Rê, maître des trônes du Double-Pays ». On gardera cependant en tête que l'enceinte de Médinet Habou abritait la tombe-chapelle de Chepenoupet II.

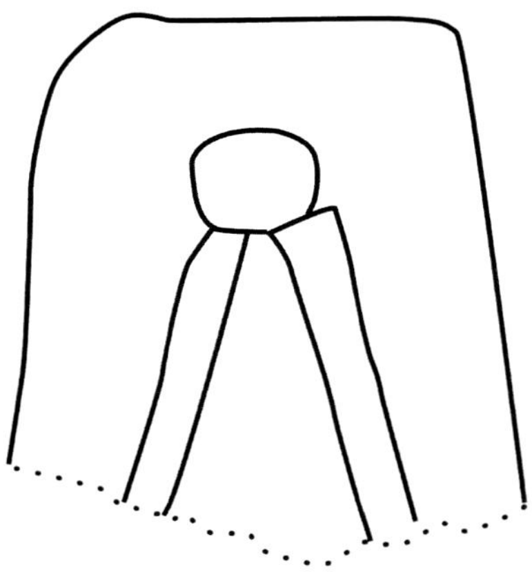

Fig. 3.2. Fac-similé du haut du pilier dorsal.

L'examen des restes de l'appui dorsal confirme l'attribution à une statue privée. Le sommet conserve partiellement une gravure composée d'un élément plus ou moins circulaire à partir duquel se détachent, en s'écartant vers le bas, deux formes longilignes (Fig. 3.2). Bien que la réalisation soit peu soignée, il est possible de reconnaître le motif d'un disque solaire ailé[292]. Cette iconographie est en effet attestée sur d'autres statues privées d'origine thébaine à partir du IIIe siècle av. J.-C. (Fig. 3.3-4) : le disque solaire, parfois doté de deux uraei, est muni de deux ailes rabattues pour se plier à la forme trapézoïdale de l'appui dorsal[293]. Une évolution simplificatrice des ailes est notable[294] et ces dernières peuvent également être remplacées

285. S. Albersmeier, *in* M. Eldamaty, M. Trad (éd.), *Egyptian Museum Collections around the World* 1, p. 13-24 : dix statuettes (entre 20 et 30 cm de haut) dorées; une seule (Dijon N 3972; calcaire; 26 × 9,3 × 19 cm; V. Laurent, *Antiquités égyptiennes. Inventaire des collections du musée des Beaux-Arts de Dijon*, Dijon, 1997, p. 30-31) présente une « coiffure délimitée par un trait noir (traces derrière les oreilles et la nuque) » (*ibid.*, p. 30) (calotte ou cheveux courts rasés ?) ; cinq autres appartiennent à des femmes; pour la statue de Leyde, Rijksmuseum van Oudheden inv. LX5, voir http://www.globalegyptianmuseum.org/detail.aspx?id=14547.

286. H. De Meulenaere, *CdE* 79, 2004, p. 81-88.

287. Caire CG 715, CG 1051, Berlin 4433, Turin 3037, Leyde AST 42.

288. Voir également H. De Meulenaere, *op. cit.*, p. 86, n. 27.

289. Caire JE 37358 (= CK 175) ; calcaire; 47 cm de haut (sans les pieds) ; http://www.ifao.egnet.net/bases/cachette/?id=175 : « Statue en forme d'oushebti » ; inscription sur l'appui dorsal (*ḥtp d nsw n Wsjr ḫnty Jmnt.t nṯr ꜥꜣ nb Ꜣbḏw (…)*).

290. Caire RT 20/11/24/9 (= CK 822), calcaire (yeux et sourcil étaient rapportés, probablement en alliage cuivreux) ; 12 cm de haut ; http://www.ifao.egnet.net/bases/cachette/?id=822. Voir également une statuette d'Ahmès-Nefertary Caire CG 42050 (= CK 209) en stéatite (env. 9,5 cm) qui semble présenter des restes de couleur jaune/dorure sur tout le corps: http://www.ifao.egnet.net/bases/cachette/?id=209. Enfin, une tête féminine provenant de la Cachette, également dorée, pourrait compléter ce tableau : Caire JE 38058 (= CK 637) ; http://www.ifao.egnet.net/bases/cachette/?id=637 (malheureusement perdue).

291. Caire JE 59870; grauwacke; 80 cm de haut; U. Hölscher, *Excavations at Medinet Habu* V, OIP 66, Chicago, p. 28 et pl. XXB-C; Cl. Vandersleyen, *Écrits sur l'art égyptien*, CÉA 13, Bruxelles, 2012, p. 123; je remercie L. Coulon qui m'a signalé cette statue.

292. Je dois cette identification et la bibliographie afférente à L. Coulon.

293. H. De Meulenaere, « La statue du scribe du roi Pakhnoum (Le Caire JE 37456) », *CdE* 72, 1997, p. 19.

294. Voir Caire JE 37076 = CK 180 (http://www.ifao.egnet.net/bases/cachette/?id=180), RT 18/12/24/1 = CK 643 (http://www.ifao.egnet.net/bases/cachette/?id=643) ; également, déjà signalée, la tête de Bryn Athyn, Academy of the New Church Museum, B.V. Bothmer, *ESLP*, pl. 92 (247) ; présentation plus développée sur le large appui dorsal en pointe de la statue (début ép. ptolémaïque) Caire JE 3705 = CK 170 ; http://www.ifao.egnet.net/bases/cachette/?id=170.

par un faisceau de rayons (𓇶)[295]. Ce motif surmonte généralement une vignette figurant le propriétaire de la statue adorant une divinité, au-dessus d'un signe du ciel sous lequel se développe l'inscription. Aucun exemple signalé n'est attribuable à une statue divine. H. De Meulenaere, à qui l'on doit la mise en perspective de cet élément iconographique, conclut : « Aucune statue qui compose ce dossier n'a quoi que ce soit en commun avec les œuvres du début de l'époque ptolémaïque. Leurs caractéristiques révèlent au contraire la décadence qui se manifeste dans la sculpture thébaine à partir du règne de Ptolémée III[296]. »

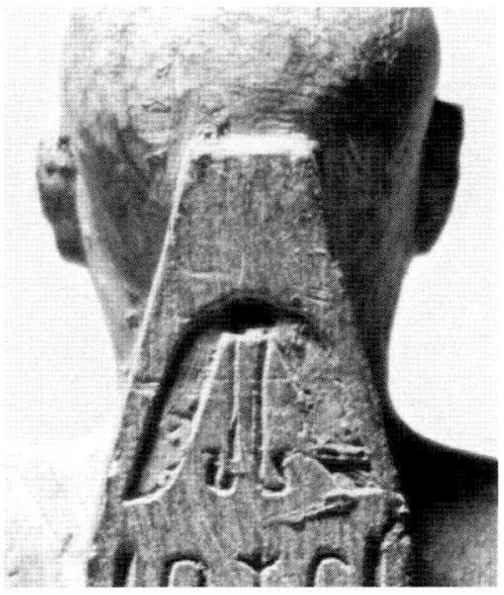

Fig. 3.3. Pilier dorsal Caire JE 37456, détail. © Brooklyn Museum (CLES)-IFAO.

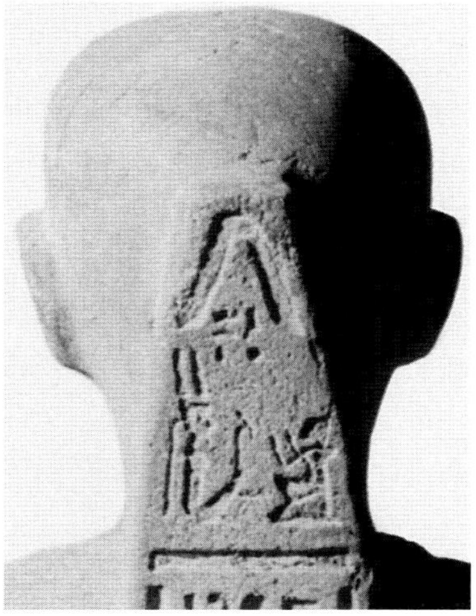

Fig. 3.4. Pilier dorsal Caire JE 37076, détail. © Brooklyn Museum (CLES)-IFAO.

Pourtant, les caractéristiques stylistiques de la tête qui nous occupe semblent plutôt faire écho aux réalisations soignées de la fin de la XXXe dynastie et surtout du début de la période ptolémaïque (*supra*), ce qui impliquerait de faire remonter dans le temps l'apparition de ce motif sur l'appui dorsal. La tête de Bryn Athyn, Academy of the New Church Museum, datée de 280-250[297], signalée plus haut pour les similitudes avec la tête de la *favissa*, constitue le document le plus ancien présentant le disque solaire ailé au sommet de l'appui dorsal, mais avec un traitement soigné et beaucoup plus détaillé. Si le rapprochement stylistique des deux visages est donc possible, pour autant, le traitement simplifié du disque solaire ailé sur l'appui dorsal de la tête découverte dans la *favissa* se démarque totalement des premières attestations de ce motif, et incite à une datation plus basse, conforme à l'évolution stylistique proposée par H. De Meulenaere. On est donc confronté à un écart chronologique notable entre ce que l'on peut saisir du traitement du visage (début ptolémaïque) et le motif simplifié apposé sur l'appui dorsal (début IIe siècle av. J.-C.). Tout comme les exemples de statues dorées d'Abydos réunis par H. De Meulenaere, il resterait à envisager une possible explication à cette contradiction par l'usurpation, à la fin de l'époque ptolémaïque, d'une statue plus ancienne (début ptolémaïque)[298].

295. Caire JE 36682 = CK 41 ; http://www.ifao.egnet.net/bases/cachette/?id=41.
296. H. De Meulenaere, *CdE* 72, 1997, p. 19.
297. B.V. Bothmer, *ESLP*, p. 127-128 (99) et pl. 93 (248-249).
298. Le phénomène d'usurpations/récupérations de satues est connu à Thèbes mais concerne principalement des œuvres saïtes, réutilisées dans le courant du IVe s. av. J.-C. (néo-archaïsme ; d'après O. Perdu). Voir *supra*, H. De Meulenaere, *CdE* 79, 2004, p. 81-88 ; pour le phénomène à la Troisième Période intermédiaire (notamment au cours de la XXIIe dynastie), H. Brandl, *Untersuchungen zur steinernen Privatplastik der Dritten Zwischenzeit*, p. 218-260 ; pour une statue du Moyen Empire usurpée à l'époque ramesside ou à la Troisième Période intermédiaire, B. Fay, K. Jansen-Winkeln, R.B. Parkinson, « Don't Do What I Did! An Early Kingdom Block Statue with an Inscription Added Later for "the God's Father…, the Royal Scribe and Prophet of Osiris,… Seniu (*snw-jww*)" », *ZÄS* 142, 2015, p. 33-44.

2. Sphinx androcéphale en calcaire

Inv. 179.8043-1
Datation : époque ptolémaïque (IIe-Ier s. av. notre ère)
Matière et dimensions : calcaire ; 31,5 × 17,2 × 48 cm.
État de conservation : découvert brisé en deux parties, la patte avant gauche détachée du reste de la statue. Le nez a été emporté par des coups de ciseaux (*infra*). Les bordures du *némès* présentent de nombreuses épaufrures, notamment sur le côté gauche. La base (4,6 × 17,2 × 48 cm) porte également de multiples éclats et des pertes plus importantes à l'avant droit et à l'arrière gauche. L'usure de la sculpture donne un aspect général émoussé, qu'accentue l'effet « savonneux » du calcaire tendre.

Un lourd travail de restauration a été nécessaire pour nettoyer le sphinx d'une gangue de terre (consolidation de surface avec de l'oxalate d'ammonium [Amox] dilué à 5% dans de l'eau) et pour refixer la patte avant gauche (deux goujons scellés à l'aide d'Araldite liquide [Kémapox 1.1]), de même que la patte avant droite parcourue par de nombreuses fissures.

Description : le sphinx de taille modeste repose sur un lit quadrangulaire, anépigraphe. De façon classique, la queue s'enroule autour de la cuisse droite. Les pattes avant sont remarquablement courtes. Le visage aux larges oreilles décollées est arrondi. Les yeux grandement ouverts sont traités avec une asymétrie peu élégante ; leur contour est souligné par un trait en relief conventionnel (bande cosmétique saillante) qui accentue l'intensité du regard, sans être toutefois prolongé par un trait de fard. Au contraire, les arcades sourcilières sont anguleuses, légèrement inclinées vers les tempes, sans aucun rendu des sourcils, dans un style plus naturel ; elles sont très proches de la paupière supérieure de l'œil[299]. L'angle qu'elles forment avec le haut du nez contraste avec les réalisations habituelles des arcades semi-circulaires prolongeant la ligne du nez[300]. Une légère dépression entoure la bouche aux lèvres pincées, les commissures étant plus profondément soulignées. Le menton est rond et les joues bien marquées. Le *némès* retenu par un épais bandeau frontal ne présente, comme souvent depuis la XXXe dynastie[301], aucun détail de bandes horizontales. Un uraeus lové (boucles latérales symétriques) étire son corps sur le haut du crâne. Le plastron retombe sur le poitrail et passe entre les pattes jusqu'au sol (base)[302]. Il se prolonge – avec un léger décrochement à hauteur de la gorge – sur les côtés par deux volutes entourant le haut de l'épaule.

En suivant les éléments caractéristiques du modelé de la silhouette des sphinx mis en lumière par N. Cherpion[303], on signalera les points suivants :

1. « Les plis de peau sur les flancs » sont rendus presque verticalement à partir de la patte postérieure et légèrement arrondis au niveau de la patte antérieure ;
2. Les côtes ne sont pas indiquées ;
3. Le jarret (sur le côté gauche) est traité de façon neutre, sans convention ou naturalisme particulier ;
4. La queue se termine par une touffe dans le creux de la cuisse ;

299. Cl. Vandersleyen, *Écrits sur l'art égyptien*, p. 148 : « chose tout à fait exceptionnelle en art égyptien », à propos de la tête Bruxelles, MRAH E 1839, datée IIe-Ier s. av. J.-C. (Évergète II ?) ; P.E. Stanwick, *Portraits of the Ptolemies. Greek Kings as Egyptian Pharaohs*, Austin, 2002, p. 112 (C1), 178, fig. 79-80.

300. Pour les deux variantes, *ibid.*, p. 215, fig. 199 ; pour un exemple d'arcades sourcilières anguleuses daté du début de l'époque ptolémaïque, B.V. Bothmer, *ESLP*, pl. 93 (248-249), tête de Bryn Athyn, Academy of the New Church Museum déjà évoquée.

301. P.E. Stanwick, *op. cit.*, p. 34 ; M.A. Stadler, « „Ach, das ist gestreift!" Ägyptische Königsplastik im 4. und 3. Jahrhundert v. Chr. » *in* S. Lippert, M.A. Stadler (éd.), *Gehilfe des Thot. Festschrift für Karl-Theodor Zauzich zu seinem 75. Geburtstag*, Wiesbaden, 2014, p. 115-116.

302. Même observation pour deux sphinx (Nectanébo Ier ?) de Karnak-Nord, A. Cabrol, *Les voies processionnelles de Thèbes*, OLA 97, Louvain, 2001, p. 182-183 et pl. 19-20.

303. N. Cherpion, « Conseils pour photographier un sphinx » *in* Cl. Obsomer, A.-L. Oosthoek (éd.), *Amosiadès. Mélanges offerts au Professeur Claude Vandersleyen par ses anciens étudiants*, Louvain-la-Neuve, 1992, p. 61-70 ; *ead.*, « En reconsidérant le grand sphinx du Louvre », *RdE* 42, 1991, p. 25-41.

5. Les testicules sont représentés (caractéristique de la Basse Époque)[304];
6. Les pattes antérieures, courtes, présentent quatre griffes et l'ergot est marqué;

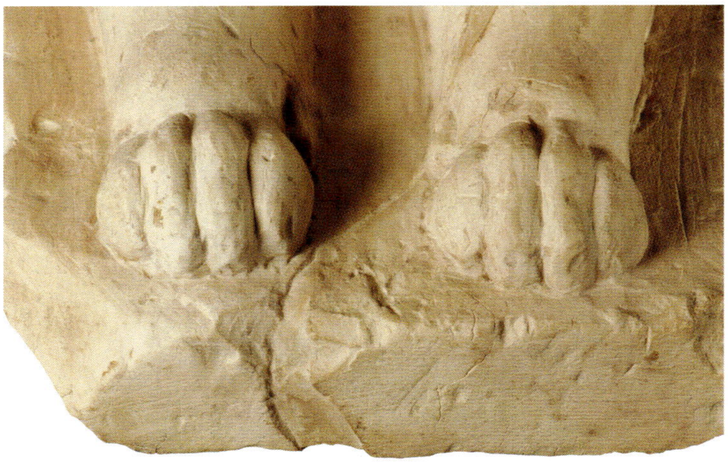

7. « La veine sous-cutanée antérieure », comme c'est fréquemment le cas, n'est pas représentée sur notre sphinx;
8. « La face externe de la patte antérieure » n'a fait l'objet que d'un très léger traitement, sans marque de musculature, alors que de nombreuses variantes ont été réalisées par les artisans égyptiens;
9. Le modelé des épaules reste peu marqué[305] alors que celui des cuisses souligne une musculature puissante par des lignes obliques non naturalistes tout à fait originales; le genou (« extrémité distale du fémur ») est également bien marqué.

Commentaire: ce sphinx, représentation royale par excellence, appartient à l'iconographie la plus emblématique de l'Égypte ancienne[306]. Son rôle de gardien ne laisse guère de doute sur la volonté des prêtres de le disposer au sommet de la *favissa*, afin de protéger ainsi l'ensemble du dépôt.

Pour le traitement « des plis de peau sur les flancs », une comparaison peut être établie avec les sphinx en calcaire provenant du dromos du Sérapeum et conservés à Vienne (ÄS 5756-5766)[307], bien que de plus grandes dimensions (env. 70 × 40 × 130 cm); ils sont datés de la XXXe dynastie-début de l'époque ptolémaïque. Les pattes antérieures sont courtes et présentent quatre griffes « boudinées » et l'ergot (comme pour le sphinx de la *favissa*); le traitement du plastron est très similaire; les muscles de « la face externe de la patte antérieure » sont soulignés; c'est également le cas pour le traitement des cuisses. Les côtes ne sont pas indiquées. En revanche, si l'aspect général arrondi du visage est similaire, le traitement présente quelques éléments divergents: les yeux sont en creux et un léger sourire (particulièrement ÄS 5758) complète l'aspect apaisé du visage. La dépression qui entoure la bouche est toutefois bien marquée (ÄS 5756). La réalisation du sphinx de la *favissa* reste cependant beaucoup plus fruste.

304. Sans que cela soit un un critère totalement discriminant, des sphinx avec testicules apparents pouvant être attribués au Moyen Empire; A. Cabrol, *Les voies processionnelles*, p. 185, n. 31 (rapportant une observation de Hourig Sourouzian).

305. A. Cabrol, *op. cit.*, p. 182: de la XXVIe dynastie à l'époque romaine, traitement de la musculature de l'épaule du lion avec « une forme qui ressemble à celle de la couronne blanche »; par ex., les sphinx de Nectanébo Ier du dromos de Louqsor: K. Myśliwiec, *Royal Portraiture of the Dynasties XXI-XXX*, Mayence, 1988, pl. 82-84.

306. Chr. M. Coche, *LÄ* V, col. 1139-1147, *s.v.* Sphinx; H. Demisch, *Die Sphinx. Geschichte ihrer Darstellung vor den Anfangen bis zur Gegenwart*, Stuttgart, 1977; A. Cabrol, *op. cit.*, p. 353-362 (Groupe I); P. Vernus, J. Yoyotte, *Bestiaire des Pharaons*, Paris, 2005, p. 671-685; en dernier lieu, Chr. Zivie, « Sphinx » *in* M. Massiera, B. Mathieu, Fr. Rouffet (éd.), *Apprivoiser le sauvage / Taming the Wild*, CENiM 11, Montpellier, 2015, p. 321-329, en part. p. 321, n. 1 (pour la bibliographie).

307. E. Rogge, *Statuen der 30. Dynastie und der Ptolemäisch-Römischen Epoche*, CAA Kunsthistorisches Museum Wien 11, Mayence, 1999, p. 11-50; W. Seipel, *Ägypten. Die letzten Pharaonen. Von Alexander dem Großen bis Kleopatra. Katalog zur Ausstellung in der Kunsthalle Leoben 25. April – 1. November 2015*, Mannheim, 2015, p. 215-217 (VI.1.1 et 1.2), datés 1re moitié du IIIe s. av. notre ère; E. Warmenbol (dir.), *Sphinx. Les gardiens de l'Égypte*, Bruxelles, 2006, p. 89 et 90, fig. 9: sphinx du Sérapeum conservés au Louvre (datés ép. ptol.).

L'examen du visage incite à proposer une datation beaucoup plus basse, vers la fin de la période ptolémaïque. Le rendu de la bouche aux lèvres pincées et le contour des yeux trouvent des similitudes dans une tête (probablement de sphinx) en quartzite conservée au Musée gréco-romain d'Alexandrie et provenant de Canope[308]. Cette tête, comme une autre d'apparence similaire bien que largement mutilée et conservée dans le même musée[309], est attribuée à Ptolémée Évergète II (145-116). C'est également dans le corpus des têtes attribuées au huitième lagide que l'on rencontre le plus de similitudes avec le sphinx de la *favissa*[310]. Toutefois, les arcades sourcilières semi-circulaires « caractéristiques » des portraits attribués à Physkon[311] et communes dans la statuaire ptolémaïque font défaut sur le sphinx de la *favissa* qui présente des arcades plus horizontales marquant un angle prononcé avec le nez. La variété des portraits attribués au long règne du Lagide est toutefois notable[312] et invite donc – en l'absence d'inscription – à la prudence.

Un lien doit également être évoqué avec la tête d'un sphinx provenant de Canope[313] : les arcades sourcilières saillantes (bien qu'incurvées), le menton arrondi et surtout le traitement de la bouche avec les lèvres pincées et le contour des yeux. Le même visage arrondi et des caractéristiques physionomiques proches se rencontrent enfin sur la statue du colosse royal découvert à Thônis-Héracléion[314].

308. Inv. 362 ; P.E. Stanwick, *Portraits of the Ptolemies*, p. 114 (C13) et 185, fig. 100 ; E. Brophy, *Royal Statues in Egypt 300 BC-AD 220. Context and Function*, Archaeopress Egyptology 10, Oxford, 2015, p. 91 (10).

309. Inv. 18505 ; P.E. Stanwick, *op. cit.*, p. 114 (C14) ; E. Brophy, *op. cit.*, p. 90 (9) ; pour une autre tête découverte à Médinet Madi et mise en relation avec les deux têtes de Canope, A. Vogliano, *Secondo rapporto degli scavi condotti dalla missione archeologica d'Egitto della R. Università di Milano nella zona di Madinet Madi (Campagna inverno e primavera 1936-XIV)*, Milan, 1937, p. 57-58 et pl. 43 et 46.

310. Pour le traitement des yeux, comparer également avec la tête Bruxelles, MRAH E 1839 (signalée plus haut) ; P.E. Stanwick, *op. cit.*, p. 112 (C1), 178, fig. 79-80 ; S.-A. Ashton, *Ptolemaic Royal Sculpture from Egypt. The Interaction betwenn Greek and Egyptian Traditions*, BAR 923, Londres, 2001, p. 86-87 (8).

311. *Ibid.*, p. 72

312. *Ibid.*, p. 71-73.

313. Alexandrie, Bibliotheca Alexandrina Antiquities Museum SCA 166 : d'abord attribuée à la XXVe dynastie par Zs. Kiss (Fr. Goddio, M. Clauss [éd.], *Ägyptens versunkene Schätze*, Berlin, 2006, p. 132-133 [2]), qui a, par la suite (Fr. Goddio [éd.], *op. cit.*, p. 96 et 98 [28], et autres catalogues de la même exposition), signalé les avis de H. Kyrielies et P. Stanwick favorables à une datation sous les derniers Ptolémées ; en dernier lieu, Fr. Goddio, A. Masson-Berghoff (éd.), *Sunken Cities. Egypt's Lost Worlds*, Londres, 2016, p. 73 et 76 (IIe-Ier s. av. è. c.).

314. Alexandrie, Musée maritime SCA 279 : parmi l'abondante bibliographie, Fr. Goddio (éd.), *op. cit.*, p. 103 (106) ; E. Brophy, *op. cit.*, p. 98-99 (17) ; en dernier lieu, Fr. Goddio, D. Fabre (éd.), *Osiris. Mystères engloutis d'Égypte*, Paris, 2015, p. 192 = Fr. Goddio, A. Masson-Berghoff (éd.), *op. cit.*, p. 99.

Les pattes avant extrêmement courtes rapprochent le sphinx de la *favissa* de deux exemplaires en granite découverts sur le site immergé de Thônis-Héracléion, aux proportions similaires bien qu'au moins deux fois plus grands[315], malheureusement acéphales, anépigraphes et datés globalement de la période ptolémaïque. Un autre sphinx, découvert dans les eaux d'Alexandrie, et daté du Ier s. av. J.-C., présente quelques caractéristiques similaires[316].

Si l'aspect du sphinx de la *favissa* et les rapprochements les plus significatifs effectués avec des exemplaires de la région alexandrine s'accordent pour une datation de la fin de la période ptolémaïque, les incertitudes sont telles dans les attributions à des règnes précis, en l'absence d'inscriptions et sur les seuls critères stylistiques, qu'il semble vain d'identifier le souverain ici représenté, en l'absence d'inscriptions et sur les seuls critères stylistiques. On a évoqué plus haut le règne de Ptolémée Évergète II, mais par comparaison avec des œuvres qui lui sont attribuées, à nouveau, sur critères stylistiques.

L'examen du visage permet de constater que plusieurs coups de ciseaux obliques sont à l'origine de la mutilation du nez[317]. Ces marques sont si distinctes qu'il n'est pas possible d'envisager une destruction accidentelle, comme c'est fréquemment le cas pour la statuaire. Il semble en outre que l'uraeus frontal a reçu le même sort. Le sphinx ayant scellé la *favissa* pour en assurer symboliquement la protection[318], on imagine difficilement une mutilation au moment de son installation. Cette dernière ayant eu lieu vers la fin de l'époque ptolémaïque (analyse stylistique associée aux données céramologiques), elle ne peut, en tout état de cause, être imputable aux premiers chrétiens. Dans le contexte du temple, pour la période chronologique concernée, on peut difficilement penser que cette mutilation a été pratiquée pour des raisons religieuses. Le sphinx représente un roi. La *damnatio* dont il a fait l'objet implique en conséquence un contexte historique particulier, que l'on est tenté de rapprocher du règne de Ptolémée Évergète II, puisque quelques considérations d'ordre stylistique nous ont timidement conduit vers lui…

Ptah

3. Partie inférieure d'une statue assise en calcaire

Inv. 179.8048-23
Datation: XVIIIe dynastie (pré-amarnien)
Matière et dimensions: calcaire; 55,5 × 23,3 × 55,3 cm.
État de conservation: un large éclat a emporté l'angle supérieur arrière gauche; la base du socle présente de multiples épaufrures. Les restes de polychromie, mis en évidence lors de la restauration, ont été fixés avec une solution de Klucel G dilué à 5% dans de l'eau et de l'éthanol.

315. Alexandrie, Musée maritime SCA 1159 et 116; Fr. Goddio (éd.), *Trésors engloutis d'Égypte*, Paris, 2007, p. 101-101 (38-39). Un sphinx, malgré son état d'inachèvement et ses petites dimensions (considéré comme un modèle de sculpteur), présente des traits communs avec celui de la *favissa*: A. Wiese, *Antikenmuseum Basel und Sammlung Ludwig. Die ägyptische Abteilung*, Mayence, 2001, p. 187-188 (134c): calcaire; 15 × 8,3 × 22,5 cm: base droite à l'arrière, pas de barbe, uraeus frontal (non achevé), pattes avant cassées: daté IIIe-IIe s. Voir également M.H. Assam, *Colecçao Calouste Gulbenkian. Arte Egipcia*, Lisbonne, 1991, p. 94-95 (31): calcaire; 14 cm de haut; base quadrangulaire 27 × 9 cm; pas de barbe; uraeus; pas de détails de la perruque tripartite; yeux sans contour; pattes avant courtes, visage beaucoup plus soigné; daté ép. ptol.

316. Alexandrie, Musée maritime SCA 451; Fr. Goddio (éd.), *op. cit.*, p. 144 (450); E. Brophy, *Royal Statues in Egypt*, p. 149-150 (82).

317. Pour la destruction intentionnelle du nez sur les statues royales, B. Lurson, « Symétrie égyptienne et dissymétrie mésopotamienne. Remarques sur les mutilations des statues royales », *BSEG* 21, 1997, p. 39-40, n. 4. On gardera à l'esprit que la cassure du nez est extrêmement fréquente sur nombre d'œuvres, pour des raisons de fragilité interne (comme l'attestent en outre des restaurations antiques) et non pas seulement de destructions volontaires.

318. Sur la pratique du scellement d'une *favissa*, E. Jambon, *in* L. Coulon (éd.), *La Cachette de Karnak*, p. 156-158; et Chapitre 1 dans le présent ouvrage.

Description : le haut des cuisses et du siège a été scié presque à angle droit et présente trois mortaises sur les deux plans ainsi créés, deux sur le plan de pose (0,8/0,9 cm de Ø et 2,5/4,5 cm de profondeur), une sur le plan vertical (1,5 cm de Ø et 15 cm de profondeur). De la statue initiale assise sur un socle de 10 cm de haut, ne sont conservées que les jambes gainées portant en relief un sceptre-*ouas* sur lequel on reconnaît le prolongement d'un pilier-*djed* (sceptre composite *ankh*, *djed*, *ouas*). Le siège est anépigraphe mais conserve encore quelques traces de polychromie ; ainsi, sur le côté droit un aplat de couleur rouge en partie basse correspond à la zone carrée quasi systématiquement présente sur les côtés des sièges, et une bande verticale jaune borde la partie antérieure. Des bandes horizontales colorées devaient également décorer le corps du sceptre (rendu par des stries sur les bronzes), comme l'atteste l'alternance d'aplats réguliers de *gesso*.

Le côté gauche du trône est occupé par une cavité circulaire (Ø de 11,5 cm) peu profonde (1,2/1,8 cm) traversée verticalement par un percement oblong plus profond (13 × 5,5 × ~9 cm) ressemblant à une mortaise, possiblement dû à une restauration/remploi[319]. Une légère incision circulaire, semble-t-il secondaire, est visible sur la base, au niveau du pied. Sur le côté droit, sous la cuisse, une mortaise (0,8 cm de Ø et 1 cm de profondeur) est également visible. L'arrière du trône est souligné par deux méplats, celui de la partie supérieure, qui constituait le dossier bas du siège, ayant été entamé par le sciage du plan de pose (horizontal).

319. Même dispositif attesté sur un fragment de relief memphite (représentant Ptah) conservé à Philadelphie, University of Pennsylvania Museum of Archaeology and Anthropology 29-75-555 (M) ; N. Toye-Dubs, *De l'oreille à l'écoute. Étude des documents votifs de l'écoute : nouvel éclairage sur le développement de la piété personnelle en Égypte ancienne*, BAR IS 2811, Oxford, 2016, p. 154 (74), 190, fig. 55.

Commentaire: au vu des jambes conservées et du trône peu large, la statue devait avoir une allure assez élancée (comparer avec Turin C 87 par exemple, Fig. 3.8). Le sceptre composite (*ankh*, *djed*, *ouas*) est un attribut de Ptah[320] et de Khonsou. La gaine momiforme et le contexte de découverte ne laissent que peu de doute sur le fait qu'il s'agit d'une statue de Ptah[321]. Une autre statue du dieu, exposée dans la chapelle centrale du temple, a été exhumée jadis par G. Legrain[322] (Fig. 3.5). Deux magnifiques effigies de Ptah, découvertes par J.-J. Rifaud à Karnak, sont conservées à Turin (Fig. 3.8 et 3.18) ; il n'est pas possible de savoir si elles faisaient partie des dix-neuf statues (dont onze Sekhmet) en granite et une en calcaire découvertes par l'aventurier marseillais dans le temple de Ptah, lors de ses fouilles menées à Karnak entre 1817 et 1822[323].

Fig. 3.5. Statue de Ptah dans la chapelle centrale de son temple à Karnak.
© CNRS-CFEETK n° 132141/J.-Fr. Gout.

320. Dans la statuaire et sur les représentations pariétales, Ptah tient en mains le sceptre composite. Sur les bronzes, lorsque Ptah est figuré tenant le seul sceptre-*ouas*, ce dernier est représenté normalement (tête, canne et embout bifide) alors que tenant son sceptre composite (*djed* et *ankh* associés au sceptre-*ouas*), la canne est beaucoup plus large (prolongement du pilier *djed* strié horizontalement) et laisse apparaître à la base la fourche du *ouas* ; cf. G. Roeder, *Ägyptische Bronzefiguren*, pl. 29g-i. Plusieurs scarabées du Nouvel Empire portent au revers la figuration de Ptah, de profil, tenant le sceptre-*ouas* ; devant lui, de face, une croix-*ânkh* surmonte un pilier-*djed* : cette composition semble être un artifice du graveur pour clairement représenter, sur un support de petite dimension, le sceptre composite, attribut de Ptah ; voir O. Keel, « Ptah auf Siegelamuletten aus Palästina/Israel. Einige Gesetzmäsigkeiten bei der Übernahme von Motiven de Grosskunst auf Miniaturbildträger », *Visible Religion. Annual for Religious Iconography* 7, 1990, p. 203 et 226 (IV, 1-2), pour qui il s'agirait d'une abréviation des épithètes *(nb)* ʿ*nḫ* et *ḏd (šps)* ; également J. Sliwa, *Egyptian Scarabs and Seal Amulets from the Cracow Collections*, Cracovie, 2015, p. 84 et 180 (105), scarabée Czatoryski Museum inv. XI-341 (Nouvel Empire).
321. La plus ancienne statue du dieu Ptah (tête de la collection Norbert Schimmel, New York) est attribuée à la XIIe dynastie ; E.L. Ertman, « The Earliest Known Three-Dimentional Representation of the God Ptah », *JNES* 31, 1972, p. 83-86 (pour J.D. Cooney, la datation est assignée à la fin XIIe-début XIIIe dynastie ; *ibid.*, p. 86, n. 9).
322. Statue du dieu assis, face au souverain agenouillé, installée par G. Legrain dans la chapelle centrale du temple de Ptah ; G. Legrain, *ASAE* 3, 1902, p. 106 ; Chr. Thiers, P. Zignani, « The Temple of Ptah at Karnak », *EgArch* 38, 2011, p. 24 ; archives CFEETK nos 132136-132143.
323. Turin C 86 (Ptah debout) et C 87 (Ptah assis en calcaire) ; S. Cincotti, *« Karnak est en paix » : analyse et étude des pièces provenant du temple de Karnak et appartenant au Musée égyptien de Turin*, thèse de doctorat inédite, Montpellier, 2015, doc. 48 (Turin 86/RCGE 5480) et 49 (*infra*) ; *ead.*, « "Les fouilles dans le Musée" : la collection égyptienne de Turin et le fonds Rifaud », *Karnak* 14, 2013, p. 279-285 ; Chr. Thiers, *in* H. Beinlich (éd.), *9. Ägyptologische Tempeltagung*, p. 320, n. 6 ; *id.*, « Un montant de naos au nom d'Amasis consacré au dieu Ptah » *in* Chr. Zivie-Coche, I. Guermeur (éd.), *« Parcourir l'éternité ». Hommages à Jean Yoyotte*, p. 985.

La statue de la *favissa* a été restaurée dans l'Antiquité : le sciage à angle droit des cuisses et du haut du siège, associé au percement de trois mortaises, montre sans ambiguïté le travail préparatoire visant à joindre cette partie de la statue avec la partie supérieure. À l'image d'autres statues détériorées au cours de la période amarnienne et restaurées par la suite[324], on doit considérer que ce sont les jambes et le trône qui appartiennent à la statue d'origine et que la partie supérieure a été entièrement refaite : les agents d'Akhenaton ont en effet ciblé le visage, le buste et les bras[325]. La restauration serait donc post-amarnienne et cette statue constituerait l'élément le plus ancien de la *favissa*[326]. La restauration antique de la partie supérieure ayant dû se détériorer, la statue a été remisée dans la *favissa*. Placée au fond de la fosse, elle a constitué l'élément central du dépôt autour duquel ont été disposés les autres objets de dimensions plus modestes[327].

On verra une statue en calcaire de Ptah « qui préside au Château de l'or » assis sur un trône posé sur un socle-*maât*, conservée à Turin et datée du règne d'Amenhotep III (Fig. 3.8) ; elle provient de Karnak mais sans qu'une origine précise ne soit assurée (*supra*)[328]. Telle qu'elle se présente aujourd'hui, la tête de cette statue n'est pas authentique, il s'agit d'une restauration moderne en plâtre. La description faite par J.-Fr. Champollion de la statue alors acéphale est explicite : « Un enfoncement allongé et de forme quadrangulaire, qui coupe le milieu du collier, me fait croire que la tête rapportée est d'une matière différente[329]. » Avec un tel système d'emboitement, on doit envisager que cette statue de Turin fut également restaurée dans l'Antiquité.

324. Par ex., G. Legrain, *Statues et statuettes de rois et de particuliers* I, CGC, Le Caire, 1906, pl. XXXIX : CG 42066, groupe de Thoutmosis III et d'Amon dont la tête a été détériorée puis entièrement remplacée par un autre élément, aujourd'hui perdu, tenu par deux larges mortaises ; voir également la statue Louvre E 10377, partie supérieure de la figure d'Amon, coupée horizontalement au niveau de la partie arrière du siège et en oblique au niveau du ventre (Fig. 3.7) ; Chr. Barbotin, *Les statues égyptiennes du Nouvel Empire. Statues royales et divines*, Paris, 2007, I, p. 134-135, II, p. 210-213 (75) ; *id.*, *in* D. Valbelle, J.-M. Yoyotte (dir.), *Statues égyptiennes et kouchites démembrées et reconstituées. Hommage à Charles Bonnet*, p. 65-70 qui signale (p. 69 et n. 6) le groupe Caire CG 42052 (G. Legrain, *op. cit.*, p. 31 et pl. XXVIII). Voir également la statue double d'Amenemhat Ier à Karnak, en granite, dont la divinité a été restaurée à l'aide de pièces rapportées (conservées dans le magasin du Cheikh Labib), fixées par un jeu d'emboitement tenons/mortaises ; KIU 9 ; archives CFEETK n°s 95462, 137029-137031 (Fig. 3.6) ; G. Legrain, « Notes prises à Karnak VII. Sur quelques statues ou groupes mutilés ou brisés sous Aménophis IV », *RecTrav* 23, 1901, p. 63 ; Louvre, Cahiers Legrain, couverture marbrée 1899-1900, p. 2-5 (copies obligeamment mises à disposition par Vincent Rondot et Laurent Coulon) ; dossier réuni par M. P. Jung, archives CFEETK. Pour les statues pré-amarniennes, détériorées, et restaurées à l'époque ramesside présentes dans la cachette de la cour du VIIe pylône, E. Jambon, *in* L. Coulon (dir.), *La Cachette de Karnak*, p. 161 et n. 128.

325. Pour les statues royales, voir les remarques de B. Lurson, *BSEG* 21, 1997, p. 39-49 (destructions ciblées sur les membres supérieurs et la tête) ; les jambes sont également attaquées, Chr. Barbotin, *Les statues égyptiennes du Nouvel Empire* I, p. 135 citant Caire CG 42052 (note *supra*) ; également KIU 9 (note *supra*).

326. Cette hypothèse, renforcée par plusieurs parallèles, ne peut totalement se soustraire à la possibilité d'une restauration antique faisant suite à une dégradation accidentelle.

327. Pour cette pratique d'enfouissement de statues dégradées, voir, par exemple, les deux statues porte-enseignes d'Amenhotep III déposées en milliers de fragments sous le dallage de la chapelle axiale du dromos de Karnak-Nord ; P. Barguet J. Leclant, *Karnak-Nord* IV, p. 47-48 et pl. 46, 48, 137-146 ; Chr. Chadefaud, *Les statues porte enseignes de l'Égypte ancienne*, Paris, 1982, p. 5-7. C'est également le cas des statues récemment découvertes dans les fondations du « pronaos » du temple de Montou-Rê à Ermant ; Chr. Thiers, *EgArch* 44, 2014, p. 32-35 ; *supra*, Chapitre 1.

328. Turin C 87 (RCGE 5475) ; calcaire ; 106 × 41 × 61 cm ; *Urk.* IV, 1755 (595) ; Chr. Thiers, *in* Chr. Zivie-Coche, I. Guermeur (éd.), *« Parcourir l'éternité ». Hommages à Jean Yoyotte*, p. 985 ; S. Cincotti, *« Karnak est en paix »*, doc. 49. Je remercie Federica Facchetti, secrétaire de direction et staff scientifique, Fondazione Museo delle Antichità Egizie di Torino, qui m'a transmis la photographie de la statue Turin C 87.

329. J.-Fr. Champollion, *Lettres à M. le Duc de Blacas D'Aulps* I, Paris, 1824-1826, p. 43 ; également C. Gazzera, *Descrizione dei monumenti egizi del R. Museo contenenti leggende reali*, Turin, 1837, p. 19) : « (...) vuolsi pure intendere di quelli di una statuetta calcare seduta del Dio Fta, alla quale, per somma disgrazia, manca il capo. » ; d'après S. Cincotti, *« Karnak est en paix »*, doc. 49. Ce système d'emboîtement pour fixer la tête se retrouve, par exemple, sur la statue du scribe Montouhotep fils de Hapou découverte en 1971 dans la tribune du quai de Karnak (musée de Louqsor J.37 ; KIU 10).

Fig. 3.6. Statue double d'Amenemhat Ier (KIU 9), cliché Chevrier (© CNRS-CFEETK n° 95462) et cliché avec les deux éléments rapportés (© CNRS-CFEETK n° 137029).

Fig. 3.7. Statue Louvre E 10377, d'après Chr. Barbotin, *Les statues égyptiennes du Nouvel Empire* II, p. 211.

La statue de la *favissa* témoigne d'une restauration massive de la partie supérieure, possiblement, donc, sous les règnes de Toutânkhamon, Aÿ, Horemheb[330] ou Séthi Ier[331] qui ont œuvré à la remise en service des cultes, et dont a bénéficié le temple de Ptah[332]. Dans l'hypothèse où les copies de la Stèle de la restauration de Toutânkhamon feraient allusion à la remise en état de la statue processionnelle de Ptah thébain (« son image vénérable est en électrum [sur] 11 [barres de portage] »)[333], il serait également tentant d'attribuer à cette période la restauration de la statue en calcaire du dieu qui devait trôner dans le temple.

La statue de la *favissa* a subi une violente *damnatio*. La statue en granodiorite présente dans la chapelle centrale (Fig. 3.5) est acéphale et le pharaon qui lui faisait offrande a été abîmé. De même, la statue Turin C 87 est acéphale. En revanche, la statue Turin C 86 (Fig. 3.18), également au nom d'Amenhotep III, est intacte, ce qui laisse supposer qu'elle ne se trouvait pas dans un endroit accessible aux zélateurs amarniens, contrairement au temple de Ptah qui a subi de nombreux outrages (reliefs et statuaire).

Fig. 3.8. Statue Turin C 87. © Fondazione Museo delle Antichià Egizie di Torino.

4. Stèle miniature cintrée en faïence

Inv. 179.8048-8
Datation : XIXe-XXe dynasties ?
Matière et dimensions : pâte siliceuse émaillée bleue (« faïence égyptienne »)[334] ; 4,8 × 7,8 × 0,9 cm.
État de conservation : seule la partie supérieure cintrée est conservée ; le cadre en saillie présente quelques éclats. La couleur de la glaçure est largement altérée.
Description : un léger ressaut d'environ 5 mm de large et de 1 mm de hauteur borde toute la partie conservée de la stèle[335] ; il présente quelques restes d'un bleu turquoise également visible au dos. À l'intérieur de ce cadre est figuré le dieu Ptah, dans un bleu foncé plus soutenu. Bien que le relief soit relativement fruste, on reconnaît le dieu avec son iconographie traditionnelle[336], momiforme, barbe droite, calotte sur la tête, le contrepoids de collier bien visible dans le dos, et tenant le sceptre-*ouas* (et non le sceptre composite) ; la main et le pouce gauches sont visibles. Face à lui, sur le côté droit, une colonne de texte – en hiéroglyphes d'un module imposant par rapport à la figure du dieu – livre son nom et le début d'une épithète. L'ensemble est en relief levé. Sur le revers, une incision réalisée avant cuisson occupe la partie droite.

330. S. Biston-Moulin, Chr. Thiers, *Le temple de Ptah à Karnak* I, n° 127 (KIU 258) et n. b.
331. Stèle de Thoutmosis III Caire CG 34013 (KIU 555) restaurée par Séthi Ier.
332. S. Biston-Moulin, « Un nouvel exemplaire de la *Stèle de la restauration* de Toutânkhamon à Karnak », *Karnak* 15, 2015, p. 32-33.
333. *Ibid.*, p. 29.
334. P.T. Nicholson, « Materials and Technology » *in* Fl. Dunn Friedman (éd.), *Gifts of the Nile. Ancient Egyptian Faience*, Providence, 1998, p. 50-64 ; *id.*, « Faience » *in* D.B. Redford (éd.), *The Oxford Encyclopedia of Ancient Egypt*, Oxford, 2001, p. 491-496 ; A. Caubet, G. Pierrat-Bonnefois, *Faïences de l'Antiquité. De l'Égypte à l'Iran, Catalogue de l'exposition du musée du Louvre 10 juin-12 septembre 2005*, Paris, 2005, p. 13 ; J. Leichmann, *in* R. Landgrafova, *Abusir* XIV*: Faience Inlays from the Funerary Temple of King Raneferef. Raneferef's Substitute Decoration Programme*, Prague, 2006, p. 53 ; P.T. Nicholson, E. Peltenburg, « Egyptian Faience » *in* P.T. Nicholson, I. Shaw (éd.), *Ancient Egyptian Materials and Technology*, p. 177-194 ; M.-D. Nenna, P.T. Nicholson, « Faience Technology » *in* P.T. Nicholson (éd.), *Working in Memphis: The Production of Faience at Roman Period Kom Helul*, EES ExcMem 105, Londres, 2013, p. 133-146.
335. Ce traitement se retrouve fréquemment sur de petites stèles en pierre, par ex., G.T. Martin, *Stelae from Egypt and Nubia in the Fitzwilliam Museum, Cambridge, c. 3000 BC-AD 1150*, Cambridge, 2005, p. 99 (65) (calcaire ; 11,6 × 9,3 × 3 cm ; représentation de Thot babouin), p. 102 (68) (calcaire ; 10 × 8 × 2,5 cm ; stèle à oreilles) ; voir également la stèle calcaire de plus grande taille, British Museum EA 1346 (XXVe dynastie) ; P. Vernus, *Athribis. Textes et documents relatifs à la géographie, aux cultes et à l'histoire d'une ville du Delta égyptien à l'époque Pharaonique*, BiÉtud 74, Le Caire, 1978, p. 79-80 (84).
336. M. Sandman-Holmberg, *The God Ptah*, Lund, 1946, p. 12-17 et 65*-75*, fig. 1-22 ; H. te Velde, *LÄ* IV, col. 1178-1179, *s.v.* Ptah. La plus ancienne représentation est attestée sur un vase de l'Ancien Empire ; W.M.Fl. Petrie, G.A. Wainwright, A.H. Gardiner, *Tarkhan I and Memphis I*, BSAE 23, Londres, 1913, pl. III (1) = M. Sandman-Holmberg, *op. cit.*, fig. 1-2.

Commentaire: les stèles en faïence sont relativement bien attestées dans la documentation égyptologique, sans pour autant constituer un dossier numériquement de grande ampleur. L'assemblage le plus significatif découvert en fouille provient du site de Gebel el-Zeit[337] ; les stèles royales (figures noires peintes recto-verso) et privées (figures noires incisées et peintes sur le recto) datent de la fin de la XIIe dynastie-première moitié XIIIe dynastie. La stèle découverte dans la *favissa* vient compléter un dossier récemment publié par D. Lorand à l'occasion de l'étude de la stèle Bruxelles MRAH E.2486[338], s'appuyant en particulier sur la documentation du Gebel el-Zeit. Les parallèles, royaux ou privés, recensés dans la littérature égyptologique, sont réalisés avec les deux techniques usitées au Gebel el-Zeit et appartiennent bien souvent à des périodes plus récentes, en particulier la période ramesside et le début de la Troisième Période intermédiaire[339]. D'autres techniques plus complexes en faïence bicolore, produisant un léger relief levé, sont attestées aux XIXe et XXe dynasties[340]. Dans l'ensemble du corpus, la technique du relief levé employée sur la stèle de la *favissa* est peu fréquente[341]. Sa construction iconographique est également originale. En effet, les stèles connues adoptent fréquemment la même composition, le dédicant se tenant face à la divinité, même s'il arrive que seule la figure divine soit présente, accompagnée d'un cartouche royal[342]. La perte de la partie inférieure de la stèle ne permet pas de savoir si elle était occupée par une dédicace, royale ou privée.

337. I. Régen, G. Soukiassian, *Gebel el-*Zeit II. *Le matériel inscrit*, FIFAO 57, Le Caire, 2008, p. 13-48, en part. p. 48 et n. 134 pour la bibliographie afférente à ce type documentaire ; comptes rendus signalés par D. Lorand (note suivante, p. 236, n. 28).

338. D. Lorand, « Une stèle en "faïence" de la fin de la 17ème ou du début de la 18ème dynastie aux Musées royaux d'Art et d'Histoire », *CdE* 88, 2013, p. 230-243 ; voir également une stèle fragmentaire en faïence portant mention du dieu Rechep signalée par M. Bakr, « New Excavations of Zagazig University » in *L'Égyptologie en 1979. Axes prioritaires de recherches* 1, Paris, 1982, p. 167 ; A.R. Shulman, « Reshep at Zagazig: A New Document » *in* Fr. Junge (éd.), *Studien zu Sprache and Religion Ägyptens zu Ehren von Wolfhart Westendorf* II: *Religion*, Göttingen, 1984, p. 855-865.

339. B. Schlick-Nolte, « Ägyptische Fayence und Ägyptisch Blau im Alten Ägypten » *in* R. Busz, P. Gercke (éd.), *Turkis und Azur. Quarzkeramik im Orient und Okzident, Staatliche Museen Kassel, Universität Gesamthochschule Kassel*, Wolfratshausen, 1999, p. 39 ; Fl. Dunn Friedman (éd.), *Gifts of the Nile*, p. 156-157 (162, 166-168) ; A. Caubet, G. Pierrat-Bonnefois, *Faïences de l'Antiquité*, p. 87-89 (245-247). Voir également A.P. Kozloff, « The Malqata/El-Amarna Blues: Favourite Colours of Kings and Gods » *in* E. Goring *et al.* (éd.), *Chief of Seers: Studies in Memory of Cyril Aldred*, Londres, 1997, p. 192, fig. 2 (Amenhotep III devant Ptah).

340. Par ex., la stèle d'Amenemheb (Leyde AD 37) : Fl. Dunn Friedman (éd.), *op. cit.*, p. 157 et 250 (168) ; en dernier lieu, T.S. Tawfik, « A Special Type Stelae from Saqqara as Substitute for Tomb Superstructure? », *ASAE* 86, 2012-2013 (2016), p. 399 et 405, fig. 7. Voir également la spectaculaire stèle en faïence Philadelphie, University of Pennsylvania Museum of Archaeology and Anthropology E 13578 (25,8 × 22,6 × 2,5 cm), provenant de Mit Rahineh ; Khaemouaset se présente devant Ptah et Maât ; PM III[2], p. 859 ; J. Wegner, J. Houser Wegner, *The Sphinx That Traveled to Philadelphia. The Story of the Colossal Sphinx in the Penn Museum*, Philadelphie, 2015, p. 135 (6.44) ; http://www.penn.museum/collections/object/134540.

341. Voir la stèle fragmentaire de Ptahmose (début XIXe dynastie), Ann Arbor, Kelsey Museum of Archaeology KM 1981.4.4 (= Berlin ÄM 19718), N. Staring, « Wege einer verloren geglaubten Stele: Berlin ÄM 19718 », *Amun* 53, 2016, p. 35-42 ; *id.*, « Revisiting Three Objects in Berlin Pertaining to the Mayor of Memphis, Ptahmose: The "Lost" Faience Stela ÄM 19718 and the Limestone Pyramid Panels ÄM 1631-1632 », *SAK* 45, 2016, p. 342-351 et pl. 65a.

342. Par ex., L. Delvaux, E. Warmenbol (éd.), *Les divins chats d'Égypte : un air subtil, un dangereux parfum*, Louvain, 1991, p. 66, fig. 32 : chatte hathorique avec le cartouche de Thoutmosis III dans son dos (Londres BM EA 41842 + Bruxelles MRAH E 1982). Pour une double offrande à Ptah, voir la stèle Musée archéologique national d'Athènes ANE 1798, A.P. Kozloff, *op. cit.*, p. 178-192.

Le nom du dieu est graphié de gauche à droite et fait ainsi face à sa représentation, selon un usage attesté sur différents supports[343]. Un trait superfétatoire s'intercale entre le nom divin et le signe de la corbeille[344]. Sous le *nb* on attend un complément du type *mꜣꜥ.t*, *Wꜣs.t* ou *ꜥnḫ-Tꜣ.wy*; mais s'il s'agit d'un signe hiéroglyphique, il résiste à l'analyse. On envisagera plutôt la possibilité d'une fleur de lotus, posée sur un guéridon, constituant un bouquet monté – comme sur une petite stèle en calcaire découverte à Karnak-Nord[345] – ou accompagnant d'autres types d'offrandes (Fig. 3.9). En ce cas, il faudrait considérer une métathèse entre les deux signes faisant suite au nom de Ptah, et lire *nb Mꜣꜥ.t*[346] ou supposer que l'épithète se poursuivait sous la fleur de lotus (Ptah *nb [...]*).

Fig. 3.9. Proposition de restitution de la stèle 179.8048-8.
© CNRS-CFEETK/Chr. Thiers.

343. Voir, par ex., les stèles ramessides Louvre IM 5269 (M. Malinine, G. Posener, J. Vercoutter, *Catalogue des stèles de Sérapéum de Memphis*, Paris, 1968, p. 9-10 [9] et pl. III [9]; E. Frood, « Role-Play and Group Biography in Ramessid Stelae from the Serapeum » *in* R. Landgráfová, J. Mynářová [éd.], *Rich and Great. Studies in Honour of Anthony J. Spalinger on the Occasion of his 70th Feast of Thoth*, Prague, 2016, p. 72; D. Devauchelle, *in* A. Charron, Chr. Barbotin [dir.], *Savoir et pouvoir à l'époque de Ramsès II. Khâemouaset le prince archéologue*, Arles, 2016, p. 142-143) et Amsterdam, Allard Pierson Museum APM 9114 (A. Quertinmont [dir.], *Dieux, génies et démons en Égypte ancienne. À la rencontre d'Osiris, Anubis, Isis, Hathor, Rê et les autres...*, Morlanwelz, 2016, p. 309).

344. Pour le trait superfétatoire sous la graphie de Ptah, voir, par ex., sur deux scarabées, T. Staubli (éd.), *Werbung für die Götter. Heilsbringer aus 4000 Jahren*, Fribourg, 2004, p. 38 (35-36).

345. P. Barguet, J. Leclant, *Karnak-Nord* IV, p. 163 (28) et fig. 164; voir également N. Staring, *Amun* 53, p. 35 et 39.

346. L'estrade-*mꜣꜥ.t* pouvant être traitée comme un simple trait (semblable à un signe-*tꜣ*), par ex., H.G. Fischer, *Egyptian Studies* III. *Varia Nova*, New York, 1996, p. 101, fig. 104.

5. Calotte en fritte

Inv. 179.8048-2
Datation: TPI-Basse Époque?
Matière et dimensions: fritte bleue[347]; 6,1 × 7,4 × 7,7 cm.
État de conservation: craquelures sur la partie sommitale lors de la cuisson; nombreuses fissures et éclats de matières dans la partie inférieure; la couleur de surface a perdu de son intensité. Une consolidation a été effectuée au Klucel G dilué à 2% dans de l'eau et de l'éthanol, et à l'oxalate d'ammonium (Amox) dilué à 5% dans de l'eau.
Description: le contour des oreilles est marqué grossièrement; un trou (mortaise) a été ménagé au centre de la calotte et recevait le tenon surmontant la statuette. La taille de la calotte permet de restituer une statue, en position debout, d'environ 51 cm de haut; Fig. 3.16.

Commentaire: de nombreux exemples de statues ou statuettes attestent de l'ajout de tout ou partie d'une couronne[348]. La fragilité de cette partie sommitale a pu faire difficulté à l'artisan égyptien et explique cette pratique pour les bronzes. C'est le cas, par exemple, des hautes plumes de la couronne amonienne fixées sur le *modius*[349], de la couronne hathorique[350], de la couronne composite (*hemhem*) d'Harpocrate[351] ou du disque lunaire sur la tête de Thot babouin (*infra*). D'autres coiffes/couronnes (notamment la couronne bleue), surtout

347. Pâte siliceuse auto-émaillée; B. Schlick-Nolte, *in* R. Busz, P. Gercke (éd.), *Turkis und Azur*, p. 20; P.T. Nicholson, E.J. Henderson, « Glass » *in* P.T. Nicholson, I. Shaw (éd.), *Ancient Egyptian Materials and Technology*, p. 205; P.T. Nicholson, « Faience » *in* D.B. Redford (éd.), *The Oxford Encyclopedia of Ancient Egypt*, p. 495; A. Caubet, G. Pierrat-Bonnefois, *Faïences de l'Antiquité*, p. 13; J. Leichmann, *in* R. Landgráfová, *Abusir* XIV, p. 53.

348. Voir, par ex., l'exceptionnelle couronne-*hemhem* qui appartenait à une statue en bois, découverte sur le site de Thônis-Héracléion, Fr. Goddio (éd.), *Trésors engloutis d'Égypte*, p. 82 et 84 (129) (15 cm de haut); de même la couronne-*hemhem* Caire JE 38125 (27 cm de haut), M. Pfrommer, *Studien zu alexandrinischer und grossgriechischer Toreutik frühhellenistischer Zeit*, ArchForsch 16, Berlin, 1987, p. 271 et pl. 28a. Couronne bleue avec uraeus frontal et boucle de l'enfance en bronze (6 cm de haut): S. Schoske, D. Wildung, *Gott und Götter im Alten Ägypten*, p. 52 (32). Têtes de statues et statuettes avec tenon: M. Page-Gasser, A.B. Wiese, *Égypte. Moments d'éternité. Art égyptien dans les collections privées, Suisse*, Mayence, 1997, p. 203-204 (131): 15,5 × 14 cm; H. Ch. Loffet, *La Collection Emmacha. Antiquités égyptiennes* 2. *Objets divers*, Paris, 2013, p. 168-169 (140); 4,3 × 3,5 × 4,2 cm; XXIe-XXIIe dynasties.

349. G. Roeder, *Ägyptische Bronzefiguren*, pl. 7a-e; Fr. Goddio (éd.), *op. cit.*, p. 84-85 (124); K. Weiss, *Ägyptische Tier- und Götterbronzen aus Unterägypten*, pl. 7g-h et j. Sur une statue en bois: *Pelizaeus-Museum Hildesheim. Die Ägyptische Sammlung*, Mayence, 1993, p. 74 (68).

350. Voir l'exemple découvert au temple de Ptah, M. Boraik, Chr. Thiers (éd.), *CFEETK. Activity Report 2013*, Louqsor, 2014, p. 19; G. Roeder, *op. cit.*, pl. 32p-q et 37a-b; A. Fakhry, *The Egyptian Deserts. Baḥaria Oasis* II, Le Caire, 1942, pl. 56 (D); P. Lacovara, B. Teasley Trope (éd.), *The Collector's Eye. Masterpieces of Egyptian Art from The Thalassic Collection, Ltd*, Atlanta, 2001, p. 69 (36): cornes et tenon en bronze, disque solaire et uraei (du modius) en or; 4 cm de haut. Ces éléments de parures sont également rapportés sur des statues en bois: par ex., M. Page-Gasser, A.B. Wiese, *Égypte. Moments d'éternité*, p. 213 (138).

351. W. Guglielmi, « Eine verschollene Harpokrates-Figur – ein Sockel mit Kästchen und eine Hemhemkrone mit gesondert gearbeiteter Seitenlocke » *in* S.L. Lippert, M. Schentuleit, M.A. Stadler (éd.), Sapientia Felicitas. *Festschrift für Günter Vittmann zum 29. Februar 2016*, CENiM 14, Montpellier, 2016, p. 191-216.

en faïence et en métal, ont été réalisées pour des statues et statuettes[352]. L'emploi de la fritte pour ce genre de couvre-chef semble plus marginal. Le cas de Ptah est bien différent des premiers exemples évoqués dans la mesure où ce n'est évidemment pas pour faire face à une difficulté technique que les artisans ont réalisé une calotte indépendante et dans une matière différente de la statue. La calotte enveloppante de couleur bleue, qui couvre le haut du front et ne laisse apparaître que les oreilles, est en effet un élément caractéristique de l'iconographie du dieu[353], associée à la barbe droite, de même couleur (voir *infra*)[354]. Les représentations pariétales sont nombreuses, qui attestent cette iconographie, fixée anciennement[355]. Certains reliefs qui ont fait l'objet d'incrustations montrent la volonté de mise en exergue de la calotte de Ptah[356].

La nature (cuir, tissu, métal) et l'origine de cette calotte sont controversées[357]. Elle pourrait être en relation avec celle portée par les artisans et les forgerons placés sous le patronage du dieu memphite[358]. Mais ce couvre-chef est également l'attribut des souverains et des prêtres(ses)[359].

La célèbre statuette en bois doré provenant du trésor de Toutânkhamon (Fig. 3.10) constitue un exemple probant pour imaginer ce que devaient être les statues et statuettes de Ptah dont seules les calottes en fritte ont été découvertes dans la *favissa*[360]. La calotte de la statue du jeune roi est mise en valeur par une faïence d'un bleu soutenu ; les yeux et les sourcils sont également incrustés d'obsidienne (pupille), de verre blanc et de bleu (pourtour des yeux fardés et sourcils).

352. J. Samson, « Amarna Crowns and Wigs », *JEA* 59, 1973, p. 47-59 ; M.H. Assam, *Colecçao Calouste Gulbenkian. Arte Egipcia*, Lisbonne, 1991, p. 48-49 ; Fl. Dunn Friedman (éd.), *Gifts of the Nile*, p. 82-83 et p. 184-186, en part. p. 186 (29) = Chr. Barbotin, *Les statues égyptiennes du Nouvel Empire* I, p. 115 (57), II, p. 171 : couronne bleue royale (Louvre AF 2436), cavité interne quadrangulaire (mortaise) ; O.D. Berlev, S. Hodjash, *Sculpture of Ancient Egypt in the Collection of the Pushkin State Museum of Fine Arts*, Moscou, 2004, p. 173-175 (53-55). Également mêmes objets (dont couronne bleue) dans R.E. Freed, Y.J. Markowitz, S.H. D'Auria (éd.), *Pharaohs of the Sun. Akhenaten, Nefertiti, Tutankhamen*, Boston, 1999, p. 224 (63-64) = P. Lacovara, B. Teasley Trope (éd.), *The Collector's Eye*, p. 59-60 (28A-C) ; E. Riefstahl, *Ancient Egyptian Glass and Glazes in the Brooklyn Museum*, Wilbour Monographs 1, New York, 1968, p. 32 (33 ; Brooklyn 50.76) et pl. VIII ; A. Caubet, G. Pierrat-Bonnefois, *Faïences de l'Antiquité*, p. 83 (240) : perruque Louvre E 22547 ; tête coiffée de la double couronne (Mout) New York, MMA26.7.1427, en alliage cuivreux doré, avec insertion de la coiffe tripartite en verre bleu ; http://www.metmuseum.org/collection/the-collection-online/search/547903. Pour des calottes d'Harpocrate, munies d'un uraeus frontal et associées à la boucle de l'enfance, M. Jørgensen, *Ny Carlsberg Glyptotek. Catalogue Egypt* V. *Egyptian Bronze*, Copenhague, 2009, p. 41 (13.5) et 47 (ÆIN 677 : bronze avec calotte rapportée dotée d'un tenon pour la boucle de l'enfance perdue) ; S. Guichard (éd.), *J.-Fr. Champollion, Notice descriptive des monuments égyptiens du musée Charles X*, Paris, 2013, p. 124 (Louvre N 4131 : statue en bois doré) et p. 149 (Louvre N 783a) ; D. Bénazeth, *Tod. Les objets en métal*, San Antonio, 1991, p. 12-13, fig. 13 (modius avec uraeus) et 15 (calotte d'Harpocrate avec boucle sur le côté). Voir également la partie supérieure d'une statuette d'un pharaon en faucon (Caire JE 91435 ; alliage cuivreux ; 12 cm de haut), M. Hill, *Royal Bronze Statuary from Ancient Egypt*, p. 167-168 (33) et pl. 67 = S. Davies, H.S. Smith, *The Sacred Animal Necropolis at North Saqqara: the Archaeological Report. The Falcon Complex and Catacomb*, EES ExcMem 73, Londres, 2005, p. 91-92 et pl. XLII (FCO-170) : comme pour la statuette de Ptah Kassel Ae. 3, le crâne est arrondi et réduit par rapport au visage, et présente en outre une mortaise pour fixer une coiffe probablement réalisée dans un matériau différent.

353. J.-Fr. Champollion (*Lettres à M. le Duc de Blacas D'Aulps* I, p. 42), décrivant la statue de Ptah conservée au musée de Turin (C 86 / RCGE 5480), signalait déjà la tête, « enveloppée de la coiffure ordinaire du dieu sorte de calotte étroite qui se modèle exactement sur tous les contours du crâne ».

354. Par ex., voir R. Wilkinson, *Dictionnaire illustré des dieux et des déesses de l'Égypte ancienne*, Gollion, 2006, p. 125 (tombe d'Amenkhepershef dans la vallée des Reines) ; également J.-P. Corteggiani, *L'Égypte ancienne et ses dieux*, Paris, 2007, p. 454 (tombe de Ramsès Ier, KV 16) ; *Ptah* I, nos 110 (KIU 3529), 117 (KIU 3524), 145 (KIU 988), 173 (KIU 2343).

355. J.-P. Corteggiani, *op. cit.*, p. 454-455 : plus ancienne statue du Moyen Empire (?).

356. Voir le célèbre relief de Ptah à Médinet Habou : *Medinet Habu* VIII, pl. 608 ; P. Dils, « "Ptah-de-la-grande-porte" : un aspect du fonctionnement du temple », *Scriba* 4, 1995, p. 65-80 ; E. Teeter, *Religion and Ritual in Ancient Egypt*, Cambridge, 2011, p. 82. Pour une calotte en faïence provenant probablement de la décoration d'un relief de temple, P. Lacovara, B. Teasley Trope (éd.), *The Collector's Eye*, p. 61 (29) : 19,8 × 21,1 × 4 cm ; Nouvel Empire, Ramesside.

357. E.R. Russmann, *The Representation of the King in the XXVth Dynasty*, MRE 3, Bruxelles, 1974, p. 28-33 (« skullcap ») ; K. Weiss, *Ägyptische Tier- und Götterbronzen*, p. 59 et 76-83 (« Haarkappe ») ; en dernier lieu, S.R.W. Gregory, *Herihor in Art and Iconography. Kingship and the Gods in the Ritual Landscape of Late New Kingdom Thebes*, Londres, 2014, p. 47-62 (« cap crown »), en particulier p. 52 pour la calotte de Ptah ; S.R.W. Gregory réfute l'emploi de cet attribut en lien avec une prêtrise ; M. Page Gasser, *Götter bewohnten Ägypten. Ägyptische Bronzen des Departments für Biblische Studien der Universität Freiburg/Schweiz*, Orbis Biblicus et Orientalis, Fribourg, 2001, p. 25-28 ; W. Helck, « Zu Ptah und Sokar » *in* U. Verhoeven, E. Graefe (éd.), *Religion und Philosophie im Alten Ägypten. Festgabe für Philippe Derchain zu seinem 65. Geburtstag am 24. Juli 1991*, OLA 39, Louvain, 1991, p. 159.

358. J. Zandee, compte rendu de Fr. Daumas, *Les dieux de l'Egypte*, Que sais-je ?, no 1194, Paris, 1965, *in BiOr* 24, 1967, col. 40 (réf. D. Devauchelle) ; H. te Velde, *LÄ* IV, col. 1178-1179, *s.v.* Ptah ; J.-P. Corteggiani, *op. cit.*, p. 455.

359. Pour les prêtresses, Chr. Thiers, « Hymne à Tanent et présence latopolite sur quelques blocs d'Ermant » *in* Chr. Thiers (éd.), *Documents de Théologies Thébaines Tardives* (*D3T* 3), CENiM 13, Montpellier, 2015, p. 295-326.

360. Caire JE 60739 ; 52,8 cm de haut ; N. Reeves, *The Complete Tutankhamun*, Londres, 1990, p. 133 ; A. Wiese, A. Brodbeck (éd.), *Toutankhamon. L'or de l'Au-delà. Trésors funéraires de la vallée des rois*, Paris, 2004, p. 266-267 (59) ; R. Wilkinson, *Dictionnaire illustré des dieux et des déesses*, p. 125.

Une autre comparaison peut être établie avec une statuette conservée dans une collection privée suisse; réalisée en bois stuqué et doré, cette statuette était ornée d'yeux et de sourcils incrustés, d'une barbe et d'un sceptre rapportés (perdus) et conserve encore la calotte caractéristique, en stéatite noire[361].

La volonté de distinction de la couleur de la calotte bleue présente sur les reliefs et la statuaire en bois a également fait l'objet d'un traitement particulier sur des bronzes, avec en ce cas une calotte en or[362] ou un alliage cuivreux différent de celui composant le corps de la statue[363]. On signalera en ce sens une calotte conservée à Berlin et qui a également dû coiffer une statuette, possiblement en bois ou en métal[364]. Mais il est également avéré que des statuettes en bronze ont reçu une calotte en fritte ou en faïence, comme l'atteste le traitement du crâne (microcéphalie) d'une statuette (Ptah debout avec tenon) conservée au musée de Cassel (Fig. 3.11)[365].

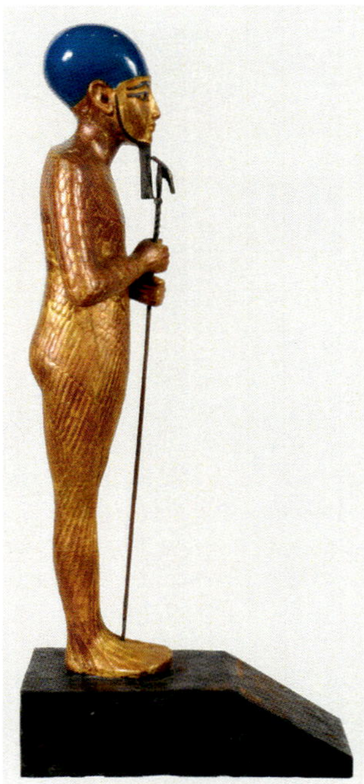

Fig. 3.10. Statue de Toutânkhamon. Caire JE 60739. © Musée égyptien du Caire.

Fig. 3.11. Statuette Kassel Br 671. © Museumslandschaft Hessen Kassel.

361. T. Staubli (éd.), *Werbung für die Götter*, p. 22 (1): 26 cm de haut (les pieds manquent); Nouvel Empire.
362. *Les bronzes égyptiens*, p. 81-82 (15): groupe avec Ptah debout et deux adorateurs agenouillés; bronze; 26,5 × 8,5 × 16 cm; TPI; autres incrustations en or sur les supports de la barbe postiche, le sceptre, le collier, le contrepoids; les yeux et les sourcils étaient également incrustés mais la matière a disparu.
363. Voir J. Ogden, « Metals » *in* P.T. Nicholson, I. Shaw (éd.), *Ancient Egyptian Materials and Technology*, p. 160-161; L. Coulon, *in* O. Perdu (éd.), *Le crépuscule des pharaons*, p. 101-102 (206): Oxford AM AN 1986.50 (18,8 cm de haut); M. Schulze, R. Lehmann, « Alte und neue Analyseverfahren an den Bronzen des Museum August Kestner und was sie uns verraten » *in* M. Fitzenreiter *et al.* (éd.), *Gegossene Götter*, p. 140-142, fig. 9: la figurine de Ptah a subi une analyse spectrométrique à la fluorescence X qui a permis d'identifier la nature des composants de l'alliage cuivreux, en particulier la teneur en étain: plus sombre que le reste de la figurine (bronze rougeâtre), la calotte a été réalisée dans un alliage différent, comme les détails du pectoral et du sceptre, dans un bronze faible en étain = Chr. Loeben, « Museum August Kestner, Hannover » *in op. cit.*, p. 296-297 (II.18): Hanovre 3494; 25,9 cm de haut; fin Nouvel Empire-Basse Époque. Sur la polychromie des bronzes, rendue par des alliages différents et des procédés de polissage, et sur le bronze noir (*ḥmty km*), voir É. Delange, « The Complexity of Alloys: New Discoveries about Certain "Bronzes" *in* the Louvre » *in* M. Hill, D. Schorsch (éd.), *Gifts for the Gods*, p. 39-49; R.S. Bianchi, in *Les bronzes égyptiens*, p. 17-18; S. La Niece *et al.*, « Polychromy and Egyptian Bronze: New Evidence for Artificial Coloration », *Studies in Conservation* 47, 2002, p. 95-108; D. Schorsch, *op. cit.*, p. 195 et n. 33; S.S. Heinz, *in* M. Bergeron, A. Smith (éd.), *The Gods of Small Things*, p. 224 et n. 91; Fl. Shearman, « Patina and Polychromy: Reconstructing Some Technical Histories for Small Egyptian Bronze Sculpture in the British Museum » *in* J. Dawson, C. Rozeik, M.M. Wright (éd.), *Decorated Surfaces on Ancient Egyptian objects: Technology, Deterioration and Conservation. Proceedings of a Conference held in Cambridge, UK on 7-8 September 2007*, Cambridge, 2010, p. 52-57 (avec bibliographie).
364. Berlin 2552; 4,2 cm de haut: G. Roeder, *Ägyptische Bronzefiguren*, p. 198, § 233d et pl. 27g. Et, pour une statuette de Ptah en bronze (Berlin 2424; 13,8 cm de ht) qui recevait une calotte, *ibid.*, p. 200-201, § 235i (malheureusement sans photographie).
365. Kassel Br 671 (12 cm de haut, 14,8 cm avec le tenon; yeux et sourcils incrustés); A. Felgenhauer, *Ägyptische und ägyptisierende Kunstwerke*, Cassel, 2013, p. 126-128 (42); A. Krug, *Staatliche Kunstsammlungen Kassel. Ägyptische Kleinkunst*, Cassel, 1971, p. 22-23 (3) et pl. 4 (3). L'épaisseur attendue de la calotte oriente davantage vers une réalisation en fritte qu'en métal (alliage cuivreux ou or). Je remercie Rüdiger Splitter, directeur des collections antiques du Museumslandschaft Hessen Kassel pour les photographies de ce bronze et l'autorisation de publication.

Pareillement, une statuette en bronze avec incrustations en or, conservée au Metropolitan Museum de New York, est intéressante pour notre propos (Fig. 3.12)[366]. La partie supérieure de la tête est manquante, coupée en biais depuis le front jusqu'à la nuque ; une cavité occupant le centre du crâne atteste la présence d'une calotte qui était rapportée, en métal ou en fritte, emboîtée sur le crâne.

Fig. 3.12. Statuette New York, MMA 10.184.3. © New York, Metropolitan Museum of Art.

Aucune calotte comparable à celles de la *favissa* n'a été identifiée dans la littérature égyptologique, mais il est fort possible que des exemplaires aient échappé à la recension. Toutefois, une calotte en faïence bleue conservée dans une collection privée mérite d'être signalée[367] (Fig. 3.13) ; bien que partiellement dégradée à la suite de la perte de la couche d'émail de surface, la calotte conserve son aspect caractéristique (découpe de l'oreille droite, ligne du front et haut de la nuque) ; la profondeur et la brillance de l'émail bleu contraste avec les exemplaires en fritte de la *favissa*. L'intérieur présente une cavité arrondie assurant l'emboîtement sur le crâne de la statue ; voir *infra* (7).

Fig. 3.13. Calotte en fritte émaillée, collection privée. © Th. Nick/UMR 8164-HALMA.

366. MMA 10.184.3 ; 10 cm de haut.
367. 7,5 × 7,5 × 8,5 cm (mortaise intérieure de 4 cm de diamètre) ; je remercie son propriétaire qui m'a signalé cet objet et a autorisé sa publication.

Pour compléter ce tableau, signalons des statuettes en faïence du dieu Ptah qui ont pareillement été dotées d'une calotte bleue, réalisée en faïence (ou en fritte ?) avec toujours une volonté marquée de distinction par rapport au corps divin de couleur bleu-vert (comme attesté sur certains reliefs) [368]. Si des exemples en faïence verte montrent un simple traitement de couleur bleue pour la calotte, comme sur une statuette du musée de Leyde (Fig. 3.14) [369], d'autres témoignent d'une calotte rapportée : c'est le cas d'une tête conservée au Musée national de Dublin (Fig. 3.15) [370].

Fig. 3.14. Figurine de Ptah, Leyde RMO AED 10. © National Museum of Antiquities, Leiden.

Fig. 3.15. Tête de Ptah (?), Dublin, NMI 1908.512. © National Museum of Ireland.

Plusieurs statues du dieu Ptah, en bois, ont été mises au jour à Saqqara-Nord au cours des fouilles de l'Egypt Exploration Society [371]. Aucune ne présente une calotte rapportée, bien que l'une d'entre elles se signale par un traitement particulier de la tête et une différence de coloration du bois qui pourraient suggérer une fine calotte de ce type [372].

Enfin, la disposition des calottes (également *infra*) dans la *favissa*, parmi les autres objets, laisse penser que soit elles n'ont pas été enfouies avec la statue/statuette en bois à laquelle elles appartenaient, soit la statue/statuette était brisée.

La datation de cette calotte, tout comme celles présentées ci-dessous, est délicate. En lien avec les autres artefacts de la *favissa*, il convient de les assigner globalement à la Troisième Période intermédiaire-Basse Époque.

368. Par ex., *Ptah* I, n°s 145 (KIU 988) et 173 (KIU 2343).

369. Leyde, Rijksmuseum van Oudheden AED 10 ; 12 × 3.5 × 2.4 cm ; XXVIe dynastie ; H.D. Schneider, *Rijksmuseum van Oudheden. Egyptisch kunsthandwerk*, Amsterdam, 1995, p. 6, fig. 2. Je remercie Lara Weiss, conservatrice au département des antiquités égyptiennes du musée de Leyde, pour les renseignements fournis et l'autorisation de publication de la photographie.

370. Dublin, National Museum of Ireland inv. 1908.512 (3,5 cm), provenant de Mit Rahineh ; XIXe dynastie ; je remercie Isabella Mulhall, assistante conservatrice (Irish Antiquities Division) au Musée national d'Irlande, pour l'autorisation de publication de la photographie et l'examen de la tête : noter qu'elle ne porte pas de barbe. Comparée à la tête en faïence bleu-vert, la texture de la calotte, d'après la photographie disponible, ressemble fortement à la calotte (**8**) en fritte.

371. E.A. Hastings, *The Sculpture from the Sacred Animal Necropolis at North Saqqâra 1964-1976*, p. 34-36 (120-121, 125-128), pl. XXXVI-XXXVII. Voir également P. Pamminger, *Ägyptische Kleinkunst aus der Sammlung Gustav Memminger*, Leonberg, [1991], p. 45 (20) : statue de Ptah en bois doré (16 cm de haut ; XIXe dyn. ?) sans calotte rapportée.

372. E.A. Hastings, *op. cit.*, p. 135 (127) ; l'auteur ne signale pas la présence d'une mortaise sur le haut du crâne ; les yeux étaient incrustés et sertis en alliage cuivreux.

6. Calotte en fritte

Inv. 179.8048-9
Datation : TPI-Basse Époque ?
Matière et dimensions : fritte bleue ; 6,8 × 8,8 × 8,9 cm.
État de conservation : perte générale de la pigmentation ; des fragments pulvérulents présentant encore une couleur bleue assez soutenue ont été observés à l'intérieur de la calotte. Une consolidation générale a été pratiquée au Klucel G dilué à 2% dans de l'eau et de l'éthanol, et à l'oxalate d'ammonium (Amox) dilué à 5% dans de l'eau.
Description : la forme générale est arrondie, la calotte retombant originellement assez bas sur le front de la statuette ; elle est la plus enveloppante des calottes de la *favissa*. Le contour des oreilles est bien souligné. Du plâtre/gypse qui améliorait la fixation avec la tête de la statue (probablement en bois) est encore présent à l'intérieur de la cavité/mortaise quadrangulaire ménagée au centre de la calotte.

Commentaire : voir *supra*. D'après les dimensions de la calotte, on peut estimer la taille de la statue debout à environ 54 cm ; Fig. 3.16.

7. Calotte en fritte

Inv. 179.8048-14
Datation : TPI-Basse Époque ?
Matière et dimensions : fritte turquoise[373] ; 7,5 × 10,4 × 13,4 cm.
État de conservation : une large fissure traverse l'intérieur de la calotte. Après fixation de petits éclats, elle a été consolidée avec du Klucel G dilué à 2% dans de l'eau et de l'éthanol, et de l'oxalate d'ammonium (Amox) dilué à 5% dans de l'eau, les zones pulvérulentes (rebords intérieurs) ont été traitées avec de l'Acril 33 dilué dans de l'eau.
Description : il s'agit du module le plus grand de la série. La forme est étirée vers l'arrière ; le contour des oreilles reste relativement bien dessiné. Un large évidement cylindrique a été réservé à l'intérieur de la calotte.

373. B. Schlick-Nolte, « Ägyptische Fayence und Ägyptisch Blau im Alten Ägypten » *in* R. Busz, P. Gercke (éd.), *Turkis und Azur*, p. 20-21 ; P.T. Nicholson, « Faience » *in* D.B. Redford (éd.), *The Oxford Encyclopedia of Ancient Egypt*, p. 495 ; J. Leichmann, *in* R. Landgráfová, *Abusir* XIV, p. 53.

Commentaire: voir *supra*. L'évidement arrondi de cette calotte a permis d'épouser la forme du crâne de la statuette dont la taille a dû être réduite à dessein[374]. Les dimensions de la calotte permettent de restituer une statue d'environ 72,5 cm de haut; Fig. 3.16.

8. Calotte en fritte

Inv. 179.8048-16
Datation: TPI-Basse Époque?
Matière et dimensions: fritte bleue; 2,6 × 3,1 × 3,6 cm.
État de conservation: consolidation à l'aide de Klucel G dilué à 3% dans de l'eau et de l'éthanol.
Description: cette calotte est la plus petite de la série. La forme générale est arrondie, l'emplacement des oreilles bien marqué. Une mortaise quadrangulaire (1,5 × 1,2 × 1 cm) a été ménagée au centre de la calotte.

Commentaire: voir *supra*. Les dimensions de la calotte permettent de restituer une statuette d'environ 23 cm de haut; Fig. 3.16.

374. Cf. la statuette Kassel Br 671, *supra,* Fig. 3.11.

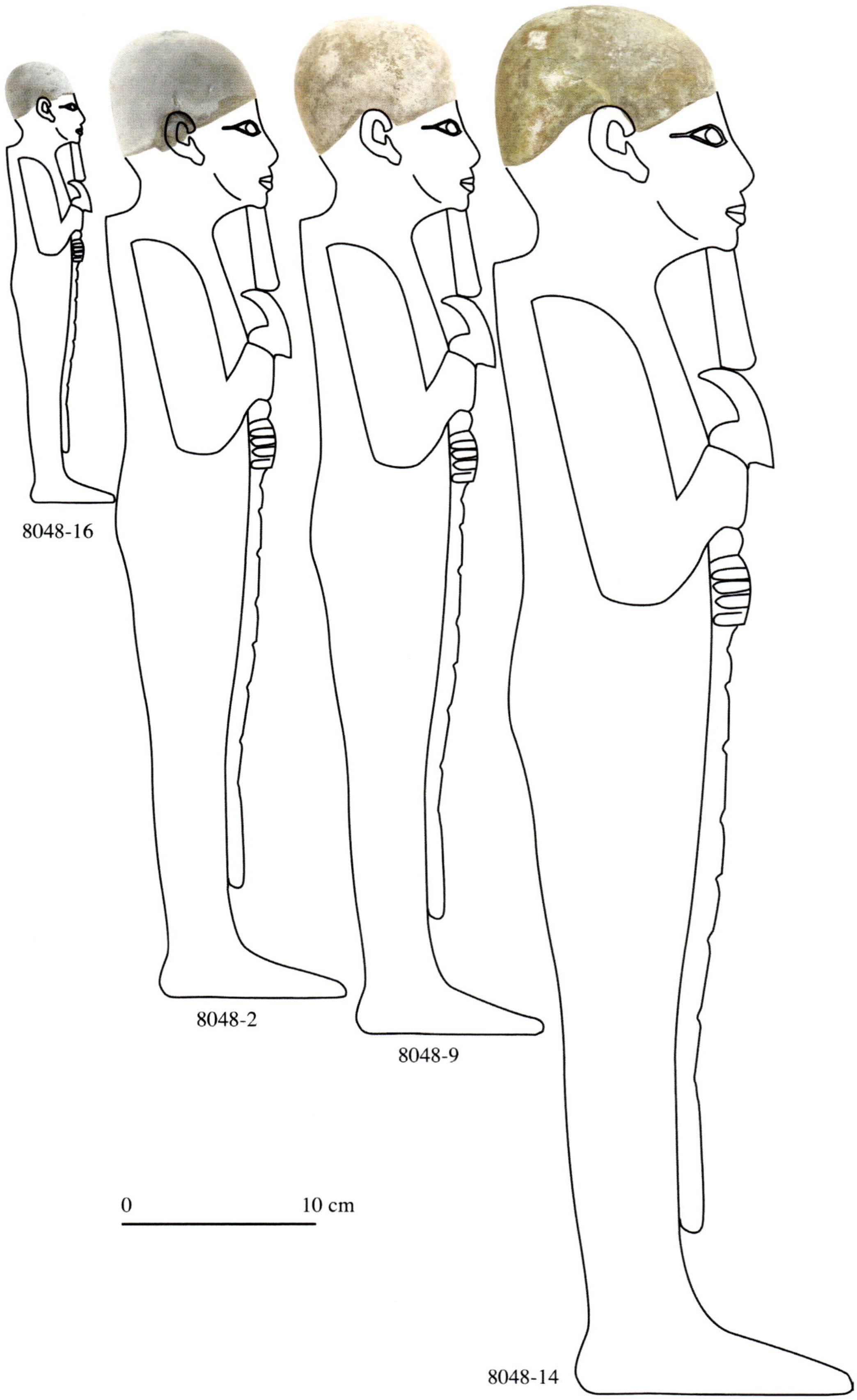

Fig. 3.16. Proposition de restitutions des statuettes/statues de Ptah debout coiffé de la calotte.
© CNRS-CFEETK/Chr. Thiers.

9. Barbe droite en faïence

Inv. 179.8048-25
Datation : –
Matière et dimensions : pâte siliceuse émaillée bleue (« faïence égyptienne ») ; 14,5 × 5,4 × 3,3 cm.
État de conservation : perte partielle de la couleur de la glaçure ; consolidation de la surface avec du Klucel G dilué à 3% dans de l'eau et de l'éthanol.
Description : la couleur bleu turquoise de l'émail est bien conservée sur les côtés et à l'arrière ; des stries horizontales occupent le devant et les côtés de la barbe ; l'arrière est lisse. La partie légèrement incurvée se fixait au menton grâce à une large mortaise rectangulaire (1,1 × 1,8 cm × 3,8 cm ; du plâtre de fixation est visible au fond de la cavité)[375].
Commentaire : la barbe droite, bleue, est un élément caractéristique de l'iconographie du dieu Ptah, comme cela a été rappelé précédemment, et comme le montre une tête calcaire conservée au Caire (JE 10928 ; Fig. 3.17) dont la barbe droite était également rapportée[376]. La grande taille de cet attribut permet de restituer une statue d'environ 180 cm de haut, mais sans toutefois exclure une statue assise comme celle présente dans la *favissa* (**3**). L'œuvre, probablement en pierre, à laquelle appartenait cette barbe, devait ainsi constituer une pièce majeure dans le temple de Ptah. La célèbre statue de Turin C 86 datée d'Amenhotep III et découverte par J.-J Rifaud à Karnak[377] constitue un excellent point de comparaison (Fig. 3.18) ; elle mesure 2,07 m (avec la base), soit une hauteur de 1,89 m. La barbe est quant à elle longue de 17 cm[378], légèrement plus grande que celle en faïence découverte dans la *favissa* (14,5 cm).

Fig. 3.17. Tête Caire JE 10928.
© Musée égyptien du Caire.

375. Pour une barbe courte (royale) en faïence, avec deux mortaises dans la partie convexe de fixation, P. Lacovara, B. Teasley Trope (éd.), *The Collector's Eye*, p. 58 (27A) : 6 × 6,5 × 1,8 cm ; fin XVIIIe dynastie.
376. Tête attribuée à Ptah, avec calotte, yeux et sourcils dont les inscrustations sont perdues ; un système de fixation recevait la barbe rapportée, insérée dans une rainure ménagée dans le bloc de calcaire ; la barbe pouvait être en alliage cuivreux ou en fritte de couleur bleue ; Memphis ; Ancien Empire : http://www.globalegyptianmuseum.org/record.aspx?id=14767.
377. Turin C 86 (RCGE 5480) ; E. Scamuzzi, *L'art égyptien au musée de Turin*, Turin, 1966, pl. XXXIII ; S. Cincotti, « *Karnak est en paix* », doc. 48 ; S. Connor, *Le statue del Museo Egizio*, Turin, 2016, p. 99.
378. Je remercie Federica Facchetti, secrétaire de direction et staff scientifique, Fondazione Museo delle Antichità Egizie di Torino, qui m'a transmis ces informations ainsi que la photographie de la statue Turin C 86.

Fig. 3.18. Statue de Ptah, Turin C 86.
© Fondazione Museo delle Antichità Egizie di Torino.

Somtous (?)

10. Boucle de l'enfance en alliage cuivreux

Inv. 179.8048-17
Datation: Basse Époque-époque ptolémaïque?
Matière et dimensions: alliage cuivreux (fonte pleine à la cire perdue, monovalve?); 6,3 × 3 × 1,4 cm.
État de conservation: la corrosion a quelque peu altéré les détails des extrémités de la pièce.
Description: comme fréquemment attesté, la face avant de la tresse est détaillée à l'aide d'incisions en chevrons. La partie arrière n'a en revanche reçu aucun détail, probablement du fait qu'elle se trouvait masquée contre la coiffe tripartite et l'épaule de la divinité.

Commentaire : cette mèche de l'enfance orne d'ordinaire la tempe droite du jeune Harpocrate[379] mais également celles d'Harsomtous/Somtous[380], coiffé en outre de la couronne-*hemhem*[381], et de Khonsou l'enfant. Même s'il est illusoire de distinguer ces dieux enfants en l'absence d'une inscription précise, le contexte du temple de Ptah invite à considérer ici une statue de Somtous, ce qui induirait une datation tardive ; il n'y apparaît en effet qu'avec les décorations aux noms d'Évergète Ier et de Philopator[382]. Cette pièce a pu appartenir à une statuette en bois ou en alliage cuivreux[383].

Mout

11. Statuette assise consacrée par Nespaoutytaouy

Inv. 179.8048-5
Datation : XXVIe dynastie.
Matière et dimensions : grauwacke/métapélite ; 16 × 3,6 × 7,6 cm.
État de conservation : la statuette est complète, bien qu'une large fissure soit visible au niveau du ventre et des coudes[384]. L'assemblage des deux fragments présente un décalage marqué, résultat avéré d'une restauration antique maladroite, probablement à l'aide d'un tenon, fixé avec du plâtre/gypse encore visible dans le joint. Au moment de la découverte, la statuette était largement recouverte d'une concrétion de terre extrêmement dure qui a été retirée mécaniquement.
Description : Mout est représentée assise sur un trône à dossier bas supporté par un socle arrondi à l'avant, les mains posées sur les cuisses, tenant une croix ansée de la main gauche. La tête est légèrement tournée vers la droite, désaxement accentué au niveau de la couronne, bien visible par rapport à l'appui dorsal[385]. La déesse est coiffée de la traditionnelle double couronne[386] surmontant une dépouille de vautour plaquée sur une lourde perruque tripartite aux tresses détaillées[387]. Un uraeus assez fruste est dressé sur son front. Le visage est rendu par des traits affirmés : larges oreilles décollées, yeux grandement ouverts prolongés par une ligne de fard, sourcils épais, pommettes marquées, lèvres épaisses dessinant un léger sourire. La longue robe fourreau soulignant la taille fine est rendue visible par le seul pli au niveau des chevilles.

379. En dernier lieu, W. Guglielmi, *in* S.L. Lippert, M. Schentuleit, M.A. Stadler (éd.), Sapientia Felicitas. *Festschrift für Günter Vittmann*, p. 204-206, fig. 1-5.
380. Pour Harsomtous l'enfant, É. Louant, « Harsomtus the Child, son of Horus of Edfu, and the Triple Confirmation of the Royal Power » *in* D. Budde *et al.* (éd.), *Kindgötter im Ägypten der griechisch-römischen Zeit*, OLA 128, Louvain, 2003, p. 225-249 ; S. Cauville, *Dendara. Harsomtous*, OLA 238, Louvain, 2015.
381. Pour les bronzes figurant le jeune Somtous assis sur un lotus, J. Quaegebeur, « Somtous l'Enfant sur le lotus », *CRIPEL* 13, 1991, p. 113-121 (associé au contexte héracléopolitain) ; *Les bronzes égyptiens*, p. 196-197 (54) et p. 200-203 (56) (datés Basse Époque).
382. *Ptah* I, n°s 104 et 128D (KIU 3538 et 3615) ; Chr. Thiers, *in* H. Beinlich (éd.), *9. Ägyptologische Tempeltagung*, p. 335.
383. Lorsque cet élément est perdu, la tempe droite des statues et statuettes présente soit un tenon, soit une mortaise, selon la méthode de fixation employée ; G. Daressy, *Statues de divinités* II, pl. IX (CG 38128) ; G. Roeder, *Ägyptische Bronzefiguren*, p. 121-122 et pl. 18i ; K. Weiss, *Ägyptische Tier- und Götterbronzen aus Unterägypten*, pl. 11 (203, 218 et 226), 12 (240) ; S. Schoske, D. Wildung, *Gott und Götter im Alten Ägypten*, p. 124 (85).
384. Observer un point de cassure identique sur deux statuettes de Mout, Boston MAG 11.1969 (grauwacke) et Caire JE 91127 (calcite), E.A. Hastings, *The Sculpture from the Sacred Animal Necropolis at North Saqqâra 1964-1976*, p. 38 (140 et 142) et pl. XXXIX-XL.
385. Ce désaxement qui affecte la partie supérieure n'est pas le résultat de la restauration antique ; cette dernière a engendré un léger décalage latéral mais pas une rotation de la partie supérieure.
386. On notera l'absence du trou de fixation du « serpentin » rapporté de la couronne rouge, présent sur certains exemplaires ; E.A. Hastings, *op. cit.*, p. 38 (142) et pl. XL : statuette de Mout assise Caire JE 91127 ; 13,1 cm de haut ; base 6 × 3,4 cm ; calcite.
387. Cf. la statuette de Mout et Amon Louvre N 3566 (XIXe dynastie), Chr. Barbotin, *Les Statues égyptiennes du Nouvel Empire* I, p. 138-141 (79), II, p. 220-225 ; Chr. Ziegler (éd.), *Reine d'Égypte d'Hétephérès à Cléopâtre*, Monaco, 2008, p. 322 (152). Pour une statuette d'Isis, avec la même coiffe mais surmontée de la couronne hathorique, D. Ben-Tor, *The Immortals of Ancient Egypt. From the Abraham Guterman Collection of Ancient Egyptian Art*, Jérusalem, 1997, p. 34-35 (20), datée du IIe s. av. J.-C.

La base, les côtés du trône et l'appui dorsal en forme d'obélisque[388] portent des inscriptions exécutées sans soin à cause de la dureté de la pierre.

388. Le sommet du pyramidion est biseauté afin de rejoindre la partie sommitale de la mitre. Le rétrécissement de l'appui dorsal dans la partie supérieure permet de ne pas le rendre visible en vue frontale. Cf. pour une statuette de Mout debout (Caire JE 91459) avec appui dorsal en forme d'obélisque, E.A. Hastings, *The Sculpture from the Sacred Animal Necropolis at North Saqqâra 1964-1976*, p. 38 (141) et pl. XXXIX; datée de la Basse Époque.

Inscriptions : cette modeste statuette, pourtant un des rares objets inscrits de la *favissa*, présente des difficultés de lecture et d'interprétation qui – sans avoir pu être totalement surmontées – sont discutées dans le commentaire. Un premier texte (A) de trois colonnes couvre l'appui dorsal et l'arrière du trône. Le second (B) débute sur le devant de la base, côté gauche (de la statuette), et se développe sur le pourtour jusqu'à l'extrémité antérieure du côté gauche ; il se poursuit sur les côtés du trône, d'abord à gauche puis à droite, développant les titres de Nespaoutytaouy. Nom et titres du dédicants sont ainsi orientés face à la représentation statuaire de Mout[389].

Texte A

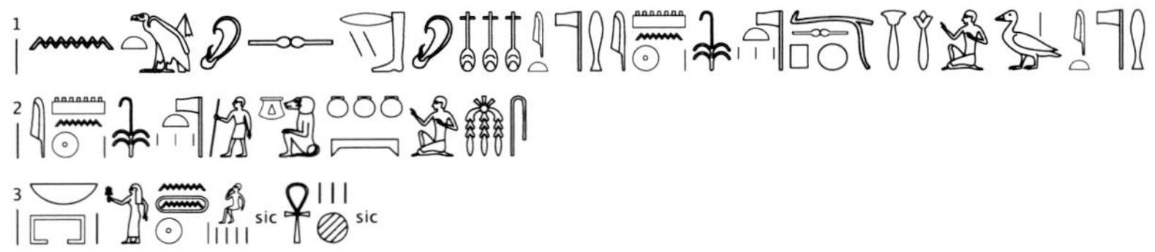

[1] *n*[390] *Mw.t sḏm(.t) spr(w) (> sbr) sḏm(.t) nfrw jt-nṯr ḥm-nṯr Jmn-Rꜥ nswt nṯr.w Ns-pꜣwty-Tꜣ.wy sꜣ jt-nṯr ḥm-nṯr*

[1] À Mout, qui entend l(es) plainte(s) (et) qui entend les bonnes actions/la bonté[392], le père divin, prophète d'Amon-Rê, roi des dieux, Nespaoutytaouy, fils du père divin, prophète

[2] *Jmn-Rꜥ nswt nṯr.w Ns-pꜣ-nwn-wr (?) ms (n)*
[3] *nb(.t) pr jḥy.t n(yt) Jmn-Rꜥ H̱rd.w-ꜥnḫ*[391]

[2] d'Amon-Rê, roi des dieux, Nespanounour (?), né de
[3] la maîtresse de maison, la chanteuse d'Amon-Rê, Kheredouânkh.

Texte B
Base

[4] [devant] *Mw.t jr(.t)-Rꜥ nb(.t) p.t ḥnw.t* [droit] *nṯr.w dꜥnḫ wḏꜣ snb ꜥḥꜥw qꜣ jꜣw.t* [arrière] *ꜥꜣ.t nfr.t ḥs(y) mr(y)t* [gauche] *jt-nṯr ḥm-nṯr Jmn-Rꜥ nsw.t nṯr.w sš pr-ḥḏ*[393] *n(y) Jmn*

[4] [devant] Mout, œil de Rê, maîtresse du ciel, régente [droit] des dieux, accorde vie, prospérité, santé, une longue durée de vie, une grande vieillesse [arrière] parfaite, (au) loué (qu'elle) aime[394] [gauche], le père divin (et) prophète d'Amon-Rê, roi des dieux, scribe du Trésor d'Amon,

389. Cf. H.G. Fischer, *Egyptian Studies* II. *The Orientation of Hieroglyphs* Part. I. *Reversals*, New York, 1977, p. 27-28 (pour un hymne adressé à une figure du dieu Khonsou par le dédicant, sur le côté de sa propre statue).
390. Le trait est compris comme la préposition *n* assignant la statuette à la déesse Mout, mais ce pourrait tout autant être un simple trait qui marge l'inscription dans la partie supérieure du pilier dorsal. En ce cas, le texte ne serait pas une adresse à Mout par le dédicant mais la désignation de la forme divine représentée (qui débute le texte B) ; par ex., pour des statues d'Osiris, L. Coulon, *in* L. Coulon (dir.), *La Cachette de Karnak*, p. 534-539 ; statuette d'Harpocrate, Paris Bibliothèque nationale, JW*IS* IV, p. 1154 (60.748).
391. Pour la gravure du *n* avec de petites incisions verticales due à la dureté du support, cf., par ex., le scarabée/pectoral en pierre noire, Vienne ÄS 2022 : V. Wessetzky, « Anmerkungen über das Gottesbuch des Königs » *in* Fr. Junge (éd.), *Studien zu Sprache und Religion Ägyptens zu Ehren von Wolfhart Westendorf* II, p. 963-966, pl. 1.
392. Pour ces deux épithètes de Mout, voir *infra*.
393. Le signe (également les deux autres occurrences plus bas) est rendu comme une graphie de *prt-ḫrw*, avec le signe *pr* réduit à trois côtés, semblable aux graphies hiératiques. Malgré cette gravure peu soignée, on reconnaît la mention de *pr-ḥḏ*; pour une même graphie erronée, voir la stèle de Paiouenhor Londres BM EA 338 (*sš pr-ḥḏ n(y) Pr-Wsjr* ; également rendu avec le signe-*ḫm* ; Abydos, XXVIe dynastie), JW*IS* IV, p. 999 (60.445). Voir également les confusions graphiques dans l'épithète *ḥnw.t pr(.t)-ḫrw* d'Isis et Nephthys (*LGG* V, 181a) rendue par *pr-nfr* et *pr-ꜥnḫ* sur des sarcophages thébains de la XXIe dynastie, Vienne ÄS 6262, l. 2 ; 6263, l. 3, 41, 45, 47, 50, 52 ; 6266, l. 6.
394. Omission du/des pronom(s) suffixe(s) ; habituellement séquence Divinité + *ḥs(y)=f/s mr(y)=f/s* + personne.

Trône, côté gauche

5 

[5] *ḥm-nṯr.w*[395] *(ny) ḥw.t-nbw sš pr-ḥḏ*[396] *n(y) Jmn-m-Jp.t*[397]

[5] serviteur des dieux (du) Château de l'or, scribe du Trésor d'Aménopé,

Trône, côté droit

6 

[6] *ḥr*[398] *sꜣ 3-nw wꜥb Rꜥ tp-ḥw.t n(y) Jmn sꜣ 2-nw jdnw*[399] *(ny) pr-ḥḏ*

[6] de la 3e *phylé*, prêtre-*ouâb* de Rê sur le toit (du temple) d'Amon (de)[400] la 2e *phylé*, délégué du Trésor.

Commentaire: quelques éléments, stylistiques et épigraphiques, confortent l'attribution de la statuette d'Hathor à la XXVIe dynastie[401]. Le traitement de la coiffure, en particulier la dépouille de vautour, peut être comparé à celle d'une statuette d'Isis datée par les cartouches de Psammétique II et d'Apriès[402]. La gravure particulière

395. *t* superfétatoire (confusion avec la séquence *nswt nṯr.w*, à la suite de la mention d'Amon sur la base ?).
396. Inversion des signes, adoptant l'orientation de la statue (voir également *infra*) ; à moins de comprendre « scribe du Trésor du domaine d'Amenopé ».
397. Avec un *t* superfétatoire précédent le signe *jp.t*.
398. La préposition *ḥr* assure que cette séquence est la suite du côté opposé du siège.
399. Pour la lecture *jdnw (n) pr-ḥḏ* l'inversion des signes est notable : ils sont orientés vers l'avant, dans la direction de la statue.
400. Noter l'absence de la préposition *ḥr*, pourtant présente dans la séquence précédente.
401. Je remercie O. Perdu pour les informations qu'il m'a procurées à ce sujet.
402. Londres, Petrie Museum UC 42533 ; S. Thomas, « A Saite Figure of Isis in the Petrie Museum », *JEA* 85, 1999, p. 232-235 et pl. XXVIII. Voir également une autre statuette d'Isis, Hildesheim, Pelizaeus-Museum 1203 ; A. Eggebrecht, *Pelizaeus-Museum Hildesheim: Die Ägyptische Sammlung*, Mayence, 1993, p. 83, fig. 79.

des hiéroglyphes sur le grauwacke trouve des similitudes dans l'inscription d'une statue d'Isis et d'Osiris conservée à Baltimore[403]. La disposition et le sens de lecture des colonnes de l'appui dorsal (colonne centrale, puis deux colonnes latérales) sont également en usage à la XXVIe dynastie[404].

Le dédicant, Nespaoutytaouy/Spotous ( ), porte un nom relativement fréquent à Thèbes, attesté de la XXe dynastie jusqu'à l'époque ptolémaïque[405], construit sur l'épithète de l'Amon primordial[406]. Onze occurrences sont ainsi attestées dans la base de données « Cachette de Karnak[407] », aucune ne livrant toutefois un patronyme ou un matronyme identifiable avec celui de la statuette de Mout. C'est le même constat pour les autres attestations recensées.

Charges sacerdotales et titres de Nespaoutytaouy:

1. « Père divin, prophète d'Amon-Rê » ;
2. « Scribe du Trésor (*pr-ḥḏ*) d'Amon[408] » ;
3. « Serviteur des dieux (du) Château de l'or[409] » ;
4. « Scribe du Trésor (*pr-ḥḏ*) d'Aménopé (de la 3e *phylé*)[410] » ;

403. Baltimore, Walters Art Gallery 22.199 ; A.K. Capel, G. Markoe, *Mistress of the House, Mistress of Heaven*, Cincinnati, 1996, p. 125-126 (57).
404. Voir la statuette de Neith, Copenhague NCG ÆIN 208 ; PM VII/2, p. 1096 ; O. Koefoed-Petersen, *Recueil des inscriptions hiéroglyphiques de la glyptothèque Ny Carlsberg*, BibÆg 6, Bruxelles, 1936, p. 24-25 (appui dorsal avec une colonne centrale divine, puis trois en dessous consacrées au dédicant se lisant en débutant par celle du centre suivie des deux latérales ; la généalogie se poursuit sur les côtés du trône de la déesse) ; M. Jørgensen, *Ny Carlsberg Glyptotek. Catalogue Egypt* IV. *Late Egyptian Sculpture 1080 BC AD 400*, Copenhague, 2009, p. 114-117 (37).
405. Le *floruit* de cet anthroponyme à Thèbes se situe aux XXIe-XXIIe dynasties (plus rare aux XXVe et XXVIe dynasties) ; H. Ranke, *PN* I, p. 176 (1) et p. XXIV et 365 ; E. Luddeckens, *DemNam*, p. 672-673 ; *PP* VII, p. 322 ; JW*IS* I, p. 280 (index) ; II, p. 519 (index) ; III, p. 247 (49.23, l. 14) ; IV, p. 1078 (60.599) ; A. Sackho-Autissier, « Cinq fragments de statues de particuliers du magasin du "Cheikh Labib" », *Karnak* 11, 2003, p. 574-575 (ép. ptol.).
406. Pour Amon-Rê « le primordial des Deux Terres », D. Klotz, *Caesar in the City of Amun*, p. 58-59 ; *LGG* III, 23a-24a.
407. Attestations qui couvrent la XXIe dynastie jusqu'à l'époque ptolémaïque.
408. J.A. Taylor, *An Index of Male Non-Royal Egyptian Titles, Epithets & Phrases of the 18th Dynasty*, Londres, 2001, p. 210, no 2047 : TT 254, N. Strudwick, *The Tombs of Amenhotep, Khnummose and Amenmose at Thebes (Nos. 295, 253, 254)*, Oxford, 1996, pl. 36 ; A.R. Al-Ayedi, *Index of Egyptian Administrative, Religious and Military Titles of the New Kingdom*, Ismailia, 2006, p. 513, no 1738 (*sš pr-ḥḏ n(y) pr-Jmn*) ; A.P. Kozloff *et al.* (éd.), *Aménophis III le Pharaon-Soleil*, Paris, 1993, p. 217 ; A. Fakhry, « A Report on the Inspectorate of Upper Egypt », *ASAE* 46, 1947, p. 44 ; A. Niwinski, *21st Dynasty Coffins from Thebes. Chronological and Typological Studies*, Theben V, Mayence, 1988, nos 102, 116 et 286 ; Fr. Payraudeau, *Administration, société et pouvoir à Thèbes sous la XXIIe dynastie bubastite*, BiÉtud 160, Le Caire, 2014, p. 210 ; JW*IS* II, p. 455 (45.113) ; pour l'époque ptolémaïque, D. Klotz, « The Cuboid Statue of Ser-Djehuty, Master Sculptor in Karnak, Los Angeles County Museum of Art 48.24.8 + Cambridge University, Museum of Archaeology and Anthropology 51.533 », *RdE* 66, 2015, p. 62-63, 72, 88, n. 192 ; voir également *sš pr.wy-ḥḏ n(y) Jmn*, p. ex JW*IS* III, p. 524 (52.314) : CG 48616 = CK 115 ; http://www.ifao.egnet.net/bases/cachette/?id=115 ; H. Elleithy, « Five XXVIth Dynasty Wooden Funerary Stelae from Thebes », *Memnonia* 24, 2013, p. 120, n. f (avec attestations de la XIXe à la XXVIe dynastie) ; A. Niwinski, *op. cit.*, nos 123, 149, 158, 351 (*sš pr.wy-ḥḏ n pr Jmn*).
409. Ce titre n'est pas signalé dans les répertoires prosopographiques. Il apparaît à deux reprises sur des documents que m'a obligeamment signalés R. Birk :
- statue inédite de Padiimennebnesouttaouy (JE 37983 = CK 497), également prêtre de Ptah : *ḥm(-nṯr) Ptḥ (ḥm ?) n nṯr.w ḥw.t-nbw* ;
- statue inédite de Pakharkhonsou, vendue dans la Merrin Gallery (New York) en 1990 (informations du CLES) ; XXXe dynastie ou début ptolémaïque ; malgré l'aspect fragmentaire de l'appui dorsal, le titre est possiblement reconnaissable dans une séquence plus longue : *[…]* [2] *nṯr.w n pr-ḥḏ šnw.t ḥwt-nbw n Pr-Jmn* « [serviteur ?] des dieux du Trésor, du grenier et du Château de l'or du domaine d'Amon » ; fait notable, le bas de la première colonne mentionne à nouveau, dans un contexte peu clair, une prêtrise de Ptah (*ḥm(-nṯr) Wsjr (?)-Ptḥ nb […]*). Je remercie L. Coulon qui m'a fait parvenir les photographies de ces deux statues (CLES 8593).
Pour le *ḥw.t-nwb*, Ph. Derchain, « L'atelier des orfèvres à Dendara », *CdE* 65, 1990, p. 219-242 ; S.H. Aufrère, *L'Univers minéral* 2, p. 374-376 ; A. von Lieven, « Im Schatten des Goldhauses. Berufsgeheimnis und Handwerkerinitiation im Alten Ägypten », *SAK* 6, 2007, p. 147-155.
410. Il convient de rappeler qu'Aménopé est à associer au temple de Louqsor ; D. Klotz, *Caesar in the City of Amun*, p. 52-53.

5. « Prêtre-*ouâb* de Rê sur le toit (du temple) d'Amon (de) la 2e *phylé*[411] » ;
6. « Délégué du Trésor[412]. »

Les deux charges sacerdotales les plus éminentes occupées par Nespaoutytaouy étaient celles de « père divin et de prophète d'Amon-Rê », charges identiques à celles qu'exerça son père. Bien que modeste au sein du clergé d'Amon-Rê, le *cursus honorum* de Nespaoutytaouy semble se dessiner de façon progressive si l'on reprend à rebours sa titulature (si tant est que la succession de titres et sacerdoces retrace son évolution de carrière). Débutant par des postes subalternes de « délégué du Trésor » et de « prêtre-*ouâb* de Rê sur le toit (du temple) d'Amon (de) la 2e *phylé* », ses compétences techniques et administratives lui permettent d'accéder à la gestion

411. Titre en relation avec les rituels effectués dans la salle solaire située au nord de l'*Akh-menou* ; H. Kees, « Ein Sonnenheiligtum im Amonstempel von Karnak », *Orientalia* 18, 1949, p. 427-442 ; P. Barguet, *Le temple d'Amon-Rê à Karnak. Essai d'exégèse*, RAPH 21, Le Caire, 1962, p. 203-205 ; H. Ernst, « Das *šw.t Rʿ(w)* auf dem Dach des Achmenu zu Karnak », *GM* 176, 2000, p. 53-57 ; K. Jansen-Winkeln, « Zwei Statuen der Spätzeit aus der Cachette von Karnak », *MDAIK* 60, 2004, p. 102, n. 22 ; sur cet espace, J.-Fr. Carlotti, *L'*Akh-menou *de Thoutmosis III à Karnak. Étude architecturale*, Paris, 2001, p. 81-87.
Pour des prêtres-*ouâb* de Rê dans un temple funéraire (Ancien Empire), D. Jones, *An Index of Ancient Egyptian Titles, Epithets and Phrases of the Old Kingdom*, BAR 866, Oxford, 2000, p. 375-376. Titre qui semble disparaître au Moyen Empire et au Nouvel Empire : absent chez W.A. Ward, *Index of Egyptian Administrative and Religious Titles of the Middle Kingdom*, Beyrout, 1982, J.A. Taylor, *Index*, et A.R. Al-Ayedi, *Index*. Pour le titre dans les temples à la Basse Époque, voir, par ex. :
- Besenmout, « prêtres-*ouâb* du domaine de Rê sur le toit du temple d'Amon de la première *phylé* » ; Caire JE 2747 ; JW*IS* IV, p. 558-559 (57.289) ;
- Nesmin, fils de Padiamonnesouttaouy et de Tacheritentaihet (p.BM EA 10188, an 12 d'Alexandre IV, 312/311), est parmi ses très nombreux titres et sacerdoces thébains « prêtre-*ouâb* de Rê sur le toit du temple d'Amon de la deuxième *phylé* » ; W. Spiegelberg, « Das Kolophon des liturgischen Papyrus aus der Zeit des Alexander IV. », *RecTrav* 35, 1913, p. 36 (l. 8) et p. 38, n. 5 ; également p. 40, même titre pour un certain Nespaoutytaouy, fils de Ânkhefenkhonsou et de Taimennebnesouttaouy (*infra*) = stèle fragmentaire Toronto Royal Ontario Museum 907.18.841 (et non un fragment de sarcophage comme indiqué par W. Spiegelberg), N.B. Millet, « A Wooden Stela in the Royal Ontario Museum » *in* G.N. Knoppers, A. Hirsch (éd.), *Egypt, Israel and the Ancient Mediterranean World: Studies in Honor of Donald B. Redford*, ProbÄg 20, Leyde, Boston, 2004, p. 304 et fig. 23-306 ; R. Birk, *Türöffner des Himmels. Prosopographische Studien zur thebanischen Hohepriesterschaft der Ptolemäerzeit*, ÄgAbh, Wiesbaden (à paraître).
- Ouahibrê, « prêtres-*ouâb* de Rê sur le toit du temple d'Amon de la quatrième *phylé* » ; Caire JE 37855 = CK 527 ; JW*IS* IV, p. 1057 (60.558) ; http://www.ifao.egnet.net/bases/cachette/?id=527 ;
D'autres titres et fonctions sont attachés au (domaine) de Rê sur le toit du temple d'Amon, par ex. :
- « prophète de Rê sur le toit du temple d'Amon de la deuxième *phylé* » ; Tacheritenisis ; JW*IS* IV, p. 559-560 (57.290) ;
- « prophète de Rê sur le toit du temple d'Amenopé de la première et deuxième *phylé* » ; Imenemhat, statue Caire JE 37847 = CK 512, ive s. av. J.-C. ; K. Jansen-Winkeln, *MDAIK* 60, 2004, p. 99-100 ; http://www.ifao.egnet.net/bases/cachette/?id=512.
- « prophète de Rê-Horakhty sur le toit du temple d'Amon » ; Padiamonnebnesouttaouy D ; base de statue Liverpool E.5272 ; XXVIe dynastie ; JW*IS* IV, p. 1056 (60.553) ;
- « prophète de Rê-Horakhty sur le toit du temple d'Amon de la deuxième *phylé*/deuxième prophète de Rê-Horakhty sur le toit du temple d'Amon » ; Djedkhonsouiouefânkh, sarcophage Caire CG 41070 et stèle Heidelberg 1029 ; XXVIe dynastie ; JW*IS* IV, p. 1051-1053 (60.545 et 547).
- « supérieur des troupeaux du domaine de Rê sur le toit du temple d'Amon (*jmy-rꜣ kꜣ.w n(y) pr-Rʿ tp-ḥw.t pr-Jmn*) », voir la liste proposée par H. Kees, « Ein Sonnenheiligtum im Amonstempel von Karnak », *Orientalia* 18, 1949, p. 436-439 (titre qui apparaîtrait à la XXIIe dynastie) ;
XXIe dynastie (?) : montant de porte de Ânkhefenkhonsou, dont le père était « supérieur des troupeaux du domaine de Rê sur le toit du temple d'Amon » ; JW*IS* I, p. 213-214 (11.53) ; KIU 245 : quartier des prêtres du lac sacré (maison I) (*in situ* et Cheikh Labib) ;
XXIIe dynastie : Padimout, fils de Nespaoutytaouy, Caire CG 42215 = CK 188 ; PM II^2, p. 150 ; G. Legrain, *Statues* III, pl. 24 et p. 38 ; http://www.ifao.egnet.net/bases/cachette/?id=188 ;
XXVe-XXVIe dynastie : Padiamonnebnesouttaouy, fils de Hor ; JW*IS* III, p. 501-505 (52.274-279) ; G. Vittmann, *Priester und Beamte im Theben der Spätzeit*, VIAÄUW 3, Vienne, 1978, p. 76, 78-81 ; H. De Meulenaere, « Compléments au dossier thébain du troisième prophète d'Amon Pétamonnebnesoutattaoui », *CdE* 87, 2012, p. 52 ; Hor, fils de Ânkhkhonsou (Caire CG 48624 = CK 313 ; JW*IS* IV, p. 202-203 [53.335] : http://www.ifao.egnet.net/bases/cachette/?id=313) ;
XXVIe dynastie : Ânkhkhonsou, fils de Hor (dans sa généalogie ; JW*IS* IV, p. 83, CG 48635 = CK 516 : http://www.ifao.egnet.net/bases/cachette/?id=516) ; Hor, fils de Padiamonnebnesoutattaouy (Caire JE 36664 ; JW*IS* IV, p. 292-293 [54.84] ; et Caire JE 37205 = CK 309 ; JW*IS* IV, p. 293 [54.85] ; http://www.ifao.egnet.net/bases/cachette/?id=329) ; Padiamonnebnesouttaouy D (JW*IS* IV, p. 1055 [60.552], Caire 7/6/24/5 = CK 729) ; http://www.ifao.egnet.net/bases/cachette/?id=729 ;
- « brasseur du domaine de Rê sur le toit du temple d'Amon » : Nesparê (D. Raue, *Heliopolis und das Haus des Re*, ADAIK 16, Berlin, 1999, p. 135 ; K*RI* VI, 790, 11).

412. Sur ce titre, J.A. Taylor, *op. cit.*, p. 78, n° 708 : *jdnw n pr.wy-ḥḏ* (*Urk.* IV, 2164, 15 et 17) ; A.R. Al-Ayedi, *Index*, p. 188, nos 649-650 (*jdnw n(y) pr-ḥḏ n pr-Jmn-Rʿ* ; *jdnw n(y) pr.wy-ḥḏ n(y) pr-Jmn m Jp.t-s.wt*) ; Fr. Payraudeau, « Une famille de délégués du trésor du domaine d'Amon sous la 25e dynastie », *SAK* 35, 2006, p. 213-218 ; *id.*, *Administration, société et pouvoir*, p. 210 et doc. nos 72 et 286 ; PM VIII/2, p. 611 (801-643-348) : Neferrenpet (*jdnw n(y) pr-ḥḏ* et *sš n(y) pr.wy-ḥḏ*), Leyde, AST.54 = P.A.A. Boeser, *Beschreibung der aegyptischen Sammlung der niederländischen Reichsmuseums der Altertümer in Leiden* XII, La Haye, 1925, p. 7 (30).

du Trésor d'Amon et d'Aménopé (« scribe du Trésor d'Aménopé (de la 3e *phylé*) », « scribe du Trésor d'Amon ») [413] tout en occupant une prêtrise liée à une autre entité économique et cultuelle du domaine d'Amon, le Château de l'or (« serviteur des dieux (du) Château de l'or ») [414].

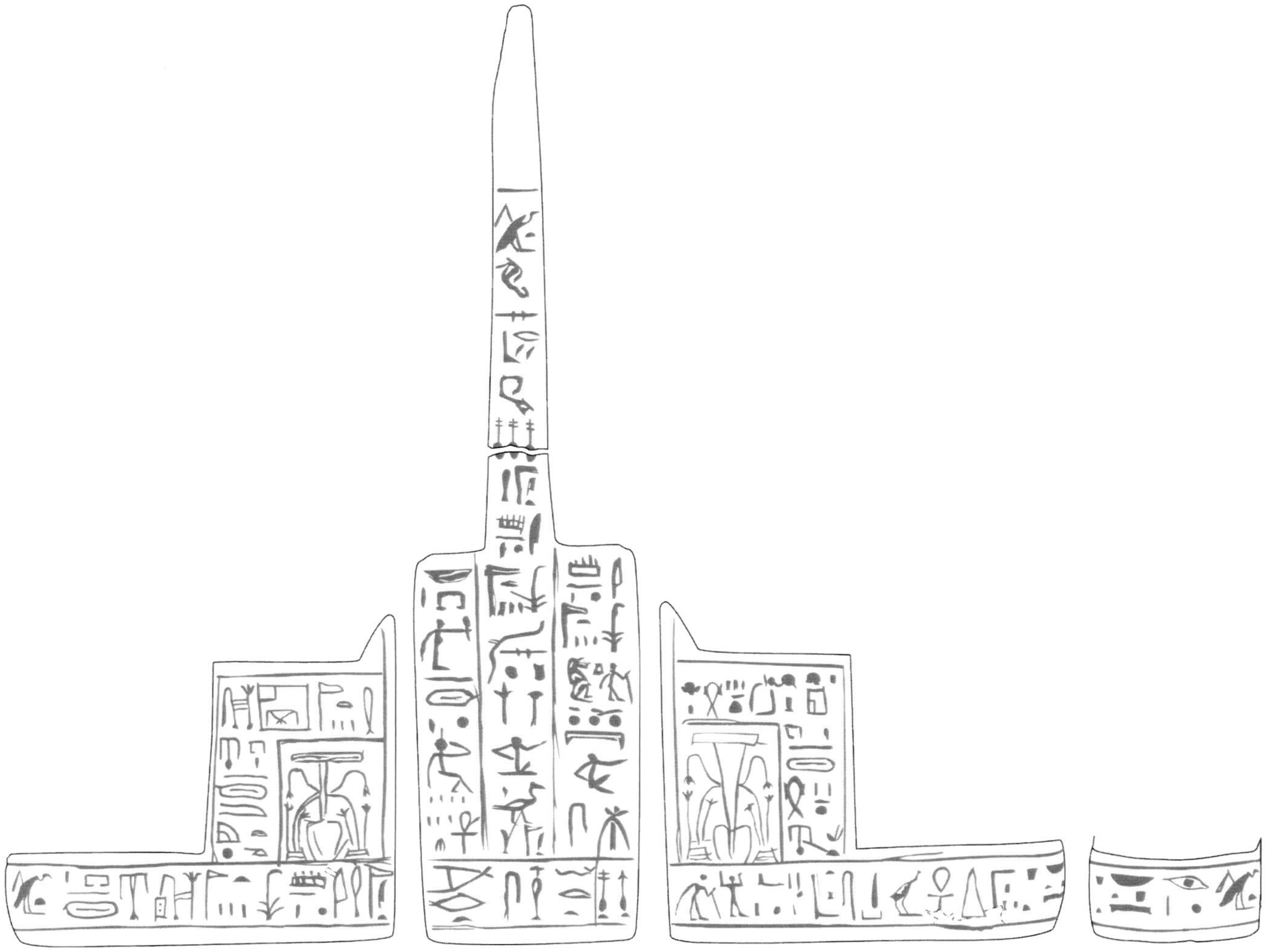

Fig. 3.19. Fac-similé des inscriptions de la statuette de Mout. © CNRS-CFEETK/Chr. Thiers.

Une telle association de titres peut être comparée aux charges – bien plus nombreuses – exercées par le second prophète d'Amon Nespaoutytaouy, fils de Ânkhefenkhonsou et de Taimennebnesouttatouy, déjà évoqué [415], qui était, en l'an 12 d'Alexandre IV, « scribe du double Trésor du temple d'Amon de la 3e *phylé*, substitut du Trésor du temple d'Amon de la 4e *phylé*, prêtre-*ouâb* de Rê sur le toit du temple d'Amon de la

413. Le titre de « scribe du Trésor » (*sš pr-ḥḏ*) est bien connu. D. Jones, *An Index of Ancient Egyptian Titles*, p. 851 (3109) ; W.A. Ward, *Index*, p. 160, n° 1382 ; A.R. Al-Ayedi, *Index*, p. 512 ; S.H. Aufrère, *L'Univers minéral* 2, p. 714 ; N. Kamal El-Din, « Ein Sarg des Schatzhausmeisters Suti », *MDAIK* 66, 2010, p. 131-142 (XIXe dynastie) ; Fr. Payraudeau, *Administration, société et pouvoir*, p. 210. Pour le *pr-ḥḏ*, K.A.H. Awad, *Untersuchungen zum Schatzhaus im Neuen Reiches: Administrative und ökonomische Aspekte*, Göttingen, 2002 (*non vidi*) ; S.H. Aufrère, *op. cit.*, p. 713-716. Pour l'association des titres de « *délégué* du Trésor » et de « *scribe* du Trésor », PM VIII/2, p. 611 (801-643-348) (*supra*) ; Fr. Payraudeau, *SAK* 35, 2006, p. 213-218 ; G. Vittmann, *Priester und Beamte*, p. 32-33 (statues Caire JE 37148 et 38002).

414. Pour l'évolution de carrière – à partir du titre de « prêtre à l'avant (de la barque) d'Amon vers des charges de gestion administratives du domaine d'Amon (et de son Trésor) –, voir J.-Cl. Goyon, « Le prêtre "purificateur d'avant d'Amon" à la fin du Nouvel Empire : à propos des fragments du tombeau perdu de Khaemipet ancêtre d'Iymiseba », *Memnonia* 9, 1998, p. 139-154, en part. p. 150.

415. Stèle de Toronto Royal Ontatio Museum 907.18.841 (N.B. Millet, *in* G.N. Knoppers, A. Hirsch [éd.], *Egypt, Israel and the Ancient Mediterranean World*, p. 303-306), statue-cube Beni Suef 1645 (= Caire JE 37322 = CK 279 ; http://www.ifao.egnet.net/bases/cachette/?id=279), stèle d'Horus sur les crocodiles Karnak-Nord inv. 1491 ; le dossier est étudié par R. Birk, *Türöffner des Himmels* (à paraître).

2e *phylé*[416] ». Sur un fragment de stèle d'Horus sur les crocodiles découvert à proximité du temple de Ptah, à Karnak-Nord, le même Nespaoutytaouy – bien que le nom des ascendants ne soit pas conservé – est qualifié de « [...] père divin, [prophète] d'Amon-Rê roi des dieux, scribe du double Trésor du temple d'Amon de la 3e [*phylé*], substitut du double Trésor du temple d'Amon [...][417] ». En outre, il porte les titres de « supérieur des personnels du temple d'Amon et de ses domaines (*jmy-rꜣ mšꜥ n(y) pr-Jmn ḥnꜥ n(ꜣy)=f r(ꜣ)-pr.w*) ».

À travers les fonctions de ce Nespaoutytaouy (dont une statue a été découverte à Karnak-Nord), et pareillement pour son homonyme qui a consacré la statuette de Mout, on est tenté de rapprocher la participation à la gestion du domaine d'Amon – à travers des charges au sein du Trésor et du Château de l'or – avec le secteur nord de Karnak où des entités administratives et économiques sont présentes dès au moins la XVIIe dynastie : Grenier de Senakhtenrê Ahmès I[418], Trésor de Thoutmosis Ier à Karnak-Nord[419], Château de l'or de Thoutmosis III[420], Trésor[421] et Château de l'or de Chabaka, dont ne subsiste qu'une double colonnade[422]. Le Trésor de Chabaka ayant été désaffecté avant le règne de Psammétique II, comme l'atteste, sur les huisseries effondrées, l'absence de martelages des noms du souverain kouchite[423], il reste encore à découvrir l'édifice qui l'a remplacé et a fonctionné dans le courant de la XXVIe dynastie[424].

Le Château de l'or est en outre plus spécifiquement associé à Ptah[425], que ce soit sur une statue au nom d'Amenhotep III découverte à Karnak et signalée plus haut[426] ou sur les reliefs du « magasin nord 2 » voisin du Château de l'or de Thoutmosis III[427]. Si Nespaoutytaouy n'a pas occupé de charges associées à Ptah, sa fonction de « serviteur des dieux du Château de l'or » le place dans le cercle du dieu des artisans. On a vu que ce titre rare avait été porté par deux prêtres ayant servi Ptah, ce qui ne manque pas de conduire vers le secteur nord du temple d'Amon-Rê. La titulature de Pakharkhonsou, « [serviteur ?] des dieux du Trésor, du Grenier et du Château de l'or du domaine d'Amon », associe en outre de façon particulièrement éclairante différentes institutions économiques de Karnak.

416. Sur la statue-cube Beni Suef 1645, ces titres, parmi de nombreux autres, se présentent dans un ordre différent : « prêtre-*ouâb* de Rê sur le toit du temple d'Amon de la 2e *phylé*, substitut du Trésor, scribe des personnels (*mšꜥ*), supérieur des personnels du temple d'Amon de la 4e *philé*, scribe du double Trésor d'Amon de la 3e *phylé* ».

417. Karnak-Nord inv. 1491 ; PM II², p. 12 (ptol.) ; A. Varille, *Karnak* I, pl. 73-74 et p. 23 (postérieure à l'époque saïte) ; H. Sternberg-El Hotabi, *Untersuchungen zur Überlieferungsgeschichte der Horusstelen* II, ÄgAbh 62, Wiesbaden, 1999, p. 45 (« Mittelphase - Frühe Hochphase », soit de la XXVIe à la XXXe dynastie-début ptolémaïque, *c.* 380-280) ; R. Birk, *Türöffner des Himmels* (à paraître).

418. KIU 1114 ; S. Biston-Moulin, *ENiM* 5, 2012, p. 61-71 ; voir également la statue de (Sen)-Djehouty qui était « directeur du double-grenier d'[Amon] (et) intendant du domaine d'[Amon] » ; KIU 553 ; G. Legrain, *ASAE* 3, 1902, p. 45 ; PM II², p. 202 (37) ; *Urk.* IV, 1206-1207 (359) ; Fr. Mougenot, « Au plus près des offrandes : des statues de particuliers dans le grenier du dieu au Nouvel Empire », *RdE* 63, 2012, p. 201-202.

419. Voir les volumes de J. Jacquet et H. Jacquet-Gordon, *Karnak-Nord* V à IX ; attestation dès la XIIIe dynatie d'un *pr-ḥḏ* sur des empreintes de sceau : J. Jacquet, *Karnak-Nord* IX, p. 60-61.

420. KIU 2196 ; Cl. Traunecker, « Le château de l'Or de Thoutmosis III et les magasins nord du temple d'Amon », *CRIPEL* 11, 1989, p. 89-111 ; *id.*, « Thèbes, été 115 avant J.-C. : les travaux de Ptolémée IX Sôter II et son prétendu "Château de l'Or" à Karnak » *in* Chr. Thiers (éd.), *Documents de Théologies Thébaines Tardives* (*D3T* 2), CENiM 8, Montpellier, 2013, p. 177-226.

421. N. Licitra, *Étude archéologique d'un nouveau monument de la XXVe dynastie à Karnak : le Trésor de Chabaka*, thèse inédite, Paris, 2014 ; *ead.*, Chr. Thiers, P. Zignani, *in* E. Pischikowa, J. Budka, K. Griffin (éd.), *Thebes in the First Millenium BC*, p. 557-561.

422. PM II², p. 192 (A) ; J.-Cl. Grenier, « Les pérégrinations d'un Boukhis en Haute Thébaïde » *in* Chr. Thiers (éd.), *Documents de Théologies Thébaines Tardives* (*D3T* 1), CENiM 3, Montpellier, 2009, p. 42.

423. N. Licitra, *ÉA&O* 81, 2016, p. 57.

424. Un trésor (*pr-nbw*) est restauré pour Amon-Rê de Karnak en l'an 3 de Philippe Arrhidée, celui de Louqsor l'ayant été en l'an 1 d'Alexandre le Grand ; K. Jansen-Winkeln, *ZÄS* 140, 2013, p. 1-9.

425. *LGG* V, 833c-834b (désigne en particulier Osiris et Ptah).

426. Turin C 87 ; *Urk.* IV, 1755, 17 (595) ; Fig. 3.8.

427. KIU 2202, l. 7-8 ; Cl. Traunecker, *in* Chr. Thiers (éd.), *Documents de Théologies Thébaines Tardives* (*D3T* 2), p. 177-226.

Le nom du père

La lecture du patronyme fait difficulté et ne paraît pas, de prime abord, rencontrer de parallèles dans la littérature égyptologique. La seule base solide concerne la présence de *nwn/nww* en fin de séquence qui permet un rapprochement avec les anthroponymes, relativement rares, construits avec Noun : *Ns-nwn-wr*[428]/ *Ns-pꜣ-nwn-wr*[429].

Les trois vases-*nou* (*nn*) ont également été reconnus dans les graphies d'anthroponyme (Zénon) et toponyme (Ninive) étrangers[430], ce qui impliquerait également dans notre cas une syllabe finale *nn*. Ce dernier constat conduit à poser la question d'un anthroponyme étranger, retranscrit syllabiquement, sans écarter la possibilité d'un anthroponyme égyptien mais avec une « graphie sportive ». Cette piste n'est pourtant pas concluante[431].

Il convient donc de revenir vers un anthroponyme égyptien. Plusieurs lectures peuvent être proposées, les signes de l'homme debout tenant un bâton (*sr*, *wr*, *ꜥꜣ*, *smr*, *smsw*, *jꜣw* > *j*)[432] et surtout du babouin assis (*j*, *jꜥn*, *sꜣ*, *nfr*, *ns*, *ḏd*...)[433] revêtant nombre de valeurs phonétiques. En se fondant sur l'anthroponyme *Ns-nwn-wr*, on pourrait comprendre *Pꜣ-sr-ns-nwn*, avec le signe *g/p* > *pꜣ*[434] placé entre *sr* et *ns* (babouin), qui aurait l'avantage d'associer deux noms, le premier bien connu[435], le second proche de *Ns-nwn-wr/Ns-pꜣ-nwn-wr* signalés précédemment. pourraient également être envisagés comme une graphie *ns*, avec un jeu sur le support *ns(.t)*, fondée sur un rapprochement avec la graphie bien connue *ns*, *nswt*, *Ns-Mnw* avec l'œil-*oudjat*.

Pourtant, en considérant une « graphie sportive » ou une erreur/confusion du scribe/graveur, il semble bien que c'est la lecture *Ns-pꜣ-nwn-wr* qui reste la plus plausible et que je suis enclin à adopter, faute de mieux[436] : homme debout tenant le bâton *wr* + signe *g/p(ꜣ)* + babouin *ns* + *nwn*, à comprendre *Ns-pꜣ-nwn-wr* avec une métathèse des trois premiers signes (en particulier le signe *wr* final reporté au début de la graphie), métathèse et confusion graphique dont l'auteur du texte a fait montre à plusieurs reprises.

Le nom de la mère sic sic <

Contrairement au patronyme de Nespaoutytaouy et bien que la graphie soit passablement corrompue, la lecture du nom de sa mère ne souffre d'aucune difficulté. Quelques occurrences attestent en effet le nom de Kheredouânkh dans l'anthroponymie tardive[437]. Pour autant, aucune mention thébaine n'est semble-t-il

428. *PN* I, 177 (5) ; M. Thirion, *RdE* 46, 1995, p. 181 (memphite) ; M. Panov, *Documents on the History of the Priestly Families from Memphis and Letopolis in the Late Period* 2, Novosibirsk, 2015, p. 128-129 (stèle Louvre C 316) et 132-133 (stèle Louvre IM 3689).

429. *PN* I, 175 (3) = stèle Louvre IM 4016 de l'an 31 de Darius (collationnée sur photographie par G. Vittmann) que je remercie pour cette information.

430. Å. Engsheden, « Zenon, è vero ? Zur Lesung eines frühptolemäischen Personennamens », *GöttMisz* 208, 2006, p. 13-18.

431. Un sondage dans les anthroponymes étrangers du Nouvel Empire et jusqu'aux époques libyenne et kouchite n'apporte rien de convaincant.

432. Pour des anthroponymes débutant par ce signe + divinité, *PN* I, 6 (*jꜣw*), 80-81 (*wr*), 316-317 (*sr*) ; pour les valeurs *smsw*, *ꜥꜣ* et *wr* du signe au Moyen Empire, H.G. Fischer, *Egyptian Studies* I. *Varia*, New York, 1976, p. 87-93.

433. S. Sauneron, J. Yoyotte, « Le cynocéphale comme graphie de nom de Thot », *RdE* 7, 1950, p. 9-13 ; H. De Meulenaere, « Les valeurs du signe à la Basse Époque », *BIFAO* 54, 1954, p. 73-82 ; D. Kurth, *Einführung ins Ptolemäische* 1, Hützel, 2007, p. 204-205 ; II, p. 1125 ; en dernier lieu, D. Klotz, « Thoth as Textual Critic. The Interrupting Baboons at Esna Temple », *ENiM* 7, 2014, p. 33-60.

434. La confusion est fréquente ; cf. le signe *p* de *pꜣwty* de la colonne précédente qui adopte une forme légèrement concave en haut et convexe en bas.

435. *PN* I, 117 (toujours oiseau-*pꜣ* devant le signe-*sr*). Voir un Nespaoutytaouy, fils de Paser (XXIe dynastie), JW*IS* I, p. 77-78 (6.6, l. 40).

436. G. Vittmann envisage également la possible « graphie sportive » de l'anthroponyme *Ns-pꜣ-nwn-wr* (courriel en date du 24 septembre 2016).

437. Le nom, attesté depuis l'Ancien Empire, peut être masculin ou féminin ; H. Ranke, *PN* I, 277 (14 : *ẖrd-ꜥnḫ* et 17 : *ẖrd.w-ꜥnḫ*) : A. bey Kamal, *Tables d'offrandes*, CGC, Le Caire, 1909, n° 23160 (Akhmîm, ép. ptol.) ; P.E. Newberry, *Funerary Statuettes and Model Sarcophagi*, CGC, Le Caire, 1930, n° 47347 (XXVIe-XXXe dynasties ; mère de Ahmosis) ; Turin stèle 15 ; stèle Louvre C 232, P. Munro, *Die spätägyptischen Totenstelen*, ÄgForsch 25, Glückstadt, 1973, p. 305 (Abydos, ép. ptol.) ; stèle Vienne 150, W. Wreszinski, *Aegyptische Inschriften aus dem K. K. Hofmuseum in Wien*, Leipzig 1908, p. 88, l. 19 (saïte) ; stèle anciennement conservée à Bonn, A. Wiedemann, B. Pörtner, *Aegyptische Grabsteine und Denksteine aus verschiedenen Sammlung* III. *Bonn, Darmstadt, Frankfurt a. M., Genf, Neuchâtel*, Strasbourg, 1906, p. 25-26 (23) et pl. IX ; P. Munro, *op. cit.*, p. 231 (Thèbes, début ép. ptol.) ; PM VIII/4, p. 547 (803-090-715) ; stèle Hildesheim PM 6352, K. Jansen-Winkeln, « Die Hildesheimer Stele der Chereduanch », *MDAIK* 53, 1997, p. 91-100 (Akhmîm, ép. ptol.) ; stèle Copenhague NCG ÆIN 635, P. Munro, *op. cit.*, p. 322 (correction de la lecture *tꜣ-šrjt-ꜥnḫ(t)* par H. De Meulenaere, L. Limme, J. Quaegebeur, *P. Munro, Die spätägyptischen Totenstelen. Index et addenda*, Bruxelles, 1985, p. 58). Compléments à H. Ranke, *PN* I, 277 (17) par H. De Meulenaere, « La mère d'Imouthès », *CdE* 41, 1966, p. 40, n. 6 ; G. Steindorff, *Catalogue of the Egyptian Sculpture in the Walters Art Gallery*, pl. CXIV (165A). Pour les attestations en démotique, E. Luddeckens, *DemNam* I, p. 891 (*ẖrṯ-ꜥnḫ* ; la mention du pluriel est une variante graphique dans certaines attestations hiéroglyphiques).

recensée pour les XXVe-XXVIe dynasties[438]. Dans le contexte du temple de Ptah, qui voit la venue d'Imhotep à partir du règne de Ptolémée Évergète Ier[439], et en notant la proximité de la *favissa* avec le relief cultuel de la paroi extérieure est (*Ptah* I, n° 190), on se souviendra que la mère d'Imhotep est une certaine Kheredouânkh[440].

L'épithète de Mout 

La séquence qui qualifie Mout est problématique et, malgré son importance dans le panthéon thébain, on notera qu'une monographie consacrée à cette déesse fait encore défaut[441]. La gravure ostentatoire des deux signes de l'oreille, dont le premier débute la séquence d'épithètes, assure que l'on est en présence d'une déesse de l'écoute, qui prête attention aux suppliques. Sur cette modeste statuette, ces deux signes sont mis en exergue, autant pour reconnaître l'aspect de la déesse invoquée que pour susciter son attention à l'égard du dédicant[442]. Les divinités « qui écoutent[443] » et exaucent avec bienveillance les requêtes des dévots sont nombreuses et l'anthroponymie témoigne de leur efficience[444]. À Thèbes, l'aspect populaire de la divinité « l'oreille écoute » (*msḏr sḏm* > Mestasytmis) est mentionné dès le Nouvel Empire[445].

Si l'association directe entre une divinité et le seul signe de l'oreille (𓂈 D 18/ 𓄔 F 21) est attestée[446], la séquence de la statuette invite à considérer le signe 𓂈 en lien avec les autres signes clairement graphiés à sa suite, quelles que soient la translittération et la traduction adoptées. Le signe de l'oreille humaine revêt des valeurs phonétiques bien connues[447], les plus usitées étant *sḏm*, *ndb*, *msḏr* (« entendre », « écouter », « oreille »)

438. Voir G. Vittmann, *Priester und Beamte*, p. 65 (index) ; même constat pour JW*IS* III ; pour la XXVIe dynastie, une seule occurrence est répertoriée, sur une stèle du Sérapéum de Memphis (*ḫrd-ʿnḫ.tj*) ; JW*IS* IV, p. 917 (60.295).
439. *Ptah* I, nos 105-106 (KIU 3539-3540) ; Chr. Thiers, *in* H. Beinlich (éd.), *9. Ägyptologische Tempeltagung*, p. 337 (n. 140 : corriger *Ptah* I, n° 117).
440. H. De Meulenaere, *CdE* 41, 1966, p. 40-49 ; D. Wildung, *Imhotep und Amenhotep. Gottwerdung im alten Ägypten*, MÄS 36, Munich, 1977, p. 309 (index) ; A. von Lieven, « Kinder, Schreiber, Könige – Vergöttlichte Menschen im Alten Ägypten. Ein Arbeitsbericht », *Mitteilungen der Berliner Gesellschaft für Anthropologie, Ethnologie und Urgeschichte* 25, 2004, p. 52-53 ; *ead.*, *Heiligenkult und Vergöttlichung im Alten* Ägypten, OLA, Louvain (à paraître) ; K. Ryholt, « The Life of Imhotep (P.Carlsberg 85) » *in* G. Widmer, D. Devauchelle (éd.), *Actes du IXe congrès international des études démotiques, Paris, 31 août-3 septembre 2005*, BiÉtud 147, Le Caire, 2009, p. 305-315 ; et bibliographie citée *supra* (**1**).
441. H. Te Velde, « Towards a Minimal Definition of the Goddess Mut », *JEOL* 26, 1979-1980, p. 3-9 ; L. Troy, « Mut Enthroned » *in* J. van Dijk (éd.), *Essays on Ancient Egypt in Honour of Herman te Velde*, EgMem 1, Groningen, 1997, p. 301-315 ; H. Te Velde, « Mut and Other Ancient Egyptian Goddesses » *in* J. Phillips (éd.), *Ancient Egypt, the Aegean, and the Near East. Studies Martha Rhoads Bell* 1, San Antonio, 1997, p. 455-462 ; Chr.B. Hays, « The Egyptian Goddess Mut in Iron Age Palestine: Further Data From Amulets and Onomastics », *JNES* 71/2, 2012, p. 299-313 ; *LGG* VII, 220a-227a ; M.M. Luiselli, « Early Mut(s). On the Origin of the Theban Goddess Mut and Her Cult », *RdE* 66, 2015, p. 111-131 ; voir également *infra*, Chapitre 3.4.
442. O. Perdu, « Un monument d'originalité », *JEA* 84, 1998, p. 131-132, n. b (avec bibliographie) ; G. Wagner, J. Quaegebeur, « Une dédicace grecque au dieu égyptien Mestasytmis de la part de son synode (Fayoum – époque romaine », *BIFAO* 73, 1973, p. 56-57 ; G. Pinch, *Votive Offerings to Hathor*, Oxford, 1993, p. 246-253 ; Y. Koenig, *Magie et magiciens dans l'Égypte ancienne*, Paris, 1994, p. 119-121 (à propos des stèles à oreilles).
443. D. Klotz, *Caesar in the City of Amun*, p. 67, n. 165 (bibliographie) ; en dernier lieu, N. Toye-Dubs, *De l'oreille à l'écoute. Étude des documents votifs de l'écoute : nouvel éclairage sur le développement de la piété personnelle en Égypte ancienne*, BAR IS 2811, Oxford, 2016.
444. H. Ranke, *PN* I, 323, 19 ; II, 317, 31-318, 2 ; G. Wagner, J. Quaegebeur, *op. cit.*, p. 55-56 ; Fr. Colin, « Les fondateurs du sanctuaire d'Amon à Siwa (Désert Libyque). Autour d'un bronze de donation inédit » *in* W. Clarysse *et al.* (éd.), *Egyptian Religion. The Last Thousand Years. Studies Dedicated to the Memory of J. Quaegebeur* 1, OLA 85, Louvain, 1998, p. 341-343.
445. G. Wagner, J. Quaegebeur, *op. cit.*, p. 57-58 ; pour Ptah : M. Sandman Holmberg, *The God Ptah*, p. 74 et p. 20* (86) ; M. Tosi, A. Roccati, *Stele e altre Epigrafi di Deir el Medina*, Turin, 1972, p. 131 et 308, n° 50100 ; pour Amon (temple d'Amon-Rê qui écoute les prières) : P. Barguet, *Le temple d'Amon-Rê*, p. 236, l. 4 (KIU 4688) ; *LGG* III, 173a ; voir également Amon-Rê *ḥry-jb msḏr-sḏm* [dét. de la maison], suivi de Amonet *ḥry.t-jb msḏr-sḏm* [dét. de la maison] (*LGG* V, 424b) ; *Khonsu* I, pl. 29, 6 ; pour *msḏr-sḏm* lieu de culte à Karnak, *LGG* III, 447a-b.
446. *LGG* VI, 734c-735a ; pour Thot-l'Écoute/l'oreille *Ḏḥwty-sḏm/msḏr*, voir Y. Volokhine, « Le dieu Thot au Qasr el-Agoûz *Ḏd-ḥr-pꜣ-hb*, *Ḏḥwty-stm* », *BIFAO* 102, 2002, p. 418 et n. 84-86 : *Hibis* III, pl. 2, VII (*Ḏḥwty* 𓄔 / 𓄔 et non 𓂈) ; *Hibis* III, pl. 4, V : divinité à huit têtes *nb ḫmnw sḏm/msḏr* (espace non gravé avant le signe de l'oreille humaine ; précisions sur la cella d'Hibis dues à Sandra Lippert que je remercie) ; stèle Caire CG 22120 : *Ḏḥwty-sḏm nṯr ʿꜣ ḥry-jb Jpw* ; avec le seul signe de l'oreille, voir également le *ḥw.t-sḏm*, attesté à *Hibis* III, pl. 2, VII et dans le tombeau de Pétosiris.
447. *ValPhon* I, p. 155 (193) ; S. Cauville, *Dendara. Le fonds hiéroglyphique au temps de Cléopâtre*, Paris, 2001, p. 56 ; D. Kurth, *Einführung ins Ptolemäische* 1, p. 169 (31). Dans le corpus étudié (essentiellement XVIIIe et XIXe dynasties), N. Toye-Dubs (*op. cit.*, p. 61) constate que le signe de l'oreille humaine (D 18) n'a jamais la valeur *sḏm*.

auxquelles s'ajoute *ˁnḫ*, dans le même champ lexical (« oreille », et plus rarement « vivre[448] »). Pour les déesses en général et Mout en particulier, les épithètes les plus fréquentes en lien avec l'écoute sont *sḏm(t) nḥt*[449], *sḏm(t) spr(w)*[450] et *ndb spr(.w)*[451] ; Mout est également « celle qui écoute tout » (*sḏm.t nb.t*)[452].

De prime abord, les signes *srb* ou *sbr* font difficulté. Les inversions/métathèses constatées ailleurs dans l'inscription invitent à envisager ici la seconde possibilité *sbr*, résultat d'un glissement phonétique *spr* > *sbr*. La graphie *sbr* pour *spr* est attestée à Karnak sur un montant de la chapelle d'Osiris Ounnefer Neb-djefaou[453] mais également en démotique[454]. La séquence est donc à comprendre *sḏm(t) spr(w)*, conforme donc à une épithète bien connue.

Les deux signes de l'oreille ne laissent que peu de doutes sur la volonté d'une construction symétrique de deux épithètes, la première *sḏm(t) sbr<spr(w)*, la seconde *sḏm(t) nfrw*. Cette dernière ne semble pas attestée dans les recueils d'épithètes divines, mais elle se rencontre parmi les souhaits des défunts. Le propriétaire de la statue Vienne ÄS 5791, le prince Nimlot (XXIIe dynastie, Osorkon Ier)[455], adresse son souhait à Amon : « (qu'il fasse) qu'Atoum contemple (*dgꜣ*) mes paroles (*ḫrw*) sans attendre (*m ḥpt*) et que l'on *entende mes bonnes actions/ma bonté* (*sḏm nfrw*) dans Héliopolis. »

Ainsi, à travers ces deux épithètes complémentaires transparaîtraient les principales motivations qui animent les dévots se tournant vers Mout : d'une part faire appel à la déesse afin que son intercession favorise la personne en difficulté (elle entend les plaintes, les appels) et, d'autre part, la remercier et lui montrer que l'on a agi en bien (elle entend les bonnes actions/la bonté du dévot) en suivant ses prescriptions. La position de la tête, légèrement tournée vers la droite, pourrait être mise au crédit de cette déesse de l'écoute, cette attitude non figée témoignant ainsi de la bienveillance portée aux suppliants. On signalera enfin que les fouilles menées à proximité du temple de Ptah ont également mis au jour une oreille en fritte émaillée bleue (179.7038-02), percée (destinée à être suspendue), qui pourrait tout aussi bien faire écho au dieu Path de l'écoute (*infra*), qu'à une autre divinité, comme Mout dans le cas présent[456].

12. Statuette debout en alliage cuivreux

Inv. 179.8048-3
Datation : TPI-Basse Époque ?
Matière et dimensions : alliage cuivreux (fonte pleine à la cire perdue) ; 15,2 × 3,1 × 2,1 cm.
État de conservation : l'objet est extrêmement corrodé et les détails du visage ont presque disparu. Les pieds et la main gauche sont perdus.

448. O. Perdu, *JEA* 84, 1998, p. 131-132, n. b (dans les anthroponymes, dès la XXVIe dynastie, pour noter le verbe *ˁnḫ* dans les constructions *ˁnḫ=f n* + divinité et *ḏd* + divinité + *jw=f ˁnḫ*) ; par ex., JW*IS* IV, p. 556 (57.284, l. 4).

449. *LGG* VI, 740c-741a (Hathor, Nekhbet, Nebet-hetept, Thouéris) ; en général, N. Toye-Dubs, *De l'oreille à l'écoute*, p. 62-65.

450. *LGG* VI, 741a-b ; épithète de Mout « celle qui écoute les plaintes de celui qui l'appelle », *Dendara* V, 58, 7-8.

451. *LGG* IV, 577c (et var. pour des dieux) ; c'est également le souhait des défunts, D. Klotz, in *D3T* 3, 2015, p. 106.

452. *LGG* VI, 740b-c : *Urk.* VIII, n° 15c = S.H. Aufrère, *Le propylône d'Amon-Rê-Montou à Karnak-Nord*, MIFAO 117, Le Caire, 2000, p. 408-410 (26a). Sur la déesse Sedjmet-nebet, G. Godron, « À propos de la déesse Sédjémet-Nébet », *RSO* 43, 1968, p. 319-326.

453. 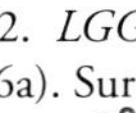 *sḏm sbr (< spr)* : JW*IS* IV, p. 726 (59.94) = L. Coulon, *La chapelle d'Osiris Ounnefer Neb djefaou. Publication épigraphique et analyse du programme décoratif*, n° 11 (à paraître).

454. *spr > sbre*, W. Erichsen, *Demotisches Glossar*, Copenhague, 1954, p. 427 (en bas à droite, variante non transcrite par Erichsen mais qui m'a été signalée par G. Vittmann que je remercie pour cette référence). Ce glissement *p/b* est bien attesté dans les langues sémitiques ; voir E. Lipiński, *Semitic Languages: Outline of a Comparative Grammar*, OLA 80, Louvain, 1997, p. 104 (10.8) ; W. Vycichl, « Grundlagen der ägyptisch-semitischen Wortvergleichung », *MDAIK* 16, 1958, p. 377 ; J.E. Hoch, *Semitic Words in Egyptian Texts of the New Kingdom and Third Intermediate Period*, Princeton, 1994, p. 401 (*p* sémitique > *b* égyptien).

455. Nimlot B ; E. Rogge, *Statuen des Neuen Reiches und der Dritten Zwischenzeit*, CAA Kunsthistorisches Museum Wien 6, Mayence, 1990, p. 155, l. 4 ; JW*IS* II, p. 84 (17.2, l. 4) ; W. Barta, *Aufbau und Bedeutung der altägyptischen Opferformel*, ÄgForsch 24, Glückstadt, 1968, p. 245 et p. 182 (formule 303).

456. Sur les oreilles votives, G. Wagner, J. Quaegebeur, *BIFAO* 73, 1973, p. 56-57 et n. 1-2 (avec bibliographie) ; N. Toye-Dubs, *op. cit.*, p. 43-45.

Description: la déesse se présente debout, jambe gauche en avant, coiffée de la double couronne surmontant une perruque tripartite (courte dans le dos) munie d'un uraeus frontal; elle est parée d'un collier-*ousekh* à quatre rangs de perles. La partie frontale de la mitre présente une trace d'arrachement du « serpentin ». Le bras droit s'appuie contre la cuisse et la main tenait possiblement une croix ansée, le bras gauche est plié au niveau du coude et tendu en avant.

Commentaire: la double couronne et la position de la déesse invitent sans trop de doute à considérer une image de Mout, croix ansée en main droite le long de la cuisse et sceptre-*ouadj* en avant en main gauche, selon une iconographie classique [457], dont un exemple est présenté ci-contre (Fig. 3.20) [458]. Elle est également souvent représentée les deux bras le long du corps [459].

Fig. 3.20 Statuette ÆIN 214. © Ny Carlsberg Glyptotek, Copenhagen/O. Haupt.

457. Par ex., G. Roeder, *Ägyptische Bronzefiguren*, p. 229-230, § 281a; *Les bronzes égyptiens*, p. 230-231 (66): 20 × 4,4 × 6,9 cm; Basse Époque; E.A. Hastings, *The Sculpture from the Sacred Animal Necropolis at North Saqqâra 1964-1976*, p. 38 (141) et pl. XXXIX: Caire JE 91459; grauwacke; 17,5 cm de haut mais pieds perdus.
458. M. Jørgensen, *Ny Carlsberg Glyptotek. Catalogue Egypt* V. *Egyptian Bronze*, p. 132-133 (43.2; ÆIN 214): 19,2 m de haut. Je remercie Katja Elisabeth Vinther, Assistante conservatrice au département des antiquités de la Ny Carlsberg Glyptotek de Copenhague, pour l'envoi de la photographie et l'autorisation de publication.
459. Par ex., G. Roeder, *op. cit.*, p. 227-229, § 279-280; D. Ben-Tor, *The Immortals of Ancient Egypt*, p. 26 (10): 14,3 cm de haut; Y.J. Markowitz, D.M. Doxey, *Jewels of Ancient Nubia*, Boston, 2014, pl. 15 (argent; 10,3 cm de haut; ép. napatéenne); Musée royal de Mariemont B.489 (alliage cuivreux; 20 cm de haut): http://www.globalegyptianmuseum.org/record.aspx?id=15373.

Osiris

13. Statuette debout en grauwacke

Inv. 179.8048-28
Datation: XXVe dynastie.
Matière et dimensions: grauwacke; 21 × 5 × 8,8 cm.
État de conservation: quelques éclats sur les arêtes de la base et de l'appui dorsal.
Description: le corps présente un aspect général trapu, charpenté. Debout sur une base (2,5/3 cm de haut) et appuyé contre une large dalle anépigraphe à la partie sommitale arrondie (4/4,5 cm de large), Osiris se présente dans son attitude commune, debout, dans sa gaine momiforme, bras croisés, la main droite passe devant la gauche, la première tenant le sceptre-*heqa* (crosse tournée vers l'intérieur), la seconde empoignant le fléau-*nekhakha*[460]. Il est coiffé de la couronne-*atef* (couronne blanche bordée par deux plumes-*shouty*)[461] avec uraeus frontal simple. Les lèvres sont charnues (sans sourire), le philtrum n'est que très légèrement souligné, les sourcils sont épais. Le cou est large et puissant. Un trait unique matérialise la jugulaire reliant la couronne blanche à la barbe postiche, barbe qui enserre largement le menton.

460. Pour le sceptre-*heqa* et le fléau dans les mains d'Osiris, voir K. Weiss, *Ägyptische Tier- und Götterbronzen aus Unterägypten*, p. 42-43 et p. 44.
461. Pour la couronne-*atef* d'Osiris, voir *ibid.*, p. 36-37, également p. 28-29 et 30-31.

Commentaire: il faut dès l'abord souligner qu'il s'agit du seul objet déposé intact dans la *favissa* (sans tenir compte d'éventuelles pièces en bois totalement désintégrées). Le large appui dorsal débordant à la partie sommitale arrondie se rencontre sur d'autres exemples avec l'appui qui est traité comme un véritable obélisque jusqu'à devenir un élément à part entière[462]. Les éléments stylistiques (en particulier le traitement du visage, de la barbe enveloppant le menton et du collier de maintien lié à la couronne blanche, l'aspect général) sont caractéristiques de productions de la XXVe dynastie et du début de la XXVIe dynastie[463]. L'absence d'uraeus lové et les traits « épais » du visage seraient plutôt favorables à une datation au cours de la XXVe dynastie. Bien que de plus grande taille, on verra pour comparaison la statue Caire CG 38237 consacrée par Moutirdis et provenant de Médinet Habou, qui présente la même allure générale, dont le large appui dorsal et l'*atef* inclinée en arrière[464]. Toujours datée de la XXVe dynastie et issue vraisemblablement de la Cachette de Karnak, la statue Hanovre Kestner Museum 935.200.493 (= CK 1215) au nom d'un certain Khonsou-ded-aha, avec large appui dorsal biseauté dans la partie supérieure, constitue également un parallèle intéressant[465].

La théorie de l'origine géographique des Osiris proposée jadis par G. Roeder[466] à partir de l'examen de la position des bras a longtemps servi de référence; elle est encore souvent reprise de façon conventionnelle dans les études ou les catalogues d'exposition. Faisant suite à plusieurs remises en question de la classification de

462. Par ex., statues d'Osiris, E.A. Hastings, *The Sculpture from the Sacred Animal Necropolis at North Saqqâra 1964-1976*, p. 27-28, 30 et pl. XXXIV (98), XXXV (88). Cette forme d'obélisque est également réalisée pour des statuettes assises, l'obélisque pouvant être évidé pour abriter un objet ou une momie: H. Ch. Loffet, *Collections égyptiennes du Museum Emmanuel Liais de Cherbourg Octeville*, Paris, 2007, p. 102 (164) (statuette en bois; 7,5 cm de haut).

463. H. De Meulenaere, B.V. Bothmer, « Une tête d'Osiris au musée du Louvre », *Kêmi* 19, 1969, p. 13-14.

464. G. Daressy, *Statues de divinités* II, pl. XIV (CG 38237); oreilles décollées; I, p. 70-71: granite noir; 71 cm de haut; pilier dorsal inscrit; JW*IS* III, p. 192 (48.125).

465. E. Hornung *et al.*, *Immortal Pharaoh. The Tomb of Thutmose III. An Exhibition of Ancient Egyptian Objects from Antikenmuseum Basel und Sammlung Ludwig and the Kestner-Museum Hannover*, Madrid, 2005, p. 168-169; grauwacke, 50,5 cm de haut; JW*IS* III, p. 301 (51.63); http://www.ifao.egnet.net/bases/cachette/?id=1215. Je remercie O. Perdu pour cette référence.

466. G. Roeder, « Die Arme der Osiris-Mumie » *in* O. Firchow (éd.), *Ägyptologische Studien Hermann Grapow zum 70. Geburtstag gewidmet*, Berlin, 1955, p. 255: pour résumer, mains superposées (Basse-Égypte), mains affrontées (Moyenne-Égypte), mains croisées, en général la droite sur la gauche (Haute Égypte).

G. Roeder[467], un examen récent des Osiris en pierre provenant de la Cachette de Karnak a également rappelé que la position des mains ne peut être considérée comme un élément déterminant pour une origine géographique (Delta, Moyenne et Haute-Égypte)[468]. Dans le cas de la *favissa*, pour lequel on peut légitimement considérer que tous les éléments sont d'origine thébaine, la position des bras croisés de 179.8048-28 se retrouve pour **14, 17, 18, 20, 22, 23, 24**; la position avec les mains (poings) superposées (avec des variantes dans la préhension des sceptres) caractérise **15, 16, 19**; enfin, **21** semble être figuré avec les mains côte à côte (poings affrontés). Dans tous les cas, le sceptre-*heqa* est toujours placé sur l'épaule gauche, le fléau sur l'épaule droite.

14. Statue debout en grauwacke

Inv. 179.8048-26+29
Datation: XXVIe dynastie.
Matière et dimensions: grauwacke; 51,5 × 9,5 × 18 cm.
État de conservation: les deux fragments retrouvés dans la *favissa* ont été collés (avec un goujon en fibre de verre).
Description: debout sur un socle quadrangulaire anépigraphe (6 cm de haut), Osiris est coiffé de la couronne blanche[469] avec uraeus frontal (à boucles latérales symétriques) dont le corps ondule sur la couronne. Il est maintenu par un appui dorsal, également anépigraphe, en forme d'obélisque[470], dont le pyramidion se confond avec la partie sommitale arrondie de la mitre. Gainé dans son linceul, il se présente dans sa gestuelle la plus traditionnelle, les bras croisés, la main droite tenant le sceptre-*heqa* (crosse tournée vers l'intérieur) passe sur la main gauche qui empoigne le fléau. Sur le bas des jambes, le linceul laisse apparaître la musculature des genoux et le galbe des mollets, une arête légèrement curviligne soulignant le tibia. Le visage est serein, les yeux en amande, plissés (signe D4), surlignés par d'épais sourcils en relief (avec terminaison droite), la paupière supérieure mise en valeur par un trait de fard. Le nez est finement dessiné, marqué par des ailes évasées. Les lèvres peu épaisses esquissent un léger sourire. Le cou est lisse et fin. Une large barbe postiche non décorée est fixée sous le menton; on note également l'absence du collier de fixation (jugulaire) de la barbe. De même, aucun pectoral n'a été gravé, ce qui confère une grande sobriété à l'ensemble de l'œuvre. Comparé au traitement du visage, les bras et les sceptres ont un rendu moins précis.
Le polissage de la statue est parfaitement exécuté et homogène sur l'ensemble de l'œuvre (comparer avec la statuette précédente 179.8048-28)[471].

467. G. Björkman, *A Selection of Objects in the Smith Collection of Egyptian Antiquities at the Linköping Museum, Sweden*, Stockholm, 1971, p. 40, n. 1; O. Perdu, « L'Osiris de Ptahirdis reconstitué », *SAK* 27, 1999, p. 272, n. 3; S.S. Heinz, *in* D. Robinson, Fr. Goddio (éd.), *Thonis-Heracleion in Contex*, p. 64 et n. 83 (avec bibliographie).
468. L. Coulon, *in* L. Coulon (dir.), *La Cachette de Karnak*, p. 513-514.
469. Pour la couronne blanche d'Osiris, voir K. Weiss, *Ägyptische Tier- und Götterbronzen aus Unterägypten*, p. 36.
470. Cf. S. Aufrère, *Collections égyptiennes, Musées départementaux de Seine-Maritime*, Rouen, 1987, p. 55 (40) avec bibliographie; O. Perdu, *Le crépuscule des pharaons*, p. 138-139 (56); *id.*, *SAK* 27, 1999, p. 271-300 et pl. 9; L. Coulon, *op. cit.*, p. 545, fig. 2, p. 547, fig. 8 et p. 549, fig. 13.
471. Sur cet aspect des réalisations de la XXVIe dynastie, voir Cl. Vandersleyen, *Écrits sur l'art égyptien*, CÉA 13, Bruxelles, 2012, p. 113-114.

Commentaire: cette statue présentant une facture extrêmement soignée se caractérise par l'aspect longiligne de la silhouette et le traitement général des jambes (partie inférieure avec ligne du tibia) qui invitent à une datation dans la première moitié de la XXVIe dynastie. On verra en particulier pour comparaison l'Osiris Caire CG 38231[472], provenant de Médinet Habou, au nom de la divine adoratrice Nitocris, l'Osiris Caire CG 48645 extrait de la Cachette de Karnak[473], ainsi que l'Osiris Louvre N 3952 au nom de Ptahirdis, scribe de la divine adoratrice, de provenance thébaine[474]. Enfin, deux autres statues d'Osiris provenant de la Cachette de Karnak et datées de la XXVIe dynastie présentent également cet aspect longiligne caractéristique[475]. L'étirement du corps, parfois extrêmement prononcé, est également caractéristique des bronzes de la période[476]. Le traitement des yeux et des sourcils est similaire à une statue fragmentaire découverte à Médinet Habou, également datée de la XXVIe dynastie[477].

En se fondant sur les critères établis par B.V. Bothmer, on constate que la ligne horizontale que dessine la barbe sur le menton est caractéristique des productions de la XXVe dynastie et du début de la XXVIe dynastie[478]. En outre, l'association entre la couronne et le support de la barbe postiche disparaît après le règne de Néchao II. Dans notre cas, le support de la barbe n'a même pas été noté par le sculpteur et la couronne blanche enserre parfaitement les oreilles. La barbe placée sous le menton et qui semble quelque peu le comprimer – et la profonde incision qui en résulte – permettrait d'associer la statue au règne de Psammétique II et jusqu'à la fin de la XXVIe dynastie[479]. Le traitement est identique à celui de la statue d'Osiris assis provenant de la tombe d'un certain Psammétique, contemporain d'Amasis, inhumé à Saqqara[480]. L'uraeus lové (« the figure-eight coil of the cobra body ») est caractéristique de la première moitié du VIe siècle av. J.-C.[481]. On constate en outre un rapprochement stylistique fort avec une statue découverte dans une cachette d'objets à Saqqara-Nord[482]. La sobriété du rendu (absence de pectoral, barbe simple, mains peu détaillées...) se singularise en revanche des exemples cités (à l'exception de Caire CG 38358 et JE 36751) qui mettent en avant un ou plusieurs détails (barbe tressée, pectoral).

472. G. Daressy, *Statues de divinités* II, pl. XII ; « basalte gris », 150 cm de haut ; JW*IS* IV, p. 614-615 (59.27) ; en dernier lieu, Fr. Goddio, D. Fabre (éd.), *Osiris. Mystères engloutis d'Égypte*, p. 60 = Fr. Goddio, A. Masson-Berghoff (éd.), *Sunken Cities*, p. 150-151.
473. CK 334 ; grauwacke, 91 cm de haut, base et appui dorsal anépigraphes ; J.A. Josephon M.M. Eldamaty, *Statues of the XXVth and XXVIth Dynasties*, *CGC*, 1999, p. 103-14 et pl. 45 ; couronne et pectoral traités pour recevoir une dorure ; http://www.ifao.egnet.net/bases/cachette/?id=334.
474. H. De Meulenaere, B.V. Bothmer, *Kêmi* 19, 1969, p. 11 et pl. III ; E. Graefe, *Untersuchungen zur Verwaltung und Geschichte der Institution der Gottesgemahlin des Amun vom Beginn des neuen Reiches bis zur Spätzeit*, ÄgAbh 37, Wiesbaden, 1981, p. 239-241 (P 38) et pl. 30c et 31a-c ; JW*IS* IV, p. 758 (59.140) ; « quartzite ou basalte », 47,5 cm de haut. L'origine de Saqqara, admise depuis A. Mariette, doit être écartée (O. Perdu, *RdE* 68, à paraître) ; l'Osiris Louvre N 3952 provient de la collection Salt (n° 3782) (S. Guichard [éd.], *J.-Fr. Champollion, Notice descriptive*, p. 115), constituée antérieurement aux travaux de Mariette à Saqqara ; la confusion vient de la similitude des inscriptions mentionnant la titulature d'Osiris *Ḥr wp šʿt Tꜣ.wy* (L. Coulon, *in* L. Coulon [dir.], *La Cachette de Karnak*, p. 517-519, avec attribution erronnée de la statue Louvre N 3952 à Saqqara). Je remercie O. Perdu qui m'a signalé ces deux statues, à comparer en outre avec l'Osiris d'un certain Ânkhhor (collection privée française) et celui de Pahapi vu dans le commerce de New York en 1995. Les rapprochements entre l'Osiris du Caire CG 38231 et celui de la *favissa* invitent O. Perdu à considérer que ces deux Osiris sont également d'origine thébaine et proviennent d'une même communauté d'artisans.
475. Caire JE 36751 = CK 694 (http://www.ifao.egnet.net/bases/cachette/?id=694) et Caire JE 37006 = CK 179 (http://www.ifao.egnet.net/bases/cachette/?id=179) ; L. Coulon, *in* L. Coulon (dir.), *La Cachette de Karnak*, p. 545, fig. 1-2, et p. 549, fig. 12-13.
476. M. Page-Gasser, A.B. Wiese, *Égypte. Moments d'éternité*, p. 260-261 (172) (avec bibliographie).
477. University of Chicago 14292 ; N. Thomas (éd.), *The American Discovery of Ancient Egypt*, Los Angeles, 1995, p. 206 (103) ; la partie basse est perdue au dessus des genoux mais la figure complète devait également avoir un aspect longiligne prononcé.
478. H. De Meulenaere, B.V. Bothmer, *op. cit.*, p. 13.
479. *Ibid.*, p. 14.
480. Caire CG 38358 ; G. Daressy, *op. cit.* II, pl. XIX ; grauwacke ; 89 cm de haut ; Fr. Goddio, D. Fabre (éd.), *op. cit.*, p. 11 et 184-185 = Fr. Goddio, A. Masson-Berghoff (éd.), *op. cit.*, p. 153 (et bibliographie p. 254).
481. B.V. Bothmer, *ESLP*, p. 46, 55 et 57.
482. Caire JE 91320 (grauwacke ; 23 cm de haut), barbe tressé, pectoral et large appui dorsal en forme d'obélisque : E.A. Hastings, *The Sculpture from the Sacred Animal Necropolis at North Saqqâra 1964-1976*, p. 30 et pl. XXXIV (98) ; datée XXVIe-XXVIIe dynastie.

15. Dyade en calcaire

Inv. 179.8048-6
Datation : XXVe-XXVIe dynasties ?
Matière et dimensions : calcaire ; ocre jaune ? ; 10,2 × 5,4 × 3,5 cm.
État de conservation : la statuette était brisée en deux au moment de la découverte, le plus petit fragment correspondant à la tête et à l'épaule de l'Osiris de gauche. Après nettoyage, les deux fragments ont été recollés (précollage avec du Paraloid B72 à 5% dilué dans de l'acétone ; collage avec du Paraloid B72 dilué à 40% dans de l'acétone). Une partie de l'épaule et du bras gauche de l'Osiris gauche est perdue.
Description : les deux Osiris sont assis côte à côte sur le même siège ; un large appui dorsal légèrement convexe est également commun aux deux figures. Elles présentent une iconographie en tout point similaire : corps gainé, couronne-*atef* avec uraeus frontal simple dont le corps occupe toute la hauteur de la couronne blanche, mains superposées tenant le sceptre-*heqa* (main gauche dessous) et le fléau-*nekhakha* (main droite dessus). Les détails de la barbe tenue par une jugulaire, du large collier-*ousekh*[483], des plumes de l'*atef*, du fléau et du sceptre-*heq*a sont rendus par des incisions peu soignées. La réalisation, notamment des visages et des mains, est assez fruste. La bouche présente des lèvres épaisses, les yeux sont exorbités et les mains à peine détaillées. Le collier (jugulaire) de la barbe est marqué par un large trait et la barbe elle même enserre la totalité du menton, remontant jusqu'à la lèvre inférieure. Le cou est court et puissant. L'ensemble est anépigraphe.

483. Le collier rendu en relief serait un élément chronologique en faveur de la XXVe dynastie ; Chr. Desroches-Noblecourt, « Un petit "Monument" de théologie memphite », *MDAIK* 16, 1958, p. 84 et pl. VIII.

Commentaire : si les figurines et amulettes en alliage cuivreux présentant deux Osiris, voire plus, sont fréquentes (*infra* **25**), une telle réalisation en pierre semble très peu attestée. Un parallèle intéressant provient de la Cachette de Karnak[484] : une statuette en schiste (12 × 5,5 × 4 cm ; Fig. 3.21), datée de la Basse Époque-époque ptolémaïque, montre des affinités stylistiques avec notre exemplaire, en particulier dans le traitement peu soigné des visages et des mains. L'aspect semblable de la plaque dorsale, légèrement bombée et anépigraphe (et bien que plus étroite), est également notable. Une seconde statuette, exposée au musée de Linköping (inv. ES153 ; granite ; 8,5 cm de haut ; Fig. 3.22), présente une iconographie extrêmement proche des précédents exemples, bien que moins élancée[485] ; le traitement général est également assez fruste. Signalons enfin une autre « dyade osirienne », cette fois-ci en position debout, conservée à Naples (inv. 195)[486]. En l'absence d'inscription sur ces trois groupes, il demeure difficile d'identifier les deux formes d'Osiris représentées[487]. Tout aussi rare, semble-t-il, est le groupement de trois Osiris en pierre[488]. Rappelons pour conclure qu'un tel principe de double représentation d'une même divinité n'est pas rare, sur des stèles ou des groupes statuaires[489].

484. CG 38398 (= CK 862) ; G. Daressy, *Statues de divinités* II, pl. XXI ; L. Coulon, *in* L. Coulon (dir.), *La Cachette de Karnak*, p. 512 et 560, fig. 44 ; http://www.ifao.egnet.net/bases/cachette/?id=862.

485. G. Björkman, *A Selection of Objects in the Smith Collection*, p. 40 (153) et pl. 9 (3) ; *id.*, *Smithska Samlingen av egyptiska fornsaker i östergötlands och Linköpings Stads Museum*, Stockholm, 1966, p. 122 (153) et pl. XIV. Je remercie Joanna Thompson, conservatrice des collections du Östergötlands Museum de Linköping, pour les photographies et l'autorisation de les publier.

486. P. Pirelli, *La collezione egiziana del Museo Archeologico Nazionale di Napoli*, Naples, 1989, p. 112, n° 12.5 ; basalte ; 13,1 × 6,3 × 2,5 cm ; d'après L. Coulon, *op. cit.*, p. 512, n. 53.

487. G. Björkman, *op. cit.*, p. 40 : « They may represent two different aspects of Osiris based on the "Synkretismus" of the Late Period. Groups from this epoch are rare. The date is consequently discussable. »

488. Trois Osiris avec les mêmes attributs (stéatite ; 15,5 cm de haut ; fin Nouvel Empire ; Thèbes ?) : S. D'Auria, P. Lacovara, C.H. Roehrig, *Mummies & Magic. The Funerary Arts of Ancient Egypt*, Boston, 1992, p. 239-240 (200) ; pour une telle association de trois Osiris, voir L. Coulon, « Une trinité d'Osiris thébains sur un relief découvert à Karnak » *in* Chr. Thiers (éd.), *Documents de Théologies Thébaines Tardives* (*D3T* 1), CENiM 3, Montpellier, 2009, p. 1-18.

489. M. Tosi, A. Roccati, *Stele e altre epigrafi di Deir el Medina*, p. 284-285 : 50053 (deux chattes affrontées), 50054 (deux oies affrontées, légendes identiques : « Amon-Rê, l'oie parfaite »), 50055 (deux béliers affrontés, légendes identiques : « Amon-Rê, le bélier ») ; H.M. Stewart, *Egyptian Stelae, Reliefs and Paintings from the Petrie Collection* 3 : *The Late Period*, Warminster, 1983, p. 10-11 et pl. 16.29 : offrandes à deux pavois avec ibis (même nom : « Thot maître d'Hermopolis ») : stèle Petrie Museum UC 14403. Pour Sobek, H. Kockelmann, « Sobek doppelt und dreifach » *in* S. Lippert, M. Schentuleit (éd.), *Graeco-Roman Fayum – Texts and Archaeology. Proceedings of the Third International Fayum Symposion, Freudenstadt, May 29-June 1, 2007*, Wiesbaden, 2008, p. 153-164 (avec bibliographie).

Fig. 3.21. Statuette Caire CG 38398 = CK 862. © IFAO.

Fig. 3.22. Statuette Linköping ES153. © Östergötlands Museum, Linköping.

16. Statuette debout en alliage cuivreux

Inv. 179.8048-37
Datation : XXVe-XXVIe dynasties.
Matière et dimensions : alliage cuivreux (fonte creuse à la cire perdue) ; 14,2 × 3,6 × 2 cm.
État de conservation : une importante couche de corrosion active était présente au moment de la découverte. Après un premier nettoyage au scalpel, la statuette a été placée dans une feuille d'aluminium avec une solution d'EDTA bisodique afin d'enlever les oxydes de carbonate. Après rinçage à l'eau déminéralisée, le nettoyage s'est poursuivi au micro-tour. Malgré la perte de certains détails (mains, barbe par exemple), l'état de conservation est satisfaisant.
Description : Osiris est coiffé de la couronne blanche avec uraeus frontal lové (deux boucles latérales symétriques) dont le corps occupe la hauteur de la couronne. Les mains sortent du linceul fendu verticalement : la main droite est positionnée au-dessus de la gauche et les deux sceptres semblent n'être tenus que par la main droite, le manche commun aux deux attributs étant représenté sous la main gauche[490]. Le sceptre-*heqa*, crosse tournée vers l'extérieur, s'enroule sur l'épaule gauche. On note le cou large (plutôt XXVe dynastie), la bouche aux lèvres charnues et les oreilles décollées. La barbe tressée reprend la forme du menton (plutôt XXVIe dynastie). Un tenon sous les pieds assurait une fixation dans une base indépendante[491].

490. Dans les réalisations les plus soignées le manche inférieur est celui du sceptre-*heqa* ; K. Weiss, *Ägyptische Tier- und Götterbronzen aus Unterägypten*, pl. 23-25.
491. Plusieurs exemplaires d'Osiris en alliage cuivreux debout ont été découverts avec leur socle en bois ; par ex., G. Daressy, *Statues de divinités* II, pl. XVII (CG 38268), XVIII (CG 38310) et XIX (CG 38322) ; nombreux socles en bois associés aux statuettes découverts à Saqqara : S. Davies, *in* M. Hill, D. Schorsch (éd.), *Gifts for the Gods*, p. 183 ; E.A. Hastings, *The Sculpture from the Sacred Animal Necropolis at North Saqqâra 1964-1976*, p. 57-59. Voir également les restes de bois autour de certains tenons des figurines osiriennes découvertes à 'Ayn Manawîr, M. Wuttmann *et al.*, *BIFAO* 96, 1996, p. 433 ; H.E. Winlock, *Temple of Hibis in El Khargeh Oasis* I, p. 42 et pl. XXVII.

Commentaire: l'aspect général de la statuette ainsi que le cou large invitent à une datation à la XXVe dynastie mais l'insertion de la barbe sur le menton serait plutôt caractéristique de la XXVIe dynastie. Plusieurs statuettes osiriennes avec les mains sortant du linceul fendu verticalement sont datées de la XXVIe à la XXXe dynastie, sans que ce traitement soit un critère typo-chronologique assuré[492].

17. Statuette debout en alliage cuivreux

Inv. 179.8048-31
Datation: Basse Époque, XXVIe dynastie?
Matière et dimensions: alliage cuivreux (fonte creuse à la cire perdue, à noyau de terre?); 25,2 × 6 × 2,9 cm.
État de conservation: importante corrosion active et encrassement au moment de la découverte; la partie supérieure des plumes et le disque solaire de la couronne-*atef* sont en partie perdus. Fissuration du métal à l'arrière de la jambe gauche. L'objet a d'abord été nettoyé au scalpel, puis à l'éthanol et à l'acétone. Finalement une couche de Paraloid B72 à 3% a été appliquée sur l'ensemble de la surface.
Description: debout en position traditionnelle[493], bras croisé sur le torse, la main droite (sceptre-*heqa* avec crosse tournée vers l'intérieur) sur la main gauche (fléau). Il porte la couronne-*atef*, possiblement surmontée du disque solaire (également **18**, **19** et **20**)[494], dotée d'un uraeus frontal lové (deux boucles latérales) dont le corps ondule sur la couronne blanche. Le nez est rond, les lèvres charnues esquissant un léger sourire. La barbe, placée sous le menton, est maintenue à la poitrine par une pièce métallique; un simple trait (associé à la retombée de la couronne blanche devant l'oreille?) sur la joue indique le collier de la barbe postiche. La trace de l'arrachement d'un tenon est visible sous les pieds.

492. G. Daressy, *Statues de divinités* II, pl. XVI-XVIII; K. Weiss, *Ägyptische Tier- und Götterbronzen aus Unterägypten*, pl. 23-25.
493. Pour les bronzes d'Osiris debout, *ibid.*, pl. 21-25.
494. Pour cette iconographie, cf. M. Wuttmann *et al.*, *BIFAO* 96, 1996, p. 432, fig. 68b-d; sur une statue osirienne en pierre, J.-Cl. Goyon, « Deux *ex-votos* osiriens de Coptos au musée des Beaux-Arts de Lyon » *in* F. Haikal (éd.), *Mélanges Ola el-Aguizy*, BiÉtud 164, Le Caire, 2015, p. 181 et pl. I.

Commentaire : l'aspect longiligne de la silhouette serait favorable à une datation dans le courant de la XXVIe dynastie.

18. Statuette debout en alliage cuivreux

Inv. 179.8048-11
Datation : Basse Époque
Matière et dimensions : alliage cuivreux (fonte creuse à la cire perdue à noyau de terre) ; 13,5 × 3,6 × 1,4 cm.
État de conservation : la corrosion active (enlevée au scalpel et au micro-tour) couvrait la quasi-totalité de la surface de la figurine, oblitérant largement la lisibilité des détails, notamment au niveau des mains et des bras ; un éclat a emporté la surface, dans le dos, sous l'épaule droite. Les pieds sont perdus. Des restes d'enduit/plâtre ont été conservés à l'avant de la statuette.
Description : Osiris tient le sceptre-*heqa* (crosse tournée vers l'extérieur) dans la main droite et le fléau-*nekhakha* dans la main gauche. Il est coiffé de la couronne-*atef* discophore bordée par les deux plumes latérales ; un uraeus lové (deux boucles latérales symétriques) ondule son corps sur la couronne blanche. Malgré la perte de détails, les traits du visage sont assez visibles : nez large et légèrement aplati, cou court, yeux profondément creusés (peut-être originellement incrustés), lèvres épaisses, barbe tressée (incisions en chevron), à l'embase large à la jonction avec le menton. La statuette reposait sur une base indépendante (perdue), fichée à l'aide d'un tenon partiellement conservé. La cassure des pieds laisse entrevoir le noyau en « terre ».

19. Statuette debout en alliage cuivreux

Inv. 179.8048-35
Datation: Basse Époque.
Matière et dimensions: alliage cuivreux (fonte pleine à la cire perdue); 8,8 × 2 × 1,2 cm.
État de conservation: importante corrosion active au moment de la découverte; un premier nettoyage a été réalisé au scalpel, puis la statuette a été mise en bain dans de l'EDTA bisodique dilué à 5% dans de l'eau déminéralisée. Après rinçage, le nettoyage s'est poursuivi au micro-tour. La partie inférieure est largement corrodée; perte de lisibilité sur les bras et le visage; la partie inférieure de la plume droite de l'*atef* est perdue.
Description: Osiris se présente debout, momiforme, les mains superposées, la droite (tenant le fléau) au-dessus de la gauche (tenant le sceptre-*heqa*). Il est coiffé de la couronne-*atef* avec disque solaire, muni d'un uraeus frontal simple dont le corps occupe la hauteur de la couronne blanche; les plumes sont détaillées par des stries obliques. Le dos est traité sans aucun modelé. Un tenon sous les pieds assurait une fixation dans une base indépendante.
Commentaire: cet Osiris appartient à une production plus économique, le dos plat nécessitant moins de métal. Le positionnement des mains, l'une sur l'autre[495], se retrouve sur deux autres bronzes (**15** et **16**).

495. K. Weiss, *Ägyptische Tier- und Götterbronzen aus Unterägypten*, pl. 21 (397) et 23-24.

20. Statuette debout en alliage cuivreux

Inv. 179.8048-7
Datation: Basse Époque.
Matière et dimensions: alliage cuivreux (fonte creuse à la cire perdue) ; 11,5 × 3,7 × 2,1 cm.
État de conservation: la partie inférieure des jambes, à partir des genoux, est perdue. Le disque solaire qui surmontait la couronne-*atef* est abîmé. L'objet a d'abord été nettoyé à l'aide d'un scalpel. Puis il a été plongé dans un bain d'EDTA bisodique dilué à 5% dans de l'eau déminéralisée. En parallèle, son nettoyage et son polissage ont été effectués avec un micro-tour. L'objet a régulièrement été rincé à l'eau déminéralisée. Pour éliminer tous résidus, la statuette a été plongée dans un bain d'eau distillée (pendant une nuit) puis rincée à l'éthanol et à l'acétone. Enfin, une couche de protection de Paraloid B72 à 3% dans de l'acétone a été appliquée.
Description: Osiris est coiffé de la couronne-*atef* discophore (disque arraché), à uraeus frontal simple ondulant sur la couronne blanche; des stries obliques décorent les plumes. Il adopte sa position habituelle, bras croisés, main droite (sceptre-*heqa* crosse tournée vers l'intérieur) passant sur la gauche (fléau). Le visage est traité maladroitement : lèvres épaisses, arcades sourcilières et yeux proéminents, nez large et écrasé; la barbe striée est fixée sous le menton.

21. Statuette debout en alliage cuivreux

Inv. 179.8048-21
Datation: Basse Époque.
Matière et dimensions: alliage cuivreux (fonte creuse à la cire perdue) ; 9,3 × 3 × 1,8 cm.
État de conservation: les pieds sont perdus, de même qu'une large partie de la couronne-*atef*. L'objet a été d'abord nettoyé mécaniquement pour enlever la couche d'encrassement et les premières couches de corrosion active. Le travail a été poursuivi au micro-tour afin de percer les poches de corrosion active, avant le passage dans un bain d'EDTA bisodique dilué à 5% dans de l'eau déminéralisée. Après un bain de rinçage à l'eau déminéralisée et nettoyage à l'éthanol puis à l'acétone, une couche de Paraloid B72 dilué à 3% a été appliquée sur l'ensemble de la surface. Un fragment de la double couronne a été recollé avec de l'Araldite 2015.
Description: la corrosion active a emporté une large partie des détails. Osiris se présentait debout, dans sa position traditionnelle. On note cependant la variante plus rare dans le positionnement des bras: les deux poings sont affrontés, le sceptre-*heqa* tenu en main gauche, le fléau en main droite[496]. Il était coiffé de la couronne-*atef* ornée d'un uraeus simple. Au niveau de la couronne, côté gauche, la perte de l'alliage cuivreux laisse apparaître l'âme en terre grise extrêmement compacte.

496. K. Weiss, *Ägyptische Tier- und Götterbronzen aus Unterägypten*, pl. 21-22, 24 ; position attestée à l'époque libyenne et à la XXVe dynastie (communication O. Perdu).

22. Statuette assise en alliage cuivreux

Inv. 179.8048-1
Datation: Basse Époque, XXVIe dynastie?
Matière et dimensions: alliage cuivreux doré à la feuille (fonte creuse à la cire perdue); 35 × 10,5 × 12 cm.
État de conservation: la plume droite de la couronne-*atef* est manquante; quelques pièces d'incrustations de la barbe (incisions en chevron), des yeux, de l'uraeus frontal et des manches des sceptres ont également été perdues. La dorure a essentiellement été préservée sur la face avant. Lors de la découverte, la statuette, fortement encrassée, présentait une corrosion active et des efflorescences de sels, nécessitant un nettoyage au scalpel et des compresses d'eau déminéralisée et d'éthanol (50/50). La dorure a été consolidée avec du Paraloid B72 dilué à 5% dans de l'acétone.
Description: deux tenons assuraient la fixation de l'Osiris assis sur une base (également **23** et **24**)[497], celui sous les fesses conservant encore des restes de plâtre/gypse ayant servi à la fixation sur le support. Le dieu se présente dans sa position habituelle, bras croisés, le droit (sceptre-*heqa* avec crosse tournée vers l'extérieur) passant sur le gauche (fléau), coiffé de la couronne-*atef* ornée d'un uraeus proéminent discophore (à boucles latérales symétriques) ondulant sur la mitre. Les plumes de l'*atef*, comme c'est fréquemment le cas pour les statuettes de grand module, étaient rapportées, fixées par deux tenons. Le cou est fin, les oreilles décollées. Le collier de maintien de la barbe est matérialisé en relief levé. Des incisions sur le corps de l'uraeus, la barbe et le long des manches des sceptres recevaient primitivement des incrustations de pâtes colorées, éléments fragiles en partie perdus[498]; les yeux ont partiellement conservé leur incrustation (cornée blanche; les pupilles sont perdues).

497. Pour les bronzes d'Osiris assis, K. Weiss, *Ägyptische Tier- und Götterbronzen aus Unterägypten*, pl. 24 (Saqqara en particulier).
498. Voir *Les bronzes égyptiens*, p. 96-99 (21).

Commentaire : par sa taille et son traitement de surface, cet Osiris constitue la pièce maîtresse des productions en alliage cuivreux déposées dans la *favissa*. En effet, dans l'innombrable production de bronzes osiriens, ceux considérés comme plus précieux ont été dorés à la feuille[499]. La production de masse de ces bronzes rend extrêmement difficile l'application de critères stylistiques développés dans la statuaire en pierre depuis les travaux de B.V. Bothmer[500]. Si l'on se fonde toutefois sur la présence de l'uraeus lové et de la barbe fixée sous le menton[501], on se situerait plutôt dans le courant du VIe siècle (XXVIe dynastie). Sans que ce critère soit réellement utile pour notre propos, signalons que les tenons de section rectangulaire et à l'embase aplatie sont considérés comme appartenant à des productions postérieures au Nouvel Empire[502].

499. Voir, par ex., M. Hill, D. Schorsch (éd.), *Gifts for the Gods*, p. 128-129 (Leyde AB 161) = P. Giovetti, D. Picchi (éd.), *Egypt. Millenary Splendour. The Leiden Collection in Bologna, Bologne, Museo Civicao Archeologica 16 October 2015-17 July 2016*, Rome, 2016, p. 162 et 516) ; M.-D. Quémereuc, *Collections égyptiennes. Musée de Guéret*, Guéret, 1992, p. 32-33 (1) ; M. Müller-Roth, M. Höveler-Müller (éd.), *Grenzen des Totenbuchs. Ägyptiche Papyri zwischen Grab und Ritual*, Rahden, 2012, p. 119-123 = S. Stöhr, « "Ich gebe Dir Maat". Eine Bronzegruppe in einer Hamburger Privatsammlung » *in* L.D. Morenz, A. El Hawary (éd.), *Weitergabe. Festschrift für Ursula Rößler-Köhler zum 65. Geburtstag*, GÖF 53, Wiesbaden, 2015, p. 391-405 : collection privée hambourgeoise, Osiris debout, entièrement doré, sur un socle en bois face à un orant devant lui présentant Maât, une table d'offrandes s'intercale entre les deux figures ; 19,9 cm de haut (Osiris) ; TPI-Basse Époque ; stylistiquement proche de celui de la *favissa*. En dernier lieu, L. Coulon, *in* L. Coulon (dir.), *La Cachette de Karnak*, p. 513, n. 59.
500. B.V. Bothmer, *ESLP*.
501. Voir *supra*.
502. D. Schorsch, *in* M. Hill, D. Schorsch (éd.), *op. cit.*, p. 193.

23. Statuette assise en alliage cuivreux

Inv. 179.8048-36
Datation: Basse Époque, XXVIe dynastie?
Matière et dimensions: alliage cuivreux (fonte creuse à la cire perdue); 20,5 × 5,2 × 5,5 cm.
État de conservation: la statuette était largement corrodée. L'extrémité des pieds est perdue; sous les fesses, au niveau du tenon, des restes d'enduit blanc ont été consolidés au Paraloid B72 dilué à 10% dans de l'acétone. Les zones comportant de la corrosion active ont été nettoyées à l'aide d'un micro-tour. Des incrustations des yeux, n'est préservé qu'un éclat de pierre blanche de l'œil gauche.
Description: comme pour les exemplaires **22** et **24**, deux tenons assuraient la fixation de la statue assise sur une base. Osiris se présente les bras croisés, main droite (sceptre-*heqa* crosse tournée vers l'intérieur) passant sur la gauche (fléau); la barbe tressée qui enserre l'extrémité du menton est maintenue à la poitrine par une pièce métallique; le collier de maintien de la barbe sur les joues n'est pas indiqué. Osiris est coiffé de la couronne blanche, avec uraeus frontal lové (deux boucles latérales symétriques) ondulant sur la hauteur de la mitre. Une petite mortaise circulaire, au sommet de la couronne blanche, atteste la présence d'un système de fixation ayant vraisemblablement accueilli un disque solaire. Les restes d'enduit blanc au niveau du tenon situé sous les fesses ont pu appartenir au siège en bois stuqué ou servir à améliorer la fixation de la statuette (traces également sur le tenon).

24. Statuette assise en alliage cuivreux

Inv. 179.8048-10
Datation: Basse Époque.
Matière et dimensions: alliage cuivreux (fonte creuse à la cire perdue); 13,5 × 3,5 × 3,9 cm.
État de conservation: la corrosion a dégradé les détails de ce bronze et provoqué des fissures sur la jambe gauche; les plumes de l'*atef* ont également souffert. Un premier nettoyage au scalpel et au micro-tour a été suivi d'un traitement à l'éthanol puis à l'acétone. Une couche de Paraloid B72 dilué à 3% a été appliquée sur l'ensemble de la surface.
Description: comme pour les deux statuettes précédentes, deux tenons assuraient la fixation de la statue assise sur une base, dispositif renforcé par un liant de plâtre/gypse encore présent sur et en bordure des tenons. Osiris se présente les bras croisés, main droite (sceptre-*heqa* crosse tournée vers l'extérieur) passant sur la gauche (fléau strié). La barbe tressée est maintenue à la poitrine par une pièce métallique. Le dieu est coiffé de la couronne-*atef* discophore, avec uraeus frontal ondulant sur la hauteur de la mitre.

25. Dyade en alliage cuivreux

Inv. 179.8048-20
Datation: Basse Époque.
Matière et dimensions: alliage cuivreux (fonte pleine à la cire perdue); 5,4 × 2,3 × 1,3 cm.
État de conservation: la corrosion importante empêche toute lecture des détails; les couronnes-*atef* sont abîmées. Le nettoyage de la corrosion a été effectué de façon mécanique (scapel).
Description: les deux Osiris étaient semble-t-il représentés de façon traditionnelle, coiffés de la couronne-*atef* surmontée d'un disque solaire; les plumes latérales sont presque entièrement détruites. Ils reposent sur une petite base quadrangulaire commune. La face arrière des figures est totalement plate, seule une solide bélière étant fixée à la jonction des épaules et de la tête. Au-dessous de la base, un tenon a été aménagé. Une protubérance se distingue sur le côté gauche de l'amulette alors que le côté opposé présente une ligne plus arrondie.

Commentaire: la protubérance sur le côté gauche pourrait indiquer qu'une autre figure osirienne a été moulée avec les deux autres puis détachée de l'ensemble[503]. Le moulage d'amulettes et/ou figurines osiriennes identiques par lot est bien attesté[504], notamment grâce aux découvertes de la nécropole (Basse Époque) de Qubbet el-Hawa à Assouan[505] et d'Umm el-Qaab à Abydos[506]. Les deux figurines osiriennes ont été vraisemblablement

503. U. Effland, « Funde aus dem Mittleren Reich bis zur Mamlukenzeit aus Umm el-Qaab », *MDAIK* 62, 2006, p. 140 et pl. 30a.
504. Voir des amulettes associant trois Osiris, G. Roeder, *Ägyptische Bronzefiguren*, pl. 65h; K. Weiss, *Ägyptische Tier- und Götterbronzen aus Unterägypten*, p. 842 et pl. 59 (1231) (avec bélière au dos et tenon sous la base) = S. Davies, H.S. Smith, *The Sacred Animal Necropolis at North Saqqara*, p. 84 (FCO-11) et pl. XXIVb; M. Wuttmann *et al.*, *BIFAO* 96, 1996, p. 434, fig. 69d; M. Wuttmann, L. Coulon, Fl. Gombert, *in* M. Hill, D. Schorsch (éd.), *Gifts for the Gods*, p. 169; A. Schweitzer, *Entre Égypte et Alsace. La collection du Muséum d'histoire naturelle de Colmar et la collection égyptienne de la Société industrielle de Mulhouse*, Colmar, 2007, p. 93 (48), avec bélière unique au dos de l'Osiris central.
505. Voir J. Auenmüller, « Katalog (Ägyptisches Museum der Rheinischen Friedrich-Wilhelms-Universität Bonn) » *in* M. Fitzenreiter *et al.* (éd.), *Gegossene Götter*, p. 228-230 (I.9 et I.10): deux moules en terre crue pour quatre figurines d'Osiris; p. 231 (I.11): moule pour trois figurines; p. 233-234 (I.14): moule pour trois figurines; p. 234-235 (I.15): moule pour deux figurines. Également *id.*, « Die Ergebnisse der bildgebenden Verfahren » *in* M. Fitzenreiter *et al.* (éd.), *op. cit.*, p. 118-119 (tomographie des moules d'Osiris avec les Osiris multiples à l'intérieur); M. Fitzenreiter, Fr. Willer, J. Auenmüller (éd.), *Materialien einer Gusswerkstatt von der Qubbet el-Hawa*, p. 195-196, pl. 39-41. Pour la nécropole de Qubbet el-Hawa à Assouan, E. Edel, K.-J. Seyfried, G. Vieler, *Die Felsgräbernekropole der Qubbet el-Hawa bei Assuan* I/3, Paderborn, 2008.
506. U. Effland, *op. cit.*, p. 140-141, pl. 30a: groupes de deux, trois, quatre et cinq Osiris, présentant une à deux bélières au dos.

détachées d'un chapelet, en utilisant la bélière centrée au dos pour les présenter ensemble[507]. Les fouilles de ʿAyn Manâwir ont également mis au jour un Osiris double disposant d'une unique bélière, associé aux très nombreux Osiris destinés à être fichés dans une pièce de bois[508].

La bélière, présente sur d'autres types de bronzes, soulève également la question de l'utilisation de cette figurine, dont on peut légitimement supposer qu'elle était maintenue par un lien. Pour autant, il semble de prime abord difficile d'associer un tel dispositif avec la présence du tenon sous la base qui a servi à ficher le groupe sur un support plus stable (on pense à un socle en bois, *supra*)[509]. Ce double dispositif est attesté ailleurs, par exemple sur une statuette d'Osiris assis, avec tenons sous les pieds et les fesses ; cette statuette était donc assise sur un support (en bois ?) mais également pendue/retenue à l'aide de la bélière présente au dos[510].

En 1984, E. Brunner-Traut et H. Brunner évoquent le fait que les bronzes à bélière ont pu être accrochés aux murs des temples[511]. En se fondant sur plusieurs exemples de figurines en métal précieux (or et argent) munies d'une bélière et disposant d'une inscription sous la base (similaire aux légendes de scènes d'offrandes), O. Perdu a conforté cette idée d'une utilisation comme *ex-voto*, les dimensions de tels objets excluant de les porter autour du cou[512] ; ils auraient pu être suspendus par un lien ou retenus ensemble par une tige métallique et fixés aux parois des temples[513]. Pour S. Davies, le double dispositif (bélière de suspension et tenon de fixation dans une base) pourrait témoigner du fait que les bronzes ont été dans un premier temps utilisés dans le cadre de processions (de barques)[514], et donc fixés par les bélières à l'aide de liens, puis déposés dans les temples, nécessitant alors une base stable[515]. Dans le même volume, M. Hill a adopté une vision nuancée de ce phénomène, tant les éléments d'analyse et de comparaison font défaut[516] ; de nombreuses représentations statuaires en pierre et en bronze présentent les propriétaires affublés d'un collier formé par une divinité (ou un groupe divin) ou portant une telle représentation soutenue par un lien passé autour du cou de l'officiant, et peuvent évoquer les figurines et statuettes plus grandes à bélière[517]. Enfin, une dernière hypothèse a été

507. Cf., au contraire, un groupe signalé plus haut de trois Osiris disposés sur une base rectangulaire (bronze ; 5,8 × 4,8 cm), avec un tenon au-dessous, et pourtant trois bélières à l'arrière : S. Davies, H.S. Smith, *The Sacred Animal Necropolis at North Saqqara*, p. 84 (FCO-11) et pl. XXIVb (malheureusement sans photographie arrière).

508. M. Wuttmann *et al.*, *BIFAO* 96, 1996, p. 433 ; M. Wuttmann, L. Coulon, Fl. Gombert, *in* M. Hill, D. Schorsch (éd.), *Gifts for the Gods*, p. 169.

509. Cette même observation peut être appliquée à des bronzes avec bélière et socle, par ex., un groupe Neith, Sekhmet et Harpocrate, S. Bickel, *In ägyptischer Gesellschaft. Aegyptica der Sammlungen Bibel+Orient an der Universität Freiburg Schweiz*, Fribourg, 2004, p. 146-149 (46 ; 14,9 cm de haut, socle 1,2 × 8,7 × 4,1 cm).

510. Voir, par ex., G. Roeder, *Pelizaeus-Museum zu Hildesheim. Ägyptische Bronzewerke*, Glückstadt, 1937, p. 22-23, § 96, pl. 12e ; également p. 16, § 70 et pl. 7g (Harpocrate debout avec socle et bélière). De nombreux autres cas sont attestés, par ex., H.E. Winlock, *Temple of Hibis in El Khargeh Oasis* I, p. 42 et pl. XXVII (deux Osiris) ; L. Bell, *in* L.E. Stager, D.M. Master, D.J. Schloen (éd.), *Ashkelon* 3: *The Seventh Century B.C.*, p. 416 (figurine osirienne de 9,06 cm de haut découverte dans un niveau contemporain du règne de Néchao II) ; R.S. Bianchi, in *Les bronzes égyptiens*, p. 216-217 (amulette de Satis-Isis avec bélière au niveau de la nuque, et base rectangulaire avec tenon ; argent ; 7,2 × 1,3 × 2 cm, BE) ; S. Davies, H.S. Smith, *op. cit.*, p. 76 (FCO 52), 84 (FCO-111, 113), p. 123 (FCO-467), pl. LXIIIa (ibis avec tenon sous les pattes et une bélière derrière le cou). Voir également une figurine d'Harpocrate en bronze, avec bélière dans le dos, et reposant sur une base également en bronze, *Loin du sable. Collections égyptiennes du musée des Beaux-Arts et d'Archéologie de Besançon*, Besançon, 1990, p. 134 (195) : 11,8 cm de haut ; Londres UC 8202 : figurine de chatte avec bélière dans le dos, assise sur une base avec tenon au-dessous (4,2 × 1,2 cm ; http://petriecat.museums.ucl.ac.uk/detail.aspx).

511. E. Brunner-Traut, H. Brunner, *Osiris, Kreuz, Halbmond. Die drei Religionen Ägyptens*, Mayence, 1984, p. 16 (1) ; repris par V. von Droste zu Hülshoff *et al.*, *Liebieghaus – Museum Alter Plastik. Ägyptische Bildwerke* III. *Statuetten, Gefässe und Geräte*, Melsungen, 1991, p. 272. Même idée chez M. Dewachter, *La collection égyptienne du musée Champollion*, Figeac, 1986, p. 53 (49) ; l'auteur envisage que ces figurines ont été utilisées comme objets votifs destinés à être « enfilés sur des tringles accrochées au mur des temples ».

512. O. Perdu, « Des pendentifs en guise d'*ex-voto* », *RdE* 54, 2003, p. 155-166.

513. *Ibid.*, p. 165, n. 44 ; en l'absence de sources, l'idée est réfutée par M. Hill, « Loops and Metal Statuary » *in* M. Hill, D. Schorsch (éd.), *op. cit.*, p. 87-88.

514. Déjà G. Roeder, *Ägyptische Bronzefiguren*, p. 171 ; M. Hill, *Royal Bronze Statuary from Ancient Egypt*, p. 139 ; M. Fitzenreiter, *in* M. Fitzenreiter *et al.* (éd.), *Gegossene Götter*, p. 176.

515. S. Davies, *in* M. Hill, D. Schorsch (éd.), *op. cit.*, p. 182.

516. M. Hill, *op. cit.*, p. 87-88 ; p. 88 : statues avec des bélières résiduelles non destinées à l'usage, par ex., deux grandes statues d'Isis en argent (44 cm), dont Caire JE 46382 = S. Cauville, *BIFAO* 87, 1987, pl. 19.

517. Mais en de tels cas l'effigie divine repose sur une fine plaque plutôt que sur un véritable socle (à l'image des figurines en or ou en argent étudiées par O. Perdu) épais qui caractérise les supports de bronzes.

proposée par R.S. Bianchi, constatant la présence fréquente de bélières sur les statuettes de Néfertoum[518], Osiris et Harpocrate ou autres dieux-enfants ; il s'agirait d'attacher les figurines d'Osiris à des bandelettes de lin afin de les faire tenir debout[519].

Qu'il s'agisse de figurines de taille modeste ou de statuettes plus grandes et/ou précieuses, on peut considérer que le simple tenon métallique fiché dans une base en bois – celles conservées ne présentent pas des dimensions importantes par rapport à la statue qu'elles supportent – ne devait pas assurer une stabilité parfaite à l'objet. La bélière aurait été un moyen supplémentaire de maintenir les bronzes en place, et d'éviter ce faisant une chute dommageable. Cette solution rejoint partiellement la possibilité de fixer les statuettes à bélière sur les murs des temples, si l'on se fonde sur l'exemple des oreilles présentées aux divinités de l'écoute, et qui auraient pu occasionnellement être plaquées/inscrustées sur les murs[520].

On évoquera pour finir la question des statuettes osiriennes présentant une (ou deux) bélière au dos[521] et dotées d'une bélière supplémentaire sur le côté droit de la base (généralement avec tenon), pour lesquelles une étude s'avèrerait utile (suspensions multiples ?)[522]. Ces réalisations, semble-t-il limitées aux bronzes osiriens en position debout, posent de façon prégnante la question de leur emploi en suspension (barques, naos, murs ?).

518. Fréquence déjà relevée par O. Perdu, *RdE* 54, 2003, p. 157, n. 4.

519. R.S. Bianchi, in *Les bronzes égyptiens*, p. 23.

520. Si les oreilles représentées au sommet des parois d'une enceinte à bastions sur un bassin à libation consacré à Ptah rapportent la réalité de leur utilisation ; voir J. Jacquet, « Un bassin de libation du Nouvel Empire dédié à Ptah. Première partie : l'architecture », *MDAIK* 16, 1958, p. 161-167 ; H. Wall-Gordon, « A New Kingdom Libation Bassin Dedicated to Ptah: Second Part. The Inscriptions », *MDAIK* 16, 1958, p. 168-175 = R. Anthes, *Mit Rahineh 1956*, Philadelphie, 1959, p. 72-75 et pl. 24-25 ; voir *infra*.

521. Avec deux bélières au dos, par ex., A. Legros, Fr. Payraudeau (éd.), *Secrets de momies. Pratiques funéraires et visions de l'Au-delà en Égypte ancienne*, Paris, 2011, p. 57.

522. Évoqué par S. Davies, *in* M. Hill, D. Schorsch (éd.), *Gifts for the Gods*, p. 185 et n. 29.
- W.M.Fl. Petrie, *Amulets*, Londres, 1914, pl. XXVIIIa (157) : bronze, Memphis ; tenon et bélière sur la base, à l'arrière, contre le pied, côté droit ; pas de données sur la présence d'une bélière au dos.
- G. Daressy, *Statues de divinités* II, pl. XIX (CG 38336) = K. Weiss, *Ägyptische Tier- und Götterbronzen aus Unterägypten*, p. 630-631 et pl. 22e : bélière au pied de la base côté droit et dans le dos où représentation d'une tête de faucon ; XXVIe dynastie ; Saïs ; 11,2 cm de haut.
- G. Daressy, *op. cit.*, pl. XVIII (CG 38311) = G. Roeder, *Ägyptische Bronzefiguren*, p. 156, § 199a, fig. 212 = K. Weiss, *op. cit.*, p. 646 (475) et pl. 24g : bélière dans le dos et au sommet de la base côté droit.
- R. Anthes, *op.cit.*, p. 49-50 (240) et pl. 31a (240) : Osiris debout en bronze ; 7,8 cm de haut ; bélière dans le dos et autre sur le côté avant droit de la base, tenon sous la base.
- *Loin du sable. Collections égyptiennes du musée des Beaux-Arts et d'Archéologie de Besançon*, p. 129 (185) : Osiris debout en bronze, avec bélière dans le dos, et une sur le côté droit de la base plate, contre le pied ; base oblique plongeant vers l'avant (instable si elle n'est pas insérée dans un autre socle ; pas de tenon signalé ; 7 cm de haut (sans le haut de la coiffe) ; p. 129 (185) : Osiris debout, sur petite base plate avec tenon et bélière sur le côté avant droit ; bélière dans le dos ; 8,2 cm de haut ; provient de Limassol, Chypre.
- S. Aufrère, *Collections égyptiennes, Musées départementaux de Seine-Maritime*, p. 59 (47) : Osiris avec tenon sous les pieds et bélière sur le côté gauche de la base qui dépasse sous le niveau de la base ; 16,4 × 4,7 cm (pas de description de l'arrière).
- P. Pirelli, *La collezione egiziana del Museo Archeologico Nazionale di Napoli*, p. 116 (12.56) : Osiris avec tenon sous les pieds et bélière sur le côté gauche de la base.
- V. von Droste zu Hülshoff *et al.*, *Liebieghaus – Museum Alter Plastik. Ägyptische Bildwerke* III, p. 260-261 (132) : bélière dans le dos et sur la base côté droit, à l'arrière contre le pied ; p. 271-272 (150) : deux bélières verticales dans le dos et à la base des pieds (à l'arrière), et une verticale debout sur le devant de la base, côté droit ; p. 272 (151) : deux bélières horizontales dans le dos et à la base des pieds (à l'arrière), et une sur le devant de la base, côté droit ; p. 272-273 (152-153) : bélière verticale dans le dos et une horizontale sur le devant de la base, côté droit ; (152) avec un tenon sous les pieds.
- M.Cr. Guidotti, E. Leospo, *La collezione egizia del Civico museo archeologico di Como*, Côme, 1994, p. 26-34 (F5, F16, F22, F23, F33 et F36) : Osiris en bronze, avec bélière dans le dos et une sur la base, côté droit, contre le pied ; la bélière circulaire de F36 (p. 34) est pincée sur la base, et sa partie inférieure est donc plus basse que le niveau de la base, ce qui empêche toute stabilité de la statuette : elle ne reposait donc pas sur sa base.
- O. Berlev, S. Hodjash, *Catalogue of the Monuments of Ancient Egypt. From the Museums of the Russian Federation…*, OBO 17 Ser.Arch, Fribourg, 1998, p. 187 et pl. 182 (XV.227-228 et 230-231) : quatre Osiris (entre 7,7 et 9,3 cm de haut) avec base, et bélière à la base, côté droit (pas de photographie ou description de l'arrière).
- S. Davies, H.S. Smith, *The Sacred Animal Necropolis at North Saqqara*, section 6.2, p. 97 (FCO-217 : Osiris debout sur une base, avec tenon dessous et bélière verticale sur le côté droit de la base), p. 102-203 (FCO-271, 277), pl. LIIIa : Osiris debout sur une base, avec tenon au-dessous, bélière dans le dos et une autre verticale sur le côté droit de la base), p. 119 (FCO-442, *idem* mais sans tenon), p. 123 (FCO-467), pl. LXIIIa : ibis avec tenon sous les pattes et une bélière derrière le cou.
- L. Camino, Chr. Papier-Lecostey, *Collections égyptiennes du musée Antoine Vivenel de Compiègne*, Compiègne, 2007, p. 22-23 (5, 7-8) : trois statuettes osiriennes avec bélière dans le dos et une autre sur la base, côté droit ; (8), p. 23 : deux bélières et tenon au-dessous.
- M. Jørgensen, *Ny Carlsberg Glyptotek. Catalogue Egypt* V. *Egyptian Bronze*, p. 34 (9).

26. Statue en bois (perdue) avec parures en alliage cuivreux

Inv. 179.8048-27
Datation: Basse Époque.
Matière et dimensions: bois (perdu), alliage cuivreux (fonte pleine à la cire perdue), pâte de verre (?), enduit peint et doré à la feuille; env. 65 cm de haut.
État de conservation: la statuette en bois stuqué n'a pas résisté au temps[523]. La fine couche d'enduit (*gesso*) peint et doré qui recouvrait l'âme de bois a permis de distinguer la forme de la statue au moment de la fouille et d'avoir ainsi une idée approximative de sa taille. Après une consolidation de surface à l'aide de *facing* et d'acril 33 dilué à 3% dans de l'eau, l'ensemble a été prélevé en motte afin de pouvoir au mieux étudier et préserver l'ensemble en laboratoire. Deux éléments métalliques (plumes de l'*atef*) ont pu être extraits mais la barbe a été laissée en place. Sur les plumes, les incrustations de pâte de verre sont partiellement perdues et décolorées; la partie supérieure de la plume de droite est manquante.

Détail de l'enduit peint, avec le manche du sceptre-*heqa*; la barbe est visible.

Description: les deux plumes (respectivement 13,2 × 6 × 1,1 cm et 8,5 × 6,2 × 1,1 cm), dont le détail est traité en cloisonné, recevaient des incrustations de pâte de verre (?)[524]. Elles reposent sur une corne de bélier torsadée incisée supportant un uraeus enrichi d'incrustations et coiffé du disque solaire également incrusté. Deux anneaux fixés à l'arrière de la corne permettaient de soutenir un (ou deux) uraeus mobile[525].

Le manche du sceptre-*heqa* est traité en léger relief sur le côté gauche du buste. Les restes de la décoration peinte (ocre jaune, rouge, bleu) et dorée apposée sur l'enduit n'ont pas permis de distinguer un motif particulier. Il devait s'agir de la représentation de la résille de la momie.

- K. Myśliwiec, M.B. Said, « Polish-Egyptian Excavations at Tell Atrib in 1994-1995 », *EtTrav* 18, 1999, p. 200, fig. 17b et p. 218 (« late 4th-century B.C. layer ») : deux bélières dans le dos et une à la base, côté droit.
- I. Tinius, *Altägypten in Braunschweig. Die Sammlungen des Herzog Anton Ulrich-Museums und des Städtischen Museums*, Wiesbaden, 2011, p. 104-105 (154) : Osiris debout (9,4 cm de haut) avec bélière dans le dos, et qui repose sur une base plate dotée d'une bélière pincée sur le côté droit ; moitié supérieure de l'anneau au-dessus de la base, moitié inférieure au-dessous de la base, ce qui empêche toute stabilité de la figurine : elle était donc suspendue par la bélière dans le dos ; p. 105 (155) : Osiris debout avec bélière dans le dos, sur une base plate dotée d'un tenon ; bélière sur la partie arrière du côté droit de la base, contre le pied d'Osiris.
- Fr. Crevatin, M. Vitulli Torlo (éd.), *Collezione egizia del civico museo di storia ed arte di Trieste*, Trieste, 2013, p. 43 et p. 211 (8.91) : bélière à la base, côté droit (dos non visible et apparemment pas de tenon, ou détruit).
- St. Lehmann, H. Ficher-Elfert (éd.), *Aegyptiaca und Papyri der Sammlung Julius Kurth. Archäologisches Museum der Martin-Luther-Universität Halle-Wittenberg*, Dresde, 2014, p. 135 (144) : bélière au dos et sur le côté droit de la base.
- M. Schulze, R. Lehmann, *in* M. Fitzenreiter *et al.* (éd.), *Gegossene Götter*, p. 135, fig. 2 (13-14).
- V. Laurent, *En creusant un canal dans le delta du Nil… Les découvertes archéologiques de Félix Paponot*, Paris, 2016, p. 31-32 (45) : bélière au dos et sur le côté droit de la base, tenon sous la base.
- statuette conservée à Philadelphie, University of Pennsylvania Museum of Archaeology and Anthropology 29-70-675 ; 9,2 cm de haut : http://www.penn.museum/collections/object/332733.

523. Présentation de cette restauration par C. Bourse, « Spécificités de la conservation-restauration à Karnak », *CRBC* 34, 2016 p. 51-58.
524. Sur ce type de décoration, V. Arveiller-Dulong, M.-D. Nenna, *Les verres antiques du musée du Louvre* 3. *Parure, instruments et éléments d'incrustation*, Somogy, 2011, p. 356-357.
525. Par ex., E. Brunner-Traut, H. Brunner, *Die Ägyptische Sammlung der Universität Tübingen*, Mayence, 1981, pl. 132 (1135) ; O. Berlev, S. Hodjash, *Catalogue of the Monuments of Ancient Egypt*, pl. 105 (VI.226 et 228) ; *Les bronzes égyptiens*, p. 200-203 (56) = R. Meffre, *in* O. Perdu, *Le crépuscule des pharaons*, p. 240-241 (118) ; K. Weiss, *Ägyptische Tier- und Götterbronzen aus Unterägypten*, p. 36 et fig. 4 (5c).

Commentaire : à l'origine de grande dimension, la statue en bois d'Osiris était ornée d'éléments rapportés en alliage cuivreux, les plumes de la couronne-*atef* et la barbe (laissée dans le prélèvement de terre)[526]. On peut également supposer qu'un uraeus frontal et des yeux rapportés complétaient cette iconographie mais ils n'ont pas été retrouvés dans la *favissa*. De tels ornements de couronne se rencontrent fréquemment sur des statues en bois[527]. La plume droite de l'*atef* cassée et l'absence des uraei pendant sous les uraei principaux des plumes confirment également que la statue avait déjà perdu des éléments de sa décoration au moment de son enfouissement dans la *favissa*. Comme dans de nombreux exemples, la statue en bois stuqué était parée de couleurs et de feuilles d'or ; le bois n'a pas résisté à l'humidité du sol[528].

526. Pour des statues osiriennes en bois, voir E.A. Hastings, *The Sculpture from the Sacred Animal Necropolis at North Saqqâra 1964-1976*, p. 24-31 et pl. XXVIII-XXXII, XXXIV, en particulier p. 24 (67) : statuette en bois Caire JE 91102 (8,2 cm de ht) : *gesso* et feuilles d'or sur toute la statue ; p. 25 (76) : statue en bois Londres BM EA 67.141 (60 cm de haut, 21 cm de large), avec restes de la barbe en bronze (incrustée) et deux trous de fixation sur chaque côté de la couronne blanche pour les plumes, *gesso* d'apprêt pour appliquer la couleur ; p. 26 (79) et pl. XXIX : tête en bois (21 cm de haut), yeux incrustés perdus, trous de fixation pour la barbe et les plumes de la couronne-*atef*, restes de *gesso* et de feuilles d'or. Voir également U. Hartung, « Der Fortgang der Untersuchungen am Tell von Buto: Ein "Berg" an Informationen wartet auf Entschlüsselung » *in* G. Dreyer, D. Polz (éd.), *Begegnung mit der Vergangenheit – 100 Jahre in Ägypten*, Mayence, 2007, p. 66-67 et fig. 86-87 (barbe et plume de couronne *atef* en alliage cuivreux appartenant à une statue en bois perdue).

527. Par ex., D. Bénazeth, *Tod. Les objets en métal*, p. 10 et fig. 7 (trois plumes avec tenons, incrustations ; 14 cm de haut) ; A. Schweitzer, Cl. Traunecker, *Strasbourg, Musée archéologique : antiquités égyptiennes de la collection G. Schlumberger*, Strasbourg, 1998, p. 27 (18) : deux plumes en bronze avec deux tenons de fixation et corne torsadée et cobra (décor cloisonné) dressé avec disque solaire (incrustation rouge) ; 28 et 31 cm de haut ; incrustations de pâtes colorées ; H. Guichard (dir.), *Des animaux et des pharaons*, Paris, 2014, p. 144-145 (125) : une plume *atef* droite, avec corne torsadée, uraeus et disque solaire (avec applique perdue) ; deux tenons : Louvre N 42501 ; 40 × 23 cm ; alliage cuivreux ; Basse Époque ; L. Camino, Chr. Papier-Lecostey, *Collections égyptiennes du musée Antoine Vivenel*, p. 42 (33-34) : deux plumes d'*atef* gauche incisées (pas incrustées), avec corne torsadé, *uraeus* avec disque solaire ; deux tenons latéraux, anneau pour uraeus au-dessous ; p. 33 (22) : statue en bois stuqué (28,5 cm de haut, avec tenon de fixation dans une base), avec la plume gauche en bronze, celle de droite est perdue ; l'uraeus frontal est perdu également (mortaise) ; barbe rapportée ?

528. Voir les statues en bois découvertes par G. Legrain dans la Cachette de Karnak, G. Legrain, « Nouveaux renseignements sur les dernières découvertes faites à Karnak (15 novembre 1904 – 25 juillet 1905) », *RecTrav* 28, 1906, p. 145-147 ; E. Jambon, *BIFAO* 109, 2009, p. 271-275. Comme le souligne D. Klotz (*RdE* 66, 2015, p. 89 et n. 194), c'est bien le modèle de statues divines en bois doré qui était privilégié par les (textes) égyptiens.

Bastet

27. Statuette de chatte

Inv. 179.8048-15
Datation : TPI-Basse Époque ?
Matière et dimensions : pâte siliceuse émaillée bleu-vert (« faïence égyptienne ») ; 8,7 × 4,2 × 9,5 cm.
État de conservation : la statuette a été découverte brisée en de nombreux fragments (patte avant droite, corps et socle…) ; une pré-consolidation au niveau du socle a été effectuée dès la fouille. Un important travail de restauration a permis de recoller sept fragments (Acril 33). La surface a été consolidée à l'aide d'oxalate d'ammonium (Amox) dilué à 5% dans de l'eau. De multiples éclats émaillent la surface de la statuette et du socle. La tête est perdue.
Description : la chatte se présente dans sa position canonique, assise sur une base, elle-même posée sur un socle rectangulaire plus large (1,4 cm de haut). Le départ de la queue, normalement enroulée autour de la patte arrière droite, est visible. À l'arrière des pattes antérieures le cubitus saillant est noté. Le poitrail arbore très distinctement un contrepoids de collier-*menit*, incisé avant cuisson. Une cavité circulaire de 1,2 cm de diamètre et de 0,3/0,4 cm de profondeur est visible au niveau du cou et atteste une probable tête rapportée, avant l'émaillage.
Commentaire : les statuettes de chat(te)s en faïence comme celle déposée dans la *favissa* sont relativement rares[529]. Elles apparaissent, avec d'autres figurations de félidés, à partir de la XXIIe dynastie bubastite qui met à l'honneur le *Felis sylveris libyca*[530], en lien avec la déesse Bastet. Si le chat peut être associé à d'autres déesses (Hathor, Neith, Tefnout, Pakhet, Mout)[531], il fait peu de doute que l'on se trouve ici en présence d'une figuration de la chatte de Bastet[532]. C'est à la même période (XXIIe dynastie) que l'égide et le collier-*menit* se développent dans l'iconographie[533].

529. Pour un exemplaire moins sophistiqué, H. Brandl (éd.), *Egyptian Antiquities from the Eastern Nile Delta*, MIN 2, Berlin, 2014, p. 230-231 (58a) (faïence ; 14,2 × 3,4 × 7,5 cm ; XXIIe-XXVe dynastie). Voir un exemplaire provenant de Karnak réalisé en schiste, statuette Caire SR 187 (= CK 1133) (6,5 × 4 × 8 cm, sans la tête), datée Basse Époque-époque ptolémaïque : http://www.ifao.egnet.net/bases/cachette/?id=1133.
530. L. Delvaux, E. Warmenbol, « Quelques mots de conclusion » *in* L. Delvaux, E. Warmenbol (éd.), *Les divins chats*, p. 161 ; Fl. Dunn Friedman (éd.), *Gifts of the Nile*, p. 199 (60).
531. Voir H. Te Velde, « The Cats as Sacred Animal of the Goddess Mut » *in* H. Van Voss *et al.* (éd.), *Studies in Egyptian Religion Dedicated to Professor Jan Zandee*, SHR 43, Leyde, 1982, p. 127-137, en part. p. 128.
532. Signalons que les statuettes de chattes du Sérapeum de Memphis, déposées avec quantité d'autres bronzes sous le dallage du dromos reliant les deux temples principaux (A. Mariette, *Le Sérapeum de Memphis* I, Paris, 1882, p. 32 ; Chr. Ziegler, *BSFE* 90, 1981, p. 29-45), étaient consacrées à « Bastet maîtresse d'Ânkh-taouy » ; N. Spencer, *The Gayer-Anderson Cat*, p. 29.
533. C. Châtelet, *L'offrande du collier-menit dans les temples d'époque gréco-romaine*, MRE 16, Turnhout, 2015, p. 17-19.

La présence du contrepoids de collier-*menit* incisé sur le poitrail pourrait surprendre puisque cet objet a vocation à être placé dans le dos; je n'ai pas trouvé de parallèles directs à associer à cette figurine de Bastet[534]. Plus communément, rappelons que les statues et statuettes de chattes Bastet portent au cou la figuration d'un œil-*oudjat*[535], d'une égide (tête de lionne avec disque solaire sur un pectoral, parfois simplifiée en corbeille)[536] ou

534. Voir pourtant *Kôm Ombo* I, n° 307 où un collier constitué de deux contrepoids, l'un sur le poitrail et l'autre sur la nuque, orne le cou d'une vache.
535. Par ex., Londres BM EA 64391 (« Gayer-Anderson Cat »), N. Spencer, *The Gayer-Anderson Cat*, British Museum Objects in Focus, Londres, 2007 ; J.-Cl. Grenier, *Les bronzes du Museo Gregoriano Egizio*, pl. XXXII (276) et XXXIV (293) ; A. Abdel-Raziq, « A New Look at the Goddess Bastet Bronze Statue at Zagazig University Archaeological Museum » in *The 14th Conference of the General Union of Arab Archaeologists*, Le Caire, 2011, p. 1-13.
536. Par ex., W. Seipel, *Ägypten. Götter, Gräber und die Kunst, 4000 Jahre Jenseitsglaube* I, p. 318 (486). Pour des modèles d'égides, voir R. Schulz, « Ein Löwenkopf-Usech mit menit » *in* M.R.M. Hasitzka *et al.* (éd.), *Das Alte Ägypten und sein Nachbarn. Festschrift zum 65. Geburtstag von Helmut Satzinger*, Krems, 2003, p. 123-131 et pl. 28 ; O. Perdu, *Le crépuscule des pharaons*, p. 224-225 (110) ; J.-Cl. Grenier, *op. cit.*, pl. XXXII (276).

d'un collier-*ousekh*[537]. Les bronzes de Bastet à figure humaine la représentent agitant sistre et *menit* et portant au coude un panier[538]. La *menit* seule, équipée de perles et de pendeloques, peut en effet être offerte comme un sistre et produire des sons[539]. L'association Bastet/*menit* se trouve expressément soulignée dans certains modèles de chattes, assises ou couchées sur un socle en forme de contrepoids de *menit*[540]. Deux exemples du Petrie Museum (Fig. 3.23-3.24) et un du British Museum (Fig. 3.25) illustrent cet usage[541]. Dans le cas de la statuette de la *favissa*, on peut donc considérer que le contrepoids du collier-*menit* représenté au cou du félidé est une amulette, dont les exemples sont bien connus[542]. J. Quaegebeur, qui a insisté sur la prépondérance du contrepoids par rapport au collier lui-même, a également signalé trois exemples de figurations de cette amulette, l'une au cou de la reine Maâtkarê (papyrus Caire CG 40007), les deux autres au cou du roi dans deux scènes du temple d'Edfou[543].

Signalons, pour conclure, que parmi les offrandes du collier-*menit* dans les temples ptolémaïques et romains, dont Hathor et Isis sont les bénéficiaires privilégiées, la déesse Bastet est présente, à une occasion, dans le temple d'El-Qalʿa[544].

537. L. Delvaux, « Chats de bronze » *in* L. Delvaux, E. Warmenbol (éd.), *Les divins chats*, p. 129 ; A. Charron, « Les bronzes "reliquaires" d'animaux à la Basse Époque » *in* Chr. Zivie-Coche, I. Guermeur (éd.), *« Parcourir l'éternité ». Hommages à Jean Yoyotte*, p. 284 ; voir, par ex., M.I. Bakr, H. Brandl, F. Kalloniatis (éd.), *Egyptian Antiquities from Kufur Nigm and Bubastis*, MIN 1, Berlin, 2010, p. 164-165 (49) ; Br. Affholder-Gérard, M.-J. Cornic, *Angers, musée Pincé. Collections égyptiennes*, Paris, 1990, p. 51 (16) ; G. Roeder, *Ägyptische Bronzefiguren*, pl. 50 ; K. Weiss, *Ägyptische Tier- und Götterbronzen aus Unterägypten*, p. 786 (1005), pl. 49d, p. 788 (1015) ; St. Quirke, J. Spencer, *The British Museum Book of Ancient Egypt*, Londres, 1994[3], p. 46.
538. L. Delvaux, in *op. cit.*, p. 130-131 ; P. Vernus, J. Yoyotte, *Bestiaire des Pharaons*, p. 528.
539. Voir J. Quaegebeur, « Apis et la menat », *BSFE* 98, 1983, p. 19 ; E. Warmenbol (dir.), *Sphinx. Les gardiens de l'Égypte*, p. 285 ; en dernier lieu, C. Châtelet, *L'offrande du collier-menit dans les temples d'époque gréco-romaine*.
540. Par ex., G. Roeder, *Ägyptische Bronzefiguren*, p. 48, fig. 117 et pl. 29g, h-k ; Caire SR 187 (= CK 1133) (schiste ; 6,5 × 4 × 8 cm) signalé plus haut ; Londres, Petrie Museum UC 8198 (bronze) : http://petriecat.museums.ucl.ac.uk/detail.aspx ; pour une chatte en position couchée sur une base en forme de *menit*, voir Londres, Petrie Museum UC 36123 (faïence ; 4,7 × 3,25 × 6,6 cm ; XXVIe dynastie ; consacré par Padibastet à « Bastet qui inaugure la bonne année ») : http://petriecat.museums.ucl.ac.uk/detail.aspx ; également Louvre N 3933 = E 2533 daté de Psammétique Ier, consacré par un danseur de Bastet : J. Quaegebeur, *op. cit.*, p. 23 et n. 51 ; Chr. Ziegler, « Jalons pour une histoire de l'art égyptien : la statuaire de métal au musée du Louvre », *Revue du Louvre* 1-1996, p. 32, fig. 7 ; G. Andreu *et al.*, *L'Égypte ancienne au Louvre*, Paris, 1997, p. 190-192 ; Chr. Barbotin, *La voix des hiéroglyphes*, Paris, 2005, p. 190 (104) ; voir P. Vernus, J. Yoyotte, *Bestiaire des Pharaons*, p. 528 et 531 ; *JWIS* IV, p. 60 (53.110) ; Fl. Gombert-Meurice, *in* J.-L. Bovot (éd.), *Rendre visite aux dieux. Pèlerinage au temps de l'Égypte pharaonique*, Paris, 2013, p. 124 (66) (en ce cas, le socle disproportionné en forme de contrepoids de *menit* reçoit une momie de chat). Voir la variante avec un socle en forme de signe-*sꜣ*, J.-Cl. Grenier, *op. cit.*, p. 145 et pl. XXXV (298).
541. Londres, Petrie Museum UC 8198 et UC 36123 ; je remercie Alice Stevenson, conservatrice au Petrie Museum of Egyptian Archaeology, UCL, pour l'envoi des photographies et l'autorisation de les publier. Londres, British Museum EA 25565 (bronze ; 27 × 8,26 × 10,8 cm) : J. Quaegebeur, *op. cit.*, p. 24, fig. 5a et n. 53 ; J. Malek, *The Cat in Ancient Egypt*, Londres, 3e éd., 2000, p. 104, fig. 69.
542. W.M.Fl. Petrie, *Amulets*, Londres, 1914, p. 15 et pl. III (33a-b, consacrée à Bastet), XLIV (33e) ; C. Müller-Winkler, *Die ägyptischen Objekt-Amulette*, OBO SerArch 5, Fribourg, 1987, p. 376-383 et pl. XXXIV ; R.S. Bianchi, *in* Fl. Dunn Friedman (éd.), *Gifts of the Nile*, p. 97 et 199 (60) ; U. Hartung *et al.*, « Tell el-Faraʿin-Buto. 10. Vorbericht », *MDAIK* 65, 2009, p. 98 et 99, fig. 7 (2) ; voir également *id.*, « Tell el-Faraʿin-Buto. 8. Vorbericht », *MDAIK* 59, 2003, p. 219 et pl. 41d (consacrée à « Sekhmet qui inaugure la bonne année »).
543. J. Quaegebeur, *BSFE* 98, 1983, p. 22 et n. 31-32 : CG 40007 = É. Naville, *Papyrus funéraires de la 21e dynastie* I, Le Caire, 1912, pl. I ; *Edfou* X, pl. 88-89 (registres inférieurs).
544. *El-Qal'a* I, n° 141 ; C. Châtelet, *op. cit.*, p. 232 (doc. 66).

Fig. 3.23-3.24. Statuettes de chattes, Londres, Petrie Museum UC 8198 et UC 36123. © Petrie Museum of Egyptian Archaeology, UCL.
Fig. 3.25. Bastet, British Museum EA 25565. © Trustees of the British Museum

28. Tête de chatte en alliage cuivreux

Inv. 179.8048-24
Datation: Basse Époque, XXVIe dynastie ?
Matière et dimensions: alliage cuivreux (fonte creuse à la cire perdue) ; 6,5 × 5,4 × 5,7 cm.
État de conservation: l'importante corrosion active (nettoyage mécanique au scalpel afin d'enlever les couches d'encrassement et de carbonate) a largement attaqué le côté gauche, faisant disparaître le traitement de l'oreille. Les détails de la moustache et de la bouche sont également émoussés. L'incrustation des yeux a disparu. La partie arrière, du côté droit, est cabossée et fissurée (avec perte de matière).
Description: la tête est coupée au niveau du cou. Les oreilles sont percées dans la partie inférieure et la partie interne de l'oreille droite témoigne d'un traitement caractéristique, à l'image d'une plume (type Maât) ou d'un roseau de papyrus[545]. Les moustaches sont marquées par des incisions régulières.

545. « Ears "feathered" » : N. & B. Langton, *The Cat in Ancient Egypt*, Cambridge, 1940, p. 22-23 (109-117) ; un des exemplaires les plus aboutis de ce traitement est sans conteste Copenhague, Musée national du Danemark inv. 13818 : W. Seipel, *Ägypten. Götter, Gräber und die Kunst, 4000 Jahre Jenseitsglaube. Schloßmuseum Linz, 9 April - 28 September 1989* 1, Linz, 1989, p. 318 (486) ; également Londres BM EA 64391 (« Gayer-Anderson Cat »), N. Spencer, *The Gayer-Anderson Cat*, British Museum Objects in Focus, Londres, 2007 ; *id.*, *in* O. Perdu, *Le crépuscule des pharaons*, p. 218-219.

Commentaire: ce type de bronzes a été produit en très grande quantité et, à la suite de pillages massifs pratiqués au XIXe siècle, rares sont les collections d'antiquités égyptiennes à travers le monde qui n'en possèdent un exemplaire[546]. Beaucoup sont supposés venir de la nécropole de chats de Boubastis et dater principalement de la XXVIe dynastie[547], même si cette nécropole est une création probable de la XXIIe dynastie; ces bronzes semblent en revanche avoir été destinés de façon moins importante au temple de Bastet[548]. Les cimetières du Bubastéion à Saqqara[549] et du Spéos Artemidos ont également fourni une innombrable quantité de momies de chats. La découverte de la tête dans la *favissa* du temple de Ptah revêt donc un caractère insolite.

546. Aux exemplaires signalés à la note précédente, ajouter, entre autres, F.G. HILTON PRICE, *A Catalogue of the Egyptian Antiquities*, p. 316-317 (2654-2670), provenant de Boubastis (et dispersés à la vente de la collection en 1911; la recherche n'a pas été poussée afin d'identifier possiblement ces pièces avec celles actuellement conservées dans les musées; cf. Ch. VAN SICLEN, *A Concordance of Object Numbers from the Hilton Price Collection to the (Sotheby) Sale Catalogue*, San Antonio, 1985); G. ROEDER, *Ägyptische Bronzewerke*, p. 53, § 218, 219 et 221, et pl. 33gh, i et k (têtes de chatte, intérieur creux, de 4 cm à 9,2 cm de haut, dont deux avec percements aux oreilles); *id.*, *Ägyptische Bronzefiguren*, p. 345-346, § 445h-k et pl. 50l-m et o (4,6 cm de haut; très proche de la tête de la *favissa*: percement pour boucles d'oreille, détail des oreilles; incrustations des yeux perdues; mais avec scarabée sur le dessus de la tête); N. & B. LANGTON, *The Cat in Ancient Egypt*, p. 22-23 (109-117) et pl. VII; G. STEINDORFF, *Catalogue of the Egyptian Sculpture in the Walters Art Gallery*, p. 148 (652) et pl. 98: WAG 54.500; 12,5 cm; bronze; p. 148 (651) et pl. 98: 10 cm; bronze WAG 54.2134: coupé aux épaules; J. MONNET SALEH, *Les antiquités égyptiennes de Zagreb*, Paris, 1970, p. 65 (120) = I. URANIC, *Aegyptiaca Zagrabiensia. Egyptian Collection of the Archaeological Museum in Zagreb*, Zagreb, 2007, p. 56 (70; inv. 748): 5,2 × 6 cm; S. SCHOSKE, D. WILDUNG (éd.), *Entdeckungen. Ägyptische Kunst in Süddeutschland*, Mayence, 1985, p. 113-114 (94); G.D. SCOTT, *Ancient Egyptian Art at Yale*, New Haven, 1986, p. 151 (85); M.-D. QUÉMEREUC, *Collections égyptiennes. Musée de Guéret*, p. 55 (25; 7,5 cm de haut); S. SCHOSKE, D. WILDUNG, *Gott und Götter im Alten Ägypten*, p. 12 (3); R. GERMER (éd.), *Mummies. Life after Death in Ancient Egypt*, Munich, 1997, p. 57 (49; Hambourg MKG 1924.168; 10 cm de haut) = *Ägyptische Mumien. Unsterblichkeit im Land der Pharaonen. Große Landeausstellung 6. Oktober 2007 bis 24. März 2008*, Stuttgart, 2007, p. 296 (270): A. SCHWEITZER, Cl. TRAUNECKER, *Strasbourg, Musée archéologique*, p. 36 (39) (inv. 11.987.0.74; 12,5 cm de haut; diam. base: 8 cm); M. PAGE-GASSER, A.B. WIESE, *Égypte. Moments d'éternité*, p. 276-277 (186); O. BERLEV, S. HODJASH, *Catalogue of the Monuments of Ancient Egypt*, p. 65 (VI.27, 29 et 34) et pl. 90-91 (de 5,5 à 6,5 cm de haut) = E. RICKAL (dir.), *Ancient Egypt. The Collection of the Latvian National Museum of Art*, Riga, 2014, p. 244-245 (151-152); *Women on the Nile, Rosicrucian Egyptian Museum, San Jose, California*, San Jose, 1999, p. 28 (RC 2243; 6,3 cm de haut) = L. SCHWAPPACH-SHIRRIF, *Treasures of the Rosicrucian Egyptian Museum*, San José, 2004, p. 68; B. GEORGE, O. KANEBERG, *Kärllek till Egypte*, Stockholm, 1999, p. 68-69 (MME 1993:2; 10,2 cm de haut); J.-Cl. GRENIER, *Les bronzes du Museo Gregoriano Egizio*, p. 146-147, n°s 303-304, et pl. XXXV-XXXVI; E. WARMENBOL (éd.), *Beautés d'Égypte. « Celles que les ans ne peuvent moissonner »*, Treignes, 2002, p. 147 (118-120; respectivement 6,8, 5,1 et 4,9 cm de haut); E. BRESCIANI, M. BETRÒ (éd.), *Egypt in India. Egyptian Antiquities in Indian Museums*, Pise, 2004, p. 73 et 97 (27; 2,7 cm de haut) et p. 195-196 (258-259; respectivement 5,9 et 14 cm de haut); M. JØRGENSEN, *Ny Carlsberg Glyptotek. Catalogue Egypt V. Egyptian Bronze*, p. 206-207 (ÆIN 1545, 1546); J. MALEK, *The Cat in Ancient Egypt*, Londres, 3e éd., 2000, p. 128-129 (provenant de Boubastis, BM EA 11562; 9 cm; et BM EA 11555; 6,3 cm: coupé aux épaules); *La momie aux amulettes, musée des Beaux-Arts et d'Archéologie de Besançon*, Besançon, 2008, p. 34 (Besançon MBAA inv. D.863.3.220; 6,7 × 5,4 × 7,1 cm; yeux perdus) = A. LEGROS, FR. PAYRAUDEAU (éd.), *Secrets de momies*, p. 74; E. TEETER, *Ancient Egypt. Treasures from the Collection of the Oriental Institute University of Chicago*, Chicago, 2003, p. 91-92 (47) (OIM 18826; 16 × 12,2 × 11,7 cm; « head from cat coffin »); S. EINAUDI (éd.), *Egitto nascosto. Collezioni e collezionisti dai musei piemontesi*, Milan 2009, p. 136 (122a-b) (4,8 et 11, 8 cm); L. COULON, *in* O. Perdu, *Le crépuscule des pharaons*, p. 220-221 (108) (14,5 × 10,5 × 14,5); K. WEISS, *Ägyptische Tier- und Götterbronzen aus Unterägypten*, p. 793 et pl. 50 (1041): Francfort, Liebieghaus IN 1849 (6,8 cm de haut; provient du Delta; oreilles percées; yeux rapportés perdus); *Kunstwerke der Antike, Auktion* 9, Bâle, 19 novembre 2014, n° 77 (12 cm de haut; yeux rapportés, perdus; scarabée sur le front; oreilles percées; XXVIe-XXXe dynastie); également Londres UC 42558 (3,5 cm de haut; XXVIe dynastie) et UC 42557 (4,5 × 3,6 cm; oreilles percées, incrustation des yeux perdue; XXVIe dynastie): http://petriecat.museums.ucl.ac.uk/search.aspx; Madrid, Museo Arqueologico Nacional 15265 (4,8 × 3,5 × 3,9 cm): http://www.globalegyptianmuseum.org/record.aspx?id=7499; Dublin, National Museum of Ireland L1030:94 (4 × 3,2 cm; XXVIe dynastie), signalée comme provenant de la rive ouest thébaine: http://www.globalegyptianmuseum.org/record.aspx?id=2937.

547. É. NAVILLE, *Bubastis (1887-1889)*, EES ExcMem 8, Londres, 1891, p. 53: « We discovered a few of them [*i.e.* bronze cats] – sitting cats, heads, the inner part of which is empty. »; D. KESSLER, *Die heiligen Tiere und der König* I: *Beiträge zu Organisation, Kult und Theologie des spätzeitlichen Tierfriedhöfe*, ÄAT 16, Wiesbaden, 1989, p. 150-154; M.I. BAKR, H. BRANDL, F. KALLONIATIS (éd.), *Egyptian Antiquities from Kufur Nigm and Bubastis*, p. 164-165 (49); M.I. BAKR, H. BRANDL, *Egyptian Antiquities from the Eastern Nile Delta*, MIN 2, Le Caire, Berlin, 2014, p. 231; P. VERNUS, J. YOYOTTE, *Bestiaire des Pharaons*, p. 528 (« il n'est pas sûr que les plus anciennes sépultures de chats à Tell Basta soient antérieures à la XXVIe dynastie »; le plus ancien chat en bronze daté porte le cartouche de Psammétique Ier sur la base en forme de contrepoids de *menit* (Louvre E 2533, *supra*); JW*IS* IV, p. 60 (53.110).

548. V. VAELSKE, « Keine Katzen auf Tell Basta? Zur Problematik der religionsgeschichtlichen Auswertung von Terrakotten » *in* J. Griesbach (éd.), *Griechisch-Ägyptisch Tonfiguren vom Nil*, Regensburg, 2013, p. 35-39.

549. A. ZIVIE, R. LICHTENBERG, « The Cats of the Goddess Bastet » *in* S. Ikram (éd.), *Divine Creatures. Animal Mummies in Ancient Egypt*, Le Caire, 2015[2], p. 106-119.

Les modèles les plus proches présentent les oreilles percées (parfois avec les boucles en or encore conservées) et les yeux rapportés. Sur certains exemplaires, un scarabée orne la tête féline [550]. La plupart d'entre eux est coupée au niveau du cou mais plusieurs têtes, moins nombreuses, présentent le haut des épaules. Les caractéristiques de la tête se retrouvent également sur les statuettes de chattes [551].

J.-Cl. Grenier décrit ainsi ce type de bronze : « Leur taille varie de 15 à 5 ou 4 cm et on pense qu'elles étaient destinées soit à couronner une momie de chat emmaillotée de bandelettes soit à compléter une statuette dont le corps était fait d'une autre matière [552]. » Les momies de chats, lorsqu'elles ne sont pas simplement enveloppées dans des bandelettes, peuvent être placées dans des tabernacles à l'effigie du félidé, en alliage cuivreux ou en bois. Dans ce dernier cas, on peut rencontrer une tête rapportée [553], ce qui pourrait être le cas des têtes en alliage cuivreux du type de celui de la *favissa*. Cependant, aucun exemplaire complet ne paraît être attesté [554]. E. Naville ne précise pas quel était le mode d'utilisation de ces têtes de Boubastis, découvertes dans des contextes totalement bouleversés par les pillages [555]. Il semblerait en outre qu'aucune momie n'ait reçu directement une tête en alliage cuivreux, la tête étant généralement restituée à l'aide de bandelettes ou d'un cartonnage, selon un modèle proche des bronzes figurant une tête de chat [556], mais toutefois dans un style beaucoup moins élaboré (notamment pour les nombreux exemples d'époque romaine). Cependant, certaines têtes en alliage cuivreux de Boubastis conservaient des restes d'ossements et de tissus [557], ce qui renforcerait la possibilité d'un usage sur les momies mais le bouleversement des niveaux archéologiques peut être à l'origine de ce fait.

Le contexte du temple invite également à envisager une effigie en bois surmontée d'une tête en métal, déposée par un prêtre ou un dévot en l'honneur de la déesse Bastet [558]. Il est peu probable que de telles têtes aient orné des éléments mobiliers [559]. On pourra se demander si la possible effigie en bois a contenu ou non une momie de félin consacrée à la déesse ou si l'objet a été rapporté d'une nécropole de chats de la rive ouest thébaine. Un cimetière de félins est en effet connu à Dra Abou el-Naga et a fourni des momies et des sarcophages [560] ; des prêtres de Karnak y on consacré des momies à la déesse Bastet [561]. Enfin, rappelons que

550. Sur ce thème, H. Satzinger, « The Scarab on the Cat's Forehead » in *Essays in Honour of Prof. Dr. Jadwiga Lipinska*, WES 1, Varsovie, 1997, p. 399-408.

551. H. Guichard (dir.), *Des animaux et des pharaons*, p. 239 : statuette de chattes Bastet en alliage cuivreux, avec même caractéristiques pour la tête : oreilles percées, scarabée sur le dessus de la tête ; H. Satzinger, *op. cit.*, p. 399-408.

552. J.-Cl. Grenier, *Les bronzes du Museo Gregoriano Egizio*, p. 146 ; L. Delvaux, « Chats de bronze » *in* L. Delvaux, E. Warmenbol (éd.), *Les divins chats*, p. 129-132 (« sarcophages (…) parfois surmontés d'une tête de félin en bronze ») ; A. Charron, *in* Chr. Zivie-Coche, I. Guermeur (éd.), *« Parcourir l'éternité ». Hommages à Jean Yoyotte*, p. 284-285 (à l'usage de « cercueils en bois ou de momies coiffées de métal ») ; l'auteur rappelle que les momies d'ibis peuvent être conservées dans des reliquaires en bois avec seulement la tête (et le bec), les pattes et la queue rapportées en alliage cuivreux.

553. A. Charron, L. Ginsberg, « Les momies de chat » *in* L. Delvaux, E. Warmenbol (éd.), *op. cit.*, p. 141, fig. 63 (tête en bois distincte du corps, BM EA 35858). On verra également les sarcophages en bois, réalisés comme une simple boîte parallélépipédique (avec cavité latérale recevant la momie) sur laquelle a été fixée une tête de chat, également en bois : Caire CG 29780, Cl. Gaillard, G. Daressy, *La faune momifiée de l'antique Égypte*, CGC, Le Caire, 1905, p. 134-135 et pl. LVIII ; Brooklyn Museum 37.136E, E. Bleiberg, Y. Barbash, L. Bruno, *Soulful Creatures. Animal Mummies in Ancient Egypt*, New York, 2013, p. 39 (30) (réf. J. Gonzalez).

554. Même constat chez E. Teeter, *Ancient Egypt*, p. 91 : « Although many such "cat masks" are known, no examples have been found *in situ*. »

555. É. Naville, *Bubastis (1887-1889)*, p. 53. Voir la riche collection de chats et de têtes de chats en bronze provenant de Boubastis réunie jadis par F.G. Hilton Price, *A Catalogue of the Egyptian Antiquities in the Possession of F.G. Hilton Price* I, p. 313-318.

556. A. Charron, L. Ginsberg, *in* L. Delvaux, E. Warmenbol (éd.), *Les divins chats*, p. 142, fig. 64 (BM EA 55409) ; H. Guichard (dir.), *Des animaux et des pharaons*, p. 298 (328).

557. D'après la description, en 1885, de F.G. Hilton Price, reprise par N. Spencer, *The Gayer-Anderson Cat*, p. 38 (« bones and bits of cloth »).

558. À l'image des bronzes de chats qui ont été découverts dans les nécropoles animales mais également dans les temples ; M.I. Bakr, H. Brandl, *Egyptian Antiquities from the Eastern Nile Delta*, p. 231.

559. J. Fr. Aubert, L. Aubert, *Bronzes et or égyptiens*, p. 452, pl. 35 (en ce cas il s'agit d'un protome de chat coupé au niveau des épaules, tel BM EA 11555 signalé plus haut). On songe aux têtes de lion ornant les pieds de lit mais en ce cas la tête est toujours associée à des pièces métalliques recevant les éléments en bois ; par ex., *Ägyptische Mumien. Unsterblichkeit im Land der Pharaonen*, p. 66-67 (55).

560. D. Kessler, *Die heiligen Tiere und der König* I, p. 172-175 ; L. Delvaux, E. Warmenbol (éd.), *op. cit.*, p. 132 ; A. Charron, L. Ginsburg, « Les momies de chats » in *Chats des Pharaons. « 4000 ans de divinité féline »*, Bruxelles, 1989, p. 20 (époque romaine) ; J. Malek, *The Cat in Ancient Egypt*, Londres, 3e éd., 2000, p. 128.

561. D. Kessler, *op. cit.*, p. 173-175 ; D. Klotz, *Caesar in the City of Amun*, p. 79. Rappelons la tête en bronze, signalée plus haut, Dublin, National Museum of Ireland L1030:94 dite provenir de la rive ouest thébaine : http://www.globalegyptianmuseum.org/record.aspx?id=2937.

G. Legrain a extrait des momies animales (« volatiles » et « quadrupèdes ») de la Cachette de Karnak[562], ce qui atteste de la présence d'*ex-voto* de ce type dans l'enceinte d'Amon-Rê, tout comme les momies de crocodiles découvertes dans les espaces inférieurs des « magasins » des salles sokariennes de l'*Akh-menou*[563]. Dans le temple de Ptah, le dépôt votif d'une momie de chat, enfermée dans une effigie en bois, coiffée d'une tête en alliage cuivreux, en l'honneur de Bastet, n'aurait rien d'étonnant.

Pour terminer, il nous faut considérer que la petite tête a pu coiffer un bâton/pieu en bois ou en pierre, à l'instar des pieux sacrés présentés par les statues porte-enseignes (royales ou privées)[564], posés à terre[565], ou de ceux conservés à l'abri des temples et des cryptes[566]. Ces derniers, probablement moins hauts, sont toutefois d'un diamètre beaucoup plus imposant, parfois même de section carrée et en pierre[567], et plus larges à la base qu'au sommet, pour des raisons évidentes de stabilité. La tête féline de la *favissa* aurait pu coiffer un pieu-égide en l'honneur de la féline Bastet[568].

Thot

29. Statuette de babouin assis

Inv. 179.8048-12
Datation : TPI-Basse Époque.
Matière et dimensions : pâte siliceuse émaillée (« faïence égyptienne »), fer ; 11,5 × 6,6 × 5,7 cm.
État de conservation : un éclat a emporté le visage. L'extrémité des pattes arrière est perdue ainsi que la bordure antérieure du socle. La couleur de la faïence s'est largement estompée. La couche picturale a été fixée avec du Klucel G dilué à 3% dans de l'eau et de l'éthanol. La faïence a été consolidée avec de l'oxalate d'ammonium (Amox) dilué à 5% dans de l'eau.
Description : le cynocéphale se présente dans sa posture habituelle[569], assis, tête légèrement relevée, les mains sortant du camail posées sur les genoux, pattes écartées laissant entrevoir les testicules. Comme il est d'usage, la queue s'enroulait sur la bordure droite de la base. L'épais pelage qui couvre

562. G. Legrain, *RecTrav* 28, 1906, p. 146 ; E. Jambon, *BIFAO* 109, 2009, p. 272 ; *id.*, *in* L. Coulon (dir.), *La Cachette de Karnak*, p. 162.
563. Signalées par A. Mariette, *Karnak. Étude topographique et archéologique*, Leipzig, 1875, p. 34 ; P. Barguet, *Le temple d'Amon-Rê*, p. 185, n. 5 ; H. Kockelmann, *Der Herr der Seen, Sümpfe und Flußläufe. Studien zum Gott Sobek und den ägyptischen Krokodilgötter-Kulten* 2, ÄgAbh 74, Wiesbaden, 2017, p. 328-329, § 105.
564. B. Van de Walle, « Le pieu sacré d'Amon », *Archiv orientální* 20 (*Diatribae... Lexa*), 1952, p. 111-135 ; M. Seidel, *LÄ* II, col. 711-713, *s.v.* Götterstäbe ; R.O. Faulkner, « Egyptian Military Standards », *JEA* 27, 1941, p. 12-18 ; H. Sourouzian, *Les monuments du roi Merenptah*, SDAIK 22, Mayence, 1989, p. 90-91 ; pour Bastet, voir A. Abdel-Raziq, in *The 14th Conference of the General Union of Arab Archaeologists*, p. 1-13.
565. Chr. Chadefaud, *Les statues porte enseignes de l'Égypte ancienne*, p. X-XI et fig. 1-3.
566. M. Gabolde, « Une enseigne sacrée d'Amon », *Memnonia* 3, 1992, p. 25-39 ; S. Cauville, « Le bâton sacré d'Hathor » *in* W. Waitkus (éd.), *Diener des Horus. Festschrift für Dieter Kurth zum 65. Geburtstag*, ÆgHamb 1, Hambourg, 2008, p. 41-65 ; S. Iskander, O. Goelet, *The Temple of Ramesses II in Abydos* 1, *Wall Scenes* - Part 2, *Chapels and First Pylon*, Atlanta, 2015, pl. 4.8.8 et 4.8.13. J'exclus de la discussion les très nombreux exemples de divinités/animaux en alliage cuivreux emmanché(e)s au sommet d'une canne beaucoup plus fine, utilisés lors des processions religieuses ; par ex., G. Roeder, *Ägyptische Bronzefiguren*, p. 442-460, pl. 61-62, 88 ; G. Steindorff, *Catalogue of the Egyptian Sculpture in the Walters Art Gallery*, pl. 94 (620) et 104 (703) ; J.-Cl. Grenier, *Les bronzes du Museo Gregoriano Egizio*, pl. III (18) et XXXV (299) ; J. Fr. Aubert, L. Aubert, *Bronzes et or égyptiens*, p. 227 et pl. 31, p. 238 et pl. 32-33, p. 269 et pl. 37, p. 337, et pl. 43 ; *Les bronzes égyptiens*, p. 92-93 (19), p. 100-101 (22), p. 110-111 (25).
567. M. Gabolde, *op. cit.*, p. 25-39.
568. C'est ce que suggérait déjà W. Spiegelberg, « Der Stabkultus bei den Ägyptern », *RecTrav* 25, 1903, p. 186. Pour les pieux sacrés coiffés d'une tête léonine de Sekhmet (avec perruque tripartite et disque solaire), Chr. Chadefaud, *Les statues porte enseignes de l'Égypte ancienne*, p. 18 (= A.M. Calverely, A.H. Gardiner, *The Temple of King Sethos I at Abydos* II. *The Chapels of Amen-Re', Re'-Harakhti, Ptah, and King Sethos*, Chicago, 1935, pl. 23), p. 67-68 (Philadelphie, University Museum E 15727) et p. 115-116 (Brooklyn Museum 71.37.1 ; voir PM VIII, p. 531, 801-622-070).
569. P. Vernus, J. Yoyotte, *Bestiaire des Pharaons*, p. 615-627 ; C. Larcher, « Quand Thot devient babouin. Essai de datation et d'interprétation de l'apparition de la forme simiesque du dieu », *ZÄS* 143, 2016, p. 65-66.

le dos (le camail) n'est pas véritablement détaillé[570], contrairement aux poils masquant les oreilles rendus pas des stries régulières. Des restes de pigment noir dessinent un pectoral quadrangulaire, encadré de deux yeux-*oudjat*[571]. Un tenon métallique en fer est fixé au sommet du crâne ; malgré l'oxydation (rouille), ce tenon réagit à l'aimantation (alliage ferromagnétique).

570. Pour le traitement du camail, sur les modèles en pierre, voir S. Bosticco, G. Rosati, « La coppia di Babbuini nel Tempio di Khonsu a Karnak », *EVO* 28, 2005, p. 225, n. 19.
571. De telles figures de babouins (en faïence, bronze ou pierre) peuvent porter un pectoral en forme de naos, abritant par exemple la barque d'Amon-Rê ; par ex., S. Schoske, D. Wildung (éd.), *Entdeckungen. Ägyptische Kunst in Süddeutschland*, p. 80 ; A. Krug, *Staatliche Kunstsammlungen Kassel*, p. 27 (21) et pl. 10. Pour l'œil-*oudjat*, voir *infra*, **32**.

Commentaire: ce type de figurine de babouin appartient à des modèles anciens d'*ex-voto* dont l'iconographie était encore hésitante[572]. Cette statuette présentant l'iconographie traditionnelle de Thot babouin (*Papio hamadryas*) possède de nombreux parallèles, en faïence[573], métal[574], pierre[575] ou terre cuite[576]. Le tenon métallique sur le crâne atteste la présence d'une coiffe rapportée, à l'évidence un disque et croissant lunaires, selon une iconographie des plus usuelles[577].

30. Statuette de babouin assis

Inv. 179.8048-30
Datation: TPI-Basse Époque.
Matière et dimensions: pâte siliceuse émaillée verte (« faïence égyptienne »), fer; 11,2 × 6,5 × 6 cm.
État de conservation: émoussé, perte importante de la pigmentation; partie antérieure perdue (pieds). Les restes de la couche picturale ont été consolidés avec du Klucel G dilué à 3% dans de l'eau et de l'éthanol, et la faïence avec de l'oxalate d'ammonium (Amox) dilué à 5% dans de l'eau.
Description: le babouin se présente dans son attitude traditionnelle (cf. *supra*), assis sur le séant, mains (la gauche est cassée) sortant du camail posées sur les genoux, queue enroulée sur la fesse droite. Les arcades

572. G. Dreyer, *Elephantine* VIII, p. 109-114 et pl. 24-31; G. Pinch, E. Waraksa, *in* J. Dieleman *et al.* (éd.), *UCLA Encyclopedia of Egyptology*, p. 5 (http://www.escholarship.org/uc/item/7kp4n7rk).

573. Par ex., A. Schweitzer, Cl. Traunecker, *Strasbourg, Musée archéologique*, p. 73 (146 et 147); faïence; 7,8 et 6,5 cm de haut (avec bibliographie); S. Guichard (éd.), *J.-Fr. Champollion, Notice descriptive*, p. 144-145; Do. Arnold, *An Egyptian Bestiary*, MMAB 52/4, New York, 1995, p. 60 (82): MMA 26.7.874; faïence bleue; 8,8 cm de haut; CK 1141 (Caire SR 195): http://www.ifao.egnet.net/bases/cachette/?id=1141: faïence (incomplet): 3,5 cm de haut. Également Gadaya CFEETK n°s 134223-134225. Également amulette de faïence (h. 4,2 cm): A.S. Walker (éd.), *Animals in Ancient Art from the Leo Mildenberg Collection*, Mayence, 1996, p. 71 (98); voir F.G. Hilton Price, *A Catalogue of the Egyptian Antiquities*, p. 319-320 (2684-2696, en différentes matières).

574. Par ex., G. Roeder, *Ägyptische Bronzewerke*, pl. 34e-f: babouin assis en bronze, avec disque et croissant lunaires sur la tête; *id.*, *Ägyptische Bronzefiguren*, pl. 53b-c et i; G. Steindorff, *Catalogue of the Egyptian Sculpture in the Walters Art Gallery*, p. 152-153 et pl. 102; J.-Cl. Grenier, *Les bronzes du Museo Gregoriano Egizio*, p. 135 et pl. XXXI (269).

575. Par ex., H. Jacquet-Gordon, *Karnak-Nord* VIII. *Le trésor de Thoutmosis Ier. Statues, stèles et blocs réutilisés*, FIFAO 39, Le Caire, 1999, p. 41 (10) (statuette en calcaire d'un babouin assis; probablement sur autel perdu; 7,5 × 4,1 × 4,8); S. Davies, H.S. Smith, *The Sacred Animal Necropolis at North Saqqara*, p. 74 et pl. XXVI (FCO-21); H.S. Smith *et al.*, *The Sacred Animal Necropolis at North Saqqara. The Main Temple Complex. The Archaeological Report*, EES ExcMem 75, Londres, 2006, p. 93-94 et pl. XLIV-XLV (babouin couronné du disque lunaire) = E.A. Hastings, *The Sculpture from the Sacred Animal Necropolis at North Saqqâra 1964-1976*, pl. XLVII-XLVIII; Caire 40076bis (CK 1041): schiste; 7,5 cm de haut: http://www.ifao.egnet.net/bases/cachette/?id=1041; P. Vernus, J. Yoyotte, *Bestiaire des Pharaons*, p. 627 (Louvre E 11153, scribe assis aux pieds de Thot babouin, avec disque lunaire en alliage cuivreux primitivement recouvert d'or, encore visible sur le disque); A. Felgenhauer (dir.), *Aus Gräbern, Heiligtümern und Siedlungen. Die altägyptische Sammlung des Übersee-Museum Bremen*, Mayence, 2015, p. 74 (113): 5,7 × 3,1 × 4,1 cm (IIIe-IIe av. J.-C.).

576. J. Griesbach (éd.), *Griechisch-Ägyptisch Tonfiguren vom Nil*, Regensburg, 2013, p. 112 (8); Madrid, MAN 34377: M.C. Perez Die, *La Tumba de Tutmosis III. Las horas oscuras del sol. Catálogo de la Exposición*, Madrid, 2004, p. 88 (12, 8 cm de haut); http://www.globalegyptianmuseum.org/record.aspx?id=8860.

577. Par ex., Louvre E 17496: H. Guichard (dir.), *Des animaux et des pharaons*, p. 222 et 240 (261): babouin en faïence bleue avec disque lunaire (en or: restauration moderne?); 15 × 5 × 5,6 cm; également Londres UC 60046 (faïence; 7,8 × 4,1 cm): http://petriecat.museums.ucl.ac.uk/detail.aspx; St. Quirke, J. Spencer, *The British Museum Book of Ancient Egypt*, p. 93; BM EA 35401 (stéatite et disque en alliage cuivreux; 18 × 5,6 × 8 cm); R. Parkinson, *Cracking Codes. The Rosetta Stone and Decipherment*, Londres, 1999, p. 134 (49). D'après le p.Anastasi III, 5, 1 concernant Thot babouin, « ce qui est sur sa tête est en jaspe rouge » (c'est-à-dire le disque solaire); R.A. Caminos, *Late Egyptian Miscellanies*, BES 1, Londres, 1954, p. 88 105-108; C.J. Bleeker, *Hathor and Thoth. Two Key Figures of the Ancient Egyptian Religion*, SHR 26, Leyde, 1973, p. 108-109. Cette iconographie est également intégrée dans les représentations les plus modestes, par ex., Z.E. Szafrański, « Baboons in Shrines. Graffiti in the Temple of Hatshepsut at Deir el-Bahari », *MDAIK* 70/71, 2014/2105, p. 445-448.

sourcilières sont proéminentes. Le camail est traité comme des plumes, selon un motif bien attesté[578] ; les testicules sont visibles. Un tenon en alliage ferromagnétique est fiché au sommet du crâne ; le degré d'oxydation (rouille) n'empêche pas l'aimantation.

578. Par ex., G. Steindorff, *Catalogue of the Egyptian Sculpture in the Walters Art Gallery*, pl. 102 (681) ; A. Krug, *Staatliche Kunstsammlungen Kassel*, p. 27 (21) et pl. 10 ; Fr. Martin Valentin, T. Bedman (dir.), *Azules egipcios. Pequeños tesoros del Arte*, Madrid, 2005, p. 35 (11) ; XVIIIe dynastie ; 2,2 cm de haut ; Windsor, Eaton College Museum 755.

Commentaire: comme pour le babouin précédent, le tenon métallique sur le crâne signale un disque et un croissant lunaires rapportés.

31. Statuette de cercopithèque debout

Inv. 179.8048-19
Datation: –
Matière et dimensions: alliage cuivreux (fonte pleine à la cire perdue); 8,2 × 2,1 × 3,6 cm.
État de conservation: le bras droit est perdu. La partie inférieure de la queue est cassée et n'est plus jointive avec le socle. La corrosion du métal a conduit à une perte importante des détails anatomiques.
Description: cette figurine est posée sur un petit socle quadrangulaire (1,8 × 3,6 × 0,2 cm), présentant dans sa partie inférieure les restes d'un tenon qui a servi à la ficher sur un support plus grand. L'animal est représenté debout, la longue queue caractéristique de l'espèce – et qui est à l'origine de son nom – rejoint le socle à l'arrière et assure ainsi la stabilité de la figurine. Le singe porte sa main gauche vers le côté gauche de la bouche. Le bras droit est perdu mais on peut raisonnablement envisager que le geste était symétrique au bras gauche. Le détail du pelage de la cape (camail) qui couvre le torse, les épaules, la tête et le dos a été rendu par un piquetis régulier, les poils qui masquent les oreilles par des incisons parallèles. La partie abdominale sous le camail est soulignée par quatre légères incisions horizontales.

Commentaire: de prime abord, cette figurine appartient à un groupe de bronzes bien connus mimant des attitudes humaines[579]. Étant donnée l'usure extrême de l'avant-bras gauche, il est difficile de dire si la main était portée directement à la bouche[580] ou si le singe présentait un objet longiligne aux lèvres. Avec la symétrie des deux bras, on songe à un double hautbois et aux scènes de caricatures animalières[581] dont quelques rares exemples en ronde bosse reproduisent l'iconographie[582]. Toutefois, l'extrémité inférieure du hautbois ne serait pas représentée dans la figurine du temple de Ptah. C'est le cas pour des joueurs de double flûte, associés à Bès[583]. Pourtant, la courbure du coude n'est pas très favorable à la présence d'une flûte. On peut également supposer que le singe portait simplement ses mains au menton ou à la bouche[584].

Par commodité, cet objet est classé avec les deux figurines de Thot-babouin. On verra un bronze de grande taille (34 cm) figurant un singe debout, bras en avant, et dont la dédicace est consacrée à Khonsou qui « inaugure la bonne anné[585] ».

Éléments divers et non identifiés

32. Base de statuette en calcaire

Inv. 179.8048-4
Datation: –
Matière et dimensions: calcaire; 4,1 × 4,6 × 7,6 cm.
État de conservation: partie supérieure et angle arrière gauche épaufrés.

579. G. Roeder, *Ägyptische Bronzefiguren*, p. 373-374, § 491-493; J.-Cl. Grenier, *Les bronzes du Museo Gregoriano Egizio*, p. 137 et pl. XXXI (274); pour des exemples d'amulettes en verre, V. Arveiller-Dulong, M.-D. Nenna, *Les verres antiques du musée du Louvre* 3, p. 278 (orant bras levés ou présentant l'œil-*oudjat*).

580. Voir, par ex., une figurine en bois (12 cm de haut) d'un singe debout portant un fruit à la bouche (Boston, MFA 148.70), *Egypt's Golden Age: The Art of Living in the New Kingdom 1558-1085 B.C.*, Boston, 1982, p. 276 (380); également l'extrémité d'une harpe (Louvre N. 1715) avec un singe accroupi mangeant probablement un fruit; *op. cit.*, p. 198 (231).

581. E. Brunner-Traut, « Ägyptische Tiermärchen », *ZÄS* 80, 1955, p. 22 (c); *ead.*, *Altägyptische Tiergeschichte und Fabel, Gestalt und Strahlkraft*, Darmstadt, 1968, p. 9 (5c) et fig. 4 et 26; B.E.J. Peterson, *Zeichnungen au seiner Totenstadt*, *Medelhavsmuseet Bulletin* 7-8, 1973, p. 98 (109) et pl. 57; *Egypt's Golden Age*, p. 278, fig. 68; G. Andreu (dir.), *L'art du contour. Le dessin dans l'Égypte ancienne*, Paris, 2013, p. 106 et 110 (papyrus érotique de Turin) et p. 322-323 (171) (ostracon Louvre E 25309); également pour cet ostracon, *ead.* (dir.), *Les artistes de Pharaon. Deir el-Médineh et la Vallée des rois*, Paris, 2002, p. 185 (129); D. Flores, « The Topsy-Turvy World » *in* G.N. Knoppers, A. Hirsch (éd.), *Egypt, Israel and the Ancient Mediterranean World: Studies Honor of Donald B. Redford*, ProbÄg 20, Leyde, Boston, 2004, p. 235 et pl. 15-16; en dernier lieu, H. Guichard (dir.), *Des animaux et des pharaons*, p. 178-179; L. Delvaux, A. Pierlot, *L'art des ostraca en Égypte ancienne - Morceaux choisis. Musées royaux d'Art et d'Histoire de Bruxelles*, Bruxelles, 2013, p. 118-119.

582. Par ex., C. Sachs, *Staatliche Museen zu Berlin. Mitteilungen aus der ägyptischen Sammlung* III, *Die Musikinstrumente des alten Ägyptens*, Berlin, 1921, p. 62, fig. 81 (Berlin ÄM 14498); E. Warmenbol (dir.), *Ombres d'Égypte. Le peuple de Pharaon*, Treignes, 1999, p. 80 (50) (bronze; 3,3 cm de haut); K. Antonicek, « Die Übernahme der Doppeloboe in die ägyptische Musikgeschichte » *in* J. Budka *et al.* (éd.), Florilegium Aegyptiacum – *Eine wissenschaftliche Blütenlese von Schülern und Freunden für Helmut Satzinger zum 75. Geburtstag am 21. Jänner 2013*, GöttMisz Beihefte 14, Göttingen, 2013, p. 4-5 (BM EA 61460; faïence; 6,3 cm de haut); également F.G. Hilton Price, *A Catalogue of the Egyptian Antiquities*, p. 321 (2702; faïence); Ch. Van Siclen, *A Concordance of Object Numbers from the Hilton Price Collection*, p. 9. On signalera une statuette en calcaire (Louvre N 4101) représentant un singe assis jouant de la double flûte; S. Guichard (éd.), *J.-Fr. Champollion, Notice descriptive*, p. 145 (TPI-Basse Époque); voir également Chr. Blinkenberg, *Lindos. Fouilles de l'acropole 1902-1914. Les petits objets* I, Berlin, 1931, col. 347, n. 1252, pl. 55; d'après G. Capriotti Vittozzi, « Elementi di tradizione egizia nella documentazione di Locri », *Rivista di Studi Fenici* 36, 2011, p. 116, fig. 6.

583. Voir, par ex., un joueur de double flûte portant le dieu Bès sur ses épaules (provenant de l'Héraion de Samos): *Ägypten Griechenland und Rom. Abwehr und Berührung, Städelsches Kunstinstitut und Städische Galerie 26. November 2005-26. Februar 2006*, Francfort, 2005, p. 510 (67) = K. Weiss, *Ägyptische Tier- und Götterbronzen aus Unterägypten*, pl. 76; également un pied de lit avec un Bès jouant de la double flûte (Leyde F 1964/1.4): P. Giovetti, D. Picchi (éd.), *Egypt. Millenary Splendour*, p. 347 et 545.

584. Cf. les amulettes en faïence représentant un singe assis, mains portées à la bouche, A. Schweitzer, Cl. Traunecker, *Strasbourg, Musée archéologique*, p. 73 (148); E. Bresciani, M. Betrò (éd.), *Egypt in India. Egyptian Antiquities in Indian Museums*, p. 153 (130) = L. Schwappach-Shirrif, *Treasures of the Rosicrucian Egyptian Museum*, p. 97 (« speak-non-evil monkey »).

585. Berlin 9256; G. Roeder, *op. cit.*, p. 373, § 491 et pl. 54h.

Description : la face supérieure présente un petit socle souligné par deux gradins ; deux percements (0,5 cm de Ø et 0,9 cm de profondeur) sur le dessus du socle recevaient les tenons d'une statuette probablement en métal[586]. Les quatre côtés présentent un large encadrement réservant un tableau central, non décoré sur les longs côtés mais en revanche portant, en relief levé, un œil-*oudjat* en façade et une fleur de lotus à l'arrière. L'incision sur la face inférieure semble correspondre à la tige de la fleur de lotus.

586. Cf. par ex. G. Roeder, *Ägyptische Bronzefiguren*, p. 109 et pl. 15ll-n (les deux tenons ne sont pas alignés), p. 328, fig. 432 (taureau Apis, tenons alignés) ; également J.-Cl. Grenier, *Les bronzes du Museo Gregoriano Egizio*, pl. XLVII.

Commentaire: la présence de l'œil-*oudjat* sur le devant du socle pourrait être favorable à la présence d'une statuette de Thot babouin[587]. Cependant cet élément se rencontre également sur les socles de statuettes d'Osiris (œil-*oudjat* sur corbeille-*neb* entouré de deux signes-*nefer*)[588] ou au cou de la chatte Bastet (*supra*), si bien qu'en l'absence d'un parallèle assuré il est délicat de proposer une identification précise de la divinité qui se tenait sur cette base. La présence de la fleur de lotus avec ce qui pourrait être sa tige sur la face inférieure de la base reste plus originale[589]. L'association œil-*oudjat*/fleur de lotus et fleur de papyrus (plantes héraldiques) évoque certaines couronnes de justification représentées dans les temples ptolémaïques (type signe S97)[590].

33. Base de statuette en grauwacke

Inv. 179.8048-33
Datation: Basse Époque?
Matière et dimensions: grauwacke; 3 × 3,8 × 7,2 cm.
État de conservation: seuls les pieds de la statuette sont conservés; les arêtes du socle parallélépipédique (1,7 × 3,8 × 7,2 cm) présentent quelques épaufrures, notamment dans l'angle arrière gauche.

587. Par ex., figurine en faïence de Thot babouin tenant un œil-*oudjat*: G.D. Scott, *Ancient Egyptian Art at Yale*, p. 152 (86); faïence; 5,8 cm de haut (YAG 1956.33.4); G. Steindorf, *Catalogue of the Egyptian Sculpture in the Walters Art Gallery*, p. 152 (686) et pl. CII (WAG 48.1543); figurine de Thot avec un œil-*oudjat* autour du cou: St. Quirke, J. Spencer, *The British Museum Book of Ancient Egypt*, p. 93; H.M. Stewart, *Egyptian Stelae, Reliefs and Paintings from the Petrie Collection* 3, pl. 29 (67).
588. Plusieurs attestations listées par L. Coulon, *in* L. Coulon (dir.), *La Cachette de Karnak*, p. 515, n. 69.
589. À comprendre *nfr*, en association avec l'œil-*oudjat* dans le contexte osirien précédemment évoqué?
590. Ph. Derchain, « La couronne de justification. Essai d'analyse d'un rite ptolémaïque », *CdE* 30, 1955, p. 227-229.

Description : seuls les pieds d'une statuette momiforme (avec tenon) sont conservés ; elle était debout, encastrée dans un socle anépigraphe présentant une mortaise approximativement carrée (2 × 2,2 × 0,8 cm). Un trait noir dont le tracé est encore visible sur le socle, à l'arrière de la statuette, devait indiquer la limite du pilier dorsal de cette dernière.

Commentaire : il pourrait s'agir d'une statuette de Ptah ou d'Osiris.

34. Sclère en pierre blanche

Inv. 179.8048-13
Datation : –
Matière et dimensions : calcaire dur (?) ; 1,7 × 3,9 × 2 cm.
État de conservation : un éclat a détérioré l'extrémité gauche.
Description : il s'agit de la sclère/sclérotique (« blanc » de l'œil) d'un œil humain gauche ; la pupille rapportée qui occupait le centre de l'œil a disparu.
Commentaire : selon une technique en usage dès l'Ancien Empire, cette pierre a été découpée en forme d'œil et recevait en son centre une pupille en pierre noire (*infra*), généralement de l'obsidienne[591], aujourd'hui disparue[592]. L'ensemble devait être serti par un alliage cuivreux dessinant le pourtour

591. Pour l'assemblage habituel, sclère en calcaire/calcite et pupille en obsidienne, A. Lucas, J.R. Harris, *Ancient Egyptian Materials and Industries*, 1962[4], Londres, p. 107-117 ; M. De Meyer, « Inlaid Eyes on Old Kingdom Coffins: a History of Misidentification », *JEA* 97, 2011, p. 203.
592. Par ex., deux yeux en calcaire avec les pupilles en verre noir (1,60 × 3,30 cm), S. Davies, H.S. Smith, *The Sacred Animal Necropolis at North Saqqara*, p. 78-79 et pl. XXVIIIe. Voir également *Les bronzes égyptiens*, p. 124-125 (29) : tête de bélier en bois avec cornes et oreilles en bronze et yeux en pierre blanche (calcite) avec pupille en pierre noire.

de l'œil[593]. Dans le contexte topographique du temple de Ptah, on supposera que cet œil a appartenu à une statue plutôt qu'à une décoration de sarcophage[594]. On ne peut exclure un motif d'œil-*oudjat* décorant une boîte en bois.

35. Pupille en pierre noire

Inv. 179.8048-32
Datation : –
Matière et dimensions : pierre noire (obsidienne ?) ; Ø 1,9 cm, épaisseur 0,6 cm.
État de conservation : quelques petits éclats sur les arêtes.
Description : la pupille est constituée d'un disque d'épaisseur irrégulière, convexe au recto et plat au verso.

Commentaire : cette pupille (associée à une sclère) constituait un élément d'incrustation pour un œil d'une statue en bois ou en métal.

36. Restes d'yeux en alliage cuivreux

Inv. 179.8048-34
Datation : –
Matière et dimensions : alliage cuivreux ; pierre/pâte de verre ? ; 0,9 × 1,6 × 0,8 cm (plus gros fragment).
État de conservation : corrosion complète ; fragmentaire.
Description : restes de deux yeux en alliage cuivreux avec incrustation de matière blanche (sclère) à l'intérieur.
Commentaire : les yeux ont appartenu à une statue en bois ou en métal.

593. Cf., par ex., G. Roeder, *Ägyptische Bronzewerke*, pl. 41e.
594. R.S. Bianchi, « Those Ubiquitous Glass Inlays from Pharaonic Egypt – Suggestions about their Functions and Dates », *JGS* 25, 1983, p. 29-35 ; *id.*, « Those Ubiquitous Glass Inlays, Part II », *BES* 5, 1983, p. 9-29 ; N. Spencer, *Kom Firin* I: *The Ramesside Temple and its Site Survey*, BMRP 170, Londres, 2008, p. 101 et pl. 29 (« Two quartz eyes [from a wooden coffin] » ; 3,6 cm de long) ; également G.P. Broekman, « Falcon-Headed Coffins and Cartonnages », *JEA* 95, 2009, p. 67-81 ; M. De Meyer, *JEA* 97, 2011, p. 201-203.

37. Plaquette de faïence

Inv. 179.8048-22
Datation : –
Matière et dimensions: pâte siliceuse émaillée verte (« faïence égyptienne ») ; 3,9 × 2,1 × 0,3 cm.
État de conservation: brisée en deux lors de la découverte et recollée (Acril 33 pur) ; les restes de glaçure verte ont été consolidés à l'oxalate d'ammonium (Amox) dilué à 5% dans de l'eau.
Description: seule une face conserve encore quelques traces de faïence verte, la face opposée étant rugueuse et plus irrégulière.
Commentaire: de prime abord, on est tenté de rapprocher cette plaquette de celles, inscrites ou non, qui se rencontrent fréquemment dans les dépôts de fondation[595]. L'examen du revers, non glaçuré, permet d'écarter cette possibilité. On doit en effet admettre que seul le recto a reçu une glaçure de faïence, le verso ayant été laissé brut, ce que l'aspect irrégulier de la surface tend à confirmer. Elle aurait en conséquence participé à la décoration d'incrustation d'un élément mobilier (naos ?) en bois[596]. On notera pourtant l'absence d'un traitement des bordures (par ex., droites ou biseautées) qui conforterait l'utilisation en incrustation/applique. Malgré la faible épaisseur de la plaquette, et même en l'absence de système de fixation au verso[597], on ne peut toutefois exclure une utilisation dans le cadre d'une décoration pariétale[598], même si les dimensions de la plaquette (notamment sa faible épaisseur) atténuent cette alternative. Dans le temple de Ptah, seuls deux reliefs témoignent d'incrustations de pierres semi-précieuses, pâte de verre ou métal dans le traitement des yeux et des sourcils[599].

595. A. Masson, *in* A. Villing *et al.*, *Naukratis: Greeks in Egypt*, p. 18.
596. On songera en particulier aux frises d'encadrement de scènes formées sur la séquence habituelle d'un panneau rectangulaire alternant avec trois bandes verticales ou aux soubassements de *serekh* (en pâte de verre ou en turquoise, par ex.) ; voir V. Rondot, *Tebtynis* II, p. 261, fig. 71 (paroi de naos en bois Turin S. 18155) ; Chr. Insley Green, *The Temple Furniture from the Sacred Animal Necropolis at North Saqqâra 1964-1976*, p. 10-11 (8-9), fig. 12-13 (corniche et panneau en bois, Toronto 969.137.2 et Caire JE 91103), p. 14-15 (18), fig. 18 (panneau de bois avec tous les éléments d'applique perdus Birmingham 442'69), et p. 17 (26) et fig. 24 (fragment de bois Londres UC 30627) ; E. Riefstahl, *Ancient Egyptian Glass and Glazes in the Brooklyn Museum*, WilbMon 1, New York, 1968, p. 58 (56) (panneau de bois Brooklyn 37.1430E) ; deux plaquettes découvertes à 'Ayn Manawîr dans un vase contenant 191 éléments de placage en faïence, M. Wuttmann *et al.*, *BIFAO* 96, 1996, p. 438, fig. 71 ; plaquettes de tailles et formes diverses (avec restes de mortier sur le revers) ayant probablement servi à décoré un sarcophage, A. Minault-Gout, Fl. Till, *Saï* II. *Le cimetière des tombes hypogées du Nouvel Empire SAC 5*, FIFAO 69, Le Caire, 2002, p. 313 et pl. 127 ; V. Arveiller-Dulong, M.-D. Nenna, *Les verres antiques du musée du Louvre* 3, p. 368-371 (verre). Pour les appliques en faïence ou en pâte de verre sur des naos et élements mobiliers de temples, R. Landgrafova, *Abusir* XIV, part. p. 49-52 et 61, fig. e ; D. Valbelle, S. Marchi, *in* Chr. Zivie-Coche, I. Guermeur (éd.), *« Parcourir l'éternité ». Hommages à Jean Yoyotte*, p. 1032-1036 ; V. Arveiller-Dulong, M.-D. Nenna, *op. cit.*, p. 361-383 ; M.-D. Nenna, « Le mobilier religieux en bois incrusté de verre des temples égyptiens : nouvelles données (viie av. J.-C.-ier siècle apr. J.-C.) » *in* I. Lazar (éd.), *Annales du 19e congrès de l'Associtation internationale pour l'histoire du verre, Piran, 2012*, Koper, 2015, p. 30-38.
597. On songe aux plaques de faïence des souterrains de Djéser ; pour des plaquettes de dimensions variées avec un dispositif de fixation (percement) au dos, G. Dreyer, *Elephantine* VIII, p. 138-143 et pl. 47-50.
598. Voir G. Daressy, « Plaquettes émaillées de Médinet-Habou », *ASAE* 11, 1911, p. 49-50 et pl. I ; également W.C. Hayes, *Glazed Tiles from a Palace of Ramesses II at Kantir*, MMA Papers 3, New York, 1937, p. 24, fig. 4 ; même dispositif sur le bloc Karnak n° 581 (extrémité de linteau et haut du jambage, type *Medinet Habu* VI, Part II, pl. 39). Pour des appliques plus épaisses, voir, par ex., à Karnak, sur le revers du IIIe pylône, au bas des montants de la porte du IVe pylône, sur les passages des VIIIe et IXe pylônes (cavités profondes de quelques centimètres). Aucun négatif d'incrustation géométrique de ce type n'a été repéré dans le temple de Ptah. Signalons pour conclure le « morceau de dallage (?) ou mosaïque, composé de plaques de faïence verdâtre » découvert par G. Legrain (*RecTrav* 28, 1906, p. 147) dans la Cachette de Karnak ; malgré l'absence de mention des dimensions, il semble que ces éléments décoratifs sont plus imposants que la plaquette découverte dans la *favissa* de Ptah. Pour des éléments d'incrustations d'encadrements de portes (avec une titulature royale), H.W. Müller, « Bemerkungen zu den Kacheln mit Inschriften aus Qantir und zu den Rekonstruktionen gekachelter Palasttore », *MDAIK* 37, 1981, p. 339-357 et pl. 92-94.
599. *Ptah* I, nos 109 et 111 (KIU 3528 et 3527).

38. Objet indéterminé

Inv. 179.8048-18
Datation : –
Matière et dimensions : alliage cuivreux ; 4,6 × 2 × 1,1 cm.
État de conservation : corrosion importante ; nettoyage mécanique.
Description : cet objet présente une section en forme de U droit, plus large à une extrémité (Fig. 3.26). La plaque de métal dans lequel il a été façonné est épaisse de 0,2 cm. Une ligne a été réalisée avec la technique du repoussé en bordure de la partie la plus large de l'objet.
Commentaire : l'usage de cet objet en métal reste énigmatique.

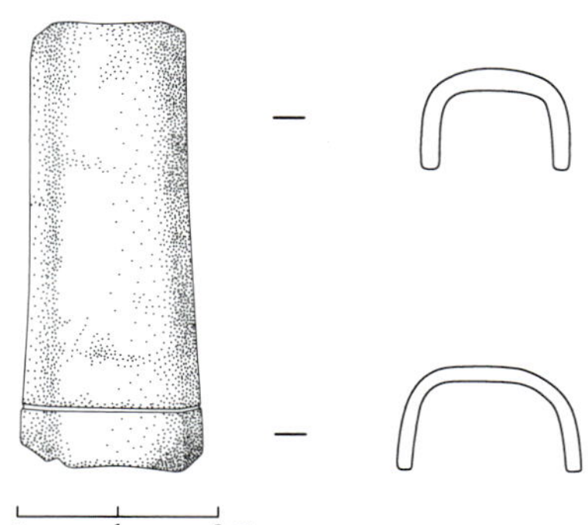

Fig. 3.26. Dessin et coupe. © CNRS-CFEETK/Fl. Pirou.

3.3. Datation

Les difficultés inhérentes à la datation des « petits objets », le plus souvent dépourvus d'inscriptions et quelle que soit leur matière, sont bien connues[600]. Dans le cas précis des bronzes osiriens mis au jour dans la *favissa*, il n'est pas le lieu, dans le cadre de cette publication, de proposer des critères chrono-typologiques précis permettant une sériation ; les exemplaires sont trop peu nombreux (neuf, en excluant la statue en bois ornée d'éléments rapportés en alliage cuivreux) et leur état de conservation trop inégal ; de plus le champ chronologique demeure trop vaste (XXIIe dynastie – début époque ptolémaïque).

Parmi les objets pour lesquels il est possible de proposer une datation, même large, la statue en calcaire du dieu Ptah (**3**) qui occupait le fond de la fosse constitue l'élément le plus ancien. Cette statue pré-amarnienne pourrait, à titre de simple hypothèse, être attribuée au règne de Thoutmosis III, (re)fondateur du temple de Ptah.

Les autres objets, le plus souvent sur des critères stylistiques et des éléments comparatifs, ont été assignés à une période chronologique couvrant essentiellement la fin de la Troisième Période intermédiaire et la Basse Époque (les XXVe et XXVIe dynasties étant bien représentées) et débordant sur le début de l'époque lagide ; seul le sphinx (**2**), installé au-dessus du comblement final de la fosse, est plus tardif et serait contemporain de la mise au rebut de l'ensemble des objets, vers le IIe s. av. J.-C.

600. Pour les bronzes, « il est risqué de prendre pour indices chronologiques les détails stylistiques d'une statuette en métal », R.S. Bianchi, in *Les bronzes égyptiens*, p. 20. Pour les bronzes datés, voir, par ex., A. Thieme, « A Brief Note Concerning the Filiation *zꜣ Nʿ[-n-]-f-Ỉʿḥ msj ḥpt.ti* », *GöttMisz* 153, 1996, p. 101-105 ; Chr. Ziegler, *Revue du Louvre* 1-1996, p. 29-38 ; L. Delvaux, « Les bronzes de Saïs, les dieux de Bouto et les rois des marais » *in* W. Clarysse *et al.* (éd.), *Egyptian Religion. The Last Thousand Years. Studies Dedicated to the Memory of J. Quaegebeur* 1, OLA 85, Louvain, 1998, p. 551-568 ; J. Fr. Aubert, L. Aubert, *Bronzes et or égyptiens*, Contribution à l'égyptologie 11, Paris, 2001.

3.4. Un « panthéon » du temple de Ptah ?

Comme il a été déjà rappelé, réutilisés dans un contexte secondaire, les objets placés dans la *favissa* acquièrent une fonction différente de celle qui leur était primitivement dévolue en tant qu'*ex-voto*[601]. À l'examen des divinités identifiées au sein de la *favissa*, peut-on alors considérer que l'on est en présence d'un « panthéon » vénéré dans l'enceinte du temple de Ptah ? Il est difficile de répondre à cette question, d'autant que pour les périodes les plus anciennes il a été montré que l'iconographie des *ex-voto* n'était pas nécessairement en rapport direct avec la divinité principale adorée dans le temple en question[602] ; le même constat est établi pour la présence de la figure osirienne dans les espaces cultuels au premier millénaire av. J.-C. (*infra*). À côté de Ptah, des divinités résidentes ou secondaires pouvaient être vénérées dans l'enceinte du temple.

Si la date d'enfouissement est relativement bien circonscrite par l'étude archéologique et céramique dans le courant de l'époque ptolémaïque, l'histoire de la constitution de ce dépôt nous restera à jamais incertaine, les motivations des prêtres qui ont réuni ces objets également, si ce n'est la volonté de les remiser après qu'ils eurent subi quelques dommages[603], dans le cadre d'un rituel de protection osirien d'une statue de Ptah.

Ce qui est certain, c'est qu'ils n'ont pas été réalisés dans le but d'être enfouis, comme ce peut être le cas lors de la constitution d'un dépôt de fondation[604]. Avant de devenir des « images latentes des divinités[605] », leur fonction initiale – avant enfouissement – est donc étroitement associée à la vie du temple qui les a abrités et représente ainsi un témoignage original des pratiques cultuelles – officielles et privées – qui s'y sont déroulées[606].

À l'exception de la statue fragmentaire de Ptah en calcaire dont on peut supposer qu'elle a été consacrée « officiellement » par le clergé au nom d'un souverain régnant (dont le nom aurait pu être gravé sur le pilier dorsal), de même que la barbe en faïence (**9**) ayant appartenu à une statue grandeur nature, les autres objets, quel que soit le matériau utilisé[607], sont caractéristiques d'offrandes privées (*ex-voto*), consacrées dans le temple ou ses abords par des particuliers pour remercier ou apaiser la divinité bénéficiaire, ou en échange de l'accomplissement d'un vœu, possiblement au cours de célébrations ou rituels en l'honneur de la divinité[608].

601. Voir la synthèse de G. Pinch, *Votive Offerings to Hathor*, p. 326-360.
602. B.J. Kemp, *Ancient Egypt: Anatomy of a Civilization*, p. 118-128 ; pour les période plus récentes, voir également les observations de V. Vaelske, « Keine Katzen auf Tell Basta ? Zur Problematik der religionsgeschichtlichen Auswertung von Terrakotten » *in* J. Griesbach (éd.), *Griechisch-Ägyptisch Tonfiguren vom Nil*, Regensburg, 2013, p. 35-39 ; K. Weiss, *Ägyptische Tier- und Götterbronzen aus Unterägypten*, p. 381-462, part. p. 460-461 et 476 : la liste des sites de Haute Égypte ayant fourni des bronzes animaliers et divins montre qu'ils ne représentent pas nécessairement l'aspect principal de la divinité vénérée dans le temple mais des aspects secondaires ; pour le Sérapéum de Memphis, Chr. Ziegler, *BSFE* 90, 1981, p. 33-41. Pour une situation contraire, voir le Boubasteion d'Alexandrie dont les fouilles menées en 2009 et 2010 ont mis au jour un nombre considérable de statues et figurines de chattes consacrées à Bastet, plusieurs réunies dans trois dépôts (mise au rebut de mobilier) ; M. Abd el-Maksoud, A. Abd el-Fattah, M. Seif el-Din, « La fouille du Boubasteion d'Alexandrie : présentation préliminaire » *in* A. Hermary, C. Dubois (éd.), *L'enfant et la mort dans l'Antiquité* III. *Le matériel associé aux tombes d'enfants*, Aix-en-Provence, 2012, p. 427-446 ; *id.*, « Le Boubasteion. Un lieu de culte populaire » in *Alexandrie grecque, romaine, égyptienne, Dossiers d'archéologie* 374, 2016, p. 34-37.
603. G. Pinch, *op. cit.*, p. 341. Comme cela a déjà été signalé, seule la statuette osirienne **13** est intacte.
604. Chr. Zivie-Coche, « Des scarabées, un "coffret", une main. Atoum à Tanis » *in* Chr. Zivie-Coche, I. Guermeur (éd.), *« Parcourir l'éternité ». Hommages à Jean Yoyotte*, p. 1143.
605. Selon l'expression de Cl. Traunecker, « Observations sur le décor des temples égyptiens » *in* Fr. Dunand (éd.), *L'image et la production du sacré. Actes du colloque de Strasbourg, 20-21 janvier 1988*, Paris, 1991, p. 86 (pour le cas des statues entreposées dans les cryptes).
606. J. Baines, « Egyptian Deities in Context: Multiplicity, Unity, and the Problem of Change » *in* B. Nevling Porter (éd.), *One God or Many? Concepts of Divinity in the Ancient World*, Chebeague, 2000, p. 44.
607. Différents matériaux pour lesquels on ne doit pas nécessairement établir une hiérarchie qui refléterait le niveau social des dédicants ; en dernier lieu, S.S. Heinz, *in* M. Bergeron, A. Smith (éd.), *The Gods of Small Things*, p. 211-232. On considèrera également que la plus grande calotte en fritte émaillée 7, correspondant à une statue d'environ 72,5 cm de haut, est une consécration privée.
608. Voir G. Pinch, *op. cit.*, p. 348-355 ; G. Pinch, E. Waraksa, *in* W. Wendrich (éd.), *UCLA Encyclopedia of Egyptology*, p. 1-9 ; également R. Osborne, *WorldArch* 36, 2004, p. 1-10.

À ce titre, tout comme les graffiti[609], ces objets pourraient caractériser le « panthéon » local auquel on venait adresser une prière et déposer une offrande, sans pouvoir assurer qu'ils en sont totalement représentatifs. Le postulat le plus économique invite à considérer que ces objets proviennent d'un même lieu, mais le fait que la plupart sont endommagés semble indiquer qu'ils ont été réunis pour cette raison, possiblement de divers endroits, à tout le moins des environs du temple de Ptah.

Aucun lien avec des fêtes et célébrations particulières ne pouvant être établi (voir *infra*), on considère que les offrandes privées sont des objets votifs, offerts à la divinité. Reste pour autant toujours en suspens la difficulté d'associer l'acte d'offrande avec une pratique strictement individuelle ou réalisée dans le cadre d'un rituel/cérémonie (donc collectivement), à des dates aléatoires ou à l'occasion de festivités dictées par le calendrier liturgique[610]. À l'image des inscriptions gravées sur la grande majorité des statues en pierre et sur quelques socles de bronzes, les demandes, lorsqu'elles sont spécifiées, s'articulent sans surprise autour du don de la vie, d'une existence heureuse et d'une longue vieillesse sur terre[611], ce qui semble plutôt convenir à une démarche strictement individuelle. Néanmoins aucune pratique n'est exclusive.

À partir de la Troisième Période intermédiaire, le souhait des particuliers de se rapprocher des divinités et de bénéficier des bienfaits qu'elles reçoivent dans les temples conduit à un accroissement exponentiel d'offrandes à caractère votif, qu'il s'agisse de statues des particuliers eux-mêmes ou de statues divines, en pierre et en métal[612]. La datation proposée des objets de la *favissa* couvre cette période d'intense dévotion dans les temples.

En écartant les éléments qu'il est impossible d'associer précisément à une divinité (socles, pièces d'incrustations, ...), les divinités, éléments caractéristiques de divinités (par ex., calottes de Ptah) et représentations animales divines (par ex., babouin de Thot) totalisent vingt-huit objets. Osiris est le plus représenté (14)[613], suivi de Ptah (7), puis Mout (2), Thot (2) et Bastet (2), enfin Somtous (?) (1) et un cercopithèque debout (1)[614].

609. Les nombreux graffitis gravés sur les parois extérieures du temple – notamment le mur sud – et sur les portes axiales témoignent de la visite de dévôts venus rendre hommage à Ptah et à Hathor ; E. Frood, Chl. Ragazzoli, « Writing on the Wall: Two Graffiti Projects in Luxor », *EgArch* 42, 2013, p. 32-33 ; D. Devauchelle, Gh. Widmer, in *CFEETK. Rapport d'activité 2010*, Louqsor, 2011, p. 24. Aucun témoignage n'a été retrouvé sur le toit de la chapelle nord, la seule à avoir conservé ses dalles de couverture ; sur cette pratique, voir H. Jacquet-Gordon, *The Graffiti on the Khonsu Temple Roof at Karnak: A Manifestation of Personal Piety*, OIP 123, Chicago, 2003.

610. M. Hill, « Lifes of the Statuary » *in* M. Hill, D. Schorsch (éd.), *Gifts for the Gods*, p. 153 ; S. Davies, *in* M. Hill, D. Schorsch (éd.), *op. cit.*, p. 184-185 ; K. Weiss, *Ägyptische Tier- und Götterbronzen aus Unterägypten*, p. 463-464, 480 ; également R.S. Bianchi, *BiOr* 72, 2015, col. 439 ; D. Kessler, « Einwickeln und unterirdische Ablage von Bronzen in Tierfriedhof von Tuna el-Gebel » *in* A. Spiekermann (éd.), *"Zur Zierde gereicht…". Festschrift Bettina Schmitz zum 60. Geburtstag am 24. Juli 2008*, HÄB 50, Hildesheim, 2008, p. 153-163 ; S.S. Heinz, « The Production and Circulation of Metal Statuettes and Amulets in the Late Period at Thonis-Heracleion » *in* D. Robinson, Fr. Goddio (éd.), *Thonis-Heracleion in Contex*, p. 66 et n. 102.

611. C'est ce que la majorité des dédicaces d'*ex-voto* se plaît à rappeler : c'est le cas de la statuette de Mout consacrée par Nespaoutytaouy (**11**) ; J. Baines, *in* B. Nevling Porter (éd.), *One God or Many?*, p. 44-46 ; G. Pinch, *Votive Offerings to Hathor*, p. 357 ; B. Mendoza, *Bronze Priests of Ancient Egypt from the Middle Kingdom to the Graeco-Roman Period*, BAR 1866, Oxford, 2008, p. 364-400 ; K. Weiss, *Ägyptische Tier- und Götterbronzen aus Unterägypten*, p. 482-486 ; M. Fitzenreiter, *in* M. Fitzenreiter *et al.* (éd.), *Gegossene Götter*, p. 174 ; Chr. Ziegler, *BSFE* 90, 1981, p. 41-43 ; L. Coulon, *in* L. Coulon (dir.), *La Cachette de Karnak*, p. 516 ; c'est le même constat pour les bronzes de donation saïtes, H. De Meulenaere, « Bronzes égyptiens de donation », *BMRAH* 61, 1990, p. 63-81 ; Fr. Colin, « Les fondateurs du sanctuaire d'Amon à Siwa (Désert libyque). Autour d'un bronze de donation inédit » *in* W. Clarysse *et al.* (éd.), *Egyptian Religion. The Last Thousand Years* 1, p. 329-355 ; voir également Ph. Collombert, « Une stèle de donation pour l'entretien de la lampe de Mout et Khonsou-l'enfant », *BSFE* 26, 2004, p. 23-25.

612. Voir S. Ikram, « Belief Incarnate: Sacred Animals and Votive Offerings in the Temple Context » *in* P. Giovetti, D. Picchi (éd.), *Egypt. Millenary Splendour*, p. 406 (avec bibliographie).

613. **33** n'est pas comptabilisé : il peut s'agir d'une statuette d'Osiris ou de Ptah.

614. Présenté avec les deux figures de Thot babouin dans le catalogue, **31**.

Divinités	Nos catalogues	Nos fouilles	Cu.	Fa.	Fr.	Cal.	Grau.	B.	Total
Osiris	13 à 26	8048-26+29, 8048-28, 8048-6, 8048-1, 8048-31, 8048-11, 8048-35, 8048-36, 8048-10, 8048-37, 8048-7, 8048-21, 8048-20, 8048-27[615]	10			1	2	1[616]	14
Ptah (statue, calottes, barbe)	3 à 9	8048-23, 8048-8, 8048-2, 8048-9, 8048-14, 8048-16, 8048-25		2?	4	1			7
Mout	11 et 12	8048-5, 8048-3	1				1		2
Somtous (?)	10	8048-17	1						1
Thot (babouin)	29 et 30	8048-12, 8048-30		2					2
Bastet (chatte)	27 et 28	8048-15, 8048-24	1	1					2
Cercopithèque	31	8048-19	1						1
Total			**14**	**5**	**4**	**2**	**3**	**1**	**29**

Cu. = alliage cuivreux ; Fa. = faïence : Fr. = fritte ; Cal. = calcaire ; Grau. = grauwacke ; B = bois.

L'examen de ce tableau souligne la prépondérance des objets en alliage cuivreux (près de 50 %), matériau de prédilection pour les offrandes privées et les amulettes à la Basse Époque et à l'époque ptolémaïque[617], mais témoigne également de la diversité des matériaux employés dans la réalisation d'effigies divines. Il donne à voir les divinités présentes – Osiris, Ptah, Mout, Bastet, Thot, Somtous (?) – et fait ressortir l'absence remarquable d'Amon-Rê, Hathor et Imhotep, pourtant attestés sur les parois du temple[618]. Il est à remarquer qu'à l'exception d'Amon, ces divinités sont les mêmes que celles qui, en plus grand nombre et dans des proportions différentes, ont été déposées dans la Cachette de Karnak[619].

Osiris

Parmi la production de masse des bronzes égyptiens dans le courant du premier millénaire avant notre ère, ceux représentant la figure du dieu Osiris sont invariablement présents parmi les objets découverts en fouille et constituent les ensembles les plus conséquents dans les dépôts provenant de temples et de catacombes animales. Dans ce dernier cas, tous les animaux momifiés devenant des Osiris (Osiris-ibis, Osiris-Apis...)[620], on constate que la figure du dieu des morts est numériquement plus abondante que celle des divinités associées à ces animaux,

615. Éléments en alliage cuivreux (plumes et barbe) d'une statue en bois stuqué.
616. Il s'agit de l'Osiris **26** dont l'âme en bois (perdue), recouverte d'un *gesso* peint et doré, était ornée d'éléments rapportés (barbe et plumes de l'*atef*) en alliage cuivreux.
617. Même constat à l'échelle du site de Thônis-Héracléion, S.S. Heinz, *in* D. Robinson, Fr. Goddio (éd.), *Thonis-Heracleion in Contex*, p. 55-56.
618. Chr. Thiers, *in* H. Beinlich (éd.), *9. Ägyptologische Tempeltagung*, p. 327, 333-335 et 337-338.
619. L. Coulon, *in* L. Coulon (dir.), *La Cachette de Karnak*, p. 505 (Osiris, Amon, Ptah, Horus l'enfant, Mout, Bastet, Thot/Khonsou babouins).
620. K. Weiss, *Ägyptische Tier- und Götterbronzen aus Unterägypten*, p. 479 ; pour le Sérapéum de Memphis, Chr. Ziegler, *BSFE* 90, 1981, p. 36-41.

taureaux Apis, babouins et ibis de Thot par exemple[621]. Le même constat peut être fait dans les temples, où les dépôts osiriens surpassent numériquement les autres catégories de figurines, même celles des divinités locales. L'essor des cultes osiriens au Ier millénaire avant notre ère est à l'origine de ce phénomène[622], se développant naturellement dans les temples consacrés à Osiris ou abritant des chapelles osiriennes (ʿAyn Manawîr[623], Hibis, Karnak), mais également dans les temples qui ne lui sont pas spécifiquement consacrés (Tôd[624], Naucratis[625], Médinet Habou[626]). Cette pratique d'enfouissement de figures osiriennes s'est perpétuée à l'époque copte et au début de l'islam, jouant un rôle prophylactique dans les habitations (sous les seuils de porte, par ex.)[627].

Dans ce contexte, la présence prépondérante de statues et figurines osiriennes (14 au total) dans la *favissa* participe donc d'une pratique bien avérée, et d'autres effigies du dieu ont été mises au jour à proximité du temple de Ptah[628]. Le temple n'abrite que deux reliefs figurant le dieu Osiris[629] et un graffito le représente sur le mur extérieur nord. Les liens entre les deux divinités sont pourtant étroits[630]. Osiris et Ptah sont intimement associés à Karnak, à l'abri d'une chapelle construite à la XXVe dynastie[631]. Les éléments stylistiques attribuant plusieurs Osiris de la *favissa* aux XXVe et XXVIe dynasties confirment une tendance mise en lumière par l'étude des Osiris en pierre découverts dans la Cachette de Karnak, où cette période est prépondérante dans la réalisation de statues du dieu[632].

Tout au long de son histoire, le temple de Ptah a conservé sa fonction originelle de reposoir et on sait qu'il participait au circuit osirien du mois de Khoïak, la fête du dieu memphite étant également célébrée dans le courant de ce même mois[633]. C'est ce qu'indique, pour la période romaine, le papyrus Louvre N.3176 (S), où le temple était alors désigné comme étant le temple d'Imhotep[634]. À titre de simple postulat, on pourra donc envisager que les dévots qui ont déposé les figures osiriennes dans le temple ont privilégié, pour effectuer ce geste, la période des célébrations du mois de Khoïak, au cours desquelles le dieu Ptah était également à

621. S. Davies, H.S. Smith, *The Sacred Animal Necropolis at North Saqqara*, p. 133 ; L. Coulon *in* O. Perdu, *Le crépuscule des pharaons*, p. 230-231 (113) ; S. Davies, *in* M. Hill, D. Schorsch (éd.), *Gifts for the Gods*, p. 174-187 ; P. Davoli, « Amheida 2007-2009: New Results from the Excavations » *in* R.S. Bagnall, P. Davoli, C. Hope (éd.), *The Oasis Papers 6. Proceedings of the Sixth International Conference of the Dakhleh Oasis Project*, Oxford, 2012, p. 267 = R. Bagnall *et al.*, *An Oasis City*, New York, 2015, p. 58-60 (figurines complètes mais également fragmentaires).
622. J. Baines, *in* B. Nevling Porter (éd.), *One God or Many?*, p. 44 (Osiris, Isis et Harpocrate). Pour une synthèse sur Osiris à Thèbes au Ier millénaire, M. Smith, *Following Osiris*, p. 405-409 et 494-511.
623. En ce cas il s'agit d'un dépôt primaire d'objets votifs dans le temple et non d'une cache/*favissa* secondaire.
624. 43 + 90 Osiris à Tôd : D. Bénazeth, *Tod. Les objets en métal*, San Antonio, 1991, p. 4-10.
625. A. Masson, *in* D. Robinson, Fr. Goddio (éd.), *Thonis-Heracleion in Contex*, p. 77.
626. Le contexte osirien est évidemment des plus prégnants dans l'enceinte de Médinet Habou ; U. Hölscher, *The Excavation of Medinet Habu* II. *The Temples of the Eighteenth Dynasty*, OIP 41, Chicago, 1939, p. 40 ; *id.*, *The Excavation of Medinet Habu* V, OIP 66, Chicago, 1954, p. 33 et pl. 19g ; N. Thomas (éd.), *The American Discovery of Ancient Egypt*, p. 205-206 (102-103).
627. Pour les deux dépôts découverts à Médamoud et ceux d'Edfou, c'est la conclusion de l'analyse de F. Bisson de La Roque, *Médamoud (1926)*, p. 102-103 et p. 118-119 ; pour les dépôts de Médamoud, associés aux pratiques osiriennes, Ch. Sambin, « Médamoud : le sactuaire Djémê de Montou » *in* Chr. Thiers (éd.), *Documents de Théologies Thébaines Tardives* (*D3T* 3), CENiM 13, Montpellier, 2015, p. 282. Le dépôt d'Hibis a été mis au jour sous le sol d'une maison du IVe s. de notre ère ; H.E. Winlock, *Temple of Hibis in El Khargeh Oasis* I, p. 42 et pl. XXVII.
628. Cahiers Legrain *Karnak Campagne 1899-1900. Temple de Phtah Neferher*, p. 3 (40), conservés au musée du Louvre : « Petit Osiris en bronze » signalé au sud du kiosque ptolémaïque ; les investigations archéologiques menées depuis 2008-2009 ont également mis au jour une dizaine de statuettes osiriennes (complètes ou fragmentaires), le plus souvent dans des contextes perturbés.
629. Le premier relief (*Ptah* I, n° 50 = KIU 3569) appartient à la décoration « canonique » de la porte jubilaire de Chabaka. Le second (*Ptah* I, n° 35 = KIU 2488) apparaît sur le revers du propylône ptolémaïque (règne de Ptolémée Philométor).
630. Chr. Thiers, *in* H. Beinlich (éd.), *9. Ägyptologische Tempeltagung*, p. 330. On verra également la statuaire thébaine de la XXIIe dynastie associant (topographiquement) Amon, Rê, Ptah et Osiris, H. Brandl, *Untersuchungen zur steinernen Privatplastik der Dritten Zwischenzeit*, pl. 181 ; Fr. Payraudeau, « Nouveaux documents relatifs aux pontifes thébains des XXIe et XXIIe dynasties provenant de la Cachette de Karnak » *in* L. Coulon (dir.), *La Cachette de Karnak*, p. 355 et n. 22.
631. Pour la chapelle d'Osiris-Ptah-Neb-Ânkh au sud de l'enceinte de Karnak (J. Leclant, *Recherches sur les monuments thébains de la XXVe dynastie, dite « éthiopienne »*, BiÉtud 36, Le Caire, 1965, p. 110-113, 302), voir L. Coulon, in *CFEETK Activity Report 2014*, Louqsor, 2015, p. 42 et in *CFEETK Activity Report 2015*, Louqsor, 2016, p. 37. Voir également le bronze composite d'Osiris-Ptah, L. Coulon, *in* O. Perdu, *Le crépuscule des pharaons*, p. 230-231 (113).
632. L. Coulon, *in* L. Coulon (dir.), *La Cachette de Karnak*, p. 512.
633. Chr. Thiers, in *op. cit.*, p. 327-328 et 330.
634. P. Barguet, *Le Papyrus N. 3176 (S) du musée du Louvre*, BiÉtud 37, Le Caire, 1962, p. 20 et 23 ; J.Fr. Quack, « Ein übersehener Beleg für den Imhotep-Kult in Theben », *RdE* 49, 1998, p. 255-256.

l'honneur, le 22e jour à l'époque de Aÿ/Horemheb, du 21 au 30 Khoïak pour la fête de Ptah-Sokar-Osiris sur la rive Ouest (époque ramesside)[635]. On songera également aux phallophories célébrant la naissance d'Osiris au début de l'année, dont témoigne Plutarque[636].

Malheureusement, aucune inscription n'a été apposée sur les statues et statuettes, en pierre ou en métal, nous privant ainsi des noms des dédicants et des épithètes spécifiques des Osiris invoqués[637] (et donc d'une possible recontextualisation de ces statues); ces inscriptions ont pu, dans certains cas, trouver place sur les socles en bois[638], en pierre[639] ou en métal[640].

Malgré l'importance des liens théologiques associant Ptah et Osiris signalés précédemment, la présence des figures osiriennes dans la *favissa* renforce de façon prégnante la connotation funéraire du dépôt[641].

Ptah

Il n'y a pas lieu de reprendre à nouveau les données relatives au dieu Ptah à Thèbes et à Karnak[642]. L'importance numérique et qualitative des objets en rapport avec le dieu memphite présents dans la *favissa* assure que ce sont les prêtres de Ptah qui ont creusé cette fosse.

Le dieu des artisans est ainsi représenté par une statue fragmentaire restaurée après l'époque amarnienne, une petite stèle en faïence et des éléments rapportés (calottes et barbe) appartenant à des statues et statuettes de tailles variables. Aucun bronze du dieu – pourtant patron des forgerons – n'a été enfoui dans la *favissa*.

Cet ensemble est ainsi le plus diversifié, tant par les matériaux employés que par la nature des objets réalisés. La statue en calcaire dont le buste, perdu, avait été entièrement restauré, représente l'élément le plus imposant de la *favissa*[643]. Elle fut déposée en premier, couchée sur le flanc droit au fond de la fosse. Comme il a été dit, à l'exception des plus grandes statues, les objets de plus petite taille sont probablement le fruit d'offrandes effectuées par des particuliers. En l'absence d'inscriptions, on ne peut définir le ou les aspects de Ptah qui étaient sollicités par les dévots. On songe, en particulier, au dieu de l'écoute mais rien, en l'état de la documentation,

635. *Ptah* I, n° 127 = KIU 258; Chr. Thiers, *in* H. Beinlich (éd.), *9. Ägyptologische Tempeltagung*, p. 330. On rappellera que l'entité Ptah-Sokar-Osiris est représentée par les seules figures de Ptah et d'Osiris: voir une stèle-naos d'Abousir-Sud, *Excavating in Egypt for 40 years Waseda University Expedition 1966-2006: A Special Exhibition of Japanese Archaeological Discoveries in Egypt in the Egyptian Museum*, Le Caire, 2009, p. 18, fig. 16. Pour autant, aucun élément n'assure spécifiquement le lien entre les offrandes votives et les célébrations osiriennes; pour les offrandes en lien avec les fêtes, A.I. Sadek, *Popular Religion in Egypt During the New Kingdom*, HÄB 27, Hildesheim, 1987, p. 167-198.

636. L. Coulon, « Osiris chez Hérodote » *in* L. Coulon, P. Giovannelli-Jouanna, Fl. Kimmel-Clauzet (éd.), *Hérodote et l'Égypte. Regards croisés sur le livre II de l'Enquête d'Hérodote*, CMO 51, Lyon, 2013, p. 182-183; *id.*, *in* L. Coulon (dir.), *La Cachette de Karnak*, p. 533.

637. Même constat pour les Osiris en pierre provenant de la Cachette de Karnak; *ibid.*, p. 515 et n. 66-67.

638. Voir, par ex., G. Legrain, *Rec Trav* 28, 1906, p. 145-146; *id.*, *Statues de divinités* I, p. 90-91 et II, pl. XIX (CG 38322). Pour un socle en bois de statuette – perdue – du dieu Ptah (en bois, en alliage cuivreux ou en pierre), Th. Staubli (éd.), *Werbung für die Götter*, p. 22-23 (1); en dernier lieu, A. Fortier, « Un socle hermopolitain de Ptah », à paraître.

639. Par ex., statuette amovible d'Isis insérée dans une base, D. Ben-Tor, *The Immortals of Ancient Egypt*, p. 35 (20); également **33** (sans inscription sur la base).

640. Par ex., Caire CG 38440, G. Daressy, *Statues de divinités* I, p. 119 et II, pl. XXVI: statuette de Ptah en « brèche verte » insérée dans un socle en « bronze »; des statuettes en alliage cuivreux peuvent également être fichées dans des bases de même matière.

641. E. Jambon, *in* L. Coulon (dir.), *La Cachette de Karnak*, p. 163; *supra*, Chapitre 1.

642. J. Leclant, *Recherches sur les monuments thébains*, p. 302; D. Klotz, *Caesar in the City of Amun*, p. 202-204; Chr. Thiers, in *op. cit.*, p. 329-333; *id.*, *in* Chr. Zivie-Coche, I. Guermeur (éd.), « *Parcourir l'éternité* ». *Hommages à Jean Yoyotte*, p. 985 et n. 19 (huit statues de Ptah provenant de la « Cachette » de la cour du VIIe pylône, statue Caire CG 38068, « naos » d'Amenémopé Caire CG 70026).

643. Pour d'autres statues de Ptah provenant de Karnak, voir Turin C 86 et C 87 déjà évoquées; également, de la Cachette de Karnak: triade de Ptah, Sekhmet et Néfertoum (JE 38035 = CK 611), statuette de Ptah (Caire JE 37039 = CK 884), naos de Ptah, au nom de *Jmn-jp.t* et *Ry* (Ismaïlia, Musée régional, ex-Caire CG 70026 = CK 833), statue-cube naophore (Ptah) de *Wn-nfr* (Caire CG 42170 = CK 16), statue naophore (Ptah-Tatenen) de *Ḫʿ-m-Wꜣst* (Caire CG 42147 = CK 65), statue naophore (Ptah) de *Jmn-ms*, fils de *P(ꜣ)-n-Ḏrty* et de *Mw.t-m-jn.t* (Caire JE 37216 = CK 94), statue naophore (Ptah) de *Psmṯk-mn-m-Wꜣs.t*, fils de *Jʿḥ-ms* (Caire JE 37210 = CK 177), statue-cube théophore (Ptah) de *Nḫt=f-Mw.t* (A), dit *Ḏd-Ḏḥwty-jw=f-ʿnḫ*, fils de *Ḏd-Ḫnsw-jw=f-ʿnḫ* (Caire CG 42209 = CK 212), et stèle de *Sn-mn* en adoration devant Ptah (Caire CG 34040 = CK 813).

ne vient confirmer ou infirmer cette possibilité[644]. Une oreille en fritte émaillée (179.7038-02), percée pour être suspendue, a été découverte lors des investigations archéologiques à proximité du temple de Ptah ; elle pourrait témoigner d'une dévotion au dieu de l'écoute (également pour Mout, **11**)[645].

Enfin, comme évoqué plus haut pour Osiris, il est possible d'envisager que ces offrandes votives au dieu Ptah ont pu être réalisées de façon privilégiée lors de sa fête annuelle, le 4e mois de *chemou* (Khoïak)[646].

Mout

Épouse d'Amon, Mout est la maîtresse incontestée de Thèbes depuis le Nouvel Empire[647]. Sa présence dans l'entourage de Ptah thébain peut s'appréhender par les liens étroits qu'elle entretient avec les déesses léonines dont elle emprunte autant l'iconographie que des aspects théologiques[648], telles Sekhmet, Bastet[649], Ouadjyt et Tefnout, par l'intermédiaire du mythe de la Lointaine ; elle est ainsi naturellement associée au chat[650]. On signalera également une charge sacerdotale (XXVIe dynastie) associant Mout de l'Isherou et Ptah[651].

Pour autant, les deux statuettes de la *favissa* la représentent dans son iconographie traditionnelle, en femme coiffée de la double couronne et de la dépouille de vautour. C'est également le cas sur les reliefs du temple où elle apparaît à plusieurs reprises, dotée de ses épithètes ordinaires et dans son rôle d'épouse d'Amon et de

644. Voir en dernier lieu sur la rive ouest thébaine, H. Sourouzian *et al.*, « Fifth Report on Excavation and Conservation Works at Kôm el-Hettan from 9th to 12th Seasons (2007-2010) by The Colosso of Memnon and Amenhotep III Temple Conservation Project », *ASAE* 85, 2011, p. 273-552, p. 370-371 et pl. XXIVb : stèle d'offrande à Ptah qui écoute les prières (*sḏm nḥ.wt*), découverte à l'entrée de la cour péristyle, et qui est associée à un colosse de Ptah qui se trouvait dans le temple (aujourd'hui à Médinet Habou) ; pour Ptah qui écoute les prières, J. Berlandini, « La chapelle de Séthi Ier. Nouvelles découvertes : les déesses *Ṯsmt* et *Mn-nfr* », *BSFE* 99, 1984, p. 33-34 ; R. Stadelmann, « Ptah Who Listens to Prayers in the Mortuary Temple of Amenhotep III at Thebes » *in* A. Oppenheim, O. Goelet (éd.), *The Art and Culture of Ancient Egypt: Studies in Honor of Dorothea Arnold*, BES 19, New York, 2015, p. 63-618.

645. Cf. W.M.Fl. Petrie, *Memphis* I, BSAE 15, Londres, 1909, pl. IX-XIII ; T. Staubli (éd.), *Werbung für die Götter*, p. 49 (61) = W.M.Fl. Petrie, *op. cit.*, pl. XI (20). Stèles à oreilles avec Ptah : E. Warmenbol (dir.), *Ombres d'Égypte*, p. 106-107 (11) : Hannovre, Kestner-Museum 1935.200.687 ; 8,1 cm de haut ; calcaire ; A.I. Sadek, *Popular Religion*, p. 245-267. A.-H. Perrot, *in* J.-L. Bovot (éd.), *Rendre visite aux dieux*, p. 100-101 (46-47) : Louvre E 14386 (5,2 × 2,4 cm ; bois peint) ; Louvre E 16349 (20 × 10,3 × 5 cm ; calcaire ; Deir el-Médineh) : en matières variées, des oreilles pouvaient être incrustées dans les murs des sanctuaires ; voir la figuration des murailles d'une veille ornée d'oreilles sur un bassin à libation consacré à Ptah dieu de l'écoute : J. Jacquet, *MDAIK* 16, 1958, p. 161-167 ; H. Wall-Gordon, *MDAIK* 16, 1958, p. 168-175 = R. Anthes, *Mit Rahineh 1956*, p. 72-75 et pl. 24-25. Voir également les *ex-voto* d'oreilles offerts aux « divinités qui écoutent les prières » à l'époque romaine, P. Bruneau, *Recherches sur les cultes de Délos à l'époque hellénistique et à l'époque impériale*, BEFAR 217, Paris, 1970, p. 168 ; J. Scheid, « Épigraphie et sanctuaires guérisseurs en Gaule », *MEFRA* 104/1, 1992, p. 30.

646. Les artisans de Deir al-Médina le célébraient du 1er au 3e/4e jour de *peret*, fête également attestée à Memphis ; A.I. Sadek, *op. cit.*, p. 104, 172, 177-178. Pour l'interchangeabilité Ptah/Ptah-Sokar[-Osiris ?] dans un rituel, V. Altmann-Wendling, « Das Ritual *iny.t-rd(.wi)* und das Umlaufopfer – zu neuen Fragmenten und unterschiedlichen Überlieferungssträngen des Mundöffnungsrituals » *in* A.H. Pries (éd.), *Die Variation der Tradition. Modalitäten der Ritualadaption im Alten Ägypten. Akten des Internationalen Symposions vom 25.-28. November 2012 in Heidelberg*, OLA 240, Louvain, 2016, p. 113-114 et n. 78.

647. H. Te Velde, « Mut and Other Ancient Egyptian Goddesses » *in* J. Phillips (éd.), *Ancient Egypt, the Aegean, and the Near East. Studies Martha Rhoads Bell* 1, San Antonio, 1997, p. 455-462 ; D. Klotz, *Caesar in the City of Amun*, p. 167-174 ; Chr. Leitz, *Die regionale Mythologie Ägyptens nach Ausweis der geographischen Prozessionen in den späten Tempeln, Soubassementstudien* IV, SSR 10, Wiesbaden, 2017, p. 101 et n. 57 (bibliographie). Pour les rares attestations antérieures à cette période, J. Yoyotte, « Études géographiques II. Les localités méridionales de la région memphite et le "pehou d'Héracléopolis" », *RdE* 14, 1962, p. 102 et 107-108 ; S. Biston-Moulin, « De Sésostris Ier à Kamosis. Note sur un remploi de Karnak », *ENiM* 4, 2011, p. 84-85, n. 9 ; M.M. Luiselli, *RdE* 66, 2015, p. 111-131. Pour des compléments bibliographiques, voir **11**.

648. J. Yoyotte, *RdE* 14, 1962, p. 107-108.

649. D. Klotz, *op. cit.*, p. 168 ; S. Davies, H.S. Smith, *The Sacred Animal Necropolis at North Saqqara*, p. 133 ; pour Mout-Bastet, Fr. Payraudeau, *in* L. Coulon (dir.), *La Cachette de Karnak*, p. 355-358.

650. H. Te Velde, *in* H. Van Voss *et al.* (éd.), *Studies in Egyptian Religion Dedicated to Professor Jan Zandee*, p. 127-137. Voir, par ex., l'épithète « la chatte dans Karnak » (*mjw.t m Jp.t-s.wt*) ; *LGG* III, 242a.

651. K. Jansen-Winkeln, « Zu drei Statuen der 26. Dynastie », *BSEG* 25, 2003, p. 97 et p. 100, n. 2 (= JW*IS* III, p. 502 [52.274c]) : Padiimennebnesouttaouy (ép. Psammétique Ier) est « scribe du temple de Mout la grande, maîtresse de l'Icherou, prophète de Ptah "à la vue duquel (on) apparaît" (*wbn (n) mꜢꜢ⸗f*) », compris par K. Jansen-Winkeln *wbn Rʿ (n) mꜢꜢ⸗f* (*LGG* 2, 318a) ; d'après une inscription de Montouemhat au temple de Mout (mur sud, texte A, 17), cette forme de Ptah *wbn (n) mꜢꜢ⸗f* possédait également un naos portatif : J. Leclant, *Montouemhat*, p. 214, A.17 = R.K. Ritner, *The Libyan Anarchy. Inscriptions froms Egypt's Third Intermediate Period*, WAW 21, Atlanta, 2009, p. 562-563, no 166.

mère de Khonsou[652]. Une exception toutefois est à relever dans la scène de Aÿ/Horemheb (*Ptah* I, n° 127) où Mout est celle qui «*préside au temple de Ptah*, régente du Double-Pays et des humains (*tm.w*), maîtresse de la crainte, régente de l'amour dans la chapelle du Maître des dieux[653]». Ce témoignage unissant Mout au temple de Ptah provient toutefois d'une tradition memphite, sans lien direct avec Mout thébaine[654]. Cette épithète a évidemment trouvé une place de choix à Karnak, où les prêtres ont joué sur la relation ancestrale entre Mout/Sekhmet d'une part et Ptah/Sekhmet d'autre part. Pourtant, si l'on en croit la statuette consacrée par Nespaoutytaouy, ce n'est pas vers cette Mout universelle et Lointaine («œil de Rê, maîtresse du ciel») que ce dévot s'est tourné, mais vers une déesse à l'écoute des préoccupations humaines, celle «qui entend l(es) plainte(s) (et) qui entend les bonnes actions/la bonté» des suppliants.

Thot

Deux modestes figurines de Thot babouins ont été exhumées de la *favissa*[655]. L'hésitation avec une image de Khonsou est réelle, mais dans le contexte topographique, ici , on a privilégié le dieu Thot[656]. En effet, le dieu des écrits occupe une place privilégiée dans la zone nord de Karnak, en particulier dans son complexe ptolémaïque situé dans l'angle nord-ouest, à l'extérieur de la grande enceinte d'Amon-Rê ; il est y principalement désigné comme «celui qui réside à Thèbes[657]». La construction de la porte d'enceinte et d'une avant-porte à linteau ouvert a été réalisée sous le règne de Ptolémée Philopator, puis des travaux ont été accomplis sous Ptolémée Philométor, deux périodes au cours desquelles le temple de Ptah est également en activité. Dès avant cette période, la présence du dieu de l'écriture et de la parole est attestée dans la statuaire, et naturellement associée au métier de scribe[658]. Dans le temple de Ptah, Thot n'apparaît qu'à une seule occasion, dans le cadre de la décoration traditionnelle de la porte jubilaire de Chabaka, sans rapport donc avec une pratique cultuelle locale[659].

652. *Ptah* I, n°s 1, 4, [8], 31, 57, 58, 70, 101, 118, 127, 155. La fonction du temple construit par Thoutmosis III étant de recevoir les sorties processionnelles d'Amon, la prééminence du dieu thébain est incontestable, accompagné de son épouse Mout et du dieu-enfant Khonsou.
653. KIU 258 ; J. Yoyotte, «Héra d'Héliopolis et le sacrifice humain», *AnEPHE* 89, 1980-1981, p. 72.
654. *LGG* V, 903c ; pour la spécificité memphite de cette épithète d'Hathor *ḫnty.t Pr-Ptḥ* qui apparaît en particulier dans des litanies à caractère géograhique, J. Yoyotte, *op. cit.*, p. 72-73 (l'attestation du temple de Ptah est la plus ancienne) ; J. Berlandini, «La Mout *ḫnt-Pr-Ptḥ* sur un fragment memphite de Chabaka», *BSEG* 9-10, 1984-1985, p. 31-40 ; G. Daressy, «Notes et remarques», *RecTrav* 16, 1894, p. 53 = Fr. von Bissing, *AcOr* 8, 1930, p. 150 : offrande de l'encens à Mout et Neith assises dans un naos ; derrière le naos, huit déesses assises : Mout *ḫnty.t Pr-Ptḥ n* (*Wsr-Mꜣʿ.t-Rʿ-stp-n-Rʿ*), Amonet, Ipet la grande, Hathor, Sekhmet aimée de Ptah, Bastet, Ouret-hekaou, Ouadjyt maîtresse du Per-nou (salle de Khonsou dans la triple chapelle de la cour du temple de Louqsor).
655. Pour le babouin image du dieu Thot, C.J. Bleeker, *Hathor and Thoth*, p. 108-109 et 111 ; Y. Volokhine, «Le dieu Thot et la parole», *RHR* 221, 2004, p. 150-152 (avec bibliographie) ; en dernier lieu, C. Larcher, *ZÄS* 143, 2016, p. 60-76. Pour d'autres figures de babouins tirées de la Cachette de Karnak, L. Coulon, *in* L. Coulon (dir.), *La Cachette de Karnak*, p. 505 et n. 7.
656. Pour Thot, bilan des études par M.A. Stadler, *Weiser und Wesir. Studien zu Vorkommen, Rolle und Wesen des Gottes Thot im ägyptischen Totenbuch*, ORA 1, Tübingen, 2009, p. 11-35. La présence des deux yeux-*oudjat* sur la poitrine du babouin **29** va également dans le sens d'une identification à Thot.
657. Édifice qui remonte à Nectanébo II, M. Dewachter, «À propos du temple de Thot à Karnak Nord», *RdE* 36, 1985, p. 175-177 ; pour les constructions ptolémaïques, G. Zaki, M. Boraik, «L'avant-porte de "Thot qui réside à Thèbes" dans le quartier nord de Karnak», *BIFAO* 109, 2009, p. 495-520 et «Rapport préliminaire sur le domaine de Thot», *Karnak* 13, 2010, p. 429-433 ; Chr. Thiers, «*Membra disiecta ptolemaica* (II)», *Karnak* 14, 2013, p. 467-468 et n. 3 (bibliographie) et p. 477-478 ; D. Klotz, *Caesar in the City of Amun*, p. 217. Pour Thot thébain, voir la bibliographie fournie par Y. Volokhine, *op. cit.*, p. 405-424.
658. J. Leclant, *Recherches sur les monuments thébains*, p. 303-305 ; G. Legrain, *RecTrav* 28, 1906, p. 148 («10 cynocéphales en calcaire» découverts en 1905) ; neuf statues et statuettes de cynocéphales de différents matériaux sont recensées dans la base Cachette de Karnak (http://www.ifao.egnet.net/bases/cachette/), trois sont en calcaire. D'autres sont encore présentes sur le site, au nord de la Cour du Moyen Empire et dans le temple de Khonsou (associés à Khonsou) par exemple, ainsi que dans les dépôts lapidaires. Pour d'autres Thot babouins, originaires de Karnak, voir PM VIII/2, p. 1114-1117.
659. *Ptah* I, n° 48 = KIU 3569.

En contrepoint de cette modeste présence officielle, Thot est figuré à plusieurs reprises par des graffitis, ainsi sur le mur extérieur sud du temple dans des reliefs ayant fait l'objet de gravures et d'aménagements successifs (restaurations, couleurs, structure de protection), accompagnant le dieu Ptah ou face à ce dernier et à Hathor[660]. Des graffitis d'ibis se rencontrent également sur la porte B' au sud du temple, exécutés dans un style similaire à d'autres figurations relevées dans le Trésor de Chabaka, auquel elle conduit[661].

À titre indicatif, signalons également des attestations de Thot babouin, provenant de Karnak-Nord ou plus récemment des fouilles menées à proximité du temple de Ptah :

- statuette fragmentaire de Thot babouin (uniquement les pattes et le sexe) assis sur un autel à gorge et corniche (179.4014-02) ; calcaire peint en rouge[662] ; 5 × 7 × 9 cm ;
- autel posé sur un socle découvert à Karnak-Nord ; cassé comme 179.4014-02 (uniquement pattes et sexe) dès l'Antiquité comme l'atteste la présence d'une mortaise de restauration ; calcaire ; 13 × 8,8 × 15,5 cm ; couleurs bleu et rouge (peut-être post restauration)[663] ;
- stèle calcaire (11,5 × 9,3 × 2,5 cm) provenant de Karnak-Nord : le quatrième prophète de Montou, Mont<ou>-â<a>, fait offrande à Thot babouin assis sur un socle (avec tore et corniche à gorge), tenant une palette de scribe ; daté du milieu de la XVIIIe dynastie[664] ;
- graffito d'un babouin assis, sur une dalle de plafond du temple de Maât à Karnak-Nord[665].

Les relations étroites entretenues entre Ptah et Thot ont fait de ce dernier la langue du démiurge memphite, le verbe menant à l'existence les créations imaginées par Ptah. Cette construction théologique memphite trouve une parfaite matérialisation dans un groupe en bois conservé au musée du Louvre[666].

Les épithètes de Thot sont adoptées par Ptah[667], comme c'est le cas sur le propylône ptolémaïque (Porte A) où Ptah recevant la palette en compagnie de Maât est « celui qui est sous son moringa », épithète qu'il partage avec Thot[668] ; rappelons qu'à Memphis, les babouins de Thot étaient élevés dans l'enceinte du temple de Ptah « qui est sous son moringa[669] ». Sur la Porte d'Évergète, Ptah maître de l'Héliopolis du Sud est « le vizir-juge en sa forme d'ibis[670] ».

Le secteur nord de Karnak, placé sous les auspices du comptable et archiviste Thot, abritait des structures administratives et des complexes de stockage (greniers, trésors) alimentant en offrandes la grande enceinte d'Amon-Rê[671]. Le temple de Ptah occupant une place privilégiée dans cette topographie administrative et cultuelle, la présence de Thot en ce lieu ne suscite donc guère l'étonnement.

660. E. Frood, « Graffiti hiéroglyphiques et hiératiques » *in* M. Boraik, Chr. Thiers (éd.), *CFEETK. Rapport d'activité 2010*, Louqsor, 2011, p. 23-24 ; E. Frood, Chl. Ragazzoli, *EgArch* 42, 2013, p. 32-33.
661. N Licitra, Chr. Thiers, P. Zignani, *in* E. Pischikowa, J. Budka, K. Griffin (éd.), *Thebes in the First Millenium BC*, p. 556.
662. Pour les couleurs appliquées aux effigies de babouins, C. Larcher, *ZÄS* 143, 2016, p. 66.
663. H. Jacquet-Gordon, *Karnak-Nord* VIII, p. 40 (9).
664. *Ibid.*, p. 208-209 (128).
665. A. Varille, *Karnak* I, pl. 62 (B).
666. Chr. Desroches-Noblecourt, *MDAIK* 16, 1958, p. 83-92 et pl. VII-X (groupe en bois figurant Ptah debout face à un ibis associé à deux babouins face à face les mains levées : daté XXVe dynastie) = H. Guichard (dir.), *Des animaux et des pharaons*, p. 241 (264) : daté Basse Époque.
667. D. Klotz, *Caesar in the City of Amun*, p. 202 ; pour les liens entre Ptah et Thot/Khonsou-Thot, J.C. Darnell, *The Enigmatic Netherworld Books of the Solar Osirian Unity*, OBO 198, Fribourg, 2004, p. 362-363.
668. *Ptah* I, n° 5 = KIU 2479 ; Chr. Thiers, *in* H. Beinlich (éd.), *9. Ägyptologische Tempeltagung*, p. 332-333 et n. 105 ; *LGG* VI, 36-37 ; étude en cours de cette épithète par A. Gaber, « Les cycles solaire et lunaire dans la chapelle de Nefertoum du temple de Séthi Ier à Abydos », *Dialogues d'Histoire Ancienne* 40.1, 2014, p. 177 et n. 31.
669. S. Davies, *in* M. Hill, D. Schorsch (éd.), *Gifts for the Gods*, p. 174.
670. *sw m ṯ3ty-s3b m jrw=f n dḥn* : *Urk.* VIII, n° 80i = P. Clère, *Porte d'Évergète*, pl. 28 = KIU 4013, 19.
671. *Supra*, **11**.

Bastet

La tête de chatte en alliage cuivreux (**28**) a été identifiée, sur la base des nombreux parallèles, à la déesse Bastet. On a également considéré que la figurine en pâte siliceuse (**27**), associée au contrepoids de *menit*, représentait la même déesse[672].

La documentation thébaine concernant Bastet est relativement peu abondante : « Bastet qui réside (*ḥr(y.t)-jb*) à Thèbes » est attestée à partir de la XXVe dynastie[673]. L'anthroponymie thébaine reflète davantage les relations entretenues localement avec cette déesse[674]. Dans l'enceinte de Karnak, on la rencontre face à Sésostris Ier sur la deuxième stèle de Kamosis[675] ; Bastet de Boubastis est également figurée sur le mur d'enceinte de Thoutmosis III/ Ramsès II[676] ; enfin, deux statuettes en schiste proviennent de la Cachette de la cour du VIIe pylône[677]. La déesse se signale principalement par ses liens avec Mout et son complexe de Karnak-Sud (*isherou*)[678]. J. Leclant a pourtant mis en relation Bastet et le complexe de Ptah à partir de l'analyse du texte de Montouemhat gravé dans les cryptes du temple de Mout et qui rappelle les restaurations des barques sacrées[679]. Dans ce texte, celle de « Bastet qui réside à Thèbes[680] » est en effet mentionnée avant le naos de procession de « Ptah à la vue duquel on apparaît » et la barque/naos de procession d'« Hathor maîtresse de Gébélein[681] ». Pour autant, une statue de Montouemhat associe la restauration de la barque de « Bastet qui réside à Thèbes » avec celle de Khonsou, sans évoquer celle de Ptah[682]. Appuyée par une documentation plus significative, l'association de Bastet avec le temple de Ptah a été remise en question par D. Klotz qui insiste sur la présence de la déesse aux côtés de Mout à Karnak-Sud.

672. On gardera cependant à l'esprit que les *ex-voto* de chats (statuettes et plaquettes en faïence) ont fait partie des offrandes déposées en l'honneur de la déesse Hathor ; G. Pinch, *Votive Offerings to Hathor*, p. 184-197 et pl. 42-45.
673. *LGG* V, 417c-418a.
674. Voir, par ex., *Pꜣ-dj-Bꜣst.t*, JW*IS* IV, p. 243 (53.368, l. 67), p. 246 (53.369, l. 13 ?), p. 252 (53.371 ? l. 64), p. 405-406 (56.143-144), p. 601 (59.11), p. 658-659 (59.52-53), p. 660-674 (59.55-56) ; *Pꜣy=f-ṯꜣw-m-ʿ-Bꜣst.t*, JW*IS* IV, p. 249 ((53.371 l. 25), p. 751 (59.125-126) ; *Bꜣst.t (?) m wjꜣ*, JW*IS* IV, p. 1073 (60.589) ; *Nḫt-Bꜣst.t-r=w*, JW*IS* IV, p. 186 (53.321, l. 6) ; *Tꜣ-dj-Bꜣst.t*, JW*IS* IV, p. 745-746 (59.116), p. 1047 (60.539) ; *Dj-Bꜣst.t-jꜣw*, JW*IS* IV, p. 205 (53.338) ; *Dj-n=j-Bꜣst.t-jry*, JW*IS* IV, p. 636 (59.48, l. 12) ; *Ḏd-Bꜣst.t-jnk-(ṯꜣj)-sw*, JW*IS* IV, p. 597-598 (59.6), M. Thirion, *RdE* 52, 2001, p. 272 ; *Jjr=f-ʿꜣ-n-Bꜣst.t*, *ibid.*, p. 269 ; *Ḏd-Bꜣst.t-jw=f-ʿnḫ*, JW*IS* IV, p. 248 (53.371, l. 24).
675. S. Biston-Moulin, *ENiM* 4, 2011, p. 85-86. Voir également la procession géographique de la Chapelle blanche, KIU 1127, 15 (13e province de Basse-Égypte) ; *ibid.*, p. 87, n. 18.
676. KIU 1879 ; PM II², p. 128 (467, 17). Dans la Salle hypostyle (murs et colonnes), elle est mentionnée en lien avec la figure de Mout : KIU 1016, 18-19 (*ḥnw.t Jp.t-s.wt*), 5464, 9 (*nb.t Jp.t-s.wt*), 633, 11-13 (*ḥry.t-jb Jp.t-s.wt*), 6357, 10 (*nb.t ʿnḫ-Tꜣ.wy*), 6363, 10 (*ḥnwt Tꜣwy*), 6439, 11-12 (*nb.t Jp.t-s.wt*) ; pour Mout-Bastet, Fr. Payraudeau, *in* L. Coulon (dir.), *La Cachette de Karnak*, p. 355-358.
677. Statuette de chatte Caire SR 187 (= CK 1133) évoquée *supra* ; et statuette de Bastet debout Caire JE 37894 (= CK 948) ; L. Coulon, *in* L. Coulon (éd.), *La Cachette de Karnak*, p. 505 et n. 6.
678. D. Klotz, *Caesar in the City of Amun*, p. 78-79 ; *id.*, « The Theban Cult of Chonsu the Child in the Ptolemaic Period » *in* Chr. Thiers (éd.), *Documents de Théologies Thébaines Tardives* (*D3T* 1), CENiM 3, Montpellier, 2009, p. 98 et n. 20 ; pour Mout-Bastet : *LGG* III, 254b-c ; Mout-Sekhmet-Bastet : *LGG* III, 255b. Pour le culte de Bastet en général, J. Quaegebeur, « Aspects du culte de Bastet en Égypte gréco-romaine » *in Chats des Pharaons. « 4000 ans de divinité féline »*, Bruxelles, 1989, p. 28-31 ; *id.*, « Le culte de Boubastis-Bastet en Égypte gréco-romaine » *in* L. Delvaux, E. Warmenbol (éd.), *Les divins chats*, p. 117-127.
679. J. Leclant, *Montouemhat quatrième prophète d'Amon, prince de la ville*, BiÉtud 35, Le Caire, 1961, p. 62, n. p et p. 225, n. aw ; *id.*, *Recherches sur les monuments thébains*, p. 301.
680. Voir le possible anthroponyme féminin *Bꜣst.t (?) m wjꜣ* inscrit sur le toit du temple de Khonsou, déjà signalé ; JW*IS* IV, p. 1073 (60.589).
681. Inscription de Montouemhat, mur sud, texte A, 17 : J. Leclant, *Montouemhat*, p. 214, l. 17 et p. 218 ; JW*IS* III, p. 201 (48.142) ; R.K. Ritner, *The Libyan Anarchy*, p. 562-563, n° 166 ; pour le terme *sšm-ḫw* « barque » ou « naos portatif », K. Eaton, « Types of Cult-Image Carried in Divine Barques and the Logistics of Performing Ritual in the New Kingdom », *ZÄS* 134, 2007, p. 18-19. Pour deux représentations de la barque de Bastet, É. Naville, *The Shrine of Saft el Henneh and the Land of Goshen (1885)*, EEF 5, Londres, 1887, pl. 2 (4) ; A. El Sawi, *Excavations at Tell Basta. Reports of Seasons 1967-1971 and Catalogue of Finds*, Prague, 1979, p. 76 et fig. 171 = *id.*, « Preliminary Report on Tell Basta Excavations », *ZÄS* 104, 1977, p. 129, fig. 4.
682. Statue Berlin 17271 (= CK 711) ; JW*IS* III, p. 459-460 (52.203) ; A. Abdel-Raziq, « Sacred Bark of Bastet », *Journal of the General Union of Arab Archaeologists* 12, 2011, p. 5-6.

Signalons la découverte au sud du temple de Ptah d'une statuette de Bastet-Sekhmet, fragmentaire, mais au trône caractéristique portant la représentation de décans ophidiens, en lien avec l'apaisement de la déesse dangereuse au passage de la nouvelle année[683]. Les deux objets mis au jour dans la *favissa* associés à cette statuette de Bastet-Sekhmet ne peuvent contrebalancer la documentation en lien avec le domaine de Mout. Toutefois, ils pourraient éventuellement signaler un culte, sinon une pratique de dévotion, à l'égard de Bastet dans l'entourage de Ptah. On rappellera que deux statuettes de la déesse Mout ont également été retrouvées parmi les objets de la *favissa* (*supra*). Aucun obstacle n'empêche en effet de considérer l'existence de deux lieux de cultes distincts, l'un à Karnak-Sud, officiel, avec son clergé, l'autre dans le secteur du temple de Ptah, secondaire et en rapport avec des dévotions privées. Outre ses liens avec Mout, Bastet est en effet également assimilée à Hathor[684] et à Sekhmet[685], épouse de Ptah memphite, toutes deux représentées dans le temple de Ptah[686]. On verra ainsi la stèle provenant de Karnak JE 36670 (CK 831) qui présente [Mout ?]-Bastet léonine agitant les sistres devant Amon-Rê et Ptah « maître de Thèbes[687] ».

La tête en bronze pourrait également renforcer les liens rappelés plus haut, qui unissaient les prêtres de Karnak à la nécropole de chats de Dra Abou el-Naga[688]. L'offrande de statuettes de la déesse Bastet pouvait être liée à diverses occasions, mais on soulignera le fait que le nouvel an était propice à un tel don dans les temples[689].

Somtous (?)

Le seul élément qui pourrait indiquer la présence du jeune Somtous dans la *favissa* est la boucle de l'enfance en alliage cuivreux (**10**), élément intégré à une statue en bois ou en métal. Somtous est une divinité secondaire à Thèbes[690], attesté à une seule reprise sur les reliefs de Karnak, dans une des salles du complexe sokarien

683. 179.4014-01 ; fritte émaillée verte ; découverte dans un remblai XXVe-XXVIe dynastie ; voir A.H. Karar, Chr. Thiers, *French-Egyptian Centre for the Study of the Temples of Karnak. Activity Report 2013*, Louqsor, 2014, p. 20 ; pour ce type de figure à l'abondante bibliographie, voir, en dernier lieu, H. Brandl, J.Fr. Quack, « A Bichrome Faience Statuette of Bastet from the Reign of Takeloth III » *in* M.C. Flossmann-Schütze *et al.* (éd.), *Kleine Götter – Grosse Götter. Festschrift für Dieter Kessler zum 65. Geburtstag, Tuna el-Gebel* 4, Vaterstetten, 2013, p. 67-89 ; H.A. Schlögl, « Gebet zur Genesung des kranken Königs Thutmosis IV. », *Sokar* 27, 2013, p. 52-57. Une liste des statuettes de ce type présentant des décans sera proposée par J.Fr. Quack, *Beiträge zu den ägyptischen Dekanen und ihrer Rezeption in der griechisch-römischen Welt* (à paraître).

684. Bastet est « Hathor dans chaque province » (*m spꜣ.t nb.t*), *LGG* V, 85a (*Dendara* V, 68,4-5) ; Hathor est « Bastet la grande », *LGG* II, 742b-c (*Dendara* III, 35, 11); également *Bꜣstt m ḥw.t-bnw*, *LGG* II, 743b (*Dendara* III, 166, 7).

685. Bastet-Sekhmet : *LGG* II, 742b ; Sekhmet-Bastet-Ouret-hékaou : *LGG* VI, 562c-563a ; voir, par ex., une stèle (sans inscription) découverte à Tell Basta, dans laquelle le roi présente les vases-*nou* à Ptah sous son dais, suivi d'une déesse léontocéphale ; A. el Sawi, *Excavations at Tell Basta*, p. 98 et fig. 242-243 ; dans le contexte bubastite et avec la présence de Ptah, l'assimilation entre Bastet et Sekhmet est ainsi mise en exergue.

686. L'aspect le plus spectaculaire de la présence de Sekhmet dans le temple de Ptah est sa statue léontocéphale dressée dans la chapelle sud d'Hathor ; toutefois, elle ne représente désormais qu'un infime témoignage de la déesse léonine, puique dix-huit autres statues étaient dressées dans le temple lorsque J.-J. Rifaud effectua ses premières investigations ; S. Cincotti, « "Les fouilles dans le Musée" : la collection égyptienne de Turin et le fonds Rifaud », *Karnak* 14, 2013, p. 279-285. Dans le temple, un seul relief figure Sekhmet : *Ptah* I, n° 102 (KIU 3536). Voir également la présence de Ouret-hékaou à tête léonine dans le cintre de la stèle d'Horemheb (KIU 554 ; G. Legrain, *ASAE* 3, 1903, p. 111-112 ; *Urk.* IV, 2132-2133 (833), *Übersetzung*, p. 411-412 ; R. Hari, *Horemheb et la reine Moutnedjemet, ou la fin d'une dynastie*, Genève, 1965, p. 294-295).

687. Fr. Payraudeau, *in* L. Coulon (dir.), *La Cachette de Karnak*, p. 355-358 ; pour les nuances du terme *sšm-ḥw*, K. Eaton, « Types of Cult-Image Carried in Divine Barques and the Logistics of Performing Ritual in the New Kingdom », *ZÄS* 134, 2007, p. 18-19.

688. D'après la documentation réunie par K. Weiss (*Ägyptische Tier- und Götterbronzen aus Unterägypten*, p. 461 et 469), les bronzes animaliers étaient consacrés dans les cimetières d'animaux et non dans les temples.

689. Exemple signalé plus haut de la figurine de Bastet-Sekhmet Karnak 179.4014-01 et Londres UC 36123 consacrée par Padibastet à « Bastet qui inaugure la bonne année » : http://petriecat.museums.ucl.ac.uk/detail.aspx. Pour d'autres sites, en dernier lieu, A. Masson, *in* D. Robinson, Fr. Goddio (éd.), *Thonis-Heracleion in Context*, p. 77 (Naucratis, en lien avec Boubastis) ; Fr. Goddio (éd.), *Trésors engloutis d'Égypte*, p. 169 (190-191) (bronzes à Thonis-Héracléion).

690. H. Bonnet, *Reallexikon der ägyptischen Religionsgeschichte*, Berlin, 1952, p. 728-729 ; D. Klotz, *Caesar in the City of Amun*, p. 215 ; Chr. Thiers, *in* H. Beinlich (éd.), *9. Ägyptologische Tempeltagung*, p. 335-337.

de l'*Akh-menou*[691]. Son origine tentyrite est spécifiée sur un relief de Deir el-Bahari[692] ; puis il devient le fils de l'Hathor thébaine et d'Amon, assimilé à Harsiésis, héritier d'Osiris. Faute de documentation suffisante, la distinction entre Somtous et Harsomtous tentyrites/thébains reste difficile à préciser[693]. Somtous intègre le panthéon du temple de Ptah à la faveur des remaniements opérés au cours des règnes d'Évergète Ier et de Philopator[694]. Bien qu'étant fils d'Amon, comme on vient de le voir, Somtous l'enfant est associé à la triade locale aux côtés de Ptah et d'Hathor. Ainsi Imhotep, bien que désigné, lui, comme fils de Ptah, est relégué en quatrième position, derrière Somtous. En témoigne la succession de prêtrises d'un certain Nakhtmontou qui était « père divin et prophète de Ptah, maître de Thèbes, d'Hathor chef de (*ḥry.t-tp*) Thèbes, de Somtous l'enfant et d'Imhotep fils de Ptah[695] ».

3.5. Conclusion

Au terme de cette présentation des objets découverts dans la *favissa*, il convient de retracer leur chronologie liée à la vie du temple de Ptah :

1. Une statue de Ptah en calcaire (statue cultuelle ou offrande royale) de la XVIIIe dynastie fait l'objet d'une *damnatio* à l'époque amarnienne, selon une pratique répandue ; restaurée au retour de l'orthodoxie, elle est à nouveau abîmée à une période indéterminée avec la perte de la partie supérieure (torse et tête) anciennement restaurée ;
2. Des *ex-voto* sont déposés dans le temple (ou à proximité) au cours de la Troisième Période intermédiaire et à la Basse Époque, en particulier aux XXVe et XXVIe dynasties ;
3. Abîmés au cours de leur « vie »/usage dans le temple, les objets sont réunis pour être remisés dans la seconde partie de l'époque ptolémaïque ;
4. Cette mise au rebut est ritualisée dans le cadre de l'inhumation de la statue de Ptah dans la *favissa*, creusée à quelques mètres de la chapelle consacrée au dieu. Entourée par de nombreuses figures divines, dont une majorité d'Osisis, la statue repose sur un lit de sable dans sa tombe, protégée symboliquement par un sphinx (daté du IIe s. av. J.-C.), regard tourné vers l'Orient ;
5. Possiblement, une tête masculine dorée est positionnée au sommet de la fosse ;
6. Le dallage qui ceinture les abords du temple scelle définitivement le dépôt (sauf à considérer l'éventualité d'une réfection du dallage préexistant à l'emplacement de la *favissa*).

691. P. Barguet, *Le temple d'Amon-Rê à Karnak*, p. 186.
692. *Smꜣ-Tꜣ.wy sꜣ Ḥw.t-Ḥr ḥr(y.t)-tp Jwn.t ḥr(y.t)-jb Ḏsr-ḏsr.w* ; N. Beaux, *La chapelle d'Hathor. Temple d'Hatchepsout à Deir el-Bahari* I. *Vestibule et sanctuaires* 1, MIFAO 129, Le Caire, 2012, p. 60-62 et pl. 15 ; S. Cauville, *Dendara. Harsomtous*, p. 12 ; J. Baines, *Fecundity Figures. Egyptian Personification and the Iconology of a Genre*, Warminster, 1985, p. 250-253.
693. Voir K*RI* V, 624, 13 : Hay fait louange à Hathor chef (*ḥry(.t)-tp*) de Thèbes et à Harsomtous. Une inscription de Pinedjem Ier gravée sur le piédestal du socle du sphinx n° 7 dans la grande cour du temple, rangée sud (GCR.SS.sp7), mentionne « Harsomtous maître de Khadit (Dendara) » ; P. Barguet, *op. cit.*, p. 50 (étude en cours de G. Dembitz). La statue porte-enseigne de Chechonq, fils d'Osorkon Ier, découverte dans la Cachette de Karnak (Caire CG 42194 = CK 193), signale que sa mère Maâtkarê était prêtresse d'Hathor de Dendara et mère divine d'Harsomtous ; JW*IS* II, p. 57 (13.31) ; H. Brandl, *Untersuchungen zur steinernen Privatplastik der Dritten Zwischenzeit*, p. 222-223 et pl. 123 ; R. Meffre, *D'Héracléopolis à Hermopolis. La Moyenne Égypte durant la Troisième Période intermédiaire (XXIe-XXIVe dynasties)*, Paris, 2016, p. 332 ; http://www.ifao.egnet.net/bases/cachette/?id=193.
694. *Ptah* I, nos 104 et 128D (KIU 3538 et 3615) ; également sur le « relief cultuel » *Ptah* I, n° 190 (KIU 3694). Signalons qu'une modeste stèle (179.8343-01) découverte dans un habitat des IVe-Ve siècles à quelques mètres à l'est du temple (fouilles dirigées par B. Durand, 2016) présente une scène de consécration du temple par un pharaon anonyme (cartouches vides, probablement époque romaine) à la triade Ptah, Somtous, Hathor, reproduisant (avec une orientation opposée) l'agencement du relief *Ptah* I, n° 191.
695. Cl. Traunecker, « Les graffiti des frères Horsaïsis et Horemheb. Une famille de prêtres sous les derniers Ptolémées » *in* W. Clarysse *et al.* (éd.), *Egyptian Religion. The Last Thousand Years. Studies Dedicated to the Memory of J. Quaegebeur* 2, OLA 85, Louvain, 1998, p. 1192, l. 4 et p. 1204.

Ainsi, déposée dans le temple probablement à titre individuel, la petite statuaire votive a joué pendant un temps son rôle d'intercesseur et de protecteur à l'égard des dévots. Ne remplissant plus la fonction qui lui avait été dévolue, elle est « déclassée », selon des critères qui restent encore obscurs (détérioration, ancienneté, nettoyage du temple trop encombré...)[696]. Si la fonction change alors quelque peu, la nature de la figure divine n'en est pas affectée, celle-ci étant toujours le réceptacle de la divinité qu'elle représente. Les prêtres peuvent alors enfouir ces objets dans la *favissa* à proximité du temple où ils ont été consacrés. C'est le cas d'une grande majorité de caches.

Confronté à un événement particulier, les prêtres ont utilisé cette petite statuaire votive, ancienne et dégradée, pour accompagner la statue principale du dieu Ptah, en fin de « vie », trop altérée pour remplir son rôle dans le temple. Ils ont ainsi affecté à ces *ex-voto* une nouvelle fonction, opérante dans le cadre d'un rituel d'enfouissement associé à la sépulture d'une statue divine[697]. Ces objets ont-ils alors été consacrés une seconde fois pour s'adapter au mieux à cette nouvelle fonction, ou l'acte rituel probablement pratiqué sur la statue de Ptah a-t-il englobé l'ensemble des éléments enfouis simultanément avec elle ? La question reste sans réponse. Enfin, le caractère funéraire de l'acte est mis en exergue par les nombreuses statuettes et figurines osiriennes accompagnant la statue principale, même si le pourcentage élevé d'Osiris reflète la primauté de cette divinité dans les temples au cours du Ier millénaire avant notre ère.

696. Si les *ex-voto* mis au rebut sont globalement datés des XXVe-XXVIe dynasties, on pourra s'interroger sur l'existence d'autres dépôts regroupant des *ex-voto* plus anciens (Nouvel Empire).
697. Pour d'autres cas d'« images détournées », Cl. Traunecker, *in* Fr. Dunand (éd.), *L'image et la production du sacré*, p. 88-90.

Tableaux de concordance

Nos catalogue	Nos fouille
1	179.8024-1
2	179.8043-1
3	179.8048-23
4	179.8048-8
5	179.8048-2
6	179.8048-9
7	179.8048-14
8	179.8048-16
9	179.8048-25
10	179.8048-17
11	179.8048-5
12	179.8048-3
13	179.8048-28
14	179.8048-26+29
15	179.8048-6
16	179.8048-37
17	179.8048-31
18	179.8048-11
19	179.8048-35
20	179.8048-7
21	179.8048-21
22	179.8048-1
23	179.8048-36
24	179.8048-10
25	179.8048-20
26	179.8048-27
27	179.8048-15
28	179.8048-24
29	179.8048-12
30	179.8048-30
31	179.8048-19
32	179.8048-4
33	179.8048-33
34	179.8048-13
35	179.8048-32
36	179.8048-34
37	179.8048-22
38	179.8048-18

Nos fouille	Nos catalogue
179.8024-1	1
179.8043-1	2
179.8048-1	22
179.8048-2	5
179.8048-3	12
179.8048-4	32
179.8048-5	11
179.8048-6	15
179.8048-7	20
179.8048-8	4
179.8048-9	6
179.8048-10	24
179.8048-11	18
179.8048-12	29
179.8048-13	34
179.8048-14	7
179.8048-15	27
179.8048-16	8
179.8048-17	10
179.8048-18	38
179.8048-19	31
179.8048-20	25
179.8048-21	21
179.8048-22	37
179.8048-23	3
179.8048-24	28
179.8048-25	9
179.8048-26+29	14
179.8048-27	26
179.8048-28	13
179.8048-30	30
179.8048-31	17
179.8048-32	35
179.8048-33	33
179.8048-34	36
179.8048-35	19
179.8048-36	23
179.8048-37	16

Bibliographie

Pour tous les sites internet mentionnés dans cet ouvrage, dernière utilisation en février 2018.

Abd el-Maksoud M., Abd el-Fattah A., Seif el-Din M., « La fouille du Boubasteion d'Alexandrie : présentation préliminaire » *in* A. Hermary, C. Dubois (éd.), *L'enfant et la mort dans l'Antiquité* III. *Le matériel associé aux tombes d'enfants*, Aix-en-Provence, 2012, p. 427-446.

— « Le Boubasteion. Un lieu de culte populaire » in *Alexandrie grecque, romaine, égyptienne, Dossiers d'archéologie* 374, 2016, p. 34-37.

Abdel-Raziq A., « Sacred Bark of Bastet », *Journal of the General Union of Arab Archaeologists* 12, 2011, p. 1-18.

— « A New Look at the Goddess Bastet Bronze Statue at Zagazig University Archaeological Museum » *in The 14th Conference of the General Union of Arab Archaeologists*, Le Caire, 2011, p. 1-13.

Abou Seif H., « Petite trouvaille à Karnak de modèles de sculpture », *ASAE* 21, 1921, p. 214-222.

Affholder-Gérard Br., Cornic M.-J., *Angers, musée Pincé. Collections égyptiennes*, Paris, 1990.

Ägypten Griechenland und Rom. Abwehr und Berührung, Städelsches Kunstinstitut und Städische Galerie 26. November 2005-26. February 2006, Francfort, 2005.

Ägyptische Mumien. Unsterblichkeit im Land der Pharaonen. Große Landeausstellung 6. Oktober 2007 bis 24. März 2008, Stuttgart, 2007.

Al-Ayedi A.R., *Index of Egyptian Administrative, Religious and Military Titles of the New Kingdom*, Ismailia, 2006.

Albersmeier S., « Zu einer Gruppe von Statuetten aus Abydos » *in* M. Eldamaty, M. Trad (éd.), *Egyptian Museum Collections around the World* 1, Le Caire, 2002, p. 13-24.

Alliot M., *Rapport sur les fouilles de Tell Edfou (1932)*, FIFAO 9/2, Le Caire, 1933.

Altmann-Wendling V., « Das Ritual *iny.t-rd(.wi)* und das Umlaufopfer – zu neuen Fragmenten und unterschiedlichen Überlieferungssträngen des Mundöffnungsrituals » *in* A.H. Pries (éd.), *Die Variation der Tradition. Modalitäten der Ritualadaption im Alten Ägypten. Akten des Internationalen Symposions vom 25.-28. November 2012 in Heidelberg*, OLA 240, Louvain, 2016, p. 91-131.

Anderson J.R., Ahmed S.E.M., « What Are These Doing Here Above the Fifth Cataract?!! Napatan Royal Statues at Dangeil », *SudNub* 13, 2009, p. 78-86.

— *Excavations in the Temple Precinct of Dangeil, Sudan*, Londres, 2010.

Andreu G. (dir.), *Les artistes de Pharaon. Deir el-Médineh et la Vallée des rois*, Paris, 2002.

— *L'art du contour. Le dessin dans l'Égypte ancienne*, Paris, 2013.

— *et al.*, *L'Égypte ancienne au Louvre*, Paris, 1997.

Anthes R., *Mit Rahineh 1955*, Philadelphie, 1959.

Antonicek K., « Die Übernahme der Doppeloboe in die ägyptische Musikgeschichte » *in* J. Budka *et al.* (éd.), Florilegium Aegyptiacum – *Eine wissenschaftliche Blütenlese von Schülern und Freunden für*

Helmut Satzinger zum 75. Geburtstag am 21. Jänner 2013, GöttMisz Beihefte 14, Göttingen, 2013, p. 1-6.

ARIEL D.T., MESSIKA N., « Finds from the Hellenistic "Favissa" at 'Akko-Ptolemais », *'Atiqot* 57, 2007, p. 11-20.

ARNOLD D. *et al.*, *The temple of Mentuhotep at Deir El-Bahari*, PMMAEE 21, New York, 1979.

ARNOLD Do., *An Egyptian Bestiary*, MMAB 52/4, New York, 1995.

ARVEILLER-DULONG V., NENNA M.-D., *Les verres antiques du musée du Louvre* 3. *Parure, instruments et éléments d'incrustation*, Somogy, 2011.

ASHTON S.-A., *Ptolemaic Royal Sculpture from Egypt. The Interaction betwenn Greek and Egyptian Traditions*, BAR 923, Londres, 2001.

ASSAM M.H., *Colecçao Calouste Gulbenkian. Arte Egipcia*, Lisbonne, 1991.

ASTON D.A., *Elephantine* XIX. *Pottery from the Late New Kingdom to the Early Ptolemaic Period*, ArchVer 95, Mayence, 1999.

— *The Pottery. Untersuchungen im Totentempel des Merenptah in Theben* 4, BÄBA 17, Mayence, 2008.

— *Burial Assemblages of Dynasty 21-25. Chronology - Typology - Developments*, DÖAWW 56, Vienne, 2009.

AUBERT J. Fr., AUBERT L., *Bronzes et or égyptiens*, Contribution à l'Égyptologie 11, Paris, 2001.

AUENMÜLLER J., « Katalog (Ägyptisches Museum der Rheinischen Friedrich-Wilhelms-Universität Bonn) » *in* M. Fitzenreiter *et al.* (éd.), *Gegossene Götter. Metallhandwerk und Massenproduktion im Alten Ägypten*, Rahden, 2014, p. 218-279.

— « Die Ergebnisse der bildgebenden Verfahren » *in* M. Fitzenreiter *et al.* (éd.), *Gegossene Götter. Metallhandwerk und Massenproduktion im Alten Ägypten*, Rahden, 2014, p. 107-111.

AUFRÈRE S.H., *Collections égyptiennes, Musées départementaux de Seine-Maritime*, Rouen, 1987.

— *L'Univers minéral dans la pensée égyptienne* 2, BiÉtud 105/2, Le Caire, 1992.

— *Le propylône d'Amon-Rê-Montou à Karnak-Nord*, MIFAO 117, Le Caire, 2000.

AWAD K.A.H., *Untersuchungen zum Schatzhaus im Neuen Reiches: Administrative und ökonomische Aspekte*, Göttingen, 2002.

AYRTON E.R., CURRELLY C.T., WEIGALL A.E.P., *Abydos* III, Londres, 1904.

AZIM M., *Karnak et sa topographie* 2. *Les relevés anciens du temple d'Amon-Rê de 1589 aux années 1820*, CRA Monographies 31, Paris, 2012.

— G. REVEILLAC, *Karnak dans l'objectif de Georges Legrain : catalogue raisonné des archives photographiques du premier directeur des travaux de Karnak de 1895 à 1917*, Paris, 2004.

BAGNALL R. *et al.*, *An Oasis City*, New York, 2015.

BAINES J., *Fecundity Figures. Egyptian Personification and the Iconology of a Genre*, Warminster, 1985.

— « Egyptian Deities in Context: Multiplicity, Unity, and the Problem of Change » *in* B. Nevling Porter (éd.), *One God or Many? Concepts of Divinity in the Ancient World*, Chebeague, 2000, p. 9-78.

BAKR M., « New Excavations of Zagazig University » in *L'Égyptologie en 1979. Axes prioritaires de recherches* 1, Paris, 1982, p. 153-167.

— BRANDL H., KALLONIATIS F. (éd.), *Egyptian Antiquities from Kufur Nigm and Bubastis*, MIN 1, Berlin, 2010.

— BRANDL H., *Egyptian Antiquities from the Eastern Nile Delta*, MIN 2, Le Caire, Berlin, 2014.

BAQUÉ-MANZANO L., « Further Arguments on the Coptos Colossi », *BIFAO* 102, 2002, p. 17-61.

BARAHONA-MENDIETA Z., « La producción cerámica en Medamud. Estudio preliminar de la cerámica procedente de los hornos del Reino Nuevo, Baja Época y Época Ptolemaica », *BCE* 24, 2014, p. 267-279.

BARBOTIN Chr., *La voix des hiéroglyphes. Promenade au département des antiquités égyptiennes du musée du Louvre*, Paris, 2005.

— *Les statues égyptiennes du Nouvel Empire. Statues royales et divines*, Paris, 2007.

— « Un cas antique de restauration au musée du Louvre » *in* D. Valbelle, J.-M. Yoyotte (dir.), *Statues égyptiennes et kouchites démembrées et reconstituées. Hommage à Charles Bonnet*, Paris, 2010, p. 65-70.

BARGUET P., *Le temple d'Amon-Rê à Karnak. Essai d'exégèse*, RAPH 21, Le Caire, 1962.

— *Le Papyrus N. 3176 (S) du musée du Louvre*, BiÉtud 37, Le Caire, 1962.

— LECLANT J., *Karnak-Nord* IV, FIFAO 25, Le Caire, 1954.

Barta W., *Aufbau und Bedeutung der altägyptischen Opferformel*, ÄgForsch 24, Glückstadt, 1968.

Beaux N., *La chapelle d'Hathor. Temple d'Hatchepsout à Deir el-Bahari* I. *Vestibule et sanctuaires* 1, MIFAO 129, Le Caire, 2012.

Bell L., « A Collection of Egyptian Bronzes » *in* L.E. Stager, D.M. Master, D.J. Schloen (éd.), *Ashkelon 3. The Seventh Century B.C.*, Winona Lake, 2011, p. 397-420.

Ben-Arieh S., « Temple Furniture From a Favissa at 'En Hazeva », *'Atiqot* 68, 2011, p. 107-175.

Bénazeth D., *Tod. Les objets en métal*, San Antonio, 1991.

Bénédite G., « Un trésor d'orfèvrerie provenant en partie de Dahschoûr (Égypte) », *CRAIBL* 41e année, N. 2, 1897, p. 239.

Bennett J.E., « A Troupe of Six Terracotta Acrobat Figurines found in a Votive Pit at Thmuis », *ZÄS* 141, 2014, p. 105-111.

Benson M., Gourlay J.A., *The Temple of Mut in Asher: an Account of the Excavation of the Temple and of the Religious Representations and Objects Found Therein, as Illustrating the History of Egypt and the Main Religious Ideas of the Egyptians*, Londres, 1899.

Ben-Tor D., *The Immortals of Ancient Egypt. From the Abraham Guterman Collection of Ancient Egyptian Art*, Jérusalem, 1997.

— « The Sad Fate of Statues and the Mutilated Statues of Hazor » *in* S. Gitin, J.E. Wright, J.P. Dessel (éd.), *Confronting the Past: Archaeological and Historical Essays on Ancient Israel in Honor of William G. Dever*, Winona Lake, 2006, p. 416.

Béout P. *et al.*, « Fouilles dans le secteur nord-ouest du temple d'Amon-Rê », *Karnak* 9, 1993, p. 161-204.

Berlandini J., « La chapelle de Séthi Ier. Nouvelles découvertes : les déesses *Ṯsmt* et *Mn-nfr* », *BSFE* 99, 1984, p. 28-52.

— « La Mout *ḫnt-Pr-Ptḥ* sur un fragment memphite de Chabaka », *BSEG* 9-10, 1984-1985, p. 31-40.

Berlev O.D., Hodjash S., *Catalogue of the Monuments of Ancient Egypt. From the Museums of the Russian Federation…*, OBO 17 Ser.Arch, Fribourg, 1998.

— *Sculpture of Ancient Egypt in the Collection of the Pushkin State Museum of Fine Arts*, Moscou, 2004.

Bernand A., *La prose sur pierre dans l'Égypte helllénistique et romaine* 1, Paris, 1992.

Bianchi R.S., « The Egg-Heads. One Type of Generic Portraits from Egyptian Late Period », *Wissenschaftliche Zeitschrift der Humboldt-Universität zu Berlin* 31, 1983, p. 149-151.

— « Those Ubiquitous Glass Inlays from Pharaonic Egypt – Suggestions about their Functions and Dates », *JGS* 25, 1983, p. 29-35.

— « Those Ubiquitous Glass Inlays, Part II », *BES* 5, 1983, p. 9-29.

— « Œuvres d'art en bronze de l'Égypte ancienne » in *Les bronzes égyptiens. Fondation Gandur pour l'Art*, Genève, 2014, p. 12-25.

Bickel S., *In ägyptischer Gesellschaft. Aegyptica der Sammlungen Bibel+Orient an der Universität Freiburg Schweiz*, Fribourg, 2004.

Birk R., *Türöffner des Himmels. Prosopographische Studien zur thebanischen Hohepriesterschaft der Ptolemäerzeit*, ÄgAbh, Wiesbaden (à paraître)

Bissing Fr. von, « Über die Kapelle im Hof Ramesses II im Tempel von Luxor », *AcOr* 8, 1950, p. 129-162.

Bisson de la Roque F., *Rapport sur les fouilles de Médamoud (1926)*, FIFAO 4, Le Caire, 1927.

— *Tôd (1934 à 1936)*, FIFAO 17, Le Caire, 1937.

— Contenau G., Chapouthier F., *Le trésor de Tôd*, DFIFAO 11, Le Caire, 1953.

Biston-Moulin S., « De Sésostris Ier à Kamosis. Note sur un remploi de Karnak », *ENiM* 4, 2011, p. 81-90.

— « Documentation ancienne et archives [Le temple de Ptah] » *in* M. Boraik, Chr. Thiers, *Centre franco-égyptien d'étude des temples de Karnak. Rapport d'activité 2010*, Louqsor, 2011, p. 27-29 (http://www.cfeetk.cnrs.fr/).

— « Le roi Sénakht-en-Rê Ahmès de la XVIIe dynastie », *ENiM* 5, 2012, p. 61-71.

— « Un nouvel exemplaire de la *Stèle de la restauration* de Toutânkhamon à Karnak », *Karnak* 15, 2015, p. 23-38.

— Chr. Thiers, *Le temple de Ptah à Karnak* I. *Relevé épigraphique* (*Ptah*, nos 1-191), TravCFEETK, BiGén 49, Le Caire, 2016.

Björkman G., *Smithska Samlingen av egyptiska fornsaker i östergötlands och Linköpings Stads Museum*, Stockholm, 1966.

— *A Selection of Objects in the Smith Collection of Egyptian Antiquities at the Linköping Museum, Sweden*, Stockholm, 1971.

Bleeker C.J., *Hathor and Thoth. Two Key Figures of the Ancient Egyptian Religion*, SHR 26, Leyde, 1973.

Bleiberg E., Barbash Y., Bruno L., *Soulful Creatures. Animal Mummies in Ancient Egypt*, New York, 2013.

Blinkenberg Chr., *Lindos. Fouilles de l'acropole 1902-1914. Les petits objets* I, Berlin, 1931.

Boeser P.A.A., *Beschreibung der aegyptischen Sammlung der niederländischen Reichsmuseums der Altertümer in Leiden* XII, La Haye, 1925.

Bonnet Ch., « La découverte de la statue » *in* Ch. Maystre (éd.), *Tabo* I, Genève, 1986.

— « Les destructions perpétrées durant la campagne de Psammétique II en Nubie et les dépôts consécutifs » *in* D. Valbelle, J.-M. Yoyotte (éd.), *Statues égyptiennes et kouchites démembrées et reconstituées. Hommage à Charles Bonnet*, Paris, 2010, p. 21-31.

— Valbelle D., *Des pharaons venus d'Afrique : la cachette de Kerma*, Paris, 2005.

Bonnet H., *Reallexikon der ägyptischen Religionsgeschichte*, Berlin, 1952.

Boraik M., « Stela of Bakenkhonsu, High Priest of Amun-Re », *Memnonia* 18, 2007, p. 119-126.

Bosse K., *Die menschliche Figur in der Rundplastik des Ägyptischen Spätzeit von der XXII. bis zur XXX. Dynastie*, ÄgForsch 1, Glückstadt, 1936.

Bosticco S., Rosati G., « La coppia di Babbuini nel Tempio di Khonsu a Karnak », *EVO* 28, 2005, p. 219-225.

Bothmer B.V., *Egyptian Sculpture of the Late Period 700 B.C. to A.D. 100*, Brooklyn, 1960 (= *ESLP*).

— De Meulenaere H., « The Brooklyn Statuette of Hor, Son of Pawen (with an Excursus on Eggheads) » *in* L.H. Lesko (éd.), *Egyptological Studies in Honor of Richard A. Parker. Presented on the Occasion of his 78th Birthday December 10, 1983*, Hanovre, Londres, 1986, p. 1-15.

Bourse C., « Spécificités de la conservation-restauration à Karnak », *CRBC* 34, 2016, p. 51-58.

Boussac M.-Fr., el-Din S., « Le Trésor de Tanta » in *La gloire d'Alexandrie*, Paris, 1998, p. 166-169.

Bovot J.-L. (éd.), *Rendre visite aux dieux. Pèlerinage au temps de l'Égypte pharaonique*, Paris, 2013.

Brandl H., *Untersuchungen zur steinernen Privatplastik der Dritten Zwischenzeit: Typologie - Ikonographie – Stilistik*, Berlin, 2008.

— Quack J.Fr., « A Bichrome Faience Statuette of Bastet from the Reign of Takeloth III » *in* M.C. Flossmann-Schütze *et al.* (éd.), *Kleine Götter – Grosse Götter. Festschrift für Dieter Kessler zum 65. Geburtstag, Tuna el-Gebel* 4, Vaterstetten, 2013, p. 67-89.

Bresciani E., Betrò M. (éd.), *Egypt in India. Egyptian Antiquities in Indian Museums*, Pise, 2004.

Broekman G.P., « Falcon-Headed Coffins and Cartonnages », *JEA* 95, 2009, p. 67-81.

Brophy E., *Royal Statues in Egypt 300 BC-AD 220. Context and Function*, Archaeopress Egyptology 10, Oxford, 2015.

Brown A.R., « Crosses, Noses, Walls, and Wells. Christianity and the Fate of Sculpture in Late Antique Corinth » *in* T.M. Kristensen, L.M. Stirling (éd.), *The Afterlife of Greek and Roman Sculpture. Late Antique Responses and Practices*, Ann Arbor, 2016, p. 150-176.

Bruneau P., *Recherches sur les cultes de Délos à l'époque hellénistique et à l'époque impériale*, BEFAR 217, Paris, 1970.

Brunner-Traut E., « Ägyptische Tiermärchen », *ZÄS* 80, 1955, p. 12-32.

— *Altägyptische Tiergeschichte und Fabel, Gestalt und Strahlkraft*, Darmstadt, 1968.

— *Osiris, Kreuz, Halbmond. Die drei Religionen Ägyptens*, Mayence, 1984.

— Brunner H., *Die Ägyptische Sammlung der Universität Tübingen*, Mayence, 1981.

Budka J., *Bestattungsbrauchtum und Friedhofsstruktur im Asasif. Eine Untersuchung der spätzeitlichen Befunde anhand der Ergebnisse der Österreichischen Ausgrabungen in den Jahren 1969-1977*, DÖAWW 59, Vienne, 2010.

Butterlin P., Lecompte C., « Mari, ni est, ni ouest, et les statuettes de la cachette du temple "Seigneur du pays" », *Syria* Suppl. 2, 2014, p. 605-628.

Cabrol A., *Les voies processionnelles de Thèbes*, OLA 97, Louvain, 2001.

Calverley A.M., Gardiner A.H., *The Temple of King Sethos I at Abydos* II. *The Chapels of Amen-Re', Re'-Harakhti, Ptah, and King Sethos*, Chicago, 1935.

Camino L., Papier-Lecostey Chr., *Collections égyptiennes du musée Antoine Vivenel de Compiègne*, Compiègne, 2007.

Caminos R.A., *Late Egyptian Miscellanies*, BES 1, Londres, 1954.

Capel A.K., Markoe G., *Mistress of the House, Mistress of Heaven*, Cincinnati, 1996.

Capriotti Vittozzi G., « Elementi di tradizione egizia nella documentazione di Locri », *Rivista di Studi Fenici* 36, 2011, p. 109-128.

Carlotti J.-Fr., *L'Akh-menou de Thoutmosis III à Karnak. Étude architecturale*, Paris, 2001.

Casanova M. *et al.*, « Lapis Lazuli in the Tôd Treasure: A New Investigation » *in* P. Kousoulis, N. Lazaridis (éd.), *Proceedings of the Tenth International Congress of Egyptologists* 2, OLA 241, Louvain, 2015, p. 1619-1640.

Caubet A., Pierrat-Bonnefois G., *Faïences de l'Antiquité. De l'Égypte à l'Iran, Catalogue de l'exposition du musée du Louvre 10 juin-12 septembre 2005*, Paris, 2005.

Cauville S., « Les statues cultuelles de Dendera d'après les inscriptions pariétales », *BIFAO* 87, 1987, p. 73-117.

— *Dendara. Le fonds hiéroglyphique au temps de Cléopâtre*, Paris, 2001.

— « Le bâton sacré d'Hathor » *in* W. Waitkus (éd.), *Diener des Horus. Festschrift für Dieter Kurth zum 65. Geburtstag*, ÆgHamb 1, Hambourg, 2008, p. 41-65.

— *Dendara. Harsomtous*, OLA 238, Louvain, 2015.

Chadefaud Chr., *Les statues porte enseignes de l'Égypte ancienne*, Paris, 1982.

Chadwick A.M., « Routine Magic, Mundane Ritual: Towards a Unified Notion of Depositional Practice », *OJA* 31/3, 2012, p. 283-315.

Champollion J.-Fr., *Lettres à M. le Duc de Blacas D'Aulps* I, Paris, 1824-1826.

Charloux G. (éd.), *Le parvis du temple d'Opet à Karnak. Exploration archéologique (2006-2007)*, TravCFEETK, BiGen 41, Le Caire, 2012.

— Jet J.-Fr., Lanoë E., « Karnak. Au cœur du temple d'Amon-Rê », *Archéologia* 411, 2004, p. 42-49.

— Thiers Chr., « The Early Temple of Ptah at Karnak », *EgArch* 50, 2017, p. 11-15.

— *et al.*, « Le domaine du temple de Ptah à Karnak. Nouvelles données de terrain », *Karnak* 16, 2017, p. 93-119.

— *et al.*, « The Afterlife of Egyptian Statues: a Cache of Religious Objects in the Temple of Ptah at Karnak », *Antiquity* 359, 2017, p. 1189-1204.

— *et al.*, « Le "temple primitif" de Ptah à Karnak », *BIFAO* 117, 2017, p. 125-159.

— *et al.*, « Recherches sur les origines des temples de Karnak, à la lumière d'un nouveau sondage stratigraphique au temple de Ptah », en préparation.

Charron A., « Les bronzes "reliquaires" d'animaux à la Basse Époque » *in* Chr. Zivie-Coche, I. Guermeur (éd.), *« Parcourir l'éternité ». Hommages à Jean Yoyotte*, BEHE-SR 156, Turnhout, 2012, p. 281-304.

— Barbotin Chr. (dir.), *Savoir et pouvoir à l'époque de Ramsès II. Khâemouaset le prince archéologue*, Arles, 2016.

— Ginsberg L., « Les momies de chat » *in* L. Delvaux, E. Warmenbol (éd.), *Les divins chats d'Égypte : un air subtil, un dangereux parfum*, Louvain, 1991, p. 135-144.

Chassinat É., « À propos d'une tête en grès rouge du roi Didoufrî », *MonPiot* 25, 1921, p. 53-75.

Châtelet C., *L'offrande du collier-menit dans les temples d'époque gréco-romaine*, MRE 16, Turnhout, 2015.

Chauvet V., Marchand S., « La céramique préptolémaïque des fosses de l'avant-cour du temple d'Amon de Tanis » *in* Ph. Brissaud, Chr. Zivie-Coche (éd.), *Tanis. Travaux récents sur le tell Sân el-Hagar 1987-1997*, Paris, 1998, p. 335-350.

Cherpion N., « Conseils pour photographier un sphinx » *in* Cl. Obsomer, A.-L. Oosthoek (éd.), *Amosiadès. Mélanges offerts au Professeur Claude Vandersleyen par ses anciens étudiants*, Louvain-La-Neuve, 1992, p. 61-70.

— « En reconsidérant le grand sphinx du Louvre », *RdE* 42, 1991, p. 25-41.

Chevrier H., « Rapport sur les travaux de Karnak », *ASAE* 29, 1929, p. 133-149.

— « Rapport sur les travaux de Karnak (1932-1933) », *ASAE* 33, 1933, p. 167-186.

Chłodnicki M., Cialowicz K.M., « Tell el-Farkha – Preliminary Report 2006 » in *PAM* XVIII. *Reports 2006*, Varsovie, p. 127-153.

Christophe L.A., *Karnak-Nord* III, FIFAO 23, Le Caire, 1951.

CINCOTTI S., « "Les fouilles dans le Musée" : la collection égyptienne de Turin et le fonds Rifaud », *Karnak* 14, 2013, p. 279-285.

— « Karnak est en paix » : analyse et étude des pièces provenant du temple de Karnak et appartenant au Musée égyptien de Turin, thèse de doctorat, Montpellier, 2015.

COLIN Fr., « Les fondateurs du sanctuaire d'Amon à Siwa (Désert libyque). Autour d'un bronze de donation inédit » *in* W. Clarysse *et al.* (éd.), *Egyptian Religion. The Last Thousand Years. Studies Dedicated to the Memory of J. Quaegebeur* 1, OLA 85, Louvain, 1998, p. 329-355.

COLLOMBERT Ph., « Une stèle de donation pour l'entretien de la lampe de Mout et Khonsou-l'enfant », *BSFE* 26, 2004, p. 13-25.

CONNOR S., *Le statue del Museo Egizio*, Turin, 2016.

CORTEGGIANI J.-P., *L'Égypte ancienne et ses dieux*, Paris, 2007.

COULON L., « Une trinité d'Osiris thébains sur un relief découvert à Karnak » *in* Chr. Thiers (éd.), *Documents de Théologies Thébaines Tardives* (*D3T* 1), CENiM 3, Montpellier, 2009, p. 1-18.

— « Le culte osirien au Ier millénaire av. J.-C. Une mise en perspective » *in* L. Coulon (éd.), *Le culte d'Osiris au Ier millénaire av. J.-C. : Découvertes et travaux récents*, BiÉtud 153, Le Caire, 2010, p. 119.

— « Osiris chez Hérodote » *in* L. Coulon, P. Giovannelli-Jouanna, Fl. Kimmel-Clauzet (éd.), *Hérodote et l'Égypte. Regards croisés sur le livre II de l'Enquête d'Hérodote*, CMO 51, Lyon, 2013, p. 167-190.

— « Du périssable au cyclique : les effigies annuelles d'Osiris » *in* S. Estienne, V. Huet, F. Lissarague, F. Prost (éd.), *Figures de Dieux : construire le divin en images*, Rennes, 2014, p. 295-318.

— (dir.), *La Cachette de Karnak. Nouvelles perspectives sur les découvertes de G. Legrain*, BiÉtud 161, Le Caire, 2016.

— « Introduction » *in* L. Coulon (éd.), *La Cachette de Karnak. Nouvelles perspectives sur les découvertes de G. Legrain*, BiÉtud 161, Le Caire, 2016, p. 1-3.

— « Les statues d'Osiris en pierre provenant de la Cachette de Karnak et leur contribution à l'étude des cultes et des formes locales du dieu » *in* L. Coulon (dir.), *La Cachette de Karnak. Nouvelles perspectives sur les découvertes de Georges Legrain*, BiÉtud 161, Le Caire, 2016, p. 505-563.

— « Les chapelles osiriennes de Karnak. Aperçu des travaux récents », *BSFE* 195-196, 2016, p. 16-35.

— *La chapelle d'Osiris Ounnefer Neb djefaou. Publication épigraphique et analyse du programme décoratif* (à paraître).

— DEFERNEZ C., « La chapelle d'Osiris Ounnefer Neb-Djefaou à Karnak. Rapport préliminaire des fouilles et travaux 2000-2004 », *BIFAO* 104, 2004, p. 135-190.

CREVATIN Fr., VITULLI TORLO M. (éd.), *Collezione egizia del civico museo di storia ed arte di Trieste*, Trieste, 2013.

CROXFORD B., « Metal Sculpture from Roman Britain. Scraps but Not Always Scrap » *in* T.M. Kristensen, L.M. Stirling (éd.), *The Afterlife of Greek and Roman Sculpture. Late Antique Responses and Practices*, Ann Arbor, 2016, p. 27-46.

DARESSY G., « Notes et remarques », *RecTrav* 16, 1894, p. 42-60.

— *Notice explicative des ruines de Médinet Habou*, Le Caire, 1897.

— « Le temple de Mit Rahineh », *ASAE* 3, 1902, p. 22-31.

— *Statues de divinités* II, CGC, Le Caire, 1905.

— « Plaquettes émaillées de Médinet-Habou », *ASAE* 11, 1911, p. 49-63.

DARNELL J.C., *The Enigmatic Netherworld Books of the Solar Osirian Unity*, OBO 198, Fribourg, 2004.

D'AURIA S., LACOVARA P., ROEHRIG C.H., *Mummies & Magic. The Funerary Arts of Ancient Egypt*, Boston, 1992.

DAVID R., « La céramique d'un habitat du Ve siècle à Karnak », *Karnak* 14, 2013, p. 287-297.

— « La céramique ptolémaïque d'une zone annexe du temple de Ptah à Karnak » *in* R. David (éd.), *Céramiques ptolémaïques de la région thébaine*, CCE 10, Le Caire, 2016, p. 49-76.

— « Karnak au début de la période byzantine : caractérisation d'une production locale » *in* D. Dixneuf (éd.), *LCRW* 5-2, *Late Roman Coarse Wares, Cooking Wares and Amphorae in the Mediterranean, Archaeology and Archeometry*, ÉtudAlex 43, Alexandrie, 2017, p. 963-974.

Davies S., « Bronzes from the Sacred Animal Necropolis at North Saqqara » *in* M. Hill, D. Schorsch (éd.), *Gifts for the Gods: Images from Egyptian Temples*, New York, 2007, p. 174-187.

— Smith H.S., *The Sacred Animal Necropolis at North Saqqara: the Archaeological Report. The Falcon Complex and Catacomb*, EES ExcMem 73, Londres, 2005.

Davoli P., « Amheida 2007-2009: New Results from the Excavations » *in* R.S. Bagnall, P. Davoli, C. Hope (éd.), *The Oasis Papers* 6. *Proceedings of the Sixth International Conference of the Dakhleh Oasis Project*, Oxford, 2012, p. 263-278.

Defernez C., « Karnak. La chapelle d'Osiris Ounnefer Neb-Djefaou », *BCE* 22, 2004, p. 35-47.

Delange É, « The Complexity of Alloys: New Discoveries about Certain "Bronzes" in the Louvre » *in* M. Hill, D. Schorsch (éd.), *Gifts for the Gods: Images from Egyptian Temples*, New York, 2007, p. 39-49.

Delvaux L., « Les bronzes de Saïs, les dieux de Bouto et les rois des marais » *in* W. Clarysse *et al.* (éd.), *Egyptian Religion. The Last Thousand Years. Studies Dedicated to the Memory of J. Quaegebeur* 1, OLA 85, Louvain, 1998, p. 551-568.

— Pierlot A., *L'art des ostraca en Égypte ancienne - Morceaux choisis. Musées royaux d'Art et d'Histoire de Bruxelles*, Bruxelles, 2013.

— Warmenbol E. (éd.), *Les divins chats d'Égypte : un air subtil, un dangereux parfum*, Louvain, 1991.

De Meulenaere H., « Les valeurs du signe  à la Basse Époque », *BIFAO* 54, 1954, p. 73-82.

— « La mère d'Imouthès », *CdE* 41, 1966, p. 40-49.

— « Un général du Delta, gouverneur de Haute Égypte », *CdE* 61, 1986, p. 203-210.

— « Bronzes égyptiens de donation », *BMRAH* 61, 1990, p. 63-81.

— « La statue du scribe du roi Pakhnoum (Le Caire JE 37456) », *CdE* 72, 1997, p. 17-24.

— « Sculptures dorées d'Abydos », *CdE* 79, 2004, p. 81-88.

— « Compléments au dossier thébain du troisième prophète d'Amon Pétamonnebnesoutattaoui », *CdE* 87, 2012, p. 40-59.

— Bothmer B.V., « Une tête d'Osiris au musée du Louvre », *Kêmi* 19, 1969, p. 9-16.

— Limme L., Quaegebeur J., *P. Munro, Die spätägyptischen Totenstelen. Index et addenda*, Bruxelles, 1985.

De Meyer M., « Inlaid Eyes on Old Kingdom Coffins: a History of Misidentification », *JEA* 97, 2011, p. 201-203.

Demisch H., *Die Sphinx. Geschichte ihrer Darstellung vor den Anfangen bis zur Gegenwart*, Stuttgart, 1977.

Derchain Ph., « La couronne de justification. Essai d'analyse d'un rite ptolémaïque », *CdE* 30, 1955, p. 225-287.

— *Le papyrus Salt 825 (B.M. 10051), rituel pour la conservation de la vie en Égypte*, 2 vol., Bruxelles, 1965.

— « L'atelier des orfèvres à Dendara », *CdE* 65, 1990, p. 219-242.

Desroches-Noblecourt Chr., « Un petit "Monument" de théologie memphite », *MDAIK* 16, 1958, p. 83-92.

Dewachter M., « À propos du temple de Thot à Karnak Nord », *RdE* 36, 1985, p. 175-177.

— *La collection égyptienne du musée Champollion*, Figeac, 1986.

Dixneuf D., *Amphores égyptiennes. Production, typologie, contenu et diffusion (IIIe siècle avant J.-C. – IXe siècle apr. J.-C.)*, ÉtudAlex 22, Alexandrie, 2011.

Donker van Heel K., van den Berg H., « A Scribe's Cache from the Valley of Queens? The Palaeography of Documents from Deir el-Medina: Some Remarks » *in* R.J. Demarée, E. Egberts (éd.), *Deir el-Medina in the Third Millennium AD: A Tribute to Jac J. Janssen*, Leyde, 2000, p. 9-49.

Dreyer G., *Elephantine* VIII. *Der Tempel der Satet: Die Funde der Frühzeit und des Alten Reiches*, ArchVer 39, Mayence, 1986.

von Droste zu Hülshoff V. *et al.*, *Liebieghaus – Museum Alter Plastik. Ägyptische Bildwerke* III. *Statuetten, Gefässe und Geräte*, Melsungen, 1991.

Duquesne T., *Jackal at the Shaman's Gate: A Study of Anubis Lord of Ro-Setawe with the Conjuration to Chthonic Deities (PGM XXIII; pOxy 412). Text, Translation, and Commentary and an Annotated Bibliography of the Anubis Archetype*, OCE 3, Londres, 1991.

Dunn Friedman Fl. (éd.), *Gifts of the Nile. Ancient Egyptian Faience*, Providence, 1998.

DUNHAM D., *The Barkal Temples: Excavated by George Andrew Reisner*, Boston, 1970.

DURAND B., « Un four métallurgique d'époque ptolémaïque dans les annexes du temple de Ptah à Karnak », *Karnak* 15, 2015, p. 181-188.

EATON-KRAUS M., « Embalming Caches », *JEA* 94, 2008, p. 288-293.

— « Types of Cult-Image Carried in Divine Barques and the Logistics of Performing Ritual in the New Kingdom », *ZÄS* 134, 2007, p. 15-25.

EDEL E., SEYFRIED K.-J., VIELER G., *Die Felsgräbernekropole der Qubbet el-Hawa bei Assuan* I/3, Paderborn, 2008.

EDGAR M.C.C., « Report on an Excavation at Toukh el-Qaramous », *ASAE* 7, 1906, p. 205-212.

EFFLAND A., « Funde aus dem Mittleren Reich bis zur Mamlukenzeit aus Umm el-Qaab », *MDAIK* 62, 2006, p. 131-150.

EGGEBRECHT A., *Pelizaeus-Museum Hildesheim: Die Ägyptische Sammlung*, Mayence, 1993.

EIGNER D., « A Temple of the Early Middle Kingdom at Tell Ibrahim Awad » *in* E.C.M. Van Den Brink (éd.), *The Nile Delta in Transition, 4th-3rd Millenium B.C.*, Tel Aviv, 1992, p. 69-77.

— « Tell lbrahim Awad: A Sequence of Temple Buildings from Dynasty 0 to the Middle Kingdom » *in* Z. Hawass, L.P. Brock (éd.), *Egyptology at the Dawn of the Twenty-First Century. Proceedings of the Eighth International Congress of Egyptologists, Cairo, 2000* 1, Le Caire, 2002, p. 162-170.

Egypt's Golden Age: The Art of Living in the New Kingdom 1558-1085 B.C., Boston, 1982.

EINAUDI S. (éd.), *Egitto nascosto. Collezioni e collezionisti dai musei piemontesi*, Milan, 2009.

ELLEITHY H., « Five XXVIth Dynasty Wooden Funerary Stelae from Thebes », *Memnonia* 24, 2013, p. 107-128.

EMERY W.B., « Preliminary Report on the Excavations at North Saqqâra 1966-7 », *JEA* 53, 1967, p. 141-145.

— « Preliminary Report on the Excavations at North Saqqâra 1968 », *JEA* 55, 1969, p. 31-35.

— « Preliminary Report on the Excavations at North Saqqâra 1968-9 », *JEA* 56, 1970, p. 511.

— « Preliminary Report on the Excavations at North Saqqâra 1969-70 », *JEA* 57, 1971, p. 313.

ENGELBACH, « Seizure of Bronzes from Buto (Tell Fara'în) », *ASAE*, 24, 1924, p. 169-177.

— « The Treasure of Athribis (Benha) », *ASAE* 24, 1924, p. 178-185.

ENGSHEDEN Å., « Zenon, è vero ? Zur Lesung eines frühptolemäischen Personennamens », *GöttMisz* 208, 2006, p. 13-18.

ERICHSEN W., *Demotisches Glossar*, Copenhague, 1954.

ERNST H., « Das *šw.t Rʿ(w)* auf dem Dach des Achmenu zu Karnak », *GöttMisz* 176, 2000, p. 53-57.

ERTMAN E.L., « The Earliest Known Three-Dimentional Representation of the God Ptah », *JNES* 31, 1972, p. 83-86.

Excavating in Egypt for 40 years Waseda University Expedition 1966-2006: A Special Exhibition of Japanese Archaeological Discoveries in Egypt in the Egyptian Museum, Le Caire, 2009.

FAKHRY A., *The Egyptian Deserts. Baḥaria Oasis* I-II, Le Caire, 1942-1950.

— « A Report on the Inspectorate of Upper Egypt », *ASAE* 46, 1947, p. 25-54.

FAUCHER Th., MEADOWS A., LORBER C., *Egyptian Hoards* I. *The Ptolemies*, BiÉtud 168, Le Caire, 2017.

FAULKNER R.O., « Egyptian Military Standards », *JEA* 27, 1941, p. 12-18.

FAVARD-MEEKS Chr., MEEKS D., « Les corps osiriens : du Papyrus du Delta au temple de Behbeit » *in* L. Coulon (éd.), *Le culte d'Osiris au Ier millénaire av. J.-C. Découvertes et travaux récents*, BiÉtud 153, Le Caire, 2010, p. 39-48.

FAY B., JANSEN-WINKELN K., PARKINSON R.B., « Don't Do What I Did! An Early Kingdom Block Statue with an Inscription Added Later for "the God's Father…, the Royal Scribe and Prophet of Osiris,… Seniu (*snw-jww*)" », *ZÄS* 142, 2015, p. 33-44.

FAZZINI R.A. (éd.), *Cleopatra's Egypt. Age of the Ptolemies*, The Brooklyn Museum, New York, 1988.

— « The Ancient Fate of Some Sculpture in the Mut Precinct » *in* L. Coulon (éd.), *La Cachette de Karnak. Nouvelles perspectives sur les découvertes de G. Legrain*, BiÉtud 161, Le Caire, 2016, p. 53-68.

FELGENHAUER A., *Ägyptische und ägyptisierende Kunstwerke*, Cassel, 2013.

— (dir.), *Aus Gräbern, Heiligtümern und Siedlungen. Die altägyptische Sammlung des Übersee-Museum Bremen*, Mayence, 2015.

Fischer H.G., *Egyptian Studies* II. *The Orientation of Hieroglyphs* Part. I. *Reversals*, New York, 1977.

— *Egyptian Studies* III. *Varia Nova*, New York, 1996.

Fitzenreiter M. *et al.* (éd.), *Gegossene Götter. Metallhandwerk und Massenproduktion im Alten Ägypten*, Rahden, 2014.

— « Funktion und Kontext ägyptischer Kleinbronzen » *in* M. Fitzenreiter *et al.* (éd.), *Gegossene Götter. Metallhandwerk und Massenproduktion im Alten Ägypten*, Rahden, 2014, p. 169-176.

— « Beigabe, Werkstatt oder Depot? Deutungsansätze des Befundes » *in* M. Fitzenreiter, Fr. Willer, J. Auenmüller (éd.), *Materialien einer Gusswerkstatt von der Qubbet el-Hawa*, Bonner Aegyptiaca, Berlin, 2016, p. 146-160.

— Willer Fr., Auenmüller J. (éd.), *Materialien einer Gusswerkstatt von der Qubbet el-Hawa*, Bonner Aegyptiaca, Berlin, 2016.

Flores D., « The Topsy-Turvy World » *in* G.N. Knoppers, A. Hirsch (éd.), *Egypt, Israel and the Ancient Mediterranean World: Studies in Honor of Donald B. Redford*, ProbÄg 20, Leyde, Boston, 2004, p. 233-255.

Freed R.E., Markowitz Y.J., D'Auria S.H. (éd.), *Pharaohs of the Sun. Akhenaten, Nefertiti, Tutankhamen*, Boston, 1999.

Freikman M., Garfinkel Y., « The Zoomorphic Figurines from Sha'ar Hagolan: Hunting Magic Practices in the Neolithic Near East », *Levant* 41, 2009, p. 5-17.

French P., « Late Dynastic Pottery from the Vicinity of the South Tombs » *in* B.J. Kemp *et al.*, *Amarna Reports* 3, EES OccPub 4, Londres, 1986, p. 147-188.

Friedman R.F. *et al.*, « Preliminary Report on Field Work at Hierakonpolis: 1996-1998 », *JARCE* 36, 1999, p. 1-35.

Frood E., « Role-Play and Group Biography in Ramessid Stelae from the Serapeum » *in* R. Landgráfová, J. Mynářová (éd.), *Rich and Great. Studies in Honour of Anthony J. Spalinger on the Occasion of his 70th Feast of Thoth*, Prague, 2016, p. 69-87.

— Chl. Ragazzoli, « Writing on the Wall: Two Graffiti Projects in Luxor », *EgArch* 42, 2013, p. 30-33.

Gaber H., « Les cycles solaire et lunaire dans la chapelle de Nefertoum du temple de Séthi Ier à Abydos », *Dialogues d'Histoire Ancienne* 40.1, 2014, p. 167-179.

Gabolde L., « À l'exemple de Karnak, une "chambre des rois" et une cachette de statues royales annexées au temple de Ptah à Memphis ? » *in* L. Coulon (éd.), *La Cachette de Karnak. Nouvelles perspectives sur les découvertes de G. Legrain*, BiÉtud 161, Le Caire, 2016, p. 35-52.

Gabolde M., « Une enseigne sacrée d'Amon », *Memnonia* 3, 1992, p. 25-39.

Gaillard Cl., Daressy G., *La faune momifiée de l'antique Égypte*, CGC, Le Caire, 1905.

de Garis Davies N., *The Temple of Hibis in El Khargeh Oasis* III. *The Decoration*, PMMA Egyptian Expedition 17, New York, 1953.

Gasser M.P., *Götter bewohnten Ägypten*, 2001.

Gautier J.-E., Jéquier G., *Mémoire sur les fouilles de Licht*, MIFAO 6, Le Caire, 1902.

Gazin-Schwartz A., « Archaeology and Folklore of Material Culture, Ritual, and Everyday Life », *International Journal of Historical Archaeology* 4, 2001, p. 263-280.

Gazzera C., *Descrizione dei monumenti egizi del R. Museo contenenti leggende reali*, Turin, 1837

George B., Kaneberg O., *Kärllek till Egypte*, Stockholm, 1999.

Germer R. (éd.), *Mummies. Life after Death in Ancient Egypt*, Munich, 1997.

el-Ghannam W.A., « A Study of a Bronze Statue of Venus at Tanta Museum » in *Alessandria e il mondo ellenistico-romano. Alessandria, 23-27 Novembre 1992*, Rome, 1995, p. 305-307.

Ginsburg L., « Les momies de chats » in *Chats des Pharaons. « 4000 ans de divinité féline »*, Bruxelles, 1989, p. 20-24.

Giovetti P., Picchi D. (éd.), *Egypt. Millenary Splendour. The Leiden Collection in Bologna, Bologne, Museo Civicao Archeologica 16 October 2015-17 July 2016*, Rome, 2016.

Goddio Fr. (éd.), *Trésors engloutis d'Égypte*, Paris, 2007.

— *et al.*, *Alexandrie. Les quartiers royaux submergés*, Londres, 1998.

— Clauss M. (éd.), *Ägyptens versunkene Schätze*, Berlin, 2006.

— Fabre D. (éd.), *Osiris. Mystères engloutis d'Égypte*, Paris, 2015.

— Masson-Berghoff A. (éd.), *Sunken Cities. Egypt's Lost Worlds*, Londres, 2016.

Godron G., « À propos de la déesse Sédjémet-Nébet », *RSO* 43, 1968, p. 319-326.

Goebs K., « "Receive the Henu – That You May Shine Forth in it like Akhty". Feathers, Horns and the Cosmic Symbolism if Egyptian Composite Crowns » *in* F. Coppens, J. Janák, H. Vymazalova (éd.), *Royal versus Divine Authority: Acquisition, Legitimization and Renewal of Power. Prague, June 26-28, 2013. 7. Symposium zur Königsideologie/7th Symposium on Egyptian Royal Ideology*, KSG 4,4, Wiesbaden, 2015, p. 145-175.

Goyon J.-Cl., « Le prêtre "purificateur d'avant d'Amon" à la fin du Nouvel Empire : à propos des fragments du tombeau perdu de Khaemipet ancêtre d'Iymiseba », *Memnonia* 9, 1998, p. 139-154.

— « Deux ex-votos osiriens de Coptos au musée des Beaux-Arts de Lyon » *in* F. Haikal (éd.), *Mélanges Ola el-Aguizy*, BiÉtud 164, 2015, p. 179-196.

Graefe E., *Untersuchungen zur Verwaltung und Geschichte der Institution der Gottesgemahlin des Amun vom Beginn des neuen Reiches bis zur Spätzeit*, ÄgAbh 37, Wiesbaden, 1981.

Grajetzki W., *Burial Customs in Ancient Egypt. Life in Death for Rich and Poor*, Oxford, 2003.

Gratien Br., « Les pots de cuisson nubiens et les bols décorés de la première moitié du IIe millénaire avant J.-C. Problèmes d'identification », *CCE* 6, 2000, p. 113-148.

Gregory S.R.W., *Herihor in Art and Iconography. Kingship and the Gods in the Ritual Landscape of Late New Kingdom Thebes*, Londres, 2014.

Grenier J.-Cl., *Les bronzes du Museo Gregoriano Egizio*, ÆgGreg 5, Cité du Vatican, 2002.

— « Les pérégrinations d'un Boukhis en Haute Thébaïde » *in* Chr. Thiers (éd.), *Documents de Théologies Thébaines Tardives* (*D3T* 1), CENiM 3, Montpellier, 2009, p. 39-48.

Griesbach J. (éd.), *Griechisch-Ägyptisch Tonfiguren vom Nil*, Regensburg, 2013.

Grimal N., Larché Fr., « Karnak 1998-2004 », *Karnak* 12, 2007, p. 760.

Guglielmi W., « Eine verschollene Harpokrates-Figur – ein Sockel mit Kästchen und eine Hemhemkrone mit gesondert gearbeiteter Seitenlocke » *in* S.L. Lippert, M. Schentuleit, M.A. Stadler (éd.), Sapientia Felicitas. *Festschrift für Günter Vittmann zum 29. Februar 2016*, CENiM 14, Montpellier, 2016, p. 191-216.

Guichard H. (dir.), *Des animaux et des pharaons*, Paris, 2014.

Guichard S. (éd.), *J.-Fr. Champollion, Notice descriptive des monuments égyptiens du musée Charles X*, Paris, 2013.

Guidotti M.Cr., Leospo E., *La collezione egizia del Civico museo archeologico di Como*, Côme, 1994.

Hari R., *Horemheb et la reine Moutnedjemet, ou la fin d'une dynastie*, Genève, 1965.

Hartung U., « Der Fortgang der Untersuchungen am Tell von Buto: Ein "Berg" an Informationen wartet auf Entschlüsselung » *in* G. Dreyer, D. Polz (éd.), *Begegnung mit der Vergangenheit – 100 Jahre in Ägypten*, Mayence, 2007, p. 60-68.

— « Tell el-Faraʿin-Buto. 8. Vorbericht », *MDAIK* 59, 2003, p. 233-250.

— *et al.*, « Tell el-Faraʿin-Buto. 10. Vorbericht », *MDAIK* 65, 2009, p. 83-190.

Hastings E.A., *The Sculpture from the Sacred Animal Necropolis at North Saqqâra 1964-1976*, EES ExcMem 61, Londres, 1997.

Hays Chr.B., « The Egyptian Goddess Mut in Iron Age Palestine: Further Data From Amulets and Onomastics », *JNES* 71/2, 2012, p. 299-313.

Hayes W.C., *Glazed Tiles from a Palace of Ramesses II at Kantir*, MMA Papers 3, New York, 1937.

Hegazy E.-S., Van Siclen C.C., « A Cache of Jewelry from the Edifice of Amenhotep II at Karnak », *VA* 5, 1989, p. 227-238.

Helck W., « Zu Ptah und Sokar » *in* U. Verhoeven, E. Graefe (éd.), *Religion und Philosophie im Alten Ägypten. Festgabe für Philippe Derchain zu seinem 65. Geburtstag am 24. Juli 1991*, OLA 39, Louvain, 1991, p. 159-164.

Heidel J.B., Johnson W.R., « The Tetrarchic Architecture Renovation of Luxor Temple. Context, Significance, and the Cult of Amun » *in* M. Jones, S. McFadden (éd.), *Art of Empire: The Roman Frescoes and Imperial Cult Chamber in Luxor Temple*, Le Caire, 2015, p. 39-59.

HEINZ S.S., « The Lead Statuettes and Amulets of Heracleion-Thonis » *in* M. Bergeron, A. Smith (éd.), *The Gods of Small Things. Proceedings from the Conference Held in Reading, 21-22 September 2009*, Pallas 86, Toulouse, 2011, p. 211-232.

— « Casting Technologies and Cultural Connections at an Egyptian Harbour Town », *Anatolica* 40, 2014, p. 197-218.

— « The Production and Circulation of Metal Statuettes and Amulets in the Late Period at Thonis-Heracleion » *in* D. Robinson, Fr. Goddio (éd.), *Thonis-Heracleion in Context. The Maritime Economy of the Egyptian Late Period, Proceedings of the Conference in the University of Oxford, 15-17 March 2013*, OCMA Monograph 8, Oxford, 2015, p. 55-69.

— VAN DER WILT E., « Buried Bronzes: Caches of the Sacred Animal Necropolis », *EgArch* 49, 2016, p. 43-46.

HENNE H., *Rapport sur les fouilles de Tell Edfou (1921-1922)*, FIFAO 1/2, Le Caire, 1924.

HEYWOOD A., « Lead Cladding on a Woden Royal Figure: an Unusual Ancient Surface Reconstructed » *in* J. Dawson, C. Rozeik, M.M. Wright (éd.), *Decorated Surfaces on Ancient Egyptian Objects: Technology, Deterioration and Conservation. Proceedings of a Conference held in Cambridge, UK on 7-8 September 2007*, Cambridge, 2010, p. 9-15.

HILL M., « Bronze Statuettes » *in* D.B. Redford (éd.), *Oxford Encyclopedia of Ancient Egypt* 1, New York, 2001, p. 203-208.

— *Royal Bronze Statuary from Ancient Egypt. With Special Attention to the Kneeling Pose*, EMI 3, Leyde, 2004.

— « Loops and Metal Statuary » *in* M. Hill, D. Schorsch (éd.), *Gifts for the Gods: Images from Egyptian Temples*, New York, 2007, p. 87-88.

— « Lifes of the Statuary » *in* M. Hill, D. Schorsch (éd.), *Gifts for the Gods: Images from Egyptian Temples*, New York, 2007, p. 153-159.

— SCHORSCH D. (éd.), *Gifts for the Gods: Images from Egyptian Temples*, New York, 2007.

HILTON PRICE F.G., *A Catalogue of the Egyptian Antiquities in the Possession of F.G. Hilton Price* I, Londres, 1897.

HOCH J.E., *Semitic Words in Egyptian Texts of the New Kingdom and Third Intermediate Period*, Princeton, 1994.

HOLLADAY J.S., « The Eastern Nile Delta During the Hyksos and Pre-Hyksos Periods: Towards a Systemic/Socioeconomic Understanding » *in* E.D. Oren (éd.), *The Hyksos: New Historical and Archaeological Perspectives*, Philadelphie, 1997, p. 183-252.

HÖLSCHER U., *The Excavation of Medinet Habu* II. *The Temples of the Eighteenth Dynasty*, OIP 41, Chicago, 1939.

— *Excavations at Medinet Habu* V. *Post Ramesside Remains*, OIP 66, Chicago, 1954.

HORNUNG E. *et al.*, *Immortal Pharaoh. The Tomb of Thutmose III. An Exhibition of Ancient Egyptian Objects from Antikenmuseum Basel und Sammlung Ludwig and the Kestner-Museum Hannover*, Madrid, 2005.

HUMMEL R., SHUBERT S., « Kom el-Ahmar: Ceramic Analysis » *in* D. Redford (éd), *The Akhenaten Temple Project* III*: The Excavation of Kom el-Ahmar and Environs*, Aegypti Texta Propositaque 3, Toronto, 1994, p. 30-82.

ICARD-GIANOLIO N., « Cult images/Statues de culte/Kultbilder/Immagini di culto, § XII. Ensevelissement » in *Thesaurus Cultus et Rituum Antiquorum* II, Los Angeles, 2004, p. 499-500.

— A.-V. SZABADOS, « Cult images/Statues de culte/Kultbilder/Immagini di culto, § XIII. Destructions, transformations » in *Thesaurus Cultus et Rituum Antiquorum* II, Los Angeles, 2004, p. 501-507.

IKRAM S., « Belief Incarnate: Sacred Animals and Votive Offerings in the Temple Context » *in* P. Giovetti, D. Picchi (éd.), *Egypt. Millenary Splendour. The Leiden Collection in Bologna, Museo Civicao Archeologica 16 October 2015-17 July 2016*, Rome, 2016, p. 404-411.

INSLEY GREEN Chr., *The Temple Furniture from the Sacred Animal Necropolis at North Saqqâra 1964-1976*, MEES 53, Londres, 1987.

ISKANDER S., GOELET O., *The Temple of Ramesses II in Abydos* 1, *Wall Scenes* - Part 2, *Chapels and First Pylon*, Atlanta, 2015.

JACOBS I., « Old Habits Die Hard. A Group of Mythological statuettes from Sagalassos and the Afterlife of Sculpture in Asia Minor » *in*

T.M. Kristensen, L.M. Stirling (éd.), *The Afterlife of Greek and Roman Sculpture. Late Antique Responses and Practices*, Ann Arbor, 2016, p. 93-117.

JACQUET J., « Un bassin de libation du Nouvel Empire dédié à Ptah. Première partie : l'architecture », *MDAIK* 16, 1958, p. 161-167.

— *Karnak-Nord* IX. *Le trésor de Thoutmosis Ier. Fouilles à l'est du monument*, FIFAO 44, Le Caire, 2001.

JACQUET-GORDON H., *Karnak-Nord* VIII. *Le trésor de Thoutmosis Ier. Statues, stèles et blocs réutilisés*, FIFAO 39, Le Caire, 1999.

— *The Graffiti on the Khonsu Temple Roof at Karnak: A Manifestation of Personal Piety*, OIP 123, Chicago, 2003.

— *Karnak-Nord* X. *Le trésor de Thoutmosis Ier : La céramique*, FIFAO 65, Le Caire, 2012.

JAMBON E., « Les fouilles de Georges Legrain dans la Cachette de Karnak (1903-1907). Nouvelles données sur la chronologie des découvertes et le destin des objets », *BIFAO* 109, 2009, p. 239-279.

— « La Cachette de Karnak. Étude analytique et essais d'interprétation » *in* L. Coulon (éd.), *La Cachette de Karnak. Nouvelles perspectives sur les découvertes de G. Legrain*, BiÉtud 161, Le Caire, 2016, p. 131-175.

— « Les mots et les gestes. Réflexions autour de la place de l'écriture dans un rituel d'envoûtement de l'Égypte pharaonique », *Cahiers « Mondes anciens ». Histoire et anthropologie des mondes anciens* (https://mondesanciens.revues.org/158?lang=fr)

JANSEN-WINKELN K., « Die Hildesheimer Stele der Chereduanch », *MDAIK* 53, 1997, p. 91-100.

— « Zu drei Statuen der 26. Dynastie », *BSEG* 25, 2003, p. 95-104.

— « Zwei Statuen der Spätzeit aus der Cachette von Karnak », *MDAIK* 60, 2004, p. 125-136.

— *Inschriften der Spätzeit* I: *Die 21. Dynastie*, Wiesbaden, 2007(= JW*IS* I).

— *Inschriften der Spätzeit* II: *Die 22.-24. Dynastie*, Wiesbaden, 2007(= JW*IS* II).

— *Inschriften der Spätzeit* III: *Die 25. Dynastie*, Wiesbaden, 2009(= JW*IS* III).

— *Inschriften der Spätzeit* IV: *26. Dynastie* 1. *Psametik I.-Psametik III.*, 2. *Gottesgemahlinnen/26. Dynastie insgesamt*, Wiesbaden, 2014 (= JW*IS* IV).

JET J.-Fr., « Sondage dans le secteur oriental du musée en plein air de Karnak : constructions d'époque saïto-perse », *Karnak* 12, 2007, p. 335-354.

JOHNSON D.W., *A Panegyric on Macarius, Bishop of Tkôw*, CSCO 416, Louvain, 1980.

JONES D., *An Index of Ancient Egyptian Titles, Epithets and Phrases of the Old Kingdom*, BAR 866, Oxford, 2000.

JØRGENSEN M., *Ny Carlsberg Glyptotek. Catalogue Egypt* IV. *Late Egyptian Sculpture 1080 BC AD 400*, Copenhague, 2009.

— *Ny Carlsberg Glyptotek. Catalogue Egypt V. Egyptian Bronze*, Copenhague, 2009.

KAMAL A. BEY, *Tables d'offrandes*, CGC, Le Caire, 1909.

KAMAL EL-DIN N., « Ein Sarg des Schatzhausmeisters Suti », *MDAIK* 66, 2010, p. 131-142.

KAMEL I., « A Bronze Hoard at Athribis », *ASAE* 60, 1968, p. 65-71.

KEEL O., « Ptah auf Siegelamuletten aus Palästina/Israel. Einige Gesetzmäsigkeiten bei der Übernahme von Motiven de Grosskunst auf Miniaturbildträger », *Visible Religion. Annual for Religious Iconography* 7, 1990, p. 199-232.

KEES H., « Ein Sonnenheiligtum im Amonstempel von Karnak », *Orientalia* 18, 1949, p. 427-442.

KEMP B.J., *Ancient Egypt: Anatomy of a Civilization*, Londres, 2006.

KESSLER D., *Die heiligen Tiere und der König* I: *Beiträge zu Organisation, Kult und Theologie des spätzeitlichen Tierfriedhöfe*, ÄAT 16, Wiesbaden, 1989.

— « Einwickeln und unterirdische Ablage von Bronzen in Tierfriedhof von Tuna el-Gebel » *in* A. Spiekermann (éd.), *"Zur Zierde gereicht...". Festschrift Bettina Schmitz zum 60. Geburtstag am 24. Juli 2008*, HÄB 50, Hildesheim, 2008, p. 153-163.

KIERNAN P., « Germans, Christians and Rituals of Closure. The Agents of Cult Image Destruction in Roman Germany » *in* T.M. Kristensen, L.M. Stirling (éd.), *The Afterlife of Greek and Roman Sculpture. Late Antique Responses and Practices*, Ann Arbor, 2016, p. 197-222.

KLOTZ D., « The Theban Cult of Chonsu the Child in the Ptolemaic Period » *in* Chr. Thiers (éd.), *Documents de Théologies Thébaines Tardives* (*D3T* 1), CENiM 3, Montpellier, 2009, p. 95-134.

— *Caesar in the City of Amun. Egyptian Temple Construction and Theology in Roman Thebes*, MRE 15, Turnhout, 2012.

— « The Peculiar Naophorous Statuette of a Heliopolitan Priest Hannover, Kestner-Museum 1935.200.510 », *ZÄS* 139, 2012, p. 136-144.

— « Thoth as Textual Critic. The Interrupting Baboons at Esna Temple », *ENiM* 7, 2014, p. 33-60.

— « The Cuboid Statue of Ser-Djehuty, Master Sculptor in Karnak, Los Angeles Country Museum of Art 48.24.8 + Cambridge University, Museum of Archaeology and Anthropology 51.533 », *RdE* 66, 2015, p. 51-110.

Kockelmann H., « Sobek doppelt und dreifach » *in* S. Lippert, M. Schentuleit (éd.), *Graeco-Roman Fayum – Texts and Archaeology. Proceedings of the Third International Fayum Symposion, Freudenstadt, May 29-June 1, 2007*, Wiesbaden, 2008, p. 153-164.

— *Der Herr der Seen, Sümpfe und Flußläufe. Studien zum Gott Sobek und den ägyptischen Krokodilgötter-Kulten*, 2 vol., ÄgAbh 74, Wiesbaden, 2017.

Koefoed-Petersen O., *Recueil des inscriptions hiéroglyphiques de la glypothèque Ny Carlsberg*, BibÆg 6, Bruxelles, 1936.

Koenig Y., *Magie et magiciens dans l'Égypte ancienne*, Paris, 1994.

Kozloff A.P., « The Malqata/El-Amarna Blues: Favourite Colours of Kings and Gods » *in* E. Goring *et al.* (éd.), *Chief of Seers: Studies in Memory of Cyril Aldred*, Londres, 1997, p. 178-192.

— *et al.* (éd.), *Aménophis III le Pharaon-Soleil*, Paris, 1993.

Knoblauch C., « A New Group of Middle Kingdom Embalming Deposits? Another Look at Pottery Dumps and Repositories for Buildings Materials in Middle Kingdom Cemeteries », *ÄgLev* 26, 2016, p. 329-356.

Kristensen T.M., « Religious Conflict in Late Antique Alexandria: Christian Responses to "Pagan" Statues in the Fourth and Fifth Centuries CE » *in* G. Hinge, J.A. Krasilnikoff (éd.), *Alexandria: a Cultural and Religious Melting Pot*, Aarhus, 2009, p. 158-175.

— « "Christ-Loving Antioch Became Desolate". Sculpture, Earthquakes, and Late Antique Urban Life » *in* T.M. Kristensen, L.M. Stirling (éd.), *The Afterlife of Greek and Roman Sculpture. Late Antique Responses and Practices*, Ann Arbor, 2016, p. 68-89.

— L.M. Stirling, « The Lives and Afterlives of Greek and Roman Sculpture: From Use to Reuse » *in* T.M. Kristensen, L.M. Stirling (éd.), *The Afterlife of Greek and Roman Sculpture. Late Antique Responses and Practices*, Ann Arbor, 2016, p. 1-24.

— « Embodied Images: Christian Response and Destruction in Late Antique Egypt », *JLA* 2/2, 2009, p. 220-250.

Krug A., *Staatliche Kunstsammlungen Kassel. Ägyptische Kleinkunst*, Cassel, 1971.

Kunstwerke der Antike, Auktion 9, Bâle, 19 novembre 2014.

Kurth D., *Einführung ins Ptolemäische. Eine Grammatik mit Zeichenliste und Übungsstücken* 1, Hützel, 2007.

Lacovara P., Teasley Trope B. (éd.), *The Collector's Eye. Masterpieces of Egyptian Art from The Thalassic Collection, Ltd*, Atlanta, 2001.

La momie aux amulettes, musée des Beaux-Arts et d'Archéologie de Besançon, Besançon, 2008.

Landgráfová R., *Abusir* XIV*: Faience Inlays from the Funerary Temple of King Raneferef. Raneferef's Substitute Decoration Programme*, Prague, 2006.

Langton N. & B., *The Cat in Ancient Egypt*, Cambridge, 1940.

La Niece S. *et al.*, « Polychromy and Egyptian Bronze: New Evidence for Artificial Coloration », *Studies in Conservation* 47, 2002, p. 95-108.

Lanoë E., « Fouilles à l'est du VIe pylône : l'avant-cour sud et le passage axial », *Karnak* 12, 2007, p. 373-390.

Larcher C., « Quand Thot devient babouin. Essai de datation et d'interprétation de l'apparition de la forme simiesque du dieu », *ZÄS* 143, 2016, p. 60-76.

Lauffray J., « La tribune du quai de Karnak et sa favissa », *Karnak* 5, 1975, p. 43-76.

Laurent V., *Antiquités égyptiennes. Inventaire des collections du musée des Beaux-Arts de Dijon*, Dijon, 1997.

— *En creusant un canal dans le delta du Nil… Les découvertes archéologiques de Félix Paponot*, Paris, 2016.

LECLANT J., *Montouemhat quatrième prophète d'Amon, prince de la ville*, BiÉtud 35, Le Caire, 1961.

— *Recherches sur les monuments thébains de la XXVe dynastie, dite « éthiopienne »*, BiÉtud 36, Le Caire, 1965.

— « Nouvelles antiquités égyptiennes », *RevArch* 41, 1953, p. 17.

LECLÈRE Fr., « Le temple d'Osiris Coptite » *in* Chr. Thiers, M. Boraik (éd.), *Centre franco-égyptien d'étude des temples de Karnak. Rapport d'activité 2009*, Louqsor, 2009, p. 24-28.

— « Le quartier de l'Osireion de Karnak. Analyse du contexte topographique » *in* L. Coulon (éd.), *Le culte d'Osiris au Ier millénaire av. J.-C. Découvertes et travaux récents*, BiÉtud 153, Le Caire, 2010, p. 239-268.

— « Le temple d'Osiris Coptite » *in* Chr. Thiers, M. Boraik (éd.), *Centre franco-égyptien d'étude des temples de Karnak. Rapport d'activité 2010*, Louqsor, 2011, p. 42-45.

LECUYOT G., « La céramique provenant du secteur du sanctuaire du Ramesseum », *Memnonia* 23, 2012, p. 99-135.

LEGRAIN G., « Notes prises à Karnak VII. Sur quelques statues ou groupes mutilés ou brisés sous Aménophis IV », *RecTrav* 23, 1901, p. 65-75.

— « Le temple de Ptah Rîs-anbou-f dans Thèbes », *ASAE* 3, 1902, p. 38-68 et 97-114.

— « Nouveaux renseignements sur les dernières découvertes faites à Karnak (15 novembre 1904 – 25 juillet 1905) », *RecTrav* 28, 1906, p. 137-161.

— « Notes d'inspection », *ASAE* 7, 1906, p. 33-34.

— « Au pylône d'Harmhabi à Karnak (X^e pylône) », *ASAE* 14, 1914, p. 13-44.

— *Statues et statuettes de rois et de particuliers* I-III, CGC, Le Caire, 1906-1914.

LEGROS A., PAYRAUDEAU Fr. (éd.), *Secrets de momies. Pratiques funéraires et visions de l'Au-delà en Égypte ancienne*, Paris, 2011.

LEHMANN St., FICHER-ELFERT H. (éd.), *Aegyptiaca und Papyri der Sammlung Julius Kurth. Archäologisches Museum der Martin-Luther-Universität Halle-Wittenberg*, Dresde, 2014.

LEITZ Chr., *Die regionale Mythologie Ägyptens nach Ausweis der geographischen Prozessionen in den späten Tempeln, Soubassementstudien* IV, SSR 10, Wiesbaden, 2017.

Les bronzes égyptiens. Fondation Gandur pour l'Art, Genève, 2014.

LICITRA N., *Étude archéologique d'un nouveau monument de la XXVe dynastie à Karnak : le Trésor de Chabaka*, thèse inédite, Paris, 2014.

— « Gérer les richesses du temple à l'époque koushito-saïte. Les découvertes récentes dans le Trésor de Shabaqo à Karnak », *ÉA&O* 81, 2016, p. 53-58.

— THIERS Chr., ZIGNANI P., « A Major Development Project of the Northern Area of the Amun-Ra Precinct at Karnak during the Reign of Shabaqo » *in* E. Pischikowa, J. Budka, K. Griffin (éd.), *Thebes in the First Millenium BC*, Cambridge, 2014, p. 557-561.

LIEVEN VON A., « Kinder, Schreiber, Könige – Vergöttlichte Menschen im Alten Ägypten. Ein Arbeitsbericht », *Mitteilungen der Berliner Gesellschaft für Anthropologie, Ethnologie und Urgeschichte* 25, 2004, p. 47-61.

— « Im Schatten des Goldhauses. Berufsgeheimnis und Handwerkerinitiation im Alten Ägypten », *SAK* 6, 2007, p. 147-155.

— *Heiligenkult und Vergöttlichung im Alten Ägypten*, OLA, Louvain (à paraître).

LIPIŃSKI E., *Semitic Languages: Outline of a Comparative Grammar*, OLA 80, Louvain, 1997.

LOEBEN Chr., « Museum August Kestner, Hannover » *in* M. Fitzenreiter *et al.* (éd.), *Gegossene Götter. Metallhandwerk und Massenproduktion im Alten Ägypten*, Rahden, 2014, p. 283-317.

LOFFET H. Ch., *Collections égyptiennes du Museum Emmanuel Liais de Cherbourg Octeville*, Paris, 2007.

— *La Collection Emmacha. Antiquités égyptiennes* 2. *Objets divers*, Paris, 2013.

Loin du sable. Collections égyptiennes du musée des Beaux-Arts et d'archéologie de Besançon, Besançon, 1990.

LORAND D., « Une stèle en "faïence" de la fin de la 17ème ou du début de la 18ème dynastie aux Musées royaux d'Art et d'Histoire », *CdE* 88, 2013, p. 230-243.

LOUANT E., « Harsomtus the Child, son of Horus of Edfu, and the Triple Confirmation of the Royal Power » *in* D. Budde *et al.* (éd.), *Kindgötter im Ägypten der griechisch-römischen Zeit*, OLA 128, Louvain, 2003, p. 225-249.

LUCAS A., HARRIS J.R., *Ancient Egyptian Materials and Industries*, 1962^4, Londres.

Luiselli M.M., « Early Mut(s). On the Origin of the Theban Goddess Mut and Her Cult », *RdE* 66, 2015, p. 111-131.

Lupo S., Cremonte M.B., « Upper Egyptian Vessels at Tell el-Ghaba, North Sinai: Luxury Objects of the Local Elite », *BACE* 22, 2011, p. 115-128.

Lurson B., « Symétrie égyptienne et dissymétrie mésopotamienne. Remarques sur les mutilations des statues royales », *BSEG* 21, 1997, p. 39-49.

— Moje J., Richter N., « Rapport préliminaire sur les premières campagnes de fouilles du temple contigu au Ramesseum (2010-2012) », *Memnonia* 23, 2012, p. 137-163.

Macadam M.F.L., Griffith F.L., Kirwan L.P., *The Temples of Kawa*, Oxford University Excavations in Nubia, Londres, 1955.

Malek J., *The Cat in Ancient Egypt*, Londres, 3e éd., 2000.

Malinine M., Posener G., Vercoutter J., *Catalogue des stèles de Sérapéum de Memphis*, Paris, 1968.

Marchand S., « Histoire parallèle. La céramique et les dépôts de fondation de l'Égypte ancienne », *ÉA&O* 36, 2004, p. 7-20.

— "Catacombes" osiriennes de Ptolémée IV du temple d'Amon de Karnak, CFEETK. Céramiques ptolémaïques et romaines », *CCE* 10, 2015, p. 123-148.

— D. Laisney, « Le *survey* de Dendara (1996-1997) », *CCE* 6, 2000, p. 261-297.

Mariette A., *Karnak. Étude topographique et archéologique*, Leipzig, 1875.

— *Le Sérapeum de Memphis* I, Paris, 1882.

Markowitz Y.J., Doxey D.M., *Jewels of Ancient Nubia*, Boston, 2014.

Martin G.T., *Stelae from Egypt and Nubia in the Fitzwilliam Museum, Cambridge, c. 3000 BC-AD 1150*, Cambridge, 2005.

Martin Valentin Fr., Bedman T. (dir.), *Azules egipcios. Pequeños tesoros del Arte*, Madrid, 2005.

Maspero G., *La trouvaille de Deir-el-Bahari*, Le Caire, 1881.

— « La consécration du nouveau temple de Phtah Thébain par Thoutmosis III ; communication lue à la séance du 26 janvier », *CRAI*, 1900.

Masson A., « Persian and Ptolemaic Ceramics from Karnak : Change and Continuity », *CCE* 9, 2011, p. 269-310.

— « Bronze Votive Offerings » *in* A. Villing *et al.* (éd.), *Naukratis: Greeks in Egypt*, Londres, 2013-2015 (https://www.britishmuseum.org/pdf/Masson_Bronze_votive_SF_AV.pdf).

— « Foundation Deposits » *in* A. Villing *et al.*, *Naukratis: Greeks in Egypt*, Londres, 2013-2015, p. 1-21 (https://www.britishmuseum.org/pdf/Foundation_deposits.pdf).

— « Cult and Trade. A Reflection on Egyptian Metal Offerings from Naukratis » *in* D. Robinson, Fr. Goddio (éd.), *Thonis-Heracleion in Context. The Maritime Economy of the Egyptian Late Period, Proceedings of the Conference in the University of Oxford, 15-17 March 2013*, OCMA Monograph 8, Oxford, 2015, p. 71-88.

Meeks D., « Pureté et impureté en Égypte » in *Dictionnaire de la Bible, Supplément* IX, Paris, 1976, col. 430-452.

Meffre R., *D'Héracléopolis à Hermopolis. La Moyenne Égypte durant la Troisième Période intermédiaire (XXIe-XXIVe dynasties)*, Paris, 2016.

Mendoza B., *Bronze Priests of Ancient Egypt from the Middle Kingdom to the Graeco-Roman Period*, BAR 1866, Oxford, 2008.

Millet N.B., « A Wooden Stela in the Royal Ontario Museum » *in* G.N. Knoppers, A. Hirsch (éd.), *Egypt, Israel and the Ancient Mediterranean World: Studies in Honor of Donald B. Redford*, ProbÄg 20, Leyde, Boston, 2004, p. 303-306.

Minault-Gout A., Till Fl., *Saï* II. *Le cimetière des tombes hypogées du Nouvel Empire SAC 5*, FIFAO 69, Le Caire, 2002.

Mond R.L., Myers O.H., *Temples of Armant. A preliminary Survey*, Londres, 1940.

Monnet Saleh J., *Les Antiquités égyptiennes de Zagreb*, Paris, 1970.

Montet P., « Les égyptiens à Byblos », *MonPiot* 25, 1921, p. 237-272.

— *Les nouvelles fouilles de Tanis (1929-1932)*, Publications de la faculté des lettres de l'université de Strasbourg 10, Paris, 1933.

— *Tanis : douze années de fouilles dans une capitale oubliée du Delta égyptien*, BibHist, Paris, 1942.

— « Inscriptions de Basse Époque trouvées à Tanis », *Kêmi* 8, 1946, p. 29-126.

MOUGENOT Fr., « Au plus près des offrandes : des statues de particuliers dans le grenier du dieu au Nouvel Empire », *RdE* 63, 2012, p. 201-205.

MUHLESTEIN K., « Execration Ritual » *in* W. Wendrich (éd.), *UCLA Encyclopedia of Egyptology*, Los Angeles, 2008 (http://escholarship.org/uc/item/3f6268zf, 2008).

MÜLLER H.W., « Bemerkungen zu den Kacheln mit Inschriften aus Qantir und zu den Rekonstruktionen gekachelter Palasttore », *MDAIK* 37, 1981, p. 339-357.

MÜLLER V., « Waste, Offerings or Cultic Depositions ? An Insight into the Varieties of Depositional Practices in Ancient Egypt », *ÄgLev* 27, 2017, p. 159-181.

MÜLLER-ROTH M., HÖVELER-MÜLLER M. (éd.), *Grenzen des Totenbuchs. Ägyptiche Papyri zwischen Grab und Ritual*, Rahden, 2012.

MÜLLER-WINKLER C., *Die ägyptischen Objekt-Amulette*, OBO SerArch 5, Fribourg, 1987.

MUMFORD M., « A Late Period Riverine and Maritime Port Town and Cult Center at Tell Tebilla (Ro-Nefer) », *JAEI* 5/1, 2013, p. 38-67.

MUNRO B., « Sculptural Deposition and Lime Kilns at Roman Villas in Italy and the Western Provinces in Late Antiquity » *in* T.M. Kristensen, L.M. Stirling (éd.), *The Afterlife of Greek and Roman Sculpture. Late Antique Responses and Practices*, Ann Arbor, 2016, p. 47-67.

MUNRO P., *Die spätägyptischen Totenstelen*, ÄgForsch 25, Glückstadt, 1973.

MYŚLIWIEC K., *Keramik und Kleifunde aus der Grabung im Tempel Sethos' I. in Gurna*, ArchVer 57, Mayence, 1987.

— *Royal Portraiture of the Dynasties XXI-XXX*, Mayence, 1988.

— SAID M.B., « Polish-Egyptian Excavations at Tell Atrib in 1994-1995 », *EtTrav* 18, 1999, p. 179-219.

NAVILLE É., *The Shrine of Saft el Henneh and the Land of Goshen (1885)*, EEF 5, Londres, 1887.

— *Bubastis (1887-1889)*, EES ExcMem 8, Londres, 1891.

— *Papyrus funéraires de la 21e dynastie* I, Le Caire, 1912.

NENNA M.-D., *Les verres antiques du musée du Louvre* 3. *Parure, instruments et éléments d'incrustation*, Somogy, 2011.

— « Le mobilier religieux en bois incrusté de verre des temples égyptiens : nouvelles données (VIIe av. J. C.-Ier siècle apr. J.-C.) » *in* I. Lazar (éd.), *Annales du 19e congrès de l'Associtation internationale pour l'histoire du verre, Piran, 2012*, Koper, 2015, p. 30-38.

— NICHOLSON P.T., « Faience Technology » *in* P.T. Nicholson (éd.), *Working in Memphis: The Production of Faience at Roman Period Kom Helul*, EES ExcMem 105, Londres, 2013, p. 133-146.

NEWBERRY P.E., *Funerary Statuettes and Model Sarcophagi*, CGC, Le Caire, 1930.

NICHOLSON P.T., « Materials and Technology » *in* Fl. Dunn Friedman (éd.), *Gifts of the Nile. Ancient Egyptian Faience*, Providence, 1998, p. 50-64.

— « Faience » *in* D.B. Redford (éd.), *The Oxford Encyclopedia of Ancient Egypt*, Oxford, 2001, p. 491-496.

— (éd.), *Working in Memphis: The Production of Faience at Roman Period Kom Helul*, EES ExcMem 105, Londres, 2013.

— « The Saqqara Bronzes Project, 2004 », *JEA* 91, 2005, p. 12-15.

— « The Saqqara Bronzes Conservation Project, 2005 », *JEA* 92, 2006, p. 19-21.

— SHAW I. (éd.), *Ancient Egyptian Materials and Technology*, 5e éd., Cambridge, 2009.

— SMITH H.S., « The Sacred Animal Necropolis at North Saqqara », *JEA* 82, 1996, p. 8-11.

NIWINSKI A., *21st Dynasty Coffins from Thebes. Chronological and Typological Studies*, Theben V, Mayence, 1988.

NORDSTRÖM H.-Ä., BOURRIAU J., « Ceramic Technology: Clays and Fabrics » *in* Do. Arnold, J. Bourriau (éd.), *An Introduction to Ancient Egyptian Pottery*, SDAIK 17, Mayence, 1993, p. 142-190.

OGDEN J, « Metals » *in* P.T. Nicholson, I. Shaw (éd.), *Ancient Egyptian Materials and Technology*, 5e éd., Cambridge, 2009, p. 148-176.

OSBORNE R., « Hoards, Votives, Offerings: the Archaeology of the Dedicated Object », *WorldArch* 36, 2004, p. 1-10.

PAGE-GASSER M., *Götter bewohnten Ägypten. Ägyptische Bronzen des Departments für Biblische Studien der Universität Freiburg/Schweiz*, OBO, Fribourg, 2001.

— Wiese A.B., *Égypte. Moments d'éternité. Art égyptien dans les collections privées, Suisse*, Mayence, 1997.

Pamminger P., *Ägyptische Kleinkunst aus der Sammlung Gustav Memminger*, Leonberg, [1991].

Panov A., *Documents on the History of the Priestly Families from Memphis and Letopolis in the Late Period* 2, Novosibirsk, 2015.

Parkinson R., *Cracking Codes. The Rosetta Stone and Decipherment*, Londres, 1999.

Payraudeau Fr., « La désignation du gouverneur de Thèbes aux époques libyennes et éthiopienne », *RdE* 54, 2003, p. 131-153.

— « Une famille de délégués du trésor du domaine d'Amon sous la 25ème dynastie », *SAK* 35, 2006, p. 213-218.

— *Administration, société et pouvoir à Thèbes sous la XXIIe dynastie bubastite*, BiÉtud 160, Le Caire, 2014.

— « Nouveaux documents relatifs aux pontifes thébains des XXIe et XXIIe dynasties provenant de la Cachette de Karnak » *in* L. Coulon (dir.), *La Cachette de Karnak. Nouvelles perspectives sur les découvertes de G. Legrain*, BiÉtud 161, Le Caire, 2016, p. 351-363.

Pelizaeus-Museum Hildesheim. Die Ägyptische Sammlung, Mayence, 1993.

Peltenburg E., « Egyptian faience » *in* P.T. Nicholson, I. Shaw (éd.), *Ancient Egyptian Materials and Technology*, 5e éd., Cambridge, 2009, p. 177-194.

Perez Die M.C., *La Tumba de Tutmosis III. Las horas oscuras del sol. Catálogo de la Exposición*, Madrid, 2004.

Perdu O., « Un monument d'originalité », *JEA* 84, 1998, p. 123-149.

— « L'Osiris de Ptahirdis reconstitué », *SAK* 27, 1999, 271-300.

— « Des pendentifs en guise d'ex-voto », *RdE* 54, 2003, p. 155-166.

— « Psammétique-séneb : un vizir d'Héliopolis avant la conquête d'Alexandre », *ÉA&O* 42, 2006, p. 41-52.

— *Le crépuscule des pharaons. Chefs-d'œuvre des dernières dynasties égyptiennes*, Paris, 2012.

Peterson B.E.J., *Zeichnungen au seiner Totenstadt*, *Medelhavsmuseet Bulletin* 7-8, 1973.

Petrie W.M.Fl., *Naukratis. Part* I, *1884-5*, EEF 3, Londres, 1886.

— *Medum*, Londres, 1892.

— *Koptos*, Londres, 1896.

— *Six temples at Thebes, 1896*, Londres, 1897.

— *Dendereh 1898*, EEF 17, Londres, 1900.

— *Abydos II*, EEF 24, Londres, 1903.

— *Ehnasya 1904*, EEF 26, Londres, 1905.

— *Memphis* I, BSAE 15, Londres, 1909.

— *The palace of Apries (Memphis II)*, BSAE 15, Londres, 1909

— *Amulets*, Londres, 1914.

— Wainwright G.A., Gardiner A.H., *Tarkhan I and Memphis I*, BSAE 23, Londres, 1913.

— Mackay E.J.H., *Heliopolis, Kafr Ammar and Shurafa*, BSAE 24, Londres, 1915

Pfeiffer St., « Die griechischen Inschriften im Podiumtempel von Karnak und der Kaiserkult in Ägypten. Mit einem 3D-Modell von Jan Köster », *Karnak* 16, 2017, p. 303-328.

Pfrommer M., *Studien zu alexandrinischer und grossgriechischer Toreutik frühhellenistischer Zeit*, ArchForsch 16, Berlin, 1987.

Pierrat G., « À propos de la date et de l'origine du trésor de Tôd », *BSFE* 130, 1994, p. 18-28.

Pilgrim C. von, « Zur Entwicklung der Verehrungsstätten des Heqaib in Elephantine » *in* E. Czerny *et al.* (éd.), *Timelines: studies in honour of Manfred Bietak*, OLA 149, Louvain, 2006, p. 403-418.

Pinch G., *Votive Offerings to Hathor*, Oxford, 1993.

— Pinch G., Waraksa E., « Votive Practices » *in* W. Wendrich (éd.), *UCLA Encyclopedia of Egyptology*, Los Angeles, 2009, p. 1-9 (http://www.escholarship.org/uc/item/7kp4n7rk).

Pirelli P., *La collezione egiziana del Museo Archeologico Nazionale di Napoli*, Naples, 1989.

Preys R., « La royauté lagide et le culte d'Osiris d'après les portes monumentales de Karnak » *in* Chr. Thiers (éd.), *Documents de Théologies Thébaines Tardives* (*D3T* 3), CENiM 13, Montpellier, 2015, p. 159-215.

Pusch E., « "Pi-Ramesse-geliebt-von-Amun, Hauptquartier Deiner Streitwagentruppen". Ägypter und Hetither in der Delta Residenz » *in* A. Eggebrecht (éd.), *Pelizaeus-Museum Hildesheim. Die ägyptische Sammlung*, Mayence, 1993, p. 126-143.

QUACK J.Fr., « Ein übersehener Beleg für den Imhotep-Kult in Theben », *RdE* 49, 1998, p. 255-256.

— « Organiser le culte idéal. Le Manuel du temple », *BSFE* 160, 2004, p. 925.

— « Les normes pour le culte d'Osiris. Les indications du Manuel du Temple sur les lieux et les prêtres osiriens » *in* L. Coulon (éd.), *Le culte d'Osiris au Ier millénaire av. J.-C : Découvertes et travaux récents*, BiÉtud 153, Le Caire, 2010, p. 23-30.

— *Beiträge zu den ägyptischen Dekanen und ihrer Rezeption in der griechisch-römischen Welt* (à paraître).

QUAEGEBEUR J., « Aspects du culte de Bastet en Égypte gréco-romaine » in *Chats des Pharaons. « 4000 ans de divinité féline »*, Bruxelles, 1989, p. 28-31.

— « Le culte de Boubastis-Bastet en Égypte gréco-romaine » *in* L. Delvaux, E. Warmenbol (éd.), *Les divins chats d'*Égypte : un air subtil, un dangereux parfum, Louvain, 1991, p. 117-127.

— « Somtous l'Enfant sur le lotus », *CRIPEL* 13, 1991, p. 113-121.

— « Apis et la *menat* », *BSFE* 98, 1983, p. 17-39.

QUÉMEREUC M.-D., *Collections égyptiennes. Musée de Guéret*, Guéret, 1992.

QUERTINMONT A. (dir.), *Dieux, génies et démons en Égypte ancienne. À la rencontre d'Osiris, Anubis, Isis, Hathor, Rê et les autres...*, Morlanwelz, 2016.

QUIBELL J.E., *Hierakonpolis* I, BSAE 4, Londres, 1900.

— CLARKE S., TYLOR J.J., *El Kab*, ERA 3, Londres, 1898.

— GREEN J., *Hierakonpolis* II, Londres, 1902.

QUIRKE St., SPENCER J., *The British Museum Book of Ancient Egypt*, Londres, 1994[3].

RAGHEB A., « Bronze Hoard From Heracleion », *BSAA* 48, 2009, p. 13-24.

RANDALL-MACIVER D., WOOLLEY L., *Buhen*, University of Pennsylvania 7-8, Philadelphie, 1911.

RAUE D., *Heliopolis und das Haus des Re*, ADAIK 16, Berlin, 1999.

REDDÉ M., « Le trésor de Douch (information) », *CRAIBL* 133/2, 1989, p. 427-445.

— *et al.*, *Douch* IV. *Le trésor. Inventaire des objets et essai d'interprétation*, DFIFAO 28, Le Caire, 1992.

REEVES N., *The Complete Tutankhamun*, Londres, 1990.

RÉGEN I., « When the Book of the Dead Does Not Match Archaeology: The Case of the Protective Magical Bricks (BD 151) », *BMSAES* 15, 2010, p. 267-278.

— SOUKIASSIAN G., *Gebel el-Zeit* II. *Le matériel inscrit*, FIFAO 57, Le Caire, 2008.

REISNER G.A., « The Barkal Temples in 1916 », *JEA* 4, 1917, p. 213-227.

— « The Barkal Temples in 1916 », *JEA* 6, 1920, p. 247-264.

RENFREW C., BAHN P.G., *Archaeology: Theories, Methods and Practice*, Londres, 2008.

RICKAL E. (dir.), *Ancient Egypt. The Collection of the Latvian National Museum of Art*, Riga, 2014.

RIEFSTAHL E., *Ancient Egyptian Glass and Glazes in the Brooklyn Museum*, Wilbour Monographs 1, New York, 1968.

RITNER R.K., *The Mechanics of Ancient Egyptian Magical Practice*, SAOC 54, Chicago, 1993.

— *The Libyan Anarchy. Inscriptions froms Egypt's Third Intermediate Period*, WAW 21, Atlanta, 2009.

RODZIEWICZ E., « Remains of a Chryselephantine Statue in Alexandria », *BSAA* 44, 1991, p. 119-130.

ROEDER G., *Pelizaeus-Museum zu Hildesheim. Ägyptische Bronzewerke*, Glückstadt, 1937.

— « Die Arme der Osiris-Mumie » *in* O. Firchow (éd.), *Ägyptologische Studien Hermann Grapow zum 70. Geburtstag gewidmet*, Berlin, 1955, p. 248-286.

— *Staatliche Museen zu Berlin. Mitteilungen aus der ägyptischen Sammlung VI, Ägyptische Bronzefiguren*, Berlin, 1956.

ROGGE E., *Statuen des Neuen Reiches und der Dritten Zwischenzeit*, CAA Kunsthistorisches Museum Wien 6, Mayence, 1990.

— *Statuen der 30. Dynastie und der Ptolemäisch-Römischen Epoche*, CAA Kunsthistorisches Museum Wien 11, Mayence, 1999.

ROLLEFSON O.G., « Ritual and Ceremony at Neolithic Ain Ghazal (Jordan) », *Paléorient* 9/2, 1983, p. 29-38.

RONDOT V., *Tebtynis* II. *Le temple de Soknebtynis et son dromos*, FIFAO 50, Le Caire, 2004.

— « Les bronzes d'al-Hassa », *Brochure EDF R&D Valectra*, 2011 (http://www.sfdas.com/fouilles-et-prospections/fouilles-programmees-de-la-sfdas/article/el-hassa?lang=en).

Rosenberg-Dimitracopoulou A., « Funerals for Statues? The Case of Phrasikleia and her "Brother" » *in* M.M. Miles (éd.), *Autopsy in Athens. Recent Archaeological Research on Athens and Attica*, Oxford, 2015, p. 85-99.

Roullet A., *The Egyptian and Egyptianizing Monuments of Imperial Rome*, EPRO 20, Leyde, 1972.

Ruffieux Ph., « Ensembles céramiques Napatéens découverts durant les campagnes 2005- 2006 et 2006-2007 à Doukki Gel (Kerma) » *in* Ch. Bonnet *et al.*, *Kerma 2005-2006 2006-2007*, Geneva 55, Genève, 2007, p. 223-239.

Russmann E.R., *The Representation of the King in the XXVth Dynasty*, MRE 3, Bruxelles, 1974.

Ryholt K., « The Life of Imhotep (P.Carlsberg 85) » *in* G. Widmer, D. Devauchelle (éd.), *Actes du IXe congrès international des études démotiques, Paris, 31 août-3 septembre 2005*, BiÉtud 147, Le Caire, 2009, p. 305-315.

Sachs C., *Staatliche Museen zu Berlin. Mitteilungen aus der ägyptischen Sammlung* III, *Die Musikinstrumente des alten Ägyptens*, Berlin, 1921.

Sackho-Autissier A., « Cinq fragments de statues de particuliers du magasin du "Cheikh Labib" », *Karnak* 11, 2003, p. 571-583.

Sadek A.I., *Popular Religion in Egypt During the New Kingdom*, HÄB 27, Hildesheim, 1987.

Sambin Ch., « Médamoud : le sanctuaire Djémê de Montou » *in* Chr. Thiers (éd.), *Documents de Théologies Thébaines Tardives* (*D3T* 3), CENiM 13, Montpellier, 2015, p. 273-294.

Samson J., « Amarna Crowns and Wigs », *JEA* 59, 1973, p. 47-59.

Sandman-Holmberg M., *The God Ptah*, Lund, 1946.

Satzinger H., « The Scarab on the Cat's Forehead » *in Essays in Honour of Prof. Dr. Jadwiga Lipinska*, WES 1, Varsovie, 1997, p. 399-408.

Sauneron S., Yoyotte J., « Le cynocéphale  comme graphie de nom de Thot », *RdE* 7, 1950, p. 9-13.

el Sawi A., « Preliminary Report on Tell Basta Excavations », *ZÄS* 104, 1977, p. 127-131.

— *Excavations at Tell Basta. Reports of Seasons 1967-1971 and Catalogue of Finds*, Prague, 1979.

Scamuzzi E., *L'art égyptien au musée de Turin*, Turin, 1966.

Scheid J., « Épigraphie et sanctuaires guérisseurs en Gaule », *MEFRA* 104/1, 1992, p. 25-40.

— « Pour une archéologie du rite », *Annales (Histoire, Sciences sociales)* 55/3, 2000, p. 615-622.

Schlick-Nolte B., « Ägyptische Fayence und Ägyptisch Blau im Alten Ägypten » *in* R. Busz, P. Gercke (éd.), *Turkis und Azur. Quarzkeramik im Orient und Okzident, Staatliche Museen Kassel, Universität Gesamthochschule Kassel*, Wolfratshausen, 1999, p. 12-52.

Schlögl H.A., « Gebet zur Genesung des kranken Königs Thutmosis IV. », *Sokar* 27, 2013, p. 52-57.

Schmitt Fr., *La semence des pierres : le dépôt de fondation dans l'Égypte ancienne*, thèse inédite, Paris, EPHE, 2013.

— « La semence des pierres : le dépôt de fondation dans l'Égypte ancienne » *in* P. Kousoulis, N. Lazaridis (éd.), *Proceedings of the Tenth International Congress of Egyptologists* 2, OLA 241, Louvain, 2015, p. 443-458.

— « Les dépôts de fondation à Karnak, actes rituels de piété et de pouvoir », *Karnak* 16, 2017, p. 351-371.

Schneider H.D., *Rijksmuseum van Oudheden. Egyptisch kunsthandwerk*, Amsterdam, 1995.

Schorsch D., « The Manufacture of Metal Statuary: "Seeing the Workshops of the Temple" » *in* M. Hill, D. Schorsch (éd.), *Gifts for the Gods: Images from Egyptian Temples*, New York, 2007, p. 189-199.

— « Bronzes from the Sacred Animal Necropolis at North Saqqara » *in* M. Hill, D. Schorsch (éd.), *Gifts for the Gods: Images from Egyptian Temples*, New York, 2007, p. 174-187.

Schoske S., Wildung D., *Gott und Götter im Alten Ägypten*, Mayence, 1993.

— (éd.), *Entdeckungen. Ägyptische Kunst in Süddeutschland*, Mayence, 1985.

Schreiber G., *The Mortuary Monument of Djehutymes* II. *Finds from the New Kingdom to the Twenty-Sixth Dynasty*, Studia Aegyptiaca. Series maior 2, Budapest, 2008.

Schulz R., « Ein Löwenkopf-Usech mit menit » *in* M.R.M. Hasitzka *et al.* (éd.), *Das Alte Ägypten und sein Nachbarn. Festschrift zum 65. Geburtstag von Helmut Satzinger*, Krems, 2003, p. 123-131.

Schulze M., Lehmann R., « Alte und neue Analyseverfahren an den Bronzen des Museum August Kestner und was sie uns verraten » *in*

M. Fitzenreiter *et al.* (éd.), *Gegossene Götter. Metallhandwerk und Massenproduktion im Alten Ägypten*, Rahden, 2014, p. 133-154.

SCHWAPPACH-SHIRRIF L., *Treasures of the Rosicrucian Egyptian Museum*, San José, 2004.

SCHWEITZER A., *Entre Égypte et Alsace. La collection du Muséum d'histoire naturelle de Colmar et la collection égyptienne de la Société industrielle de Mulhouse*, Colmar, 2007.

— TRAUNECKER Cl., *Strasbourg, Musée archéologique : Antiquités égyptiennes de la collection G. Schlumberger*, Strasbourg, 1998.

SCOTT G.D., *Ancient Egyptian Art at Yale*, New Haven, 1986.

SEIPEL W., *Ägypten. Götter, Gräber und die Kunst, 4000 Jahre Jenseitsglaube. Schloßmuseum Linz, 9 April - 28 September 1989* 1, Linz, 1989.

— *Ägypten. Die letzten Pharaonen. Von Alexander dem Großen bis Kleopatra. Katalog zur Ausstellung in der Kunsthalle Leoben 25. April – 1. November 2015*, Mannheim, 2015.

SHEARMAN Fl., « Patina and Polychromy: Reconstructing Some Technical Histories for Small Egyptian Bronze Sculpture in the British Museum » *in* J. Dawson, C. Rozeik, M.M. Wright (éd.), *Decorated Surfaces on Ancient Egyptian Objects: Technology, Deterioration and Conservation. Proceedings of a Conference held in Cambridge, UK on 7-8 September 2007*, Cambridge, 2010, p. 52-57.

SHORE A.F., « Votive Objects from Dendera of the Graeco-Roman Period » *in* J. Ruffle, G.A. Gaballa, K.A. Kitchen (éd.), *Glimpses of Ancient Egypt*, Warminster, 1979, p. 138-160.

SHULMAN A.R., « Reshep at Zagazig: A New Document » *in* Fr. Junge (éd.), *Studien zu Sprache and Religion Ägyptens zu Ehren von Wolfhart Westendorf* II: *Religion*, Göttingen, 1984, p. 855-865.

SLIWA J., *Egyptian Scarabs and Seal Amulets from the Cracow Collections*, Cracovie, 2015.

SMITH H.S., *A Visit to Ancient Egypt. Life at Memphis & Saqqara (c. 500-30 BC)*, Warminster, 1974.

— « Preliminary Report on Excavations in the Sacred Animal Necropolis, Season 1974-1975 », *JEA* 62, 1976, p. 14-17.

— *et al.*, *The Sacred Animal Necropolis at North Saqqara. The Main Temple Complex. The Archaeological Report*, EES ExcMem 75, Londres, 2006.

SMITH M., *Following Osiris. Perspectives on the Osirian Afterlife from Four Millennia*, Oxford, 2017.

SMITH S.T., « Pots and Politics: Ceramics from Askut and Egyptian Colonialism during the Middle Through New Kingdoms » *in* C.A. Redmount, C.A. Keller (éd.), *Egyptian Pottery. Proceedings of the 1990 Pottery Symposium at the University of California, Berkeley*, University of California Publications in Egyptian Archaeology 8, Berkeley, 2003, p. 38-79.

SOUROUZIAN H., *Les monuments du roi Merenptah*, SDAIK 22, Mayence, 1989.

— *et al.*, « Fifth Report on Excavation and Conservation Works at Kôm el-Hettan from 9th to 12th Seasons (2007-2010) by The Colosso of Memnon and Amenhotep III Temple Conservation Project », *ASAE* 85, 2011, p. 273-552.

SPENCER A.J., *Excavations at El-Ashmunein* III. *The Town*, Londres, 1993.

SPENCER N., *The Gayer-Anderson Cat*, British Museum Objects in Focus, Londres, 2007.

— *Kom Firin* I*: The Ramesside Temple and its Site Survey*, BMRP 170, Londres, 2008.

SPIEGELBERG, « Der Stabkultus bei den Ägyptern », *RecTrav* 25, 1903, p. 184-190.

— « Das Kolophon des liturgischen Papyrus aus der Zeit des Alexander IV. », *RecTrav* 35, 1913, p. 35-40.

STADELMANN R., « Ptah Who Listens to Prayers in the Mortuary Temple of Amenhotep III at Thebes » *in* A. Oppenheim, O. Goelet (éd.), *The Art and Culture of Ancient Egypt: Studies in Honor of Dorothea Arnold*, BES 19, New York, 2015, p. 613-618.

STADLER M.A., *Weiser und Wesir. Studien zu Vorkommen, Rolle und Wesen des Gottes Thot im ägyptischen Totenbuch*, ORA 1, Tübingen, 2009.

— « „Ach, das ist gestreift!“ Ägyptische Königsplastik im 4. und 3. Jahrhundert v. Chr. » *in* S. Lippert, M.A. Stadler (éd.), *Gehilfe des Thot. Festschrift für Karl-Theodor Zauzich zu seinem 75. Geburtsag*, Wiesbaden, 2014, p. 105-127.

STAGER L.E., SCHLOEN J.D., MASTER D.M., *Ashkelon* 3. *The Seventh Century B.C.*, Winona Lake, 2011.

STANWICK P.E., *Portraits of the Ptolemies. Greek Kings as Egyptian Pharaohs*, Austin, 2002.

STARING N., « Wege einer verloren geglaubten Stele: Berlin ÄM 19718 », *Amun* 53, 2016, p. 35-42.

— « Revisiting Three Objects in Berlin Pertaining to the Mayor of Memphis, Ptahmose: The "Lost" Faience Stela ÄM 19718 and the Limestone Pyramid Panels ÄM 1631-1632 », *SAK* 45, 2016, p. 341-374.

STAUBLI T. (éd.), *Werbung für die Götter. Heilsbringer aus 4000 Jahren*, Fribourg, 2004.

STEINDORFF G., *Catalogue of the Egyptian Sculpture in the Walters Art Gallery*, Baltimore, 1946.

STERNBERG-EL HOTABI S., *Untersuchungen zur Überlieferungsgeschichte der Horusstelen* II, ÄgAbh 62, Wiesbaden, 1999.

STEWART H.M., *Egyptian Stelae, Reliefs and Paintings from the Petrie Collection* 3. *The Late Period*, Warminster, 1976.

STÖHR S., « "Ich gebe Dir Maat". Eine Bronzegruppe in einer Hamburger Privatsammlung » *in* L.D. Morenz, A. El Hawary (éd.), *Weitergabe. Festschrift für Ursula Rößler-Köhler zum 65. Geburtstag*, GÖF 53, Wiesbaden, 2015, p. 391-405.

STRAßBURGER N. , *Heilige Aubergenville. Favissae und Kultdeposite in Israel/Palästina von der Spätbronzezeit bis zur Perserzeit*, ÄAT 92, 2018.

STRUDWICK N., *The Tombs of Amenhotep, Khnummose and Amenmose at Thebes (Nos. 295, 253, 254)*, Oxford, 1996.

SULLIVAN E., *A Glimpse into Ancient Thebes. Excavations at South Karnak (2004-2006)*, BAR-IS 2538, Oxford, 2013.

SZAFRANSKI Z.E., « Buried Statues of Mentuhotep II Nebhepetre and Amenophis I at Deir el-Bahari », *MDAIK* 41, 1985, p. 257-263.

— « Baboons in Shrines. Graffiti in the Temple of Hatshepsut at Deir el-Bahari », *MDAIK* 70/71, 2014/2105, p. 445-448.

TAWFIK T.S., « A Special Type Stelae from Saqqara as Substitute for Tomb Superstructure? », *ASAE* 86, 2012-2013 (2016), p. 397-406.

TAYLOR J.A., *An Index of Male Non-Royal Egyptian Titles, Epithets & Phrases of the 18th Dynasty*, Londres, 2001.

TAYLOR J., CRADDOCK P., SHERMAN F., « Egyptian Hollow-Cast Bronze Statues of the Early First Millenium BC », *Apollo* 148, 1998, p. 9-14.

TEETER, *Ancient Egypt. Treasures from the Collection of the Oriental Institute University of Chicago*, Chicago, 2003.

— *Religion and Ritual in Ancient Egypt*, Cambridge, 2011.

TEFNIN R., *Art et magie au temps des Pyramides : l'énigme des têtes dites « de remplacement »*, MonAeg 5, Bruxelles, 1991.

TE VELDE H., « Towards a Minimal Definition of the Goddess Mut », *JEOL* 26, 1979-1980, p. 3-9.

— « The Cats as Sacred Animal of the Goddess Mut » *in* H. VAN VOSS *et al.* (éd.), *Studies in Egyptian Religion Dedicated to Professor Jan Zandee*, SHR 43, Leyde, 1982, p. 127-137.

— « Mut and Other Ancient Egyptian Goddesses » *in* J. Phillips (éd.), *Ancient Egypt, the Aegean, and the Near East. Studies Martha Rhoads Bell* 1, San Antonio, 1997, p. 455-462.

THEIS Chr., *Magie und Raum. Der magische Schutz ausgewählter Räume im alten Ägypten nebst einem Vergleich zu angrenzenden Kulturbereichen*, ORA 222, Tübingen, 2013.

THIEME A, « A Brief Note Concerning the Filiation *zꜣ Nʿ[-n-]-f-Iʿḥ msj ḥpt.ti* », *GöttMisz* 153, 1996, p. 101-105.

THIERS Chr., *La stèle de Ptolémée VIII Évergète II à Héracléion*, OCMA Monograph 4, Oxford, 2009.

— « Un montant de naos au nom d'Amasis consacré au dieu Ptah » *in* Chr. Zivie-Coche, I. Guermeur (éd.), *« Parcourir l'éternité ». Hommages à Jean Yoyotte*, BEHE-SR 156, Turnhout, 2012, p. 981-989.

— « *Membra disiecta ptolemaica* (II) », *Karnak* 14, 2013, p. 467-491.

— « Le temple de Ptah à Karnak. Remarques préliminaires » *in* H. Beinlich (éd.), *9. Ägyptologische Tempeltagung. Kultabbildung und Kultrealität*, KSGH 3,4, Wiesbaden, 2013, p. 319-342.

— « Armant: Recent Discoveries at the Temple of Montu-Re », *EgArch* 44, 2014, p. 32-35.

— « Ermant » in *Rapport d'activité 2014-2015*, Suppl. au *BIFAO* 115, 2015, p. 108-115.

— « Hymne à Tanent et présence latopolite sur quelques blocs d'Ermant » *in* Chr. Thiers (éd.), *Documents de Théologies Thébaines Tardives* (*D3T* 3), CENiM 13, Montpellier, 2015, p. 295-326.

— « "25.XII.(18)99. La voie ferrée étant prête on commence le déblaiement du temple de Ptah Neferher". Les fouilles de Georges Legrain au temple de Ptah à Karnak » *in* L. Coulon, V. Rondot (éd.), *Les cahiers de l'égyptologue. Notes et journaux de Georges Legrain. Actes de la journée d'étude tenue au musée du Louvre le 9 décembre 2015* (à paraître).

— P. Zignani, « The Temple of Ptah at Karnak », *EgArch* 38, 2011, p. 20-24.

— P. Zignani, « The Temple of Ptah » *in* M. Boraik, Chr. Thiers, *French-Egyptian Center for the Study of the Temples of Karnak. Activity Report 2011*, Louqsor, 2012, p. 15-23 (http://www.cfeetk.cnrs.fr/).

Thirion M., « Notes d'onomastique. Contribution à une révision du Ranke PN [X] », *RdE* 46, 1995, p. 171-186.

— « Notes d'onomastique. Contribution à une révision du Ranke PN [XI] », *RdE* 52, 2001, p. 265-276.

Thomas N. (éd.), *The American Discovery of Ancient Egypt*, Los Angeles, 1995.

Thomas S., « A Saite figure of Isis in the Petrie Museum », *JEA* 85, 1999, p. 232-235.

Tinius I., *Altägypten in Braunschweig. Die Sammlungen des Herzog Anton Ulrich-Museums und des Städtischen Museums*, Wiesbaden, 2011.

Tiribilli E., « An Unusual Iconography of Osiris: The Bronze Statuette Petrie Museum UC 8033 », *EVO* 39, 2016, p. 117-132.

— *The Bronze Figurines of the Petrie Museum from 2000 BC to AD 400*, GHP Egyptology 28, Londres, 2018.

Török L., *Meroe City, an Ancient African Capital. John Garstang's excavations in the Sudan*, EES OccPub 12, Londres, 1997.

— *Hellenizing Art in Ancient Nubia, 300 BC-AD 250, and its Egyptian Models: a Study in « Acculturation »*, Culture and history of the ancient Near East 53, Leyde, Boston, 2011.

Tosi M., Roccati A., *Stele e altre Epigrafi di Deir el Medina*, CMET, Turin, 1972.

Toye-Dubs N., *De l'oreille à l'écoute. Étude des documents votifs de l'écoute : nouvel éclairage sur le développement de la piété personnelle en Égypte ancienne*, BAR IS 2811, Oxford, 2016.

Traunecker Cl., « Cryptes décorées, cryptes anépigraphes » in *Hommages à François Daumas*, Montpellier, 1986, p. 572-577

— « Le château de l'Or de Thoutmosis III et les magasins nord du temple d'Amon », *CRIPEL* 11, 1989, p. 89-111.

— « Observations sur le décor des temples égyptiens » *in* Fr. Dunand (éd.), *L'image et la production du sacré. Actes du colloque de Strasbourg, 20-21 janvier 1988*, Paris, 1991, p. 77-101.

— « Les graffiti des frères Horsaïsis et Horemheb. Une famille de prêtres sous les derniers Ptolémées » *in* W. Clarysse *et al.* (éd.), *Egyptian Religion. The Last Thousand Years. Studies Dedicated to the Memory of J. Quaegebeur* 2, OLA 85, Louvain, 1998, p. 1191-1229.

— « Dimensions réelles et dimensions imaginaires des dieux d'Égypte : les statues secrètes du temple d'Opet à Karnak », *Ktèma* 29, 2004, p. 51-65.

— « Thèbes, été 115 avant J.-C. : les travaux de Ptolémée IX Sôter II et son prétendu "Château de l'Or" à Karnak » *in* Chr. Thiers (éd.), *Documents de Théologies Thébaines Tardives* (*D3T* 2), CENiM 8, Montpellier, 2013, p. 177-226.

Troy L., « Mut Enthroned » *in* J. van Dijk (éd.), *Essays on Ancient Egypt in Honour of Herman te Velde*, EgMem 1, Groningen, 1997.

Uranic I., *Aegyptiaca Zagrabiensia. Egyptian Collection of the Archaeological Museum in Zagreb*, Zagreb, 2007.

Vaelske V., « Keine Katzen auf Tell Basta? Zur Problematik der religionsgeschichtlichen Auswertung von Terrakotten » *in* J. Griesbach (éd.), *Griechisch-Ägyptisch Tonfiguren vom Nil*, Regensburg, 2013, p. 35-39.

Valbelle D., « Les niveaux hellénistiques de Tell el-Herr », *BSFE* 132, 1995, p. 30-42.

— « Statues enterrées, dépôts liturgiques et différentes catégories de *favissae* » *in* L. Coulon (dir.), *La Cachette de Karnak. Nouvelles perspectives sur les découvertes de Georges Legrain*, BiÉtud 161, Le Caire, 2016, p. 21-33.

— Marchi S., « Un dépôt votif de la forteresse de Tell el-Herr » *in* Chr. Zivie-Coche, I. Guermeur (éd.), « *Parcourir l'éternité* ». *Hommages à Jean Yoyotte*, BEHE-SR 156, Turnhout, 2012, p. 1032-1036.

Vandersleyen Cl., *Écrits sur l'art égyptien*, CÉA 13, Bruxelles, 2012.

Van de Walle B., « Le pieu sacré d'Amon », *Archiv orientální* 20 (*Diatribae… Lexa*), 1952, p. 111-135.

Vandier J., « La Statue de Hekatefnakht », *Revue du Louvre* 1964, p. 57-66.

Van Haarlem W.M., « Temple Deposits at Tell Ibrahim Awad – a Preliminary Report », *GöttMisz* 148, 1995, p. 45-47.

— « Temple Deposits at Tell Ibrahim Awad – an Update », *GöttMisz* 154, 1996, p. 31-32.

Van't Dack E. *et al.*, *The Judean-Syrian-Egyptian Conflict of 103-101 B.C. A Multilingual Dossier Concerning a « War of Sceptres »*, CollHell 1, Louvain, 1989.

Van Siclen Ch., *A Concordance of Object Numbers from the Hilton Price Collection to the (Sotheby) Sale Catalogue*, San Antonio, 1985.

Varille A., *Karnak* I, FIFAO 19, Le Caire, 1943.

Vernus P., *Athribis. Textes et documents relatifs à la géographie, aux cultes et à l'histoire d'une ville du Delta égyptien à l'époque Pharaonique*, BiÉtud 74, Le Caire, 1978.

— « Caches au trésor dans l'Égypte pharaonique », *Hathor* 1, 1989, p. 35-40.

— *Dictionnaire amoureux de l'Égypte ancienne*, Paris, 2000.

— « Cachettes dans la civilisation pharaonique : de la trouvaille d'un trésor à Deir el-Médina à la mobilisation de la crypte oubliée dans l'idéologie monarchique » *in* L. Coulon (éd.), *La Cachette de Karnak. Nouvelles perspectives sur les découvertes de G. Legrain*, BiÉtud 161, Le Caire, 2016, p. 7-20.

— Yoyotte J., *Bestiaire des Pharaons*, Paris, 2005.

Vila A., « Un dépôt de textes d'envoûtement au Moyen Empire », *JournSav* 3/1, 1963, p. 135-160.

Vincentilli I., *Hillat El-Arab. The Joint Sudanese-Italian Expedition in the Napatan Region, Sudan*, BAR-IS 1570, Oxford, 2006.

Vittmann G., *Priester und Beamte im Theben der Spätzeit*, VIAÄUW 3, Vienne.

Vogliano A., *Secondo rapporto degli scavi condotti dalla missione archeologica d'Egitto della R. Università di Milano nella zona di Madinet Madi (Campagna inverno e primavera 1936-XIV)*, Milan, 1937.

Volokhine Y., « Le dieu Thot au Qasr el-Agoûz *Ḏd-ḥr-pꜣ-hb, Ḏḥwty-stm* », *BIFAO* 102, 2002, p. 405-424.

— « Le dieu Thot et la parole », *RHR* 221, 2004, p. 131-156.

Vörös G., *Taposiris Magna 1998-2004*, Alexandriai Magyar Ásatások, Budapest, 2004.

Vycichl W, « Grundlagen der ägyptisch-semitischen Wortvergleichung », *MDAIK* 16, 1958, p. 367-405.

Wagner G., Quaegebeur J., « Une dédicace grecque au dieu égyptien Mestasytmis de la part de son synode (Fayoum – époque romaine », *BIFAO* 73, 1973, p. 41-60.

Wainwright G.A., « Hoard of Silver from Menshah Girga Mudiriah », *ASAE* 25, 1925, p. 120-134.

Waitkus W., *Die Texte in den unteren Krypten des Hathortempels von Dendera: ihre Aussagen zur Funktion und Bedeutung dieser Räume*, Mayence, 1997.

Walker A.S. (éd.), *Animals in Ancient Art from the Leo Mildenberg Collection*, Mayence, 1996.

Wall-Gordon, « A New Kingdom Libation Bassin Dedicated to Ptah: Second Part. The Inscriptions », *MDAIK* 16, 1958, p. 168-175.

Wang Q., Huang H., Shearman Fl., « Bronzes from the Sacred Animal Necropolis at Saqqara, Egypt: a Study of the Metals and Corrosion », *The British Museum Technical Research Bulletin* 3, 2009, p. 73-82.

Ward W.A., *Index of Egyptian Administrative and Religious Titles of the Middle Kingdom*, Beyrouth, 1982.

Warmenbol E. (dir.), *Ombres d'Égypte. Le peuple de Pharaon*, Treignes, 1999.

— (éd.), *Beautés d'Égypte. « Celles que les ans ne peuvent moissonner »*, Treignes, 2002.

— (dir.), *Sphinx. Les gardiens de l'Égypte*, Bruxelles, 2006.

Wegner J., Houser Wegner J., *The Sphinx That Traveled to Philadelphia. The Story of the Colossal Sphinx in the Penn Museum*, Philadelphie, 2015.

Weinstein J.N., *Foundation Deposits in Ancient Egypt*, UMI, Ann Arbor, 1973.

WEISS K., *Ägyptische Tier- und Götterbronzen aus Unterägypten: Untersuchungen zu Typus, Ikonographie und Funktion sowie der Bedeutung innerhalb der Kulturkontakte zur Griechenland*, ÄAT 81, Wiesbaden, 2012.

WESSETZKY V., « Anmerkungen über das Gottesbuch des Königs » *in* Fr. Junge (éd.), *Studien zu Sprache und Religion Ägyptens zu Ehren von Wolfhart Westendorf* II: *Religion*, Göttingen, 1984, p. 963-966.

WIEDEMANN A., PÖRTNER B., *Aegyptische Grabsteine und Denksteine aus verschiedenen Sammlung* III. *Bonn, Darmstadt, Frankfurt a. M., Genf, Neuchâtel*, Strasbourg, 1906.

WIESE A., *Antikenmuseum Basel und Sammlung Ludwig. Die ägyptische Abteilung*, Mayence, 2001.

— BRODBECK A. (éd.), *Toutankhamon. L'or de l'Au-delà. Trésors funéraires de la vallée des rois*, Paris, 2004.

WILDUNG D., *Imhotep und Amenhotep. Gottwerdung im alten Ägypten*, MÄS 36, Munich, 1977.

WILKINSON R., *Dictionnaire illustré des dieux et des déesses de l'Égypte ancienne*, Gollion, 2006.

WILLIAMS B., « Notes on Prehistoric Cache Fields of Lower Egyptian Tradition at Sedment », *JNES* 41, 1982, p. 213-221.

WINLOCK H.E., *Temple of Hibis in El Khargeh Oasis* I. *The Excavations*, PMMAEE 13, New York, 1941.

WODZINSKA A., *A Manual of Egyptian Pottery* 3: *Second Intermediate Period-Late Period*, Boston, 2010.

Women on the Nile, Rosicrucian Egyptian Museum, San Jose, California, San Jose, 1999.

WRESZINSKI W., *Aegyptische Inschriften aus dem K.K. Hofmuseum in Wien*, Leipzig 1908.

WUTTMANN M. *et al.*, « Premier rapport préliminaire des travaux sur le site de 'Ayn Manawir (oasis de Kharga) », *BIFAO* 96, 1996, p. 385-451.

— COULON L., GOMBERT Fl., « An Assemblage of Bronze Statuettes in a Cult Context: The Temple of 'Ayn Manâwir » *in* M. Hill, D. Schorsch (éd.), *Gifts for the Gods: Images from Egyptian Temples*, New York, 2007, p. 167-173.

YOYOTTE J., « Études géographiques II. Les localités méridionales de la région memphite et le "pehou d'Héracléopolis" », *RdE* 14, 1962, p. 75-111.

— « Héra d'Héliopolis et le sacrifice humain », *AnEPHE* 89, 1980-1981, p. 31-102.

ZAKI G., BORAIK M., « L'avant-porte de "Thot qui réside à Thèbes" dans le quartier nord de Karnak », *BIFAO* 109, 2009, p. 495-520.

— « Rapport préliminaire sur le domaine de Thot », *Karnak* 13, 2010, p. 429-433.

ZIEGLER Chr., « Une découverte inédite de Mariette, les bronzes du Sérapéum », *BSFE* 90, 1981, p. 29-45.

— « Jalons pour une histoire de l'art égyptien : la statuaire de métal au musée du Louvre », *Revue du Louvre* 1-1996, p. 29-38.

— (éd.), *Reine d'Égypte d'Hétephérès à Cléopâtre*, Monaco, 2008.

ZIVIE A., LICHTENBERG R., « The Cats of the Goddess Bastet » *in* S. Ikram (éd.), *Divine Creatures. Animal Mummies in Ancient Egypt*, Le Caire, 2015[2], p. 106-119.

ZIVIE-COCHE Chr., « Des scarabées, un "coffret", une main. Atoum à Tanis » *in* Chr. Zivie-Coche, I. Guermeur (éd.), « *Parcourir l'éternité* ». *Hommages à Jean Yoyotte*, BEHE-SR 156, Turnhout, 2015, p. 1135-1165.

— « Sphinx » *in* M. Massiera, B. Mathieu, Fr. Rouffet (éd.), *Apprivoiser le sauvage / Taming the Wild*, CENiM 11, Montpellier, 2015, p. 321-329.

DIFFUSION
Ventes directes et par correspondance

Au Caire
à l'IFAO,
37 rue al-Cheikh Ali Youssef (Mounira)
[B.P. Qasr al-'Ayni n° 11562]
11441 Le Caire (R.A.E.)
Fax : (20.2) 27 94 46 35
Tél. : (20.2) 27 97 16 00
http://www.ifao.egnet.net

Section Diffusion Vente →
Tél. : (20.2) 27 97 16 22
e-mail : ventes@ifao.egnet.net

En France
Vente en librairies
Diffusion : AFPU
Distribution : SODIS

Ministère de l'Enseignement supérieur et de la Recherche, Paris – Publication de l'Institut français d'archéologie orientale
Dépôt légal : 1er semestre 2019 ; numéros d'éditeur et d'imprimeur 1188/1816